Des Knaben Wunderhorn

Des Knaben Wunderhorn

Alte deutsche Lieder

gesammelt von

Achim von Arnim und Clemens Brentano

KRITISCHE AUSGABE

BAND 2

HERAUSGEGEBEN UND KOMMENTIERT
VON HEINZ RÖLLEKE

PHILIPP RECLAM JUN. STUTTGART

Universal-Bibliothek Nr. 1251 [7]
Alle Rechte vorbehalten
© für diese Ausgabe 1987 Philipp Reclam jun., Stuttgart
Mit Genehmigung des Verlages W. Kohlhammer, Stuttgart
Gesamtherstellung: Reclam, Ditzingen. Printed in Germany 1987
ISBN 3-15-001251-1
Band 1-3 gebunden in Kassette: ISBN 3-15-021250-2

Wunderhorn.

Alte deutsche Lieder.

Bon Arnim & Brentano.

II.

Heidelberg, bey Mohr und Zimmer 1808.

Des Knaben
Wunderhorn.

Alte deutsche Lieder

gesammelt von

L. A. v. Arnim und Clemens Brentano.

Zweyter Band.

Heidelberg,
bey Mohr und Zimmer.
1808.

Des Knaben Wunderhorn.

Zueignung.

Lasset uns Mayen und Kränze bereiten,
Sehet, ach sehet die fröhlichen Zeiten!
Sehet ihr Brüder und merket hierbey,
Welche Veränderung solches nur sey.

5 Lasset uns Weinen und Trauren vertreiben,
Klagen und Zagen soll heute verbleiben,
Klagen und Zagen verjaget jetzund,
Heute seyd lustig und machet es kund.

Lasset uns Zucker und Honig bestellen,
10 Lasset uns holen die guten Gesellen,
Lasset herbringen den Spanischen Wein,
Weil wir anjetzo beysammen hier seyn.

Lasset uns Birkene-Mayer bestellen
Daß wir euch schenken ihr guten Gesellen,
15 Lasset den Birkenen-Mayer umgehn,
Lasset die Gläser nicht stille so stehn.

Lasset die Lauten und Geigen erklingen,
Lasset uns eilen zum Tanze zu springen,
Nehmet die Kegel und Bossel in acht,
20 Lasset uns spielen, bis kommet die Nacht.

Lasset uns geistliche, weltliche Lieder
Klingen und singen ihr herrlichen Brüder,
Lasset uns letzen: Die Jugend vergeht,
Wehmuth und Trauren im Alter entsteht.

Abendreihen.

(Lobwasser der lutherische. Rotenburg an der Tauber 1618. S. 377.)

Wie steht ihr allhie und wartet mein,
Und meint, ich soll eure Vorsingerin seyn,
Soll ich denn nun singen, so höret mir zu,
Im Gesetz ist weder Rast noch Ruh.

Das Gesetz richtet nichts denn Zoren an,   5
Und kein Mensch lebet, der es halten kann,
Nun muß es dennoch erfüllet seyn,
Darum schickt Gott seinen Sohn herein.

Derselbig ist worden unser Schild,
Er hat des Vaters großen Zorn gestillt,   10
Denn er hat dem Gesetz genug gethan,
Für jedermann, der nur glauben kann.

Es hat ihn kostet sein rosenfarbig Blut,
Am Kreutz trug er alles uns zu gut,
Des saget Lob und Dank in Ewigkeit,   15
Daß er uns behüt vor allem Leid. Amen.

Zweifel an menschlicher Klugheit.

(Taulers Nachfolge des armen Lebens Christi. Frankfurt 1621. S. 133.)

Der Vater vom Himmelreich spricht,
Mensch steh still und fürcht mich,
Gehst du für dich,
So thust du thöricht,
Mein rechte Hand die schlägt dich.   5

So spricht Gott der Sohn: Mensch!
Kehr dich um und merk mich,

Du gehst unweißlich,
Ich warn dich.

10 So spricht Gott der heilige Geist: Mensch
Laß deinen Willen fleischlich
In meinen Willen geistlich,
So thust du seliglich,
Das rath ich!
15 In Gottes Namen,
Amen.

II 5   Die Wahrheit.

(Altes Manuscript.)

Vier Jungfräulein von hohem Stamm,
Die waren bei einander,
Ignis Feuer die erst mit Nahm,
Aqua Wasser die ander:

5   Aer die Luft, so hieß die dritt,
Dann Veritas die Wahrheit,
Die stand da in des Gartens Mitt,
Und leuchtete in Klarheit.

Ich sehne mich gar oft nach euch,
10 Sprach sie mit klugen Sinnen,
Drum saget mir, eh ich entfleug,
Wo soll ich euch stets finden?

Das Feuer sprach: Schlag an ein Stein
Mit guten Schwerdtes Spitzen,
15 So werd ich schnelle bei dir sein,
Und freudig Funken spritzen.

Das Wasser sprach: Wo Binsen stehn,
Da sollst du nach mir graben,
Du wirst mich bei der Wurzel sehn,
Da will ich dich erlaben.   20

Die Luft sprach: Wenn an einem Baum
Die Blättlein gehn und nicken,
Da bin ich auch in selbem Raum,
Und will dich bald erquicken.

All drei sie sprachen wonnsamlich: 25
Du edele Warheite!
Wo sollen wir dann finden dich?
Die Wahrheit sprach: Im Leide.

O ihr Schwestern Mord über Mord!
Kein eigen Haus mir bleibet,   30
Man findet mich nicht hier, nicht dort,
Ein jeder mich vertreibet.

Ich pocht auch bei Gelehrten an,
Weil ehrlich ist ihr Wandel,
Doch ist ihr Werk ein Lug und Wahn   35
Und spärlich nach dem Handel.

Sie fingen mich und banden mich,
Begossen mich mit Dinten,
Im mein schneeweißes Angesicht,
Ich muste schier erblinden.   40

Mit Büchern schlugen sie mich dumm,
Und krazten mich und krallten,
Und zogen mich beim Haar herum,
Zur Thür hinaus mich brallten.

Sie wollte klagen noch viel mehr,   45
Ein Thürlein thät erklingen,

Ein Critikus kam ganz grad daher,
Davon that sie sich schwingen.

II 7 Würde der Schreiber.

(Moralische Gassenhauer. S. 48.)

Papiers Natur ist Rauschen,
Und rauschen kann es viel,
Leicht kann man es belauschen,
Denn es stets rauschen will.

5   Es rauscht an allen Orten,
Wo sein ein Bißlein ist,
Also auch die Gelehrten
Rauschen ohn alle List.

Aus Lumpen thut man machen,
10 Des edlen Schreibers Zeug,
Es möcht wohl jemand lachen,
Fürwahr ich dir nicht leug.

Alt Hadern rein gewaschen,
Dazu man brauchen thut,
15 Hebt manchen aus der Aschen,
Der sonst litt groß Armuth.

Die Feder hintern Ohren,
Zum Schreiben zugespitzt,
Thut manchen heimlich zornen,
20 Voran der Schreiber sitzt.

Vor andern Knaben allen,
Weil man ihn Schreiber heißt,
Thut Fürsten wohl gefallen,
Die lieben ihn allermeist.

Den Schreiber man wohl nennet 25
Ein edlen theuren Schatz,
Wiewohl mans ihm nicht gönnet
Dennoch hält er den Platz.

Vorm Schreiber muß sich biegen
Oft mancher stolze Held, 30
Und in den Winkel schmiegen,
Obs ihm gleich nicht gefällt.

Letzter Zweck aller Krüppeley. II 8

(Altes Manuscript.)

O süße Hand Gottes!
Ermuntre mein Herz,
Mach, daß ich mein Unglück
Ertrage mit Scherz.
Es dünkt mich, als wenn Gott, 5
Balon mit mir schlüg.
Je stärker er schläget,
Je höher ich flieg.

Ich als ein klein Bäumlein,
Im Garten da bin, 10
Gott selbst ist der Gärtner,
Und biegt mich zu ihm,
Er stutzet und butzet
Noch immer mein Zweig,
Daß ich soll aufwachsen, 15
Und höher aufsteig.

Ich muß es bekennen,
Gott hobelt mich sehr,
Er schneidt mich, er haut mich,

20   Doch fällt mirs nicht schwer,
                      Willst wissen warum?
                      Ich halte dafür,
                      Gott wollt ja gern schnitzeln,
                      Ein Engel aus mir.

25   Es kränket mich gar nicht,
                      Daß ein Krüppel ich bin,
                      Wer weiß ob nicht eben
                      Ein Glücksstern darin.
                      Gott ist ja so gar sehr
30   In die Krüpplein verliebt,
                      Weil er für sich selbsten
                      Sein Kurzweil drin geübt.

II 10   Verspätung.

                              (Mündlich.)

                 Mutter, ach Mutter! es hungert mich
                 Gieb mir Brod, sonst sterb ich.
                      Warte nur mein liebes Kind!
                      Morgen wollen wir säen geschwind.

5   Und als das Korn gesäet war,
                 Rief das Kind noch immerdar:
                 Mutter, ach Mutter es hungert mich
                 Gieb mir Brod, sonst sterb ich.
                      Warte nur mein liebes Kind!
10   Morgen wollen wir ärndten geschwind.

                 Und als das Korn geärntet war
                 Rief das Kind noch immerdar:
                 Mutter, ach Mutter! es hungert mich,
                 Gieb mir Brod, sonst sterbe ich.

Warte nur mein liebes Kind! 15
Morgen wollen wir dreschen geschwind.

Und als das Korn gedroschen war,
Rief das Kind noch immerdar:
Mutter, ach Mutter! es hungert mich,
Gieb mir Brod, sonst sterbe ich. 20
Warte nur mein liebes Kind!
Morgen wollen wir mahlen geschwind.

Und als das Korn gemahlen war,
Rief das Kind noch immerdar:
Mutter, ach Mutter! es hungert mich, 25
Gieb mir Brod, sonst sterbe ich.
Warte nur mein liebes Kind!
Morgen wollen wir backen geschwind.
Und als das Brod gebacken war,
Lag das Kind schon auf der Bahr. 30

Urlicht. II 11a

(Mündlich.)

O Röschen roth,
Der Mensch liegt in gröster Noth,
Der Mensch liegt in gröster Pein,
Je lieber mögt ich im Himmel seyn.
Da kam ich auf einen breiten Weg, 5
Da kam ein Engellein und wollt mich abweisen,
Ach nein ich ließ mich nicht abweisen,
Ich bin von Gott, ich will wieder zu Gott,
Der liebe Gott wird mir ein Lichtchen geben,
Wird leuchten mir bis in das ewig selig Leben. 10

Sub Rosa.

(Mündlich.)

Mitten im Garten ist
Ein schönes Paradies,
Ist so schön anzusehn,
Daß ich möcht' drinnen gehn.

5 Als ich im Gärtlein war,
Nahm ich der Blümlein wahr,
Brach mir ein Röselein,
Das sollt mein eigen sein.

Das Röslein glänzt so fein,
10 Wie Gold und Edelstein
War so fein übergüldt,
Daß es mein Herz erfüllt.

Ich nahm das Röslein fein,
Schloß es ins Kämmerlein,
15 Stellt es an einen Ort,
Da es ja nicht verdorrt.

Komm ich ins Kämmerlein,
Find nicht mein Röselein,
Als ich herummer sah,
20 Sitzt ein schön Jungfrau da.

Sprach, ach erschrick nur nicht,
Denn ich bin dir verpflicht,
Denn ich bin dir vertraut,
Denn ich bin deine Braut.

Die traurig prächtige Braut.

(Mündlich.)

Komm heraus, komm heraus du schöne, schöne Braut,
Deine gute Tage sind alle alle aus.
O Weyele Weh! O Weyele Weh!
Was weinet die schöne Braut so sehr,
Mußt die Jungfern lassen stehn,   5
Zu den Weibern must du gehn.

Lege an, lege an auf kurze kurze Zeit
Darfst du ja wohl tragen das schöne Hochzeitskleid.
O Weyele weh! o Weyele weh!
Ach was weinet die schöne Braut so sehr!   10
Must dein Härlein schließen ein
In dem weissen Häubelein.

Lache nicht, lache nicht, deine rothe rothe Schuh
Werden dich wohl drücken, sind eng genug dazu.
O Weyele weh, o Weyele weh!   15
Ach was weinet die schöne Braut so sehr.
Wenn die andern tanzen gehn
Wirst du bei der Wiege stehn.

Wincke nur wincke nicht, sind gar leichte leichte Winck
Bis du an dem Finger einen goldnen Hochzeit-Ring.   20
O Weyele weh, o Weyele weh!
Ach was weinet die schöne Braut so sehr!
Goldne Ketten legst du an,
Mußt in ein Gefängniß gahn.

Springe heut, springe heut deinen letzten Tanz,   25
Morgen kannst du weinen auf den schönen
        Hochzeitskranz,
O Weyele weh, o Weyele weh!
Ach was weinet die schöne Braut so sehr!

Must die Blumen lassen stehn.
30   Auf den Acker must du gehn.

II 13   Familiengemälde.

(Friderici Ehren-Liedlein. Rostock 1624. XXIV.)

An allem Ort und Ende,
Soll der gesegnet sein,
Den Arbeit seiner Hände,
Ernähret still und fein,
5   Gott will ihm dazu geben,
Ein Ehfrau tugendreich,
Die einr fruchtbaren Weinreben
Sich soll verhalten gleich.

Recht wie junge Oehlzweige
10   Wachsen und grünen frisch,
So sollen in der Reihe,
Die Kindlein um den Tisch,
Gar fein und höflich stehen,
In Zucht und guter Sitt,
15   Der Vater soll sie sehen,
Im dritt und vierten Glied.

II 14   Das Wappenschild.

(Fliegendes Blat.)

Stürmt, reißt und rast ihr Unglückswinde,
Zeigt eure ganze Tiranney,
Zerbrecht, zerschlagt so Zweig als Rinde,
Und werft den Hofnungsbaum entzwey;
5   Dies Hagelwetter

Trift Stamm und Blätter,
Die Wurzel bleibt,
Bis Sturm und Regen
Ihr Wüthen legen,
Daß sie von neuem grünt und Aeste treibt.   10

Mein Herz giebt keinem Diamanten,
Mein Geist der Eiche wenig nach;
Wenn Erd und Himmel mich verbannten,
So trotz ich doch dem Ungemach:
Weicht falsche Freunde,   15
Schlagt bittre Feinde,
Mein Heldenmuth
Ist nicht zu dämpfen;
Drum will ich kämpfen,
Und sehn was die Geduld für Wunder thut.   20

Die Liebe schenkt aus goldnen Schaalen
Mir einen Wein zur Tapferkeit,
Verspricht mir guten Sold zu zahlen
Und führt mich muthig in den Streit;
Da will ich siegen,   25
Hier will ich kriegen;
Ein grünes Feld
Dient meinem Schilde
Zum Wappenbilde,
Allwo ein Palmenbaum zwey Anker hebt.   30

Rheinischer Bundesring.   II 15

(Mitgetheilt von Frau von Pattberg.)

Bald gras ich am Neckar,
Bald gras ich am Rhein,

Bald hab ich ein Schätzel,
Bald bin ich allein.

5   Was hilft mir das Grasen
Wann die Sichel nicht schneidt,
Was hilft mir ein Schätzel,
Wenn's bei mir nicht bleibt.

So soll ich dann grasen
10   Am Neckar am Rhein,
So werf ich mein goldiges
Ringlein hinein.

Es fliesset im Neckar,
Und fliesset im Rhein,
15   Soll schwimmen hinunter
Ins tiefe Meer n'ein.

Und schwimmt es das Ringlein,
So frißt es ein Fisch,
Das Fischlein soll kommen
20   Aufs König sein Tisch.

Der König thät fragen,
Wems Ringlein soll sein?
Da thät mein Schaz sagen,
Das Ringlein g'hört mein.

25   Mein Schäzlein thät springen,
Berg auf und Berg ein,
Thät mir wiedrum bringen,
Das Gold Ringlein fein.

Kannst grasen am Neckar,
30   Kannst grasen am Rhein,
Wirf du mir immer
Dein Ringlein hinein.

Schwimm hin, schwimm her
du Ringlein.

(Mündlich.)

Nichts schöneres kann mich erfreuen,
Als wenn es der Sommer angeht,
Da blühen die Rosen im Mayen,
Trompeter die blasen ins Feld.

Trompeter die haben's geblasen;   5
Soldaten marschieren in's Feld,
Sie ziehen dem Feinde entgegen,
Zum Streite wohl sind sie bestellt.

Dort drunten in's Kaisers Schloßgarten,
Da stehet ein Feigenbaum,   10
Da müssen wir alle ablegen
Pistolen und Säbelgezeug.

Ach Schätzel was hab ich erfahren,
Daß du jetzt willst reisen von hier,
Willst reisen in's fremde Land nause,   15
Wann kommst du wieder zu mir?

Und da ich im fremden Land drausen war,
Gedacht ich gleich wieder nach Haus;
Ach wär ich zu Hause geblieben,
Und hätte gehalten mein Wort!   20

Und als ich wieder nach Hause kam,
Feins Liebchen stand unter der Thür;
Gott grüß dich du Hübsche, du Feine,
Von Herzen gefallest du mir!

Ich brauche dir nicht zu gefallen,   25
Ich habe schon längst einen Mann,

Dazu einen hübschen und feinen,
Der mich wohl ernähren kann.

Was zog er aus seiner Tasche?
30   Ein Messer war scharf und war spitz;
Er stach es feins Liebchen ins Herze,
Das rothe Blut gegen ihn spritzt.

Er zog es gleich wieder herause,
Vom Blute da war es so roth,
35   Hast du nun gelitten die Schmerzen,
So will ich auch leiden den Tod.

Da nun das Liebchen gestorben,
Wo begrabt man sie denn hin?
In ihres Vaters Schloßgarten,
40   Wo weisse Lilien blühn.

Was zog er da von seinem Finger?
Ein Ringlein, das war von Gold,
Er warf es sogleich in das Wasser,
Die Wellen, die geben den Schein.

45   Schwimm hin, schwimm hin, du Ringlein,
Schwimm hin in das Meer hinein,
Und grüß mir mein Vater und Mutter,
Und sag, ich komm nimmermehr heim.

II 19   Lenore.

(Bürger hörte dieses Lied Nachts in einem Nebenzimmer.)

Es stehn die Stern am Himmel,
Es scheint der Mond so hell,
Die Todten reiten schnell:

Mach auf mein Schatz dein Fenster,
Laß mich zu dir hinein,　　　　　　　　　　5
Kann nicht lang bey dir seyn;

Der Hahn der thät schon krähen,
Er singt uns an den Tag,
Nicht lang mehr bleiben mag.

Weit bin ich her geritten,　　　　　　　　10
Zweihundert Meilen weit,
Muß ich noch reiten heut;

Herzallerliebste meine!
Komm setz dich auf mein Pferd,
Der Weg ist reitens werth:　　　　　　　　15

Dort drin im Ungerlande
Hab ich ein kleines Haus,
Da geht mein Weg hinaus.

Auf einer grünen Haide,
Da ist mein Haus gebaut,　　　　　　　　20
Für mich und meine Braut.

Laß mich nicht lang mehr warten,
Komm Schatz zu mir herauf,
Weil fort geht unser Lauf.

Die Sternlein thun uns leuchten,　　　　　25
Es scheint der Mond so hell,
Die Todten reiten schnell.

Wo willst mich dann hinführen?
Ach Gott! was hast gedacht
Wohl in der finstern Nacht?　　　　　　　30

Mit dir kann ich nicht reiten,
Dein Bettlein ist nicht breit,
Der Weg ist auch zu weit.

35 Allein leg du dich nieder,
Herzallerliebster schlaf!
Bis an den jüngsten Tag.

II 20   Der Churmainzer Kriegslied.

(Aus dem Revolutionskriege.)

Auf einem schönen grünen Rasen,
Da ließ Albin zur Mahlzeit blasen,
Als ein General und Feldmarschall;
Sie rühren die Trommeln und schlagen den Lärmen,
5 Und lassen die feurigen Bomben schon schwärmen,
Die blutige Mahlzeit geht schon an.

Laß Pauken und Trompeten schallen,
Laß alle Kanonen auf einmal knallen,
Auf daß sich empört die ganze Welt.
10 Laß Bomben und Haubizen blitzen,
Die Festung Mainz, die muß schon schwitzen,
Bis das Feuer das Kostheim verzehrt.

Gerechter Gott! sechs Jahr verflossen,
Haben wir Churmainzer viel Blut vergossen,
15 Und ist zu hoffen noch keine Ruh.
Herr Albini hat Grimmen und Zorn,
Er saß zu Pferd mit Stiefeln und Sporn:
Schießt und haut und stecht nun todt.

O ihr Grenadiere! zum Aufmarschieren,
20 Mit blutigen Fahnen zum Abmarschieren,

Auf diesen stolzen Franken los!
Frisch gewagt, ist halb gewonnen,
Nicht verzagt, es wird schon kommen,
Wenn's Churmainz gehören soll.

O ihr Churmainzer all zusammen,   25
Zu Pferd, zu Fuß in Gottes Namen,
Ergreift den Feind nur herzhaft an,
Gott der Herr wird uns beschützen,
Seinen Schutz und Seegen schicken,
General Albini führt uns an.   30

Der Ueberläufer.   II 21

(Mündlich.)

In den Garten wollen wir gehen,
Wo die schönen Rosen stehen,
Da stehen der Rosen gar zu viel,
Brech ich mir eine, wo ich will.

Wir haben gar öfters beysammen gesessen,   5
Wie ist mir mein Schatz so treu gewesen,
Das hat ich mir nicht gebildet ein,
Daß mein Schatz so falsch könnt seyn.

Hört ihr nicht den Jäger blasen,
In dem Wald auf grünem Rasen?   10
Den Jäger mit dem grünen Huth,
Der meinen Schatz verführen thut?

Hört ihr nicht den Trompeter blasen,
In der Stadt auf der Parade?
Der Trompeter mit dem Federbusch,   15
Der mir meinen Schatz verrathen thut.

Einquartierung.

(Fliegendes Blat.)

Jackele guck zum Fenster n'aus,
Moin i hör äin Drommen,
Annele gang beschleuiß das Haus,
Glaub Soldaten kommen,
5   Sind gau g'wiß Husaren,
Lueg obs kannst erfahren,
Noin sie sind nit so anthaun,
Potz i waiß und kenn sie schaun.

Ei pfui Teuffen, wie sehns drein:
10   I kan nit gnug gucken,
Werden wol Tralpatschen sein,
Was haunds auf den Rucken?
Sieht als wie ein Prügel,
Bärt haunds wie die Igel,
15   Hosen wie die Schweizer an,
Helf is Gott! mein lieber Mann.

Was kommen denn dort für ruff?
Horch wie sie schau murren:
Marrei gang und mach mir uff,
20   I glaub es seind Panduren.
Was muß i gau kochen,
Daß nit mit mir pochen,
Knöpfle und ein dürre Wurst.
Mann gang, frag ob sie's nit durst?

25   Weib was denkst, loß mi ungkeit,
Schweig du alter Fetzen,
Waiß schau, was es sind für Leut,
Darf nit mit sie schwätzen,
Kann sie nit verstande,
30   Kunt'n mi haue zu schande,

Mi und di und au den Bue,
Und hätt no den Spott darzue.

Ei so schlag der Plunder drein,
Was sind das für Gsellen:
Marrei gang und hoi du Wein;   35
Annele thu aufstellen,
Thu fein tapfer tennä,
Loß Kraut nit verbrennä,
Schnid a sälle dürre Speck,
Gost dahär wie oine Schneck.   40

Weib i gang gau über Feld,
Daß sie mi nit sehä,
Wenn sie wölle hau no Geld,
Dort im Trog thut stehä,
Anderthalbe Gulde,   45
Und dem Wirt bleibs schulde,
Will ihm geben Korn dafür,
Hol der Velte das Quartier.

Soldatenglück.   II 24

(Fliegendes Blat.)

Frisch auf ins weite Feld!
Zu Wasser und zu Lande
Bin ich Soldat für's Geld.
Wenn alle Menschen schlafen,
Soldaten müssen wachen,   5
Dazu sind sie bestellt.

Der König trägt die Kron,
In seiner Hand den Scepter,
Wenn er sitzt auf dem Thron,

10   Ein langes Schwerdt zur Seite,
      Zu gehen mit zum Streite,
      Auf Frieden und Pardon.

      Ein Adeliche Dam,
      Die schläft bei ein'm Soldaten,
15   Aus lauter Liebes-Flamm.
      Es klingt ihr in den Ohren
      Soldaten sind gebohren
      Aus ritterlichem Stamm.

      Soldat du edles Blut,
20   Weil du bist hochgebohren
      Aus lebensfrischem Muth,
      Wenn schon die Kugeln sausen
      Laß dir davor nicht grausen,
      Wems glückt, der kommt davon.

II 25   Das Lustlager.

                  (Mündlich.)

Reiter.   Hör Bauer, was ich sage,
           Das Quartier und das ist aus,
           Wenn du'n Trompeter hörst blasen,
           So komm und weck mich auf.

5   Und sattle mir mein Pferdchen
           Und leg zur Hand mein Schwerdt,
           Den Mantel thu drauf binden,
           Daß ich bald fertig werd.

Mädchen.   Wer stehet draußen vor meinem Fenster,
10   Wer steht draußen vor meiner Thür?
           Ist es der Schönste, der Angenehmste,
           Der noch heute will von hier?

Reiter.   Jungfrau, ich bitt sie ganz unterthänig,
            Ach eröffnen sie mir die Thür,
            Dieweil nunmehr die Zeit verflossen,   15
            Und ich abscheiden muß von hier.

Mädchen.   Mein Vater liegt im obern Zimmer,
            In sein Schlafkämmerlein ruhet er,
            Er hat ein Brieflein in seiner Tasche,
            Die Antwort steht geschrieben darin.   20

Reiter.   Trübe Wolken an dem Himmel,
            Tausend Seufzer schick ich zu dir,
            Dieweil ich muß fort an einen andern Ort,
            Lebe wohl zu tausend guter Nacht.

Mädchen.   Ich trage Ketten mein ganzes Leben,   25
            Wer mich kann retten aus meiner Qual,
            Dem will ich zeigen, daß ich sein eigen,
            Und ihm getreu will seyn bis an mein Grab.

Reiter.   Sterbe nicht mein Kind, das bitt ich dich,
            Sonst ist verlohren all mein Freud,   30
            Alle Berge und Thäler zusammenfallen,
            Eh ich dir mein Kind untreu will seyn.

            Der Tag kommt hergeschlichen,
            Die Sonne blickt herfür,
            Nachdem die Nacht verstrichen,   35
            Der Bauer tritt an die Thür.

Bauer.   Sie blasen wacker drauf,
            Herr mein Soldat! steh auf,
            Das Pferd ist schon gesattelt,
            Der Mantel gebunden drauf.   40

            Das Pferdchen muß ihn tragen
            Wohl vor das hohe Haus,

Mit ihren schwarzen Augen
Schaut Liebchen zum Fenster n'aus.

45   Was thät er ihr zu Ehren?
Schoß Pulver in die Luft,
Daß man den Knall thät hören,
Wie ein Pistole pufft.

Reiter.   Hör Pferdchen, was ich sage,
50   Hör Pferdchen, was ich sag,
Heut Nacht must du mich tragen
Zurück vor Liebchens Thür.

II 27   Reiterlied.

(Venusblümlein von Metzger. Nürnberg 1612.)

Nach Reitersbrauch ich reite
Mein Rößlein in das Feld,
Tumml das auf grüner Heide
Werfs rumm auf alle Seiten,
5   Mit Spornstreich mach' ich's springreich,
Das mir dann wol gefällt.

Wann es höflich thut traben,
Lacht mir das Herze mein,
Artlich Tugend und Gaben
10   Mein Roß an sich thut haben,
Auf alle Weis' erlangt es Preiß,
Zierlich sein Sprünge sein.

Im Rennen nicht seines gleichen,
Schnell läuft es wie der Wind,
15   Männlich sichs thut erzeigen,
Mit Schlagen und mit Beissen;

Gegen sein Feind ich sage heint,
Seinesgleichen man nicht findt.

Wenn ich bin ans heimreiten,
Schenk ich meim Buhl ein Trab,   20
Dann wirfts den Kopf auf die Seiten,
Trit auf mit engem Schreiten,
Und trabet vor meins Buhlens Thür,
Sie schaut zum Fenster r'aus.

Thut mich freundlich anlachen,   25
Wünscht mir einen guten Tag,
Was sollt mich in den Sachen
Denn dies frölicher machen.
Mein Roß und Schatz bei mir han Platz,
Ohn die ich nicht seyn mag.   30

Die Marketenderin.   II 28

(Mündlich.)

Es hat sich ein Mädchen in'n Fähndrich verliebt,
Er spricht ihr von Ehre und heirath sie nicht,
Wenn der Fähndrich die Fahne thut rühren,
Thut sich ihr Herzchen vor Freuden floriren.

Der Tambur die Trummel im Wirbel schon rührt,   5
O wunderschön Mädchen must leiden groß Noth,
Da heißt es, Soldaten in's Feld müßt marschieren,
Bald haben wir kein Geld, bald haben wir kein Brod.

Bald haben wir kein Brod, bald haben wir kein Geld,
O du wunderschön Mädel! so geht es im Feld,   10
Und wenn der Feind kommt und bringet uns um,
Bleib bei der Armee und halt dich fein frumm.

Wär ich ein Knab geboren.

(Mündlich.)

Es wollt ein Mädel grasen,
Wollt grasen im grünen Klee,
Begegnets ihm ein Reiter,
Wollts haben zu der Eh.

5 Ach komm, du hurtig Mädel,
Und setz dich zu mir her.
»Ich wollt ich dürft mich setzen,
Kein Gras hats Zicklein mehr.«

Der Reiter spreit den Mantel,
10 Wohl über den grünen Klee:
Komm du mein wackeres Mädel,
Und setz dich zu mir her.

»Ich wollt, ich dürfte sitzen,
Das Zicklein hat kein Gras,
15 Hab gar ein zornig Mutter,
Sie schlägt mich alle Tag.«

Hast du ein zornig Mutter,
Und schlägt dich alle Tag,
Verbind den kleinen Finger,
20 Und sag, er sey dir ab.

»Wie wollt ich dürfen lügen,
Steht mir gar übel an,
Viel lieber wollt ich sprechen,
Der Ritter wär mein Mann.«

25 »Ach Mutter, liebe Mutter,
Ach gebt mir einen Rath,
Es reitet mir alle Tage
Ein hurtiger Ritter nach.«

Ach Tochter! liebe Tochter!
Den Rath, den geb ich dir,   30
Laß du den Reiter fahren,
Bleib du das Jahr bey mir.

»Ach Mutter! liebe Mutter!
Der Rath, der ist nicht gut,
Der Ritter ist mir lieber,   35
Als all dein Hab und Gut.«

Ist dir der Reiter lieber,
Als all mein Hab und Gut,
So bind dein Kleid zusammen,
Und lauf dem Reiter zu.   40

»Ach Mutter! liebe Mutter!
Der Kleider hab ich nicht viel,
Gieb mir nur hundert Thaler,
So kauf ich, was ich will.«

Ach Tochter! liebe Tochter!   45
Der Thaler hab ich nicht viel,
Dein Vater hats verruschelt
In Würfel- und Kartenspiel.

»Hats denn mein Vater verruschelt
In Würfel- und Kartenspiel,   50
So sey es Gott erbarmet,
Daß ich sein Tochter bin.«

»Wär ich ein Knab geboren,
Ich wollte ziehn ins Feld,
Ich wollt die Trommel rühren,   55
Dem Kaiser um sein Geld.«

Abschied für immer.

(Mündlich.)

Heute marschieren wir,
Morgen marschieren wir,
Zu dem hohen Thor hinaus,
Ey du wacker schwarzbraun Mägdlein,
5   Unsre Lieb ist noch nicht aus.

Reist du schon fort?
Reist du denn schon fort?
Kommst du niemals wieder heim?
Und wenn du kommst in ein fremdes Ländchen,
10   Liebster Schatz vergiß mein nicht.

Trink du ein Gläschen Wein,
Zur Gesundheit mein und dein,
Kauf mir einen Strauß am Huth,
Nimm mein Tüchlein in die Tasche,
15   Deine Thränlein mit abwasch.

Es kommt die Lerche,
Es kommt der Storch,
Es kommt die Sonne ans Firmament.
In das Kloster will ich gehn,
20   Weil ich mein Schätzchen nicht mehr thu sehen,
Weil nicht wiederkommt mein Schatz!

»Dorten sind zwey Turteltäubchen,
Sitzen auf dem dürren Ast,
Wo sich zwey Verliebte scheiden,
25   Da verwelket Laub und Gras,
Was batt mich ein schöner Garten,
Wenn ich nichts darinnen hab,
Was batt mich die schönste Rose,
Wenn ich sie nicht brechen soll,

Was batt mich ein jung frisch Leben,   30
Wenn ichs nicht der Lieb ergeb?«

Großer Kriegshymnus   II 32
in der Gelehrten-Republik.

(Filipp Zesens Frühlingslust. S. 45.)

Sollt ich ein Feldherr seyn und Kriegesheere führen,
So wollt ich stracks auszieren
Das ganze Kriegesheer
Mit einem solchen Volk, das hold den Büchern wär,
Die Studenten müsten seyn   5
Meine beste Bursch und Führer,
Die Gelehrten Feindausspürer;
Föbus Völker in gemein
Müsten die Feinde verjagen und dämpfen,
Müsten uns helfen und ritterlich kämpfen.   10

Büchsmeister sollten seyn die süßen Musikanten,
Die Helikons Verwandten,
Der Orgeln Freudenschall,
Sollt an Trompeten statt erklingen überall,
Bachus und sein Kammerad   15
Ceres sollten uns wohl geben
Brod und Speis und Wein zu leben;
Frischen uns nach Krieges-Rath,
Musen und Grazien müsten mitkämpfen,
Müsten die Feinde verjagen und dämpfen.   20

Die Feder sollte mir anstatt der Schwerdter dienen,
Wir wollten uns erkühnen
In alle Welt zu gehn.
Mich deucht, ich wollte wohl mit diesem Volk bestehn,
In Gefahr und Kriegesnoth;   25

Schriftgelehrte und Juristen
Müsten sich zu streiten rüsten,
Die, vor denen flieht der Tod,
Müsten uns helfen auch ritterlich kämpfen,
30 Müsten die Feinde verjagen und dämpfen.

Wettstreit
                des Kukuks mit der Nachtigal.

                (Docen Miscellaneen. I, S. 284.)

Einsmals in einem tiefen Thal
Der Kukuk und die Nachtigal
Thäten ein Wett anschlagen,
Zu singen um das Meisterstück:
5 »Gewinn es Kunst, gewinn es Glück,
Dank soll er davon tragen.«

Der Kukuk sprach: So dirs gefällt,
Ich hab zur Sach ein Richter wählt,
Und thät den Esel nennen,
10 Denn weil er hat zwey Ohren groß,
So kann er hören desto bas,
Und was recht ist, erkennen.

Sie flogen vor den Richter bald,
Wie ihm die Sache ward erzählt,
15 Schuf er, sie sollten singen:
Die Nachtigal sang lieblich aus,
Der Esel sprach, du machst mirs kraus,
Ich kanns in Kopf nicht bringen.

Der Kukuk drauf anfing geschwind
20 Kukuk! sein Sang durch Terz, Quart, Quint
Und thät die Noten brechen;

Er lacht auch drein nach seiner Art,
Dem Esel gefiels, er sagt, nun wart,
Ein Urtheil will ich sprechen.

Wohl sungen hast du Nachtigal,   25
Aber Kukuk singst gut Choral,
Und hältst den Takt fein innen;
Das sprech ich nach mein hohen Verstand,
Und kostets gleich ein ganzes Land,
So laß ich dichs gewinnen.   30

Vom Buchsbaum und vom Felbinger.   II 34

[Felbinger so viel als Buche.]

(Altes Blat. Strasburg bei Jakob Frölich.)

Nun wollt ihr hören neue Mähr
Vom Buchsbaum und vom Felbinger,
Sie zogen mit einander über Feld,
Und kriegten wider einander.

Der Buchsbaum sprach: Bin ich so kühn,   5
Ich bleibe Sommer und Winter grün,
Das thust du leidiger Felbinger nit,
Du verlierst dein beste Zweige.
Felbinger wie gefällt dir das?

Der Felbinger sprach: Bin ich so fein,   10
Aus mir macht man die lange Zäun,
Wohl um das Korn und um den Wein,
Davon wir uns ernähren.
Buchsbaum wie gefällt dir das?

Der Buchsbaum sprach: Bin ich so fein,   15
Aus mir macht man die Kränzelein,

Mich trägt auch manch schöns Jungfräulein,
Mit Freuden zu dem Tanze.
Felbinger, wie gefällt dir das?

20   Der Felbinger sprach: Bin ich so fein,
Aus mir macht man die Mülterlein,
Mich trägt manch schöne Jungfraue
Dem Metzger unter die Bänke.
Buchsbaum wie gefällt dir das?

25   Der Buchsbaum sprach: Bin ich so fein,
Aus mir macht man die Löffelein,
Mit Silber und rothem Gold beschlagen,
Thät mich für die besten tragen.
Felbinger wie gefällt dir das?

30   Der Felbinger sprach: Bin ich so fein,
Aus mir macht man die Fässelein,
In mich thut man den besten Wein,
Roth, Welsch und Malvasier.
Buchsbaum wie gefällt dir das?

35   Der Buchsbaum sprach: Bin ich so fein,
Aus mir macht man die Becherlein,
Aus mir trinkt manch schön Jungfräulein
Mit ihrem rothen Munde.
Felbinger wie gefällt dir das?

40   Der Felbinger sprach: Bin ich so fein,
Aus mir macht man die Sättelein,
Auf mir reit mancher gute Gesell,
Wohl durch den grünen Walde.
Buchsbaum wie gefällt dir das?

45   Der Buchsbaum sprach: Bin ich so fein,
Aus mir macht man die Pfeiffelein,

Auf mir pfeift mancher gute Gesell,
Im Feld wohl in den Kriegen.
Felbinger wie gefällt dir das?

Der Felbinger sprach: Bin ich so drat,   50
Ich steh dort mitten in der Matt,
Und halt ob einem Brünnlein kalt,
Daraus zwei Herzlieb trinken.
Buchsbaum wie gefällt dir das?

Der Buchsbaum sprach: Bist du so gerecht,   55
So bist du mein Herr, und ich dein Knecht,
Der Sach geb ich dir alles Recht,
Das Spiel hast du gewonnen. –
Leser, wie gefällt dir das?

Vom Wasser und vom Wein.   II 37

(Mündlich.)

Ich weiß mir ein Liedlein, hübsch und fein,
Wohl von dem Wasser, wohl von dem Wein,
Der Wein kanns Wasser nit leiden,
Sie wollen wohl alleweg streiten.

Da sprach der Wein: Bin ich so fein,   5
Man führt mich in alle die Länder hinein,
Man führt mich vor's Wirth sein Keller,
Und trinkt mich für Muskateller.

Da sprach das Wasser: Bin ich so fein,
Ich laufe in alle die Länder hinein,   10
Ich laufe dem Müller ums Hauße,
Und treibe das Rädlein mit Brauße.

Da sprach der Wein: Bin ich so fein,
Man schenkt mich in Gläser und Becherlein,
15 Und trinkt mich für süß und für sauer,
Der Herr als gleich, wie der Bauer.

Da sprach das Wasser: Bin ich so fein,
Man trägt mich in die Küche hinein,
Man braucht mich die ganze Wochen,
20 Zum Waschen, zum Backen, zum Kochen.

Da sprach der Wein: Bin ich so fein,
Man trägt mich in die Schlacht hinein,
Zu Königen und auch Fürsten,
Daß sie nicht mögen verdürsten.

25 Da sprach das Wasser: Bin ich so fein,
Man braucht mich in den Badstüblein,
Darin manch schöne Jungfraue
Sich badet kühl und auch laue.

Da sprach der Wein: Bin ich so fein,
30 Bürgermeister und Rath insgemein
Den Hut vor mir abnehmen,
Im Rathskeller zu Bremen.

Da sprach das Wasser: Bin ich so fein,
Man gießt mich in die Flamm hinein,
35 Mit Spritz und Eimer man rennet,
Daß Schloß und Haus nicht verbrennet.

Da sprach der Wein: Bin ich so fein,
Man schenkt mich den Doktoren ein,
Wenns Lichtlein nit will leuchten,
40 Gehn sie bei mir zur Beichte.

Da sprach das Wasser: Bin ich so fein,
Zu Nürnberg auf dem Kunstbrünnlein,

Spring ich mit feinen Listen
Den Meerweiblein aus den Brüsten.

Da sprach der Wein: Bin ich so fein,   45
Ich spring aus Marmorbrünnelein,
Wenn sie den Kaiser krönen,
Zu Frankfurt wohl auf dem Römer.

Da sprach das Wasser: Bin ich so fein,
Es gehn die Schiffe groß und klein   50
Sonn, Mond auf meiner Straßen,
Die Erd thu ich umfassen.

Da sprach der Wein: Bin ich so fein,
Man trägt mich in die Kirch hinein,
Braucht mich zum heiligen Sakramente,   55
Dem Menschen vor seinem Ende.

Da sprach das Wasser: Bin ich so fein,
Man trägt mich in die Kirch hinein,
Braucht mich zur heiligen Taufen,
Darf mich ums Geld nicht kaufen.   60

Da sprach der Wein: Bin ich so fein,
Man pflanzt mich in die Gärten hinein,
Da laß ich mich hacken und hauen,
Von Männern und schönen Jungfrauen.

Da sprach das Wasser: Bin ich so fein,   65
Ich laufe dir über die Wurzel hinein,
Wär ich nicht an dich geronnen,
Du hättst nicht können kommen.

Da sprach der Wein: Und du hast Recht,
Du bist der Meister, ich bin der Knecht,   70
Das Recht will ich dir lassen,
Geh du nur deiner Straßen.

Das Wasser sprach noch: Hättst du mich nicht erkannt,
Du wärst sogleich an der Sonn verbrannt! –
75 Sie wollten noch länger da streiten, –
Da mischte der Gastwirth die beiden.

II 40   Klagred des Gott Bachus, daß der Wein
              edel worden ist. 1545.

                        Bachus.

Ich bin der Gott Bachus genannt,
Den guten Schluckern wohlbekannt,
Die dienten mir ein lange Zeit;
Die Fürsten, Herrn und Edelleut,
5   Dazu Mönche und auch Pfaffen,
Haben mit mir viel zu schaffen.
Allweg hat man mit mir groß Freud,
Man brauchet mich auch gegen Leid.
Durch mich hat mancher viel gewagt,
10 So er sonst war so gar verzagt,
Ich thäts als frey mit Hülf und Rath,
Des Weines war da früh und spat,
Man sang, man sprang, man rang dazu,
Durch mich hat man kein Rast noch Ruh
15 Mit Geigen, Pfeifen, Saitenspiel,
Kein Schimpf noch Scherz war mir zu viel.
Ich richt auch etwan zu Unrug,
Daß einer den andern weicher schlug;
Und aber jetzt, zu dieser Frist,
20 Ein ander Rüstung worden ist.
Seither der Wein ist edel worden,
Will er nicht mehr in gemeinen Orden,
Gesellt sich stets zu großen Herren,
Die allweg ohne Trauren zehren.

Vor Zeiten war man wohlgemuth,   25
Ob es schon allweg nicht war gut,
Sollt einer von der Kirbin gahn,
Sollt sich nicht vollgesoffen han!
Und wenn der Bauer kam zu Markt,
So war ihr keiner also karg,   30
Er trank vorher ein Mäßlein Wein,
Er kam oft heim beim Mondenschein,
Und sang, daß die lieb Haide lacht,
Er wenig an sein Schuldner dacht.
Nun aber jetzt hats den Bescheid,   35
Es ist mir wahrlich selber leid;
Wie geht der Wein, lugt wie er prangt,
Als wie ein Bildniß an der Wand,
Und hat ein Knecht, der geht ihm nach,
Ich denk er thuts nur uns zur Schmach,   40
Er zeigt sein Helm und auch sein Schild,
Und aufs gemeine Volk nur schilt,
Er ist ein Herr nun mit Gewalt,
Kein Mann ist jetzund also alt,
Sonst bracht er große Abentheuer,   45
Doch jetzo ist er viel zu theuer,
Daß niemand ihn bezahlen kann,
Er ist nicht für gemeinen Mann.

Der Wein.

Ich laß mir das nicht zweymal sagen,
Ich will hier gut Gesellen fragen.   50
Wie sitzt ihr also traurig hier,
Als wärs vor Tag und sonst noch früh?
Ich will euch einen Kurzweil machen,
Daß ihr allsammt müst drüber lachen.

Bestlinkarg.

Ach edler, fester, theurer Wein,   55
Ich wollt gern mit euch fröhlich seyn,

Doch mag die Kosten ich nicht tragen,
Besorg, ich darf so was nicht wagen.

Jobst Weingans.

Ach Bestlin, wie bist du ein Mann,
60   Ich leider nicht ein Pfenning han,
Hätt ich so vieles Geld wie du,
So wär bei mir kein Rast noch Ruh.

Bestlinkarg.

Ich spar es auf für'n alten Mann,
Das Saufen will ein Reichen han.

Jobst Weingans.

65   Dein Lebtag hast kein guten Tag,
Denn du bist karg und hast dein Klag,
Leih du mir Geld und ich will saufen,
Sollt morgen ich den Rock verkaufen.

Bestlinkarg.

Zeug du nur hin, mach kein Gesicht,
70   Ich werd dir wahrlich leihen nicht.

Der arme Heinz.

Was zankt ihr hier, ihr losen Leut,
Ihr wißt nicht um die Armuth beyd,
Ich bin ein alter, kranker Mann,
Mein Lebtag ich gearbeit han,
75   Und wär mir noth, daß ich jetzt hätt'
Ein Trünklein nur vorm Tode spät,
Soll ich nun ein halb Mäßlein trinken,
Es thut mir sehr im Seckel sinken,
Trink ich ein Achttheil nur der Maaß,
80   So machts mir kaum die Zunge naß.
Ich glaub, es sey ein rechte Straf
Die Gott über uns Menschen schaff,

Es sey doch Gott ewig geklagt,
Daß er uns mit der Theure plagt,
Wir han doch leider oft getrunken,   85
Daß wir sind unter die Bänk gesunken,
Und wenn die Zech nun hat ein End,
So gieng es heim dicht an die Wänd,
Je einer dann des andern lacht,
Wie hab ich ihn so voll gemacht;   90
Jetzt macht der Wein sich gar zu kraus,
Man säuft ihn nicht im Ganzen aus.

Der Wein.

Ihr lieben Herrn, ihr fehlet weit,
Die Herren und die Edelleut,
Die saufen noch, als wärens wild,   95
Wenn schon das Maaß ein Gulden gilt,
Wärt ihr bei mir, in mancher Zech,
Ihr säht wie man mir recht zuspräch.

Kriegsmann.

Sagst recht davon, wers Geld nur hätt',
Hätt ich das Geld, ichs wagen thät,   100
Ich hab jetzund daran gedacht,
Du hast mich um viel Pfenning bracht,
Mir dünkt auch wohl, was du vorher
Gewesen bist, der du jetzt her
Mit deinen Schilden prächtig gehst,   105
In Silber und in Gold da stehst,
Und prangst mit dir, als seyst ein Fürst,
Drum daß uns allweg nach dir dürst.
Du weist noch wohl zu dieser Frist,
Wo du vorzeit gewesen bist,   110
Du fielst auch manchmal mit mir hin,
Man schütt dich oft auch untern Tisch,
Ich sah auch oft, du machst Unrug,
Daß man dich aufs Diuppen schlug,

115 Und werd ich dich wiederum treffen,
   So werd ich dich zum Fenster n'aus werfen.

      Der Wein.

   Wenn du mich hast, so halt mich fast,
   Kein Geld zum Weine du mehr hast,
   Ich mag nicht hören euer Klagen,
120 Ihr wißt euch gar nicht zu betragen,
   Wer mich will haben, muß mich zahlen,
   Nach allem meinem Wohlgefallen.
   Gen Worms zieh ich auf den Reichstag,
   Da ich ein große Losung hab;
125 Bey Fürsten und bey Edelleuten
   Thut man mit Fingern auf mich deuten,
   Man thut mich in ein Prachtgeschirr,
   Und zieht mich allenhalb herfür.

    Bestlin Karg, Jobst Weingans,
      der Kriegsmann.

    Wie soll ich mich ernähren,
130 Ich armes Bruderlein,
    Ich hab nicht viel zu zehren,
    Zu theuer ist der Wein,
    Es ist mir ungewohnt,
    Beym Wein hab ich gewohnt,
135 Den Abend und den Morgen,
    Bis er ist hoch belohnt.
    Der Wein ist worden Ritter,
    Altadlich im Geblüt,
    Ich habe nicht gestritten,
140 Der Wein hat mich bemüht,
    Nun sieht er mich nicht an,
    Und ist ein vornehm Mann,
    Den ich einst jung getreten,
    Und jetzt noch tragen kann.

So wollt ich gern ihm singen,   145
Doch hat mein Stimm kein Ton,
Ich kanns zu Stand nicht bringen,
Wenn ich den Wein so schon';
Ich kann nicht fröhlich seyn,
Zu theuer ist der Wein,   150
Muß ich denn Wasser saufen,
So schlafe ich gleich ein.
Kein Kurzweil ist beym Wasser,
Das red ich offenbar,
Bezeugs mit jedem Prasser,   155
Die zechen durch das Jahr,
Der Wein ist mir zu theur,
Versauf ich Haus und Scheur,
Es ist allein mein Schaden,
Es giebt mir niemand Steur.   160

Hoffahrt will Zwang haben.   II 46

(Mündlich.)

O du verdammtes Adelleben!
O du verdammter Fräuleinstand!
Jetzt will ich mich der Lieb ergeben,
Der Adel bricht mein Liebesband:
Ach dacht ich oft bey mir so sehr,   5
Ach wenn ich nur kein Fräulein wär.

Zu Morgens früh, wenn ich aufstehe,
Da putzet gleich mich die Mamsell,
Ach wenn ich in mein Schnürleib sehe,   9
Ich das Gefängniß mir vorstell. Ach dacht usw.

O du Gefängniß meines Leibes!
Die Brust in goldnen Ketten liegt,

O hätt ich doch des Zeitvertreibes,
Wovon die Kammerjungfer spricht. Ach dacht usw.

15   Denn wenn ich in die Kirch thu fahren,
So hütet streng mich die Mamsell,
Da seh ich die verliebten Paare,
Und jede Dirn, wies ihr gefällt. Ach dacht usw.

Will ich mit schönen Knaben reden,
20   Sie neigen sich in Demuth gleich,
Und merkens nicht, wie gern ich jedem
Sogleich den Mund zum Küssen reich. Ach dacht usw.

Was schöne Spässe muß ich sehen
Von Knecht und Magd auf offner Straß,
25   Doch muß ich gleich vom Fenster gehen,
Wenn die Mamsell erblickt den Spaß. Ach dacht usw.

Drum will ich meinen Stand verwandeln,
Will eine Bauerdirne seyn,
Damit ich nicht modest muß wandern,
30   Und krank ins Fräuleinstift hinein;
Bald denke ich nun gar nicht mehr,
Daß ich ein Fräulein war und wär.

II 47   Zierlichkeit des Schäferlebens.

(Fliegendes Blat.)

Nichts kann auf Erden
Verglichen werden
Der Schäfers Lust,
Auf grünen Heiden,
5   Verblümten Weiden,

Giebts wahre Freuden,
Mir ists bewust.

Bey kühlen Bronnen,
Bey heisser Sonnen
Bestrahlet seyn,   10
Ohn Furcht der Waffen
Im Grünen schlafen,
Bey meinen Schafen
Ist Freud allein.

Bald geh ich leyren,   15
Bald wieder feyren,
Durch tiefe Thal,
Dann muß ich springen
Mich ganz aussingen,
Thut wieder klingen   20
Der Echo Schall.

Ums Schäferleben
Soll man gern geben,
Ich weiß nicht was,
Ich tausch mit keinem   25
Und schlaf bey meinen
Herzliebsten Schäfchen
Im grünen Gras.

Des Schäfers Tageszeiten.   II 48

(Fliegendes Blat.)

Ach! wie sanft ruh ich hie
Bei meinem Vieh!
Da schlaf ich süß im Moos,
Dem Glücke in dem Schoos,

5   Ganz sorgenlos.
       Wenn ich die prächtigen Schlösser beschau
       Sind sie doch nur mir,
       So zu sagen schier
       Ein kühler Thau.

10   Kommt denn das Morgenroth,
       So lob ich Gott.
       Dann mit der Feldschallmey
       Ruf ich das Lämmerg'schrey
       Ganz nah herbey;
15   Da ist kein Seufzen, kein trauriger Ton;
       Denn die Morgenstund
       Führet Gold im Mund,
       Baut mir ein'n Thron.

       Kommt dann die Mittagszeit,
20   Bin ich voll Freud;
       Da grast das liebe Vieh,
       Geiß, Lämmer, Schaaf und Küh,
       Auf grüner Haid.
       Setz' mich in Schatten hin, esse mein Brod.
25   Bey meinem Hirtenstab
       Schwör ich, daß ich hab
       Niemals ein Noth.

       Endlich seh ich von fern
       Den Abendstern;
30   Dort draus am Wasserfall
       Schlaget die Nachtigall,
       Giebt Wiederhall.
       Freyheit in Armuth giebt Reichthum und Sieg,
       Allem Pomp und Pracht
35   Sag ich gute Nacht
       Und bleib ein Hirt.

Laß rauschen Lieb, laß rauschen.

(Mündlich.)

Ich hört ein Sichlein rauschen,
Wohl rauschen durch das Korn,
Ich hört ein Mägdlein klagen,
Sie hätt ihr Lieb verlorn.

Laß rauschen, Lieb, laß rauschen,   5
Ich acht nicht, wie es geht,
Ich thät mein Lieb vertauschen
In Veilchen und im Klee.

Du hast ein Mägdlein worben
In Veilchen und im Klee,   10
So steh ich hier alleine,
Thut meinem Herzen weh.

Ich hör ein Hirschlein rauschen
Wohl rauschen durch den Wald,
Ich hör mein Lieb sich klagen,   15
Die Lieb verrauscht so bald.

Laß rauschen, Lieb, laß rauschen,
Ich weiß nicht, wie mir wird,
Die Bächlein immer rauschen,
Und keines sich verirrt.   20

Luftelement.

(Mündlich.)

O Luft, du edles Element,
Führ hin mein Liedlein behend,
Mit seinem Hirtenschall,

Ueber Berg und über Thal;
5   Klopf leise an das Thor,
An meiner Fillis Ohr.

Den Dienst mit treuem Fleiß verricht,
Soll Lust dich aufhalten nicht,
Laß unterweges stehn
10   Die klaren Brünnlein schön,
Die grünen Bäumelein
Mit ihren Blätterlein.

Gefährtin soll dir Echo seyn,
Sie wiederholet so rein,
15   Damit du nichts vergist,
Sie wiederholt mit List
Die Worte mein so rein;
Must bald zurücke seyn.

Weh' ihr nur in die Aeugelein,
20   O lachende Flammelein
Vor eurem Pfeil und Strahl,
Die Sternlein fallen ins Thal,
Des Himmels runde Scheib
Vor Euch still stehen bleibt.

O spielend helle Demantlein,
25   Viel leuchtender als Karfunkelstein,
Der seidnen Härlein Duft
Vermeide fromme Luft,
Es hält dich sonst zurück
30   Der goldnen Ketten Glück.

O Luft schlag an ihr kaltes Herz,
Dann kehrst du zurück mit Schmerz!
O Furcht Schwermüthigkeit,

O Hoffnung Sicherheit!
O Luft, du edles Element,   35
Führ hin mein Liedlein behend.

Feuerelement.   II 52a

(Mündlich.)

Er. Du kannst mir glauben liebes Herz,
     Geh dich am Bronnen frischen,
     Wenn heut die Stern am Himmel sind
     Komm ich zu dir mein schönes Kind,
     Da denkst du nicht der Schmerzen   5
     Im Herzen.

Sie. Geh hin und nimm ein kühles Bad,
      Thu dich im Thau erlaben,
      Wenn Feuer und Stroh beysammen sind,
      Den Schnee darzwischen treibt der Wind,   10
      So muß es dennoch brennen,
      Ja brennen.

1. Epistel.   II 52b

(Aus Franken.)

Ich habe mein Herz in deines hinein geschlossen,
Darin liegen begraben
Drei güldene Buchstaben,
Der erste ist von rothem Gold,
Daß ich dir bin von Herzen hold;   5
Der ander ist von Edelstein,
Ich wollt du wärst die Liebste mein;

Der dritt, der ist von Sammet und Seiden,
Du sollst all andere meiden;
10 So wünsch ich dir ein güldenes Schlafkämmerlein,
Von Kristall ein Fensterlein,
Von Sammet ein Bett,
Von Zimmet eine Thür,
Von Nägelein ein Riegel dafür,
15 Von Muskaten eine Schwell
Und mich zu deinem Schlafgesell.

Dieses wünsch ich der Hübschen und Feinen,
Der Zarten und Reinen,
Der Tugendreichen,
20 So nicht ihres gleichen,
Wir wollen Freund sein
Bis in das Grab hinein.
Hiermit bist du tausendmal geküßt auf deine Hand,
Das geb ich dir zum Unterpfand,
25 Ich schick dir ein Gruß von Sammet und von Gold,
Du bist mir lieb und ich dir hold,
So werd ich hernach dir Freund doch bleiben,
So lange die Rosse den Wagen thun treiben,
So lange der Main schwimmet durch den Rhein,
30 So lange werd ich der Freund doch sein;
Geschrieben im Jahr,
Da die Liebe Feuer war,
Ob schon die Augen gleich weit von einander
Ein Herz doch allzeit liebet das andre,
35 Den Namen will ich nicht nennen,
Wenn du mich liebst, wirst du mich wohl kennen.

2. Epistel.

Einen freundlichen Gruß,
Der in das Herze soll und muß;
Der Gruß liegt begraben,
Zwischen zwey goldenen Buchstaben,
Der eine heiß: Eine Perle fein,   5
Ich kann nicht Herzallerliebste stets bey dir seyn!
Der andre heiß: Sammet und Seiden,
Mein Schatz soll andre Junggesellen meiden.
Ich habe einen heimlichen Bothen ausgesandt,
Der dir und mir ist wohlbekannt,   10
Das Täublein thu ich bitten
Mit tugendlichen Sitten,
Daß es soll mein Bothe seyn
Und sagen zu der Liebsten mein:
Ich grüß sie heimlich in der Still   15
Und trau den falschen Zungen nicht viel,
Grüße nur ihr Mündlein roth und weiß,
Welches ist gezieret mit ganzem Fleiß,
Grüße sie durch grasgrünen Klee,
Nach ihr thut mir mein Herz so weh.   20
Ich wünsche ihr soviel gute Tage und Augenblick,
Als ich des Nachts Sterne am Himmel erblick.
Ich wünsche meiner Herzliebsten ein Haus
Mich zu ihr immer ein und aus,
Von Kristallen eine Thür,   25
Und von Nägelein einen Riegel dafür;
Von Sammet und Seiden ein Bett,
Das ist ihr zarter Leib wohl werth.
Wir leben beide auf dieser Erden,
Ach, daß sie bald mein eigen möcht werden.   30
Eh ich meine Herzvielgeliebte wollt lassen,
Eh sollt mein Herz ein Pfeil durchstoßen;
Eh ich meine Herzallerliebste wollt meiden,
Eh sollt mein Herz eine Säge durchschneiden.

35 Es kann keiner seyn so behend,
   Der von der Liebe könnt schreiben ein End;
   Sie ist mein Morgen und Abendstern,
   Meine Augen sehn sie allezeit gern;
   Ich sitze beym Trinken oder Essen,
40 So kann ich meine Herzallerliebste nicht vergessen;
   Wenn ich sie seh voll Freuden schweben,
   So freuet sich mein ganzes Leben.
   Herzallerliebste, ich laß nicht von dir ab,
   Bis man mich träget ins kühle Grab.
45 Herz in Herz geschlossen,
   Pfeil in Pfeil gestoßen,
   Lieb in Lieb verpflicht,
   Herzallerliebste verlaß mich nicht;
   Denn mein Herz ist ein Diamant,
50 Dein und meine Liebe scheidet niemand.
   Keine Rose, keine Nelke kann blühen so schön,
   Als wenn zwey verliebte Seelen beysammen thun stehn.
   Kein Feuer, keine Kohle kann brennen so heiß,
   Als zärtliche Liebe von der niemand weiß.
55 Setz du mir einen Spiegel ins Herze hinein,
   Damit du kannst schauen, wie treu ich es mein.
   Nun Täubchen schwing die Flügel,
   Bring frohe Botschaft wieder.

II 56   Babeli sieht den Wald vor lauter
                      Bäumen nicht.

              (Mündlich.)

              Schwarzbrauns Babeli,
              Steh auf und laß mich 'nein,
              Ich bin allein,
              Und bring dir Wein,

Laß mich in die Kammer 'nein;   5
Schwarzbrauns Babeli,
Mit deinen schwarzen Aügeli,
Steh auf und laß mich 'nein.

's sind unser eins, 's sind unser zwey,
Bringen dir ein Osterey,   10
Schwarzbrauns Babeli
Steh auf und laß uns 'nein;
's sind unser zwey, 's sind unser drey,
Babeli komm geschwind herbey.
Schwarzbrauns Babeli,   15
Steh auf, und laß uns 'nein.

's sind unser drey, 's sind unser vier,
Kaufen dir gut Wein und Bier,
Schwarzbrauns Babeli
Steh auf und laß uns 'nein;   20
's sind unser vier, 's sind unser fünf,
Kaufen dir ein Dutzend Strümpf.
Schwarzbrauns Babeli
Steh auf und laß uns 'nein.

's sind unser fünf, 's sind unser sechs,   25
Kaufen dir ein Kreuzersweck,
Schwarzbrauns Babeli
Steh auf und laß uns 'nein.
's sind unser sechs, 's sind unser sieben,
Welchen will das Babeli lieben?   30
Schwarzbrauns Babeli
Steh auf und laß uns 'nein.

's sind unser sieben, 's sind unser acht,
Wünschen dir eine gute Nacht,
Schwarzbrauns Babeli   35
Steh auf und laß uns 'nein.

's sind unser acht, 's sind unser neun,
Welcher darf zum Babeli 'nein?
Schwarzbrauns Babeli
40 Steh auf und laß uns 'nein.

's sind unser neun, 's sind unser zehn,
Möchten gern das Babeli sehn,
Schwarzbrauns Babeli
Steh auf und laß uns 'nein.
45 's sind unser zehn, 's sind unser eilf,
Liebes Babeli komm und helf.
Schwarzbrauns Babeli
Steh auf und laß uns 'nein.

's sind unser eilf, 's sind unser zwölf,
50 Ist ein ganze Heerde Wölf,
Schwarzbrauns Babeli
Steh auf und laß uns 'nein.
Laß uns in die Kammer 'nein,
Bringen dir ein Kanne Wein.
55 Schwarzbrauns Babeli,
Steh auf und laß uns 'nein.

II 58 Aus der Zeit, wo die Schäfereyen
überhand nahmen.

(Mündlich.)

Schäfer. Mein Freund! Ein guter Freund,
Der hier verspätet weint,
Erbittet sich zur Gnad
Hier eine Ruhestadt,
5 Weil er von diesem Ort
Nicht mehr kann reisen fort.

Nachtwächter. Wer seyd ihr?

Schäfer.   Ich bin ein treuer Hirt,
                  Aus Liebe und Begierd,
                  Seht an mein Hirtenstab,   10
                  Den ich in Händen hab,
                  Damit weid ich die Heerd
                  Wies mich der Vater lehrt.

Nachtwächter. Wen sucht ihr?

Schäfer.   Ich such aus treuem Sinn   15
                  Die edle Schäferin,
                  Die sich von meiner Heerd,
                  So schnöd hinweggekehrt,
                  Und sich in dieser Stadt
                  Gewiß verloren hat.   20

Nachtwächter. Wenn ihr ein Schäfer seyd, so gehört ihr
                  zu eurer Heerd, wie bald ists geschehen,
                  daß ein Wolf kommt und zertrennt die
                  ganze Heerd.

Schäfer.   Wenn schon die ganze Heerd   25
                  Von ihm zertrennet wär,
                  So wär es nicht so viel,
                  Als wenn ich ohne Ziel
                  Sollt ohne Schäfrin seyn,
                  Und nunmehr ganz allein.   30

Nachtwächter. Ihr werdet schon eine andre finden,
                  Was braucht ihr der so nachzulaufen?
                  Ist sie so gewaltig schön?

Schäfer.   Sie ist vortreflich schön
                  Wie eine Götterin,   35
                  Ihr Auge ist wie Feur,

       Das macht sie mir so theur,
       Die liebliche Gestalt
       Ist wie man Venus mahlt.

40 Nachtwächter. Von Venus mag ich gar nichts wissen,
       Korporal heraus und Bursche ins Gewehr
       und führt den Kerl ans Licht.

   Schäfer.   Gewalt geht stets vor Recht,
       Mein Treu bezahlt man schlecht,
45   Ich such die ganze Nacht,
       Man führt mich auf die Wacht,
       Adje man führt mich hin
       O edle Schäferin.

   Nachtwächter. Licht her, Kerl was winkt er mir? – Ach
50   ihre Majestät! Sie sind es! – Gnade, ma-
       chen sie einen treuen alten Diener nicht
       unglücklich!

   Schäfer.   Ihr sollt mirs nicht ansehn,
       Ihr könnt mirs nicht ansehn,
55   Ein Schäfer will ich seyn,
       Ein Schäfer ganz allein,
       Ihr seyd einfältge Schaf,
       Und ich erlaß die Straf.

II 60   Naturtrieb.

       (Eingesandt.)

  Wie die goldnen Bienlein schweben
  Auf der bunten Blumenfahrt,
  Hundert tausend Küße geben
  All den Kräutlein mancher Art,

So in meines Herzens Grunde   5
Treibt es mich, nach deinem Munde,
        Speiß und Wein,
        Küß und Freude,
        Mehrt die Pein,
        Die ich leide,   10
    Ohne dich, mein Leben!
        Durch Umfangen
        Stillt dein Mund
        Mein Verlangen,
        Bin ich wund,   15
    Kannst du mir Gesundheit geben.

Selbstgefühl.   II 61

(Fliegendes Blat.)

Ich weiß nicht, wie mirs ist,
Ich bin nicht krank und bin nicht gesund.
Ich bin blessirt und hab keine Wund.

Ich weiß nicht, wie mirs ist,
Ich thät gern essen und geschmeckt mir nichts,   5
Ich hab ein Geld und gilt mir nichts.

Ich weiß nicht, wie mirs ist,
Ich hab sogar kein Schnupftaback,
Und hab kein Kreutzer Geld im Sack.

Ich weiß nicht, wie mirs ist,   10
Heirathen thät ich auch schon gern,
Kann aber Kinderschrein nicht hörn.

Ich weiß nicht, wie mir ist,
Ich hab erst heut den Doktor gefragt,
Der hat mirs unters Gesicht gesagt.   15

Ich weiß wohl, was dir ist,
Ein Narr bist du gewiß;
Nun weiß ich, wie mir ist!

II 62   Dies ist das alte deutsche Uebel
Und wers nicht hat, der nehms nicht übel.

Welcher Mann ein Henn hat die nicht Eyer legt,
Und ein Sau die nicht Junge trägt,
Und ein Kuh die nicht Milch giebt,
Und ein Tochter die all Nacht ausliegt,
5   Und ein Sohn der allzeit gern spielt,
Und ein Frau die ihm heimlich abstiehlt,
Und ein Magd die da geht mit einem Kind,
Fürwahr der hat ein unnütz Hausgesind.
Doch ist noch eine schlimmre Qual,
10 Die trit die Leute an auf einmal,
Auf den hohen Rossen die Reitersknaben,
Die können ihr nicht leicht enttraben,
Die kommt von freundlicher Botschaft schicken,
Brieflein schreiben, Augen blicken,
15 Mündlein küssen, Händlein greifen,
Lauten spielen, Nachtes Pfeifen,
Unter dem Tisch die Füßlein treten,
Untern Bänken die Knielein kneten,
Darnach dann zusammen rucken
20 Und in die heimlichen Winkel schmucken,
Die rothen Wänglein dreschen,
Die schwarzen Hemdlein wäschen,
Silbern Kleinod schenken,
Mit den Augbrölein wenken,
25 Aus der Kirchen sich verstehlen,
Und in engen Gassen sich verhehlen,
All Stunden verbey laufen,

Heut schlagen, morgen raufen.
Wer nun ein solches Uebel hat,
Der merk, wie es hernach ihm gaht,   30
Sein Schlaf wird ihm genommen gar,
So muß er laufen her und dar
Gleich wie ein wütender Hund,
Und kann geruhn zu keiner Stund.
Wann er soll zu Tische sitzen,   35
So wird er vor Aengsten schwitzen,
Hat manchen seltsamen Gedank,
Zeit und Weil wird ihm lang
Und thut nichts als Hölzlein schnitzen,
Mit denselben die Wänd zerkritzen,   40
Henkt unter sich sein Haupt,
Von ihm wird gar niemand erfreut.
Füß rutschen, Teller stupfen,
Hand-Zwehlen knüpfen
Und auch die Gläser klenken,   45
Manchen tiefen Seufzer senken,
Mit Messern Brod klopfen,
Und die Finger ropfen,
Dazu auch über sich sehen,
Treibt er viel, es muß geschehen,   50
Die Augen wirft er hin und dar
Und jetzt wird er der Metze Narr.
Alte Schuld und Schaden rächen,
Niemand mehr freundlich gesprechen
Und Tischlacken schaben,   55
Solche Zeichen muß er an sich haben.
Was ander Leut thun ist ihm schwer,
Er ist ein rechter groß Martrer,
Und liegt stetig in großem Weh.
Zu Nacht lauft er in den Schnee,   60
So er dann hört der Metzen Stimm,
Dann sticht ihn erst des Uebels Grimm,
Von Frost und Regen leidet er viel,

Also treibt der Thor sein Saitenspiel
65 Wohl hin über die Wochen ganz.
Am Sonntag schenkt ihm die Metz ein Kranz,
Der ist nicht einer halben Haselnuß werth,
Den die Metz dem Narren gewehrt,
So er nun den Kranz auftreit,
70 So dünkt er sich zehenmal so breit
Und lauft damit in alle Gassen,
Er dünkt sich stolz ohn alle Maaßen.
Was ihm die Metz heist, muß er thun,
So kann er ohne Krieg nicht ruhn.
75 Welcher sich des Uebels will erwehren,
Der soll sich zu guten Gesellen kehren,
Wo sie sitzen bey dem kühlen Wein
Und soll die Metze ein Metze lassen seyn,
Bis daß sie ihm werd gegeben zu der Eh,
80 Ihm wird dennoch wahrlich wohl weh,
Wenn er ein Jahr zu Hause sitzt bey ihr,
Er wollt daß sie ein Reutlinger Ochs wär,
Er gäb sie wieder um das halbe Hauptgut,
Also spricht Nicklas Wohlgemuth.

II 65 Alte Prophezeihung eines nahen Krieges,
der aber mit dem Frühling endet.

(Badische Wochenschrift 1806. S. 256.)

Es wird am Sankt Mattheus Tag
Die Sonne treten in die Wag',
Des sey die Armuth recht beklagt;
Der Friede wird ihr abgesagt,
5 Und auch darzu dem ganzen Land.
Der alte Feind ist wohl bekannt,
Er zieht daher von Mitternacht,

Mit großer Heereskraft und Macht,
Quartier macht ihm ein wild Gesind,
Der kalte Regen der rauhe Wind,　　　　　　　　　　10
Dann flüchte jeder in die Gruben
Kartoffeln, Kraut, gelb, weiße Ruben.
Mit Erd soll man die Reben decken,
Wenn Frosch und Mücken sich verstecken;
Wenn Kröt und Natter sich verkrochen　　　　　　　15
Dann wird der wilde Feind anpochen.
Vor ihm wird Storch und Schwalbe fliehen,
Der tapfre Kranich weiter ziehen,
Sein Vortrab kömmt mit kalten Reifen,
Dann soll das Volk zur Rüstung greifen,　　　　　　20
Schnell Fenster und auch Ofen flicken,
Die Stuben verstreichen und verzwiken,
Die Thür mit Tuch und Filz beschlagen,
Die Federbetten herbei auch tragen,
Das Dach mit Stroh und Ziegel bessern,　　　　　　25
Kein Krebs mehr fangen in Gewässern,
Kein G'sell und Bub soll bei Ungnaden
Sich fürder mehr im Flusse baden.
Den Lustgärtnern wird abgesagt,
Barfus, Hemdärmel wird verjagt,　　　　　　　　　30
Die Nankinghosen ziehn ab zu Haufen,
Die leinen Kittel auch entlaufen,
Die Strohhüt sind betrübt und trauren,
Und von den Dörfern knarrn die Bauren,
Auf Karren leis das Holz herzu;　　　　　　　　　35
Die Köhler halten auch kein Ruh,
Sie bringen große Wagen voll Kohlen.
Dann zieht der Feind ganz unverholen
Daher mit kaltschneidender Luft,
Wald und Heck stehn ganz in Duft,　　　　　　　　40
Ein Nacht schnell Wonn und Freud zerstört.
Nun endlich wird das Volk empört,
Das Vieh flüchten sie in die Ställ,

Das Volk sich also wapnet schnell
45   In Pelz, Rauchmützen und Filzsoken,
Pelzschu, Handschu recht unerschrocken,
Auch zieht es mit großem Heer
Dem Winter zu thun Gegenwehr.
Zähnklappern, Zittern geht da los,
50   Husch Husch, ist ein Geschreie groß,
In weiß Montur kleidt sich der Nachen,
In blau die Mäuler, in roth die Nasen.
Der Feind wirft einen großen Schnee,
Sein Brücken schimmert auf Fluß und See,
55   Erstickt die Fisch boshafter weis;
Da haun wir Löcher in das Eis.
Der Feind bringt Schollen und Wassergüß,
Schwellt an mit Eises Fluth die Flüß,
Thut sich die Schiffahrt gar verbitten,
60   Dann rasseln wir einher auf Schlitten,
Mit Frost wird er das Mühlwerk stellen,
Aber der Müller wird ihn bald prellen,
Mit Feuerhacken, und auch Schlegeln,
Wird er ihn sich vom Leibe flegeln,
65   Gießt Wasser heiß ihm auf den Pelz,
Bis wieder sich sein Rad umwälz.
Nachdem er ihm den Tag abbrach,
Daß man kaum acht Stund mehr sah,
Steckt an das Volk Talglicht und Schleißen,
70   Den finstern Winter wegzuschweißen:
Und daß wir all nicht gar erfrieren
Wirds gehn ans Heizen und Feuerschüren,
Die Kohlpfann muß recht scharf heran,
Sich wehre tapfer jedermann.
75   Gar leicht manch Pelz, manch Rock verbrennt,
Manch Mann erfriert sich Fuß und Händ;
Der Feind wird thun gar großen Zwang,
Als aber die Schlacht währet lang
Giebt sich das frostig Heer zur Flucht,

Jeder ein warme Stube sucht. 80
Viel wollen gar in Ofen kriechen,
Andre draus nach Beut herumriechen,
Für Beute ist ihnen zugeschworen
Ein feuchte Nas, zwei rothe Ohren,
Hat nun der Feind ganz Oberhand 85
Und gänzlich unter sich das Land
Gewaltiglich in aller Gränze,
Schreibt bald das Volk um Hülf dem Lenze,
Daß er komm schnell in kurzen Tagen,
Und helf den Winter weiter jagen. 90
Da wird der Lenz bald näher gehen,
Wird lassen warme Lüftlein wehen,
Da wird der Winter werden schwach,
Mit Schnee und Frost auch lassen nach.
Der Fried kommt aus der Erde geschossen 95
Auf Bäumen und auf Büschen sprossen,
Frech werden schaun die grünen Röslein,
Mit aufdringenden grünen Gräßlein.
Noch wird der Winter nicht gar fliehn,
Wirds Land mit Frost noch überziehn, 100
Und böslich nochmals überschreien:
Dann bringt der Lenz zur Hilf den Mayen,
Mit seinen linden warmen Lüften,
Jetzt Wald, Berg, Thal erst recht erklüften,
Den Winter werdens von sich schütten, 105
Die Bäum und Hecken stehn in Blüthen,
Durch Blümlein werden auf den Wiesen,
Die Maienregen sich ergiessen,
Es wird ganz grün in Graß und Laub,
Da wird der Winter matt und taub 110
Nehmen überwunden die Flucht.
Sein Nachtrab uns noch bös heimsucht,
Mit Ungewitter und kalten Reifen,
Wohl gar des Maien Blüth angreifen.
Dann scheint und schlägt in Siegeswonne, 115

Mit blankem Schwerdesstrahl die Sonne,
Und dann ist gar der Feind verjagt,
Der Vieh und Leut hätt lang geplagt,
Doch wird er drohn mit hartem Brummen,
120   Er woll aufs Jahr schon wieder kummen.
Darum so seht euch alle vor,
Weil offen steht dem Feind das Thor
Und sammelt alle Nothdurft ein,
Der Winter dringet schon herein,
125   Daß jeder sich des Feinds erwehr
Geh er zur Ameis in die Lehr,
Sie sammlet ein und leget hinter,
Daß sie zu zehren hab im Winter.

II 69   Frühlingserwartung.

(Mündlich.)

Schlagt ihr muntern Nachtigallen,
Laßt den hellen, reinen Ton,
Durch die dichten Sträucher fallen,
Seyd gebeten singet schon:
5   Und ihr Schach, Schimel und Hirsch
Und Esra, Saul und Mürsch,
Pincus, Moses, Meyer
Kömmt zu dieser Feyer,
Heut muß Frühling seyn.

10   Klingts nicht wie neu Gold dies Singen,
Ach so süsse kann wohl kaum
Aaronis Leibrock klingen
Mit den Cimbeln an dem Saum:
Und ihr Schach, Schimel und Hirsch
15   Und Esra, Saul und Mürsch

         Macht kein Streit und Händel,
         Bindt die Schuh mit Bändel,
         Heut muß Frühling seyn.

Der Schmiedegesellen Gruß.   II 70

(Fliegendes Blat.)

Frage.

Grüß dich Gott mein Schmidt!

Antwort.

Dank dir Gott mein Schmidt!

Frage.

Mein Schmidt, wo streichst du her?
Daß deine Schuhe so staubig,
Dein Haar so krausig, dein Bart auf beiden Backen
     herausfährt   5
Wie ein zweischneidig Schlachtschwerdt?
Du hast eine feine meisterliche Art,
Einen feinen meisterlichen Bart,
Eine feine meisterliche Gestalt,
Du bist weder zu jung noch zu alt.   10
Mein Schmidt bist du Meister gewesen,
Oder denkst du noch mit der Zeit Meister zu werden?

Antwort.

Mein Schmidt, ich streich daher übers Land,
Wie der Krebs übern Sand,
Wie der Fisch übers Meer,   15
Daß ich mich junger Hufschmidt auch ernähr.
Mein Schmidt ich bin nicht Meister gewesen,
Ich denk aber mit der Zeit noch Meister zu werden,

Ist es gleich nicht hier,
20   So ist es anderswo schier,
Wenn es gleich ist eine Meile von dem Ring,
Da der Hund übern Zaun springt,
Da ist auch gut Meister zu werden.

Frage.

Mein Schmidt, wie thust du dich nennen,
25   Wenn du hier und anderswo auf der Gesellen Herberge
        kommst,
Die Gesellenlade offen steht,
Büchse, Briefe, Siegel, Geld und Gut drinnen
Und draussen herum liegen, günstige Meister und
        Gesellen,
Jung und alt um den Tisch herum sitzen, und halten eine
        feine stille Umfrage,
30   Gleich wie jetzt und allhier geschiehet?

Antwort.

Mein Schmidt, ich thu mich nennen,
Ferdinand Silbernagel, das ehrliche Blut,
Dem Essen und Trinken wohl thut,
Essen und Trinken hat mich ernährt,
35   Darüber hab ich manchen schönen Pfenning verzehrt,
All mein Vaters Gut,
Bis auf einen alten Filzhut,
Der liegt in der Königlichen See- und Handlungs-Stadt
        Danzig,
Unter des Herrn Vaters Dach;
40   Wenn ich aber vorübergeh,
So muß ich seiner lachen,
Er ist mir weder zu gut noch zu bös,
Daß ich ihn nicht mag lösen, mein Schmidt wilst du ihn
        lösen,
So will ich dir auch 3 Heller zur Beisteuer schenken.

Frage.

Mein Schmidt, bedanke mich deines alten Filzhuts,   45
Ich habe selbst einen der ist nicht gut.
Aber Ferdinand Silbernagel ist wohl ein feiner Name,
Er ist wohl 100 Reichsthaler mehr als ein fauler Apfel
    einen Pfenning werth,
Denselben nimmt man und wirft ihn zum Fenster
    hinaus,
Da kommt wohl ein grober, toller, voller Bauer mit
    seinen großen Hahnreystiefeln   50
Und bricht wohl 99 mahl den Hals darüber,
Und spricht nicht einmal ho ho!
Aber dich und deinen ehrlichen Namen wollen wir hier
    behalten,
Er ist auch wohl behaltens werth.
Mein Schmidt, wo hast du ihn bekommen?   55
Hast du ihn ersungen oder hast du ihn ersprungen,
Oder hast du ihn bey schönen Jungfern bekommen?

Antwort.

Mein Schmidt, ich konte wohl singen,
Ich konte wohl springen,
Ich konte wohl mit schönen Jungfern umgehen, das
    alles wollte nichts helfen,   60
Ich muste meinen ehrlichen Namen um ein frei
    Wochlohn kaufen,
Das Wochlohn wollte nicht recken,
Ich muste die Mutterpfennige und das Trinkgeld auch
    drein stecken.

Frage.

Mein Schmidt, in welcher Stadt oder Markflecken
Sind dir solch edle Wohlthaten wiederfahren?   65

Antwort.

Mein Schmidt, in der Königlichen See- und Handlungs-
     Stadt Danzig,
Da man mehr Gersten zu Bier mälzt,
Als man Silber und Gold schmelzt.

Frage.

Mein Schmidt, kanst du mir nicht zwei oder drei nennen,
70   Damit ich dich und deinen ehrlichen Namen mög
     erkennen?

Antwort.

Mein Schmidt, ich kan sie dir wohl nennen,
Wenn du sie nur thätest erkennen;
Es ist da bey gewesen Gotthelf Springinsfeld, Andreas
     Silbernagel, Gottlob Trifteisen,
Mit diesen dreien kan ichs bezeugen und beweisen
75   Und ist es dir nicht genug,
So bin Ferdinand Silbernagel der vierte
Und andere gute Gesellen mehr,
Die ich nicht alle herzählen kann.

Frage.

Mein Schmidt, war es dir nicht leid,
80   Daß es deren so viel waren?

Antwort.

Mein Schmidt es war mir nicht leid,
Daß es ihrer so viel waren,
Es war mir leid,
Daß du und deine gute Neben-Gesellen nicht auch dabei
     waren,
85   Daß die Stube oben so voll wie unten, und unten so voll
     wie oben,

Und hätten einander zum Fenster hinaus getrunken,
Und zum Kachelofen wieder herein,
Der Kopf hätte doch allezeit der vorderste must sein.

Frage.

Mein Schmidt, was wäre dir mit meinem Kopfschaden
    gedient gewesen?
Wäre es nicht besser gewesen,   90
Wir wären gewesen zu Kölln am Rhein,
Und hätten einander zugetrunken 24 Kannen Bier oder
    Wein?
Indessen scheid ich von dir, und du von mir,
Und ich werde dich hinfort nicht fragen mehr.

Die Schmiede.   II 74

1600–1650.

Wenn jetzt die Schmieder zusammen geloffen
Und angefangen, das Eisen zu klopfen,
Kein solcher Gesang kömmt auf die Bahn
Wie diese Bursche heben an.
Mit Streichen im Dutzend einander sie trutzen,   5
Keiner der lezte will sein.
Sie schlagen eins Schlagens und thuen den zwagen,
Der leiser schlägt darein.
Mannichfaltig, gestaltig, gewaltig
Die Hämmer hoch fliegen, das Eisen zu biegen,   10
Die Zangen erlangen und fangen die Stangen,
Und werfens in die Kohlen, daß klinget, wiederspringet,
In Mitten der Hitzen, daß glitzet widerspritzet, –
Und also das Eisen tauglich wird.

Weil nun die Hämmer auf dem Ambos rum springen,
Die Blasbälge dort in dem Ofen auch singen,   16

Und bläßt der Knecht, so lang er kann,
Bis daß die Kohlen recht angahn.
Inzwischen erfrischen sich wieder die Schmieder,
20 Da hebet das Schnaufen erst an.
Sie reissen das Eisen vom Heißen und schmeißen
Es auf den Ambos hinan,
Und laufen im Haufen mit Schnaufen,
Und schmieden eines Schmiedens zusammen, mit
        Nahmen
25 Vulkanus, Pyramus, Jost Cleußle, Thomas Fäußle,
Dies wellen die Gesellen nit lassen, dermaßen
Bis alles erbidmet in Mitten der Schmieden, –
Auch leztlich das Eisen sich ergiebt.

Nachdem nun das Eisen genugsam gelitten,
30 Kömmt Wagner Franz vor die Schmiede geritten,
Er bringt mit sich der Räder drey:
»Die müssen flugs beschlagen sein!«
Giebt wieder ein Rummel, Gemummel und Tummel,
Doch mit Bescheidenheit,
35 Denn reine und kleine, gar feine, subteile
Sind Hämmerlein da bereit,
Die fassen sie, spassen und lassen dermaßen
Die Hämmerlein tanzen dem Franzen das ganze
Rad über und über, als gält es viel Stüber,
40 Und währet das Springen, das Klingen und Singen
Bis daß sie dem Wägner, beschlagen die Räder –
Laß dies ein lustiges Handwerk sein.

Bald wieder die Schmieder zum Ambos hin stunden,
Es waren drei rüstige kohlschwarze Kunden,
45 Ein Kontrapunkt sie fingen an,
Kein Kantor es wohl besser kann.
Wohl Hammer um Hammer fiel wieder hernieder,
Gab ihnen den Takt darzu,
Sie schwangen mit Zangen und wandten die Stangen,

Es ist doch nimmer genug. 50
Besser auffen Misthaufen ihr Schnaufer, ihr Sauffer!
Die Hämmer thut schwingen, die Klingen muß springen,
Thut wacker drauf klopfen, ihr Blocken, ihr Tropfen,
Noch höher thut zücken, den Rücken fein bücken, 54
Jezt gehts schon viel räscher, hui Fresser wie Drescher, –
Laßt nach, die Stange ist wohl gemacht.

Der Meister nun brachte drei andere Stumpen. –
Wohlan! nun zucket ihr Hudler und Lumpen!
Da habt ihr gar geringe Wahr,
Schlagt drauf der lezte bei 'nem Haar! 60
Drei Knappen wie Rappen im Schlagen diltappen,
Sie schlugen von oben herein.
Thut die Lenden schnell wenden, seit behend mit den
        Händen,
Potz Dampf es muß nur so sein.
Thut besser zu halten, sonst wird es erkalten, 65
Hui Strobel, mein Zobel rück besser zum Hobel,
Hui Schlegel, schieb Kegel, spann d'Segel, netz 'n Flegel,
Rück besser zum Ambos, Melampus, Schlampampus,
Merkt auf ihr Sautrigel, ihr holzrichte Prügel! –
Ab, ab, hui Buben, alsgemach, schlagt ab! 70
Nun brachte der Meister voll Bier eine Bütschen,
Sieh, wie die Bachanten darüber her wütschen,
Und wie es zugieng bei dem Trunk.
Der ein zum andern sprach: Du Funk!
Es gilt Flegel, gsegns Gott Schlegel, Prost Luder, hui
        Bruder, 75
Drücks aus, laß nichts darin,
Na Schlämpel, Hausträmpel, gieb rummer die Blämpel,
Es gilt jezt eins im Ring.
Giebs weiter, Hochzeiter, Freibeuter, Bernhäuter, 79
Was machst lang ein Gerümpel, du Simpel, du Gimpel,
Thu die Gurgel aufspannen, wie ein Wannen,
        Mußpfannen,

Fein ritterlich trinken, laß die Lanzen nit sinken,
Die Augen zu drucken, mit vollem Hals schlucken,
Laß mir dies hurtige Bantscher sein!

85 Sie trankens wohl leer aus, wohl rein auf den Nagel,
Da brachte der Meister ein anderen Hagel;
Hui Buben stellt euch wieder ein,
Packt hurtig an es, es muß nur sein,
Potz Velti zum schmeißen, wie oft muß ichs heißen,
90 Wie lang muß ich da stehn,
Schlagt alle zusammen, 's wird keiner erlahmen,
Jezt wirds erst recht angehn.
Halt tapfer zu Driessel, Schwarzfüßel, Saurießel,
Sonst soll euch Diebskragen der Hammerstiel zwagen,
95 Daß euch möcht die Laugen übertreiben die Augen,
Schmeißt, daß es erklinget, vom Ambos aufspringet,
Daß die Funken vor Hitzen mit Glitzen aufspritzen,
Her auf die Seiten, rum besser, wend her.

In dem es nun völlig erklingt in der Schmiede
100 Kömmt eilend ein Gast durch die Strasse geritten,
Ein Rittersmann bekleidet stolz,
Viel schneller als ein Federbolz!
Er rennet und sprenget, er hottet, fort trottet,
Gar geschwind als wie der Wind:
105 Holla, Hosta, alla Posta, del questa, la kosa,
Sa sa sa, Trarara.
Faule Häuter, schrie der Reiter, wo seid ihr, muß weiter,
Mit Spornen drein stechend, dem Klepper zusprechend,
Weil die Rippen nit krachen, läßt sich nicht irr machen.
110 Der Schmiede zukesselt, den Schecken anfesselt,
Wie wohl er sich sperret, die Augen verzerret. –
Zulezt der Gaul das Maul doch henkt.

Drauf tritt er heran vor die Schmiede Höllen:
Kommt rausser, ihr Mausser, ihr rostige Gesellen,

Und schaut doch meinem Klepper zu,   115
Er trabet wie des Müllers Kuh,
Flugs Nägel, Schwartvögel, Zang, Zwikl und Schlegel.
Helft schnelle meim hinkenden Gaul,
Es soll euch nicht reuen, will schicken zum Bräuer
Um Bier, seid nur nicht faul!   120
Die drei Noren, wie Mohren, schwarz hinten und
          vornen
Solch Rede erfrischet, ein jeder 's Maul wüschet,
Waren lauter Courage, Pourage, Bomperfage.
Wohl hinten sie guckten, den Rukken tief buckten,   124
Und schauten dem Schimmel, zu innerst in Himmel; –
Wohl hinten mein Schimmel heb auf.

Der Schimmel thut munter den Hinterfuß heben,
Dem Strobel Baslesmanes vor die Goschen zu geben,
Daß er wohl dreimal tumlet rum,
Und zog ein Maul so ziemlich krum,   130
Den Schimmel anschielet und grillet und billet,
Als thät ihm sein Mäulchen sehr weh.
Sie lachten, daß sie krachten, viel Possen erst machten,
O he mein Blessel jezt steh!   134
Sa, Sa, Sa mein Schimmel mach nicht viel Getümmel,
Mußt hinten fein eben dem Strobel aufheben,
Hui Strobel, du Fresser, greif zu dem Hufmesser,
Nimm Nägel und Zangen du rußige Stangen,
Greif zu dem Hufeisen, es wird dich nicht beißen; –
Steh still mein hinkender Blessel steh!   140

Mein Strobel tritt wieder wohl hinter die Gurren,
Die hebet wohl an mit dem Magen zu murren,
Dem Strobel zu Ehren ein Musik bracht,
Des wird von andern er verlacht.
Was gaffts lang ihr Lümmel, disputirt mit dem
          Schimmel,   145
Helft heben den schäbichten Gaul,

Keine bratene Tauben, könnt keklich mirs glauben
Euch fliegen wird hier in das Maul!
Knollfinken, potz Himmel, halt besser den Schimmel,
150 Um die Bütsche voll Hopfen thut klopfen ihr Tropfen!
Um die Wekken darneben, die der Ritter wird geben,
Thut nieten und feilen, thut waker drauf eilen,
Das Eisen auftragen, das Roß wohl beschlagen; –
's ist recht mein Schimmel! sezt nieder, steh!

155 Drauf kam ein gut Bauer vor die Schmiede geritten
Und thät des Schmieds Jörgen herzinniglich bitten:
O Molle hübsche Stiefelein
Mach meinem Rolle an die vier Bein,
Von Stahel und Eisen mit Riemen zum greifen
160 Auf die allergeschmeidigste Sitt,
Mit Rahmen gedoppelt, daß er nicht stollhoppelt,
Auch um den mindesten Tritt,
Allamodisch, Heroisch, Sklavonisch, Saphoiisch,
Mit braunen Galaunen, mit Knöpfen wie Pflaumen
165 Von hänfener Seiden, kohlschwarz wie ein Kreiden,
Kortesische Stötzlein, Malthesische Pantöfflein.
Hasengärnisch geschnüret, Palermisch stafieret,
Noch Geld, noch Kunst laß dauern dich!

Schmied Jodel sprach zu ihm: Mein Tolle, mein Knolle,
170 Vier Stiefelein will ich nun machen deim Rolle.
O Tilli Matelle miß ihm Hosen an,
Und Ueberschläglein daran
Von stürtzenem Lündisch, das ziert ihn ausbündisch,
Troz einem Edelmann
175 Mit Knöpfen und Borten, mailändischer Sorten,
So schön mans finden kann.
Das Wammes von Falten zu Falten gespalten
Um die Lenden geputzet, aufgemutzet, gestutzet.
Mit strohernen Rinken zur Rechten und Linken
180 Von Oben und Unten recht zimpferlich gebunden,

Zippergekische Tätzlein, vier Blätzlein vors Lätzlein;
Das laß mir einen tollen Rolle sein.

Fritz Knolle sprach da wohl mit Lachen zur Sachen:
Mein Schmid fang nur tapfer an Hosen zu machen,
Ein bomesinenes Mäntelein,   185
Miß gleich zum Wammes obendrein,
Mach Wammes und Hosen nach Art der Franzosen,
Einen türkischen Bund auch darzu,
Mach Feder und Boschen sollt es mich gleich kosten
Meine allerurälteste Kuh,   190
Mach Maschen, Kamaschen, zwo Flaschen, drei Taschen,
Papierene Krägen für Wind und für Regen,
Acht krumme Dusecken nach Art der Poläken,
Visigungische Spörlein, an die Oehrlein zwei Perlein,
Zwen Spanner und Büxen von Brixen und Grixen; –
O Rolle, wie könntest du toller sein!   196

Schmidt Jodel sprach da zum Bauren mit Lauren:
O Bauer kein Arbeit soll warlich mich dauren,
Mein Kunst passiert, wird sie geschmiert,
Den Riemen zieh, den Sackel aufschnürt,   200
Neunzehen Duplonen für die Hosen must du lohnen,
Dem Schmiedeknecht eine Zechin,
Für Stiefel und Sporn acht Scheffel gut Korn,
Der Magd eine Juppe zu Gewinn,
Für Boschen ein Groschen, gute Sorten für Borten,   205
Für Knöpf und für Stöklein vier schweinerne Böcklein,
Für Mantel und Wammes, ein Wilds und ein Zahmes,
Kamaschen und Klappen, neun Dicken drei Rappen,
Zipfel, Aermlein und Tatzen, fünf Piaster neun Batzen;
Kein Pfenning ich minder nehmen kan.   210

Da möcht dem Fritz Knolle vor Freuden und Lachen
Schier gar nächst das zarte Herzbändelein krachen,
Und sprach: Ein guten Muth dir hab!

Ich zieh' kein halben Heller ab,
215 Nimm' deine Duplonen, doch must' dich nicht schonen
Staffier nur meinen Rolle aus,
Mit Stiefel und Kappen versieh mir den Rappen,
Ich geh auch nicht zuvor nach Haus,
Mit Hutzlen und Bohnen, will ich dich belohnen,
220 Mit Haber und Weitzen, zwölf Klafter zum Heitzen,
Fünf Wagen voll Kohlen, kannst auch bei mir holen,
Teichmispeln und Biren will ich dir zuführen,
Mit Käse und Ankhen gar höflich abdanken,
Dem Buben ein Saufell werden soll.

II 82   Taille douce eines süßen Herrn
in bittrer Manier von 1650.

Hört zu, ein neuer Pantalon ist auf dem Markt
   ankommen,
Den Charletan jagt er davon, hat selbst den Platz
   genommen,
Der seltsam Kund in einer Stund wird tausend Possen
   reißen,
Bist du ein Mann, trutz schau ihn an und 's Lachen thu'
   verbeißen,
5 Was ist das für ein Strobelhaar, sind's Igel oder Ratzen?
Vielleicht nur einmal in dem Jahr thu'n kämmen ihn die
   Katzen.
Sein Haar ist g'wiß ein Storchennest, krumm hin und
   wieder bogen,
Er hat ein Schopf wie ein Wiedhopf, viel Volks darein
   erzogen.

Am linken Ohr hängt ihm herab ein a la Mode Zotten,
10 Den darf er gar nicht stutzen ab, bey Leibstraf ists
   verboten,

Dünkt ihm sehr toll, wie ihm die Woll herumschwebt vor
    den Augen,
Ist lang und dick, für einen Strick thu't es dem Henker
    taugen.

Bald flicht er ihn wie einen Zopf, thut ihn
    zusammendrehen,
Läst rausser schaun ein'n kleinen Schopf, damit man ihn
    thut kennen,
Er bindt darein ein Nestel ein, das er bey'm Krämer
    funden,   15
Ein Dama nennt, die ihn nit kennt; sagt, hab's ihm
    eingebunden.

Der Huth ist voller Federbüsch, als ob er wollte
    fliegen,
Er gäb ein'n guten Flederwisch, damit man kehrt die
    Stiegen,
Er macht's mit Fleiß hell gelb halb weiß fein scheckigt
    wie die Narren,
Er schmieget sich schön, und fliegt davon, will hier
    nicht länger harren.   20

Der Bart ist spitzig überaus, krum hin und her
    gezogen,
Mich däucht es sey ein Fledermauß ihm für das Maul
    geflogen,
Mich dünkt wie daß ihm bey der Nas die Flügel sie
    ausbreite.
Ein schöne Art von Ratzenbart, thu't Noth, daß man
    ihn schneide.

Das Streichen währt den ganzen Tag und sonderlich
    am Morgen   25
Bis er sich schickt, macht ihm viel Plag, und
    wundergroße Sorgen,

Muß spitzig seyn, ein Nädelein könnt man damit
     einfödel'n,
Es hat kein End, all beyde Händ haben daran zu
     knödel'n.

Ein Leilach, wenn's erklecken kann, braucht er für einen
     Kragen,
30 Ein Hasengarn hängt unten dran, zahm Wildpret drinn
     zu jagen,
Er dient ihm statt als Fazolett, das Maul thut er dran
     putzen,
Stärkt ihn mit Schmutz, der Hudelbutz, mit Falten thut
     er stutzen.

Um seinen Hals trägt er zumal ein breite rothe Binden,
Damit ihn kein Catharr befall, er könnt sonst nicht mehr
     schlingen,
35 Das Hälsle das ist weiß und rein; es möchts die Sonn
     verbrennen,
Der lose Tropf verdeckt den Kropf, man mög't den
     Schelm sonst kennen.

Zu dem Reitmantel, den er trägt, kaum zwanzig Ellen
     klecken,
In Ermeln, die er überschlägt, könnt er zwei Dieb
     verstecken.
Das Tuch ist roth, es wäre noth, wenns giebt ein'n großen
     Regen,
40 Daß allemal ein Futteral er drüber thät anlegen.

Da braucht es Müh und Arbeit viel den Mantel recht zu
     tragen,
Wenn er hinauf ihn ziehen will, so runzelt er den Kragen,
Er muß allzeit auf einer Seit, gar weit hinunter hangen,
Liegt viel daran, daß man auch kann in schönem Wammes
     prangen.

Das Wammes wie ein Vogelhaus zerhauen und
　　　zerstochen,　　　　　　　　　　　　　　　　　45
Ach Gott wie mancher Vogel Strauß ist aus und
　　　eingekrochen,
Es ist darbey ein Vortheil neu, kanns nit besser
　　　zerreißen,
Er besserts noch, giebt nur ein Loch, wenn zwei
　　　zusammenschleißen.

Damit er noch mehr Luft empfang, thut er die Knöpf
　　　aufschließen;
Im Winter ist ihm heiß und bang, er würd sonst
　　　schwitzen müssen.　　　　　　　　　　　　　50
Der Nestel viel ohn' Maaß und Ziel sind um und um
　　　herbunden,
Er geb wohl ab ein Nestel Schwab, wie man schon
　　　längst hat funden.

Die Tätzle wie die Pattenfleck, jetzt auf jetzt nieder
　　　schlingen,
Wann er die Händ' vom Leib hin rek't, thu'n hin und
　　　wieder schwingen,
Hat Händsche an, die man wohl kann ein halbe Meil
　　　weit schmecken,　　　　　　　　　　　　　55
Wo das nit wär, so röche er gleich allen andern
　　　Böcken.

Er weiß gar nit mehr wie er soll den Degen jetzt
　　　anhenken,
Er will sich nirgend schicken wol, hat zwanz'gerley
　　　Bedenken,
Thu't ihn vielmehr ganz hinten her, als an der Seite
　　　tragen,
Es leben noch all, die er zumal in einem Streich
　　　erschlagen.　　　　　　　　　　　　　　　60

Die Bloderhosen um die Bein sind weiter als um
    d' Lenden,
Die krumme Schenkel sieht man nie, damit sie ihn nit
    schänden,
Ein Spangen weit, drey Finger breit sind sie am End
    aufschnitten,
Dort kratzt er sich, wenn er ein Stich von einem Floh
    erlitten.

65 Groß Fischerstiefel hat er an, so weit als ein
    Waschkübel,
Nit g'nugsam er d'rein prangen kann, wiewohl sie stehn
    gar übel.
Ein Regenfaß kann man zum Spaß gar leicht daraus
    formiren,
Sie waklen nicht, sind fest gericht, auf Stöcklein sich
    fundiren.

Groß Sporenleder hat er an, gar weit ein halbe
    Ellen,
70 Gallotschen hangen unten dran, mag alles nit
    erzählen,
Wie ein Pflugrad er Spornen hat, mit Resonant hell
    klingen.
Wie wohl er sie, vielleicht gar nie aufs Pferd hinauf thut
    schwingen.

Der trutzig Gsell tritt da herein, als wollt er alle
    fressen,
Ist allzeit doch beim Sonnenschein beim Ofen
    hingesessen.
75 Die deutsche Sprach ist all sein Sach, kann kein Hund
    anders loken;
Sein Vater sizt und Stecken schnizt, sein Mutter spinnt
    am Rocken.

Kömmt er zur Burst (Gesellschaft), thut er zur Stund
    Basalamana schneiden,
Zieht seinen Huth, fährt zu dem Mund, sagt Servitor
    von weitem.
Macht Cortesie, biegt doch die Knie, gar nicht oder
    gar wenig,
Das Haupt er buckt, die Achseln zuckt und stellt sich
    unterthänig.   80

Wann er dann in die Kirche geht, auf ein Fuß kniet er
    nieder,
Er macht kein Kreuz, spricht kein Gebet, er gafft nur
    hin und wieder,
Er dreht sein Bart zusammen hart, streicht die
    Razzenschnauz zur Seiten,
Gar weit von hinn mit seinem Sinn thut er spazieren
    reiten.

Sein Red' ist lauter Phantasie, viel schwätzen und viel
    lügen,   85
Er lügt daher ohn alle Scheu, bis sich die Balken
    biegen,
Erzählet frei, wie daß er sey in fremden Land'
    gewesen,
Er könn viel Sprach, kann allem nach ja kaum ein
    Buchstab lesen.

Er lügt daher manch Ritterthat, die er nit hat
    begangen,
Wie er belagert jene Stadt und jenen Kriegsmann
    g'fangen,   90
In einem Streich hab er zugleich zwei Kürassier
    erschlagen,
Kein todten Hund hat er verwundt, er thet daran
    verzagen.

Wann er dann auf die Fechtschul geht, sich da zu
    exerziren,
Und einer ihm entgegen steht, die Wehr thut
    presentiren,
95 Da zuckt er zwar, darf doch nit gar, er thut zu leztens
    wagen,
Fängt fechten an, er muß wohl dran, man thät ihn sonst
    ausjagen.

Jezt nimmt er ein Postur an sich, jezt spanisch, jezt
    französisch,
Passiert jezt durch, jezt über sich, haut drein zulezt
    poläckisch,
Weil er nichts kann, so geht er an, und thut die Nas'
    verstossen,
100 Das rothe Blut verderbt den Muth, ihm schmecken nit
    solch Possen.

Auf dem Tanzboden läßt er sich im Jahr nit zweimal
    sehen,
Hüpft in die Höh ganz wunderlich, kann nichts als
    rummer drehen,
Macht Capriol, als wär er toll, thut hin und wieder
    fallen,
Hurtig dazu, gleich einer Kuh, fällt nieder, das thut
    knallen.

105 Die Reitschul sucht er selten heim, er thut vorbei nur
    schnurren,
Er hat ein hinkend Pferd daheim, ein alte Krämer
    Gurren,
Giebt ihr kein Heu, kein Futterei, läßt sie nur ewig
    grasen,
Sie geht den Zelt bis daß sie fällt, den vierten Schritt
    auf d'Nasen.

Hiemit so end ich mein Gesang, vom Allomodo
    gesungen,
Wer es nit leiden mag der gang und binde mir die
    Zungen,   110
Der Eitelkeit zu dieser Zeit, dienen viel solcher Lappen,
Die dazumal verdienen all eine große Narrenkappen.

Fuhrmannslied auf der Weinstrasse.   II 90

(Wahrscheinlich aus dem siebzehnten Jahrhunderte.)

    Zieh, Schimmel, zieh!
    Im Dreck bis an die Knie;
    Schieb dich fein in diesen Karren,
    Wir wollen an den Neckar fahren.
    Zieh, Schimmel, zieh!   5

    Mein lieber Schimmel mein,
    Dort lad ich lauter Wein,
    Mein Schimmel geht die Weinstraß gern,
    Hat's g'wiß von seinem Herrn gelernt.
    Zieh, Schimmel, zieh!   10

    Hot, Schimmel, hot, fein flugs!
    Mein Schimmel nicht zuruks,
    Wir müßen durch den Strudel setzen,
    Mein Schimmel d' mußt d'Füß einnetzen.
    Zieh, Schimmel, zieh!   15

    Setz an, Schimmel, setz an!
    Spann alle Kräften d'ran!
    Da giebts ein'n steinigen Holzweg 'nauf,
    Mein Schimmel da gilt's schnauffen d'rauf.
    Zieh, Schimmel, zieh!   20

Adelich ist sein Natur,
Er ist kein Bauern Gurr,
Er ist nit längst im Krieg g'wesen,
Und ist auf ihm ein Hauptmann g'sessen;
25   Zieh, Schimmel, zieh!

Er war ein Kyrrisir,
Bey Gott ein stolzes Thier,
Am Haupt trug er ein Federbuschen,
Nahm ein, theilt aus viel guter Huschen,
30   Zieh, Schimmel, zieh!

Wenn es gab ein Gefecht,
Zum Fliehen war er recht,
Und wann man sich recht wollte wehren,
Da riß er aus mit seinem Herren.
35   Zieh, Schimmel, zieh!

Mein Schimmel ist kein Narr,
Wust wohl für wen er war,
Wär er nit längst davon geflogen,
So hät man ihm den Pelz abzogen,
40   Zieh, Schimmel, zieh!

Truz allen Schimmeln truz,
An ihm ist alles nutz,
Ich kann ihm alle Rippen zählen,
Und sehen wann ihm eins will zerschnellen,
45   Zieh, Schimmel, zieh!

Er hat ein gleichen Schritt,
Fällt nur den vierten Tritt,
Und wenn er stolz will gallopiren
So geht er auf dem Maul spazieren;
50   Zieh, Schimmel, zieh!

Ein recht demüthig Pferd,
Küßt oftermal die Erd,
Er taugt gar wohl zu Rittertänzen
Und ist gut zu den Reverenzen,
Zieh, Schimmel, zieh!   55

Jezt wird er allgemach,
Ein kleines Rößlein schwach,
Er kann kein Offizier mehr tragen,
Doch ist er recht in meinem Wagen.
Zieh, Schimmel, zieh!   60

Er ist noch wohlgestalt,
Ist nit zu jung noch zu alt,
Er ist mit meinem Weib geboren,
Hat erst den zehnten Zahn verlohren.
Zieh, Schimmel, zieh!   65

Das Hüftbein hängt empor,
Es langt ihm 'rab das Ohr,
Ich kann ihn bey demselben lenken,
Und den Huth an die Rippen henken.
Zieh, Schimmel, zieh!   70

Ey du holdsel'ger Dieb,
Bist mir von Herzen lieb;
Ich will mich sehr um dich bewerben,
Und dich nicht lassen Hunger sterben.
Zieh, Schimmel, zieh!   75

Wart nur, mein Schimmel, wart!
Das Stroh ist dir zu hart,
Morgen wollen wir Haber dreschen;
So hat mein Schimmel Futter z'fressen.
Zieh, Schimmel, zieh!   80

Nun iß, mein Schimmel, iß!
Fehlt es dir an dem Biß?
Sollt' dich der Haber in d'Lungen stechen,
So laß ich ihn beym Müller brechen,
85   Zieh, Schimmel, zieh!

So hast du's alle Tag,
So lang ich es vermag,
So lang du wirst ein Ader rühren,
Laß ich dich nicht zum Schinder führen.
90   Zieh, Schimmel, zieh!

1. Schlacht bey Leipzig.

(Fliegendes Blat jener Zeit.)

Ich hab den Schweden mit Augen gesehn,
Er thut mir wohlgefallen,
Geliebt mir in dem Herzen mein,
Vor andern Königen allen.

5   Er hat der schönen Reiter soviel,
Läst sich nicht lang vexieren,
Er hat der schönen Stück so viel,
Viel tausend Musketierer.

Das Frankenland ist ein schönes Land,
10   Es hat viel schöne Strassen,
Es hat so mancher brave Soldat,
Sein junges Leben gelassen.

Das Sachsenland ist ein einiges Land,
Es dienet Gott dem Herren,
15   Und wenn wir kommen ins Bayerland,
Frey tapfer wollen wir uns wehren.

Der Oberst Baudiß beym Schweden thut seyn,
Und thut sich tapfer halten,
Ist unverzagt mit dem Pappenheim
Ein Schlacht, zwey, drey zu halten.   20

Der Tilly hat ein Garn gespannt,
Es wird ihm bald zerreissen,
Der Schwede ist bekannt im Land,
Wohl in dem Lande Meissen.

Mit ihren Karthaunen und Stücken groß, 25
So tapfer thun unter sie krachen,
Und geben dem Garn so manchen Stoß,
Daß alle Fäden brachen.

Der Tilly ins Land zu Meissen zog,
Er freut sich sehr von Herzen,   30
Und wie er wieder weichen muß,
Thät er sich sehr entsetzen.

Nun weiß ich noch ein Cavallier
Der wird genannt der Holke,
Vom spanschen Wein und Malvasier 35
Da kriegte er die Kolke.

Das Confeckt wohl vergiftet war,
Ich thus mit Wahrheit sagen,
Der Schwed dem Tilly schor den Bart,
Und aus dem Land thut jagen.   40

Wie liefen die Krabaten davon,
Dazu die Welschen Brüder:
»Ade Leipzig behalt deine Mahlzeit,
Zu dir komm ich nicht wieder.«

Also hat dieses Lied ein End,   45
Das sey zu Ehren gesungen

> Dem König in Schweden gar behend,
> Der Tilly ist ihm entsprungen.

2. Schlacht bey Leipzig.

(Parodie des vorigen S. 90 aus einem alten fliegenden Blatte.)

> Zeuch Fahler zeuch,
> Balde wolln wirn Tylli dreschen,
> Wolln ihn gebn in Kraut zu fressen.
> Zeuch Fahler zeuch.

5
> Fleuch Tilly fleuch,
> Aus Untersachs'n nach Halle zu,
> Zum neuen Krieg kauf neue Schuh,
> Fleuch Tilly fleuch.

> Fleuch Tylli fleuch,
10
> Das Confeckt ist vergiftet worden,
> Du bist nun in der Hasen Orden,
> Fleuch Tylli fleuch.

Gustav Adolphs Tod.

Nach Weckherlin.

Ach könnt ich meine Stimm dem Donner gleich erheben,
Daß sie, die weite Welt erschreckend, mög erbeben,
Wollt ich ersteigen bald, trostlos und ruhelos
Den allerhöchsten Berg, zu alles Geists verwundern,
5 Mit überlauter Macht aus meiner Brust ausdundern:
Gustav der Groß ist todt, todt ist Gustav der Groß.

Ihn hat das wilde Meer der Schweden Schatz getragen,
Zu uns so still und glat, dem Meerzug nicht zu schaden,
Ihm war so lieb und werth des Königs Gegenwart,　9
Der Wind enthielt sich auch von allem Sturm und Rasen,
Erfreuend sich allein die Segel aufzublasen,
Begünstigend nach Wunsch des Helden Ueberfahrt.

Das Wasser rauschte tief von Schiffen wie verborgen,
Als auf dem Hauptschif hoch der Held voll Treu und
　　Sorgen
Betrachtet hin und her des deutschen Reichs Zwietracht,
Sah auf des Kieles Schaum drey Baltische Syrenen,　16
Die reich mit Bernstein Haar und Arm und Brust
　　beschönen,
Und die ihr Lieb und Leid ihm also vorgebracht.

»Fahr fort, du edler Held, du siegst in Noth, wir
　　schwätzen;
Der Frommen Aug wird Freud, das unsre Leiden
　　netzen,　　　　　　　　　　　　　　　　　　　20
Ach daß sie wie wir dir auch nach dem Tod getreu.
Denn du, nachdem dein Lauf wie Herkules beendet,
Sollst werden dieser Welt, die dein nicht werth,
　　entwendet,
So hoch wird seyn dein Werk, zu machen Deutschland
　　frey.«

Hiemit die Morgenröth ihr Gold am Leib am Flügel　25
Entdeckte Masten dort, ihm nahen Landes-Hügel,
Sanft leget sich der Wind und bringt das Schiff ans Land,
Aus welchem als der Held auf das Gestad gesprungen,
Hat knieend er zum Dank mit eifrig frommer Zungen
Erhoben sein Gebet, sein Herz, Gesicht und Hand.　30

»Gesegnet bist du Held, gesegnet wir Soldaten,
Die dienend unter dir, theilhaftig deiner Thaten!«

Sang bald der ganze Hauf mit einem Mund und Muth,
Kein Glück, kein Unglück je konnt wider dich
    vermögen,
35 Und nichts kann dein Gemüth und Angesicht bewegen,
Umsonst ist wider dich des Feinds Gewalt, List, Muth.

Gleich wie der Amboß sich nicht fürchtet vor den
    Streichen,
Wie Meereswellen nie den kühnen Fels erweichen,
Also verändert dich kein Ernst, Gefahr und Scherz,
40 Wie Flüsse sich ins Meer ohn Abnahm stets ergiessen,
Ins Meer ohn Zunahm stets die vollen Ströme fliessen,
Also sich und der Welt ist gleich des Helden Herz.

Mit schlechtem Brod und Trank gesättiget zu werden,
Als Trinkglas seinen Helm, als Ruhbett harte Erde,
45 Als Pfühl den nächsten Stein, ja auch wohl Schnee und
    Eis,
Als Bad den wilden Fluß, ganz zaglos zu gebrauchen,
Sein Werk zu setzen fort in Hitze, Frost und Regen,
Sich selber gleich und fromm, so war des Königs Weis.

»Es walt der liebe Gott, Gott mit uns wie vor Zeiten,
50 O Jesu, Jesu hilf, hilf Jesu mir heut streiten
Zu deines Namens Ehr, zu steuern Feindes Macht!«
Also hat er sein Volk anführend mehr ergötzet,
Und mitten in die Feind, stets siegreich, selbst gesetzet,
Da er bald manche That und seinen Tag vollbracht.

55 Gleich wie ein Sturmwind dort, die Windsbraut hier
    entstehet,
Und Hecken, Bäum und Thürm urplötzlich stracks
    umwehet,
Ein trauriges Gewölk, ganz finster schwarz und dick,
Dem Trauerschleier gleich mit Dunst und Rauch
    erfüllet,

Den Tag, das Firmament, die Sonne selbst verhüllet,
Verblindet das Gesicht in einem Augenblick.   60

Bald mancher Donnerschlag mit Strahlen ganz beladen,
Durchstürmet das Gewölk und Land mit Brunst und
          Schaden,
Bald feurig ist die Luft, bald finster um und um,
Die Wolken brechen sich, dann fallet ein Schlagregen,
Verhärtet ganz in Eis, das bald mit tausend Schlägen   65
Zerschmettert Frucht und Volk, und wer nicht schreit ist
          stumm.

Also und gräulicher mit Krachen, Schallen, Knallen,
Sind bald die beyden Heer einander angefallen,
Da war die Luft alsbald voll Feuer, Rauch und Dampf,
Der Grund erschüttert schon von Böllern und
          Karthaunen,   70
Darob die Thier und Leut erstummen und erstaunen,
Als ob der Himmel selbst und Erde hier im Kampf.

Damals hat unser Held, indem es Feuer regnet,
Mit seinem theuren Blut, siegreich die Welt gesegnet,
Da denn das Firmament bald krönet seine Stirn,   75
Damals ist unser Held, ich sprechs, uns zu bewahren,
Als wahrer Herkules dem Himmel zugefahren,
Da er denn leuchtet klar, ein neues Nordgestirn.

Kaum, kaum war das Gerücht, das niemals stumm,
          gehöret,   79
Daß Gustav Adolph schon der Götter Zahl vermehret,
Vermehrt sich auch des Heeres Grimm und Stärk und
          Macht,
Mit ganz gerechtem Zorn ihr Muth und Herz ist wachsen,
Vor allen tröstet sie Bernhardt der Held aus Sachsen,
Daß, der nicht sterblich mehr, ihr Schutzherr, sie
          bewacht.

85　Daher des Helden Stell gebührlich zu vertreten,
　　Hat er, als heimlich sie den Stern schon angebetet,
　　Begierig sie geführt auf den siegtrunknen Feind,
　　Geschleifet auf den Grund ohn alle Gnad und Dauern,
　　Des Feindes Eisenthürm, lebendig starke Mauern,
90　Da half kein Herrenstand, da galt kein Geld noch
　　　　Freund.

　　Ein Regen dick von Bley, Stein, Erz und Feuerschlossen,
　　Mit schwarzem Dunst und Brunst wird wieder
　　　　ausgegossen,
　　Mit scheuslich herbem Tod, trift auf des Feindes Heer,
　　Des Nordsterns Einfluß kan der Feind nicht mehr
　　　　vermeiden,
95　Er muß, er muß nun gleich des Lebens Schiffbruch
　　　　leiden,
　　In seinem auf dem Feld noch rasend blutgem Meer.

　　Damals der bleiche Feind, auf den der Nordstern
　　　　schiesset,
　　Hat seine Tiranney, den Blutdurst schwer gebüsset,
　　Mit seinem eignen Blut, das da bey Lützen fließt,
100　Darauf des Helden Heer mit aufgehobnen Händen
　　Erfleht von Gott mit Lob, sein Werk auch zu vollenden,
　　Stark durch des Sternes Kraft, der hell die Sieger grüßt.

　　Ja sieg- und trostreich ists erhöret und gewähret
　　Befand es sich alsbald und immerdar uns lehret,
105　Daß lang in Eitelkeit zu leben ganz umsonst,
　　Denn unserm Lebenslauf ein kurzes Ziel gestecket,
　　Nur der, der drüber hin sein Lob durch That erstrecket,
　　Der ist den Göttern gleich, der hat der Tugend Kunst.

(Mündlich.)

Prinz Eugen.	Lill, du allerschönste Stadt,
	Die du bist so fein und glat,
	Meine Lieb, die brennt in Flammen,
	Dich lieb ich vor allen Damen,
	Lill, du allerschönste Stadt.	5

Stadt Lille.	Lieber Herr, was saget ihr,
	Wer seyd ihr, was macht ihr hier,
	Was die Reiter, die Soldaten,
	Eure tapfern Kameraden,
	Liebster das erzählet mir?	10

Prinz Eugen.	Ich bin der Savoyer Held
	Bekannt genug in aller Welt,
	Prinz Eugen bin ich genennet,
	Der zu dir in Liebe brennet,
	Lill, du allerschönste Braut.	15

Stadt Lille.	Lieber Herr, fort packet euch,
	Gehet in das deutsche Reich,
	Denn ich habe zum Galanten,
	Zum Gemahl und Caressanten,
	König Ludwig von Frankreich.	20

Prinz Eugen.	Liebste deine Schönheit groß
	Ziehet mich in deinen Schooß,
	Mit Gewalt will bey dir schlafen,
	Schrecken dich nicht meine Waffen,
	Machen Hochzeitfeuer an.	25

Stadt Lille.	Lieber Herr von großer Macht,
	Glaubet mir, ihr seyd verlacht,
	Meine Werk und Bastionen

Citadell und halbe Monden,
30   Bouffler schützet meine Ehr.

Prinz Eugen.   Halt das Maul und schweige still,
                Hör was ich dir sagen will,
                Hab ich nicht in Ungerlanden
                Türken schon gemacht zu schanden,
35   Hundert tausend, noch viel mehr?

Stadt Lille.   Lieber Herr, das glaub ich wohl,
                Daß ihr damals waret toll,
                Aber ihr habt nichts zu schaffen
                Jezo mit den türkschen Affen,
40   Sondern mit dem Lilien Glanz.

Prinz Eugen.   Ihr Constabler frisch daran,
                Feuert hundert tausend Mann,
                Donnert daß es kracht in Flammen,
                Daß kein Stein hält mehr zusammen,
45   Lill, du unglückselig Weib.

Stadt Lille.   Meint ihr denn, daß mein Vandom,
                Mir nicht bald zu Hülfe komm,
                Der mit hundert tausend Franzen,
                Den Holländern lehrt das Tanzen,
50   Eh mein Kränzlein mir verbrannt?

Prinz Eugen.   Lill, mein Engel und mein Lamm,
                Ich weiß dir den Bräutigam,
                Kaiser Karl, der Weltbekannte,
                Ich bin nur sein Abgesandte,
55   Und des Kaisers General.

Stadt Lille.   Ey wohlan, so laßt es seyn,
                Karle sey der Liebste mein,
                Denn der Ludewig veraltet,
                Und die Lieb ist ganz erkaltet,
60   Karl ist noch ein junger Held.

Halt dich Magdeburg.

(Flugblat aus der Reformationszeit.)

O Magdeburg halt dich feste,
Du wohlgebautes Haus,
Es kommen viel fremde Gäste,
Die wollen dich treiben aus.

Die Gäste die da kommen,
Die kennt man weit und breit,
Christum thun sie verfolgen,
Ist allen Christen Leid.

Die Mönche und die Pfaffen
Samt alle Nonnenknecht,
Hilf Christ, daß wir solch Affen
Empfangen mögen recht.

Gott wird sie wollen dämpfen,
Ihr Lügen richten dann,
So wollen wir auch kämpfen,
So lang wirs Leben han.

»So will ich nicht verzagen,
Ich armes Mägdelein,
Christum will ich es klagen,
Der wird mein Schutzherr sein.

Magdeburg bin ich genennet,
Ganz frei und wohl bekant,
Ich trau auf Christ vom Himmel,
Mir hilft seine gewaltige Hand.

Die Mittel will ich brauchen,
Die mich mein Bräutgam lehrt,
Vor diesem beschornen Hauffen,
Bin ich noch unversehrt.«

In Magdeburg der Reinen,
30 Ist manches Christen Seel,
Sie ruft zu Gott im Himmel,
Klagt ihm ihr Ungefell.

In Magdeburg wird gelehret,
Gotteswort rein lauter und klar,
35 Gelobet wird Gott der Herre
Mit Psalmen immerdar.

In Magdeburg der Guten,
Ist manch Jungfräulein stolz,
Sie beten von ganzem Gemüthe,
40 Und sind keinem Spanier hold.

In Magdeburg der Festen,
Ist manch Jungfräulein fein,
Sie bitten für die Christen,
Den Spaniern sind sie feind.

45 In Magdeburg der Freien,
Ist mannig Kindlein zart,
Es ruft zu Gott dem Herren,
Daß er die Stadt bewahrt.

In Magdeburg der Werthen,
50 Da sind der Kriegsleut viel,
Zu Fuß und auch zu Pferden,
Treiben sie Ritterspiel.

In Magdeburg ohne Sorgen,
Da sitzen drei Jungfräulein,
55 Die winden alle Morgen
Von Palm drei Kreuzelein.

Das eine Gott dem Vater,
Das ander Gott dem Sohn,

Das dritt dem heiligen Geiste,
Gott woll ihn Beistand thun.   60

Zu Magdeburg auf dem Thore,
Da sitzen drey Jungfräulein,
Die machen alle Morgen
Drey Rautenkränzelein.

Das eine Herzog Hansen   65
Dem Fürsten hochgeborn,
Graf Albrechten von Mansfeld
Das andre ist erkorn.

Das dritt, das ist versprochen,
Dem Held noch unbekannt,   70
Der läßt nichts ungerochen,
Wagt drauf sein Leut und Land.

Dem Kaiser wollen wir geben
Jezt und zu aller Frist,
Was ihm gebühret eben   75
Und nicht, was Gottes ist.

Zu Magdeburg auf der Mauren,
Da liegen der Büchsen viel,
Sie klagen alle Morgen
Ueber falscher Christen Spiel.   80

Zu Magdeburg auf der Brücken,
Da liegen zwei Hündlein klein,
Dafür sich müssen bücken,
All die da wollen hinein.

Zu Magdeburg auf dem Markte,   85
Da liegen zwei Faß mit Wein,
Und wer davon soll trinken,
Der muß ein Deutscher sein.

Zu Magdeburg auf dem Markte,
90   Da stehet ein eisern Mann,
Wollen ihn die Pfaffen haben,
Manch Spanier muß daran.

Zu Magdeburg auf dem Rathhaus
Da liegt ein gulden Schwerdt,
95   Könnt das ein Mönch gewinnen,
Wär mancher Kappe werth.

Hierbey steht auf dem Platze
Ein grosser, eisern Mann,
Derselb nimmt acht der Hatze
100   Und sieht kein Spanier an.

Zu Magdeburg auf dem Markte,
Da sind der Landsknecht viel,
Die mischen frische Karten,
Die Seestädt sehn zu dem Spiel.

105   Dies Liedlein hat gesungen
Ein Landsknecht frisch und frey,
Zur Stund da viel Kronen klungen,
Daß Gott stets bey uns sey.

Es ist so wohl gesungen,
110   Mit frischem freien Muth
Vor drey so edlen Fürsten,
Gott behalt sie in seiner Huth.

Die Magdeburger Fehde.

(Cyriacus Spangenberg's Chronik von Aschersleben.
Eisleben, Petri 1572.)

»Ein guten Rath will ich euch geben,
Mit Gottes Hülf wollen wir widerstreben,
Wolln unsre Stadt befestigen,
Und harrn damit auch nicht zu lang,
Es kommen fremde Gäste.«   5

Arndt Jordan der Burgermeister genannt,
Und Lindow, der auch wohl bekannt,
Sie haben dazu geschworen,
Verhegen die Stadt mit Treuen wohl,
Sie sind dazu erkoren.   10

Der Bischof sprach hinwiederum:
»Die Feste sollt ihr ganz abthun,
Die ihr habt aufgerichtet,
Das will ich von euch haben also,
Des seyd von mir berichtet.«   15

Die Pfaffen treiben Wunderspiel,
Der Wolltag halten sie zuviel,
Die haben sich gar betrogen,
Beflecken gar ihr eigen Nest,
Und sind daraus geflogen.   20

Und dieser Bischof ich merken kann,
Das ist auch wohl ein kluger Mann,
Ich wills also bewinden,
Welch Vogel sich selbst die Federn ausrupft,
Den wird der Winter zwingen.   25

»Gedenke edler Fürste gut,
Gedenkt an euren eignen Muth,

Kürzlich will ichs entdecken,
Die edele Stadt Magdeburg
30   Ist frey auf allen Ecken.«

Der Burgermeister also sprach,
Als er vor die Gemeine trat:
»Berichtet, denn ich frage,
Uns will ein Krieg hieraus entstehn.
35   Was thut ihr hiezu sagen.«

Die Gemeinde sprach auch wiederum,
Gebt euren treuen Rath dazu,
Dabey so wolln wir bleiben,
Wir haben des Gelds und Guts genug,
40   Wir wagens mit unserm Leibe.

»Wenn die Bachmühlen stille stehn,
Die großen Wasser in Wellen gehn,
Das ist allzeit zu loben,
Der Sperling flieget in den Dohm,
45   Der Falke schwebet oben.

Ihr lieben Bürger lobelich
Nun merket mich auch allzugleich.
Was ich euch hab gesungen,
Welcher Vogel welcher bauet hoch,
50   Behält wohl seine Jungen.

Das ich nun sage und dich warn,
Magdeburg du bist ein wilder Arn,
Dein Flügel sind unverhauen,
Du fleugst den Wald wohl auf und ab,
55   Das mag man auch wohl schauen.«

Die Bürger schrien alle dicht:
»Magdeburg ist kein Haase nicht;
Es ist ein kühner Löwe,

Den Winden zerbricht er ihre Füß,
Das reden wir mit Vertrauen.«   60

Die Pfaffen hattens nicht wohl bedacht,
Han ihren Herrn in Schaden gebracht,
Und kränken ihre Feste,
Wo sie vorher sind Herren gewest,
Nun sind sie worden Gäste.   65

Sie laufen weg, das war nicht gut,
Das macht ihr grosser Uebermuth,
Denn nach der Alten Weise,
Wenn unser Esel Haber frißt,
So tanzt er auf dem Eise.   70

Der Bischof kam von Hildesheim,
Bracht mit die Stiftsgenossen sein,
Die von ihm hatten Lehen,
Nach Magdeburg wohl in das Land,
Und wollten Sold verdienen.   75

Auf einem Dienstag das geschah,
Magdeburgs Panier man schweben sah,
Wohl auf dem weiten Felde,
Da war manch stolzer Kriegesmann
Bey den frischkühnen Helden.   80

Magdeburg bist du uns wohl bekannt,
Du trägst eine Krone über das Land,
Dein Lob, das will ich preisen,
Dein Treue, die ist offenbar,
Mit Gesang will ichs beweisen.   85

Arndt Jordan der Bürgermeister genannt,
Im Feld ist er gar wohl bekannt,
Er ist also verwegen,

Er will selbst an der Spitze seyn,
90   Und warten da der Schläge.

Die Fürsten zogen schnell davon,
Im Kriege wollten nicht bestohn,
Wohl in der rechten Stunde,
Der Bürger Banner schwebet dar,
95   Der Fürsten ihr war verschwunden.

Ein Fürste zu dem andern trat:
»Ach lieber Ohm nun gebet Rath,
Wärn wir bey unsern Freunden,
Dieser See ist uns gar zu tief,
100   Wir können ihn nicht gründen.«

Bringen wir das Schif auf den Strom,
Ich fürcht es möcht zu Grunde gehn,
Wir müssen ein Pfand hier lassen,
Schnell Rath wird hier der beste seyn,
105   Wir reiten unsre Strassen.

Der Bischof von Hildesheim sprach:
»Käm ich wieder in meine Stadt,
Wollt mich des freuen mehre.
Dieser Hechte wir essen nicht,
110   Die Gräten stechen sehre.«

II 111   Klage der Churfürstin, Frauen Sybille
                        von Sachsen.

(Von Peter Watzdorf aus der Reformationszeit.)

Ach Gott mich thut verlangen,
Nach dem, der jezt gefangen,
Den liebsten Fürsten mein,

Daß ich ihn so muß meiden,
Bringt mir ein herzlich Leiden;   5
Ach Gott hilf ihm aus dieser Pein.

Er ist in Kaisers Händen,
Mein Gott thu es bald wenden,
Dem Kaiser gieb den Muth,
Daß er recht thu bedenken,   10
Woher komm dieses Zänken,
Dem Fürsten geb wieder sein Gut.

Ob er was hätt verbrochen,
Fürwahr ist g'nug gerochen,
Land, Leut hat man verderbt,   15
Den Fürsten abgeführet,
Mein Herz damit gerühret,
Der Chur hat man ihn enterbt.

Klagelied Philipp Landgrafs aus Hessen   II 112
im Jahre 1550.

(Fliegendes Blat.)

Schwer, langweilig ist mir mein Zeit,
Mein Herz mich treibt zu Klagen,
Viel Untreu, Mißgunst, Haß und Neid,
Ach ich jezund muß tragen,
Viel falscher List zu dieser Frist   5
Wird mir zu lang mit Schmerzen,
Daß ich oft klag
All Nacht und Tag,
Doch denk ich Gotts im Herzen.

Schwer, langweilig ist mir mein Zeit,   10
In Trauren bin ich sitzen,

All meine Freund mir weichen weit,
Mich stellen an die Spitzen,
Zu denen ich hab stetiglich
15   Mich aller Treu versehen,
Die setzen gar
Mich in Gefahr,
Niemand will bey mir stehen.

Schwer, langweilig ist mir mein Zeit,
20   Ach Gott mich wollst ergötzen,
Steh du allzeit auf meiner Seit,
Auf dich mein Hoffen setze,
Sieh zu mein Gott, wie ich ein Spott
Bin unter meinen Feinden,
25   Ich ruf hinauf,
Ach Herr wach auf,
Laß deine Güt erscheinen.

Schwer, langweilig ist mir mein Zeit,
Wie ist es mir doch kommen,
30   All meine Macht und Herrlichkeit
Hast du von mir genommen;
So weiß ich doch, wie tief und hoch,
Dein Gnad sich streckt am Ende,
Wie weit und breit
35   Barmherzigkeit,
Die wollest du mir senden.

Schwer, langweilig ist mir mein Zeit,
In Hoffnung thu ich harren,
Gedanken sind mir Herzeleid,
40   Ach Gott kehr um die Karten,
Führ mich doch auf geradem Weg
Zu meinem Land und Leuten,
Zu Kindern mein

Ach führ mich heim,
Ach Gott thu für mich streiten. 45

Schwer, langweilig ist mir mein Zeit,
Ich wollt mein Hörnlein gellte,
In Jägerweis, nach gutem Brauch,
Durchs Holz und auch im Felde;
So Gottes Wort, mein höchster Hort, 50
In meinem Land sollt klingen,
Und hüten fein,
Die Schäflein mein,
Und Gottes Lob besingen.

Schwer, langweilig ist mir mein Zeit, 55
Gott öffne deine Ohren,
Denn meine Stimm ist schwach vor Leid,
Mein Ruf ist nicht verloren,
Mein Herz und Muth, mein Leib und Gut
Ergeb ich ihm bey Zeiten, 60
Ich bin gewiß
Zu dieser Frist,
Er wird wohl für mich streiten.

Schwer, langweilig ist mir mein Zeit,
In Brabant muß ich warten, 65
Verheissen ist mir Gnadgeleit,
Wie grün ist nun mein Garten,
Gott gabs, Gott nahms in Lieb und Leid,
Wie es sich schickt auf Erden,
Wies Gott gefällt 70
Von ihm bestellt,
Sonst kann nichts anders werden.

Schwer, langweilig ist mir mein Zeit,
Zu Oudenar in Mauern,
Bin ich in Elend und in Leid 75

Mit schwerem Mund und Trauern,
Ade mein Kind und Land und Leut,
Bald ist es überwunden,
Für meine Noth
80   Bescheer euch Gott
So viele sel'ge Stunden.

II 115a   ## Reue.

(Gassenhauer, moralisch verändert von Knaust. S. 22.)

Schwer, langweilig ist mir mein Zeit,
Seit mich die Sünd thut scheiden
Von dir mein Gott, du höchste Freud,
Dafür muß ich viel leiden.
5   Mein Leiden ist groß jeder Frist
Und wird mir lang mit Schmerzen,
Daß ich oft klag,
Es scheint kein Tag,
Mein Sünd mich reut von Herzen.

II 115b   ## Sehnsucht.

(Aus einem Musikbuche.)

Schwer, langweilig ist mir mein Zeit,
Seit ich mich thäte scheiden,
Von dir mein Schatz und höchste Freud,
Ich merk, daß ich muß leiden,
5   Ach weh der Frist, zu lang sie ist,
Wird mir zu lang in Schmerzen,
Daß ich oft klag,
Es scheint kein Tag,
Des wird gedacht im Herzen.

Das Lied vom Landgrafen.

(Lebensbeschreibung Sebastian Schärtlins. Frankfurt, 1777.
Beylagen S. 34.)

Zu singen will ich fangen an,
Zum Lob der Kayserlichen Kron,
Dem Landgrafen zu Leide,
Wie es ihm dann ergangen ist
Vor Ingolstadt, in kurzer Frist,   5
Das machte uns viel Freude.

An einem schönen Morgen fruh,
Der Landgraf rückte schnell herzu,
Sein Lager thät er schlagen
In weitem Feld vor Ingolstadt,   10
Er meint der Römisch Kaiser drat
Würd ihn von Stund an fliehen.

Zu morgen hub er zu schiessen an
Wol über die Kaiserlichen Kron,
Mit Kartaunen und Schlangen,   15
Das trieb er wohl drey ganze Tag,
Die weil er dann vor Ingolstadt lag,
Der Schimpf der wolt sich machen.

So will ich auch nicht grausen schon!
Da sprach die Kaiserliche Kron,   20
Meins Unglücks muß ich lachen;
Schieß her, schieß her, lieber Landgraf,
Mein Glück das steht in Gotteskraft,
Erst wolln wir tapfer fechten.

Der Kaiser die ganze Schanz ausreit,   25
Der Büchsen-Meister in kurzer Zeit
Thät da gar tapfer schiessen,
Wol unter die Landgräfischen Reiter gut,

Sie schossen hinaus mit frischem Muth,
30   Es thät sie sehr verdriessen.

»O Ingolstadt du gemauert Hauß,
Das hätt ich dir doch nit vertraut,
Das du zu mir hätst geschossen.«
So sprach der Landgraff zum Schertel gut,
35   »Die Stadt ist uns nit wolgemut,
Wir wollen nicht darauf bauen.«

Der Landgraf warf die Augen auf,
Aus mancher Büchse gieng der Rauch,
Ich hör das man thut schiessen;
40   Da sprach der Landgraf zum Schertel gewandt:
»Wir verschiessen Leut, Ehr und Land,
Nit länger wölln wir harren.«

Der Kaiser sprach die Deutschen an,
Verhieß ihn auch bey seiner Kron,
45   Von hier wollt er nit weichen,
Dieweil ihm Gott das Leben leiht,
Glück, Ehr und Sieg in Ewigkeit,
Christus von Himmelreichen.

Der Schertel sprach die Reisigen an:
50   »Wendt euch ihr lieben Reitersmann,
Weicht ab von diesem Schiessen,
Sonst werden wir auf diesen Tag,
Dieweil kein Widerstand helfen mag,
Viel Reisigen Zeug verlieren.«

55   Der Landgraf und Schertel wurden zu Rath,
Und wie sie thäten dieser That,
Der Kaiser hat sich verhauen,
Fallen wir in sein Lager stark,
Die Reisigen die sind so arg,
60   Ist ihn nit wol zu vertrauen.

Der Landgraf hat sehr lang geflucht,
Sich am Römischen Kaiser versucht,
Ich mein er hab ihn funden,
Ich sag dir lieber Landgraf gut,
Uebermuth der thut kein Gut,   65
Der Kaiser ist kein Kindlein.

Dem Landgrafen kamen neue Mehr,
Wie daß das Heer von Pirn kummen wär
Anstatt des Kaisers Schwester,
Da sprach der Landgraf zum Schertel gut: 70
Das ist uns nit wol zu mut,
Es sind uns fremde Gäste.

Der Landgraf der ließ zünden an
All Lager, ruckt im Rauch davon,
Der Rauch ist weit geflogen: 75
»O Ingolstadt, ich muß dich lan,
Hät ich die Sach recht griffen an,
Der Teufel hat mich betrogen.«

Der Landgraf nahm die Wacht in Hut,
Dieweil er macht ein Schiffbruck gut,   80
Darüber eilt er balde,
Er eilt dahin auf Neuburg zu,
Da selbst, da war nit lang sein Ruh,
Der Kaiser thät ihn suchen.

Noch hät er weder Rast noch Ruh,   85
Auf Donauwerd da ruckt er zu,
Woll inn sein alte Schanze,
Daselbst, da wollt er warten sein
Des Kaisers bei dem kühlen Wein,
Sich halten auf Finanze.   90

Kein Lanzknecht weiß zu dieser Frist,
Wo der Landgraf hinkummen ist,

    Der Kaiser hat ihn vertrieben,
    Ich sag dir lieber Landgraf mein,
95   Dein Kriegen hätst wol lassen sein
    Daheim wärst du wohl blieben.

II 119   Des König Ladislaus Ermordung
             im Jahre 1457.

      (Senkenberg Selecta Juris. Tom. V.)

    Von einem König lobesan,
    König Lasla ist sein Nahme,
    Ein König aus Oesterreiche,
    Ja spricht man in der Christenheit,
5   Man findt nicht seines Gleiche.

    Er war in seinen jungen Tagen, (17 Jahr)
    Die Ungarn hiessen ihn einen deutschen Knaben,
    Das haben wir wohl vernommen,
    Daß er zu Ofen ist ausgeritten,
10   Zu Prag ist er umkommen.

    Er schickte aus nach weiblicher Ehr,
    Und wollt erwerben Freundschaft mehr,
    Gar fein in Frankenreiche,
    Nach einer Jungfrau säuberlich,
15   Man findt nicht ihres Gleiche.

    Der König in Frankreich einen Brief aussandt,
    Der kam König Lasla in seine Hand,
    Wie er ihn lesen sollte;
    Und wie ihm der König in Frankreich,
20   Seine Tochter geben wollte.

    Er schrieb: König Lasla du lieber Sohn,
    Du weißt wohl, was du solltest thun,

Die Ketzer sollt du vertreiben,
Und so wird dir Ehr und Lob gesagt,
Wo du im Land sollt bleiben.   25

König Lasla des Briefes aufm Tisch vergaß,
Zur Hand ihm ein falscher Ketzer saß,
Er erschrack der Mähre gar sehre;
Wie bald er zu dem Rockenzahn lief,
Verkündigt ihm die Mähre.   30

Und da der Rockenzahn die Mähr erhört,
Er ruft den Ketzer an einen Ort,
Er begunnt ihm diese Red zu melden,
Da huben die falschen Ketzer an,
König Lasla zu schelten.   35

Sie schelten ihn aus ihres Herzensgrund:
Wie deucht euch um den deutschen Hund,
Sollt er uns hier vertreiben?
Wir wollen ihm nehmen sein junges Leben,
Er mag uns nicht entweichen.   40

Und da der Rath nun war verbracht,
Den sie über König Lasla hatten gemacht,
Wie sie ihn tödten wollten,
Sie hatten alle zusammen geschworn,
Wie sie einander helfen wollten.   45

Sie gewinnen die Riegel und auch die Thür,
Unter einer Decke zogen sie ihn herfür,
König Lasla den viel werthen;
Der erste der nahm ihn beim Haar
Und warf ihn auf die Erden.   50

Er fiel wol nieder auf seine Knie:
»Gnad mir edler Herr allhie,

Gnad mir meines Lebens;
Und alles was ich hie gewann,
55   Das will ich hie aufgeben.«

Er sah sie alle barmherzig an:
»Nun hab ich irgend ein treuen Mann,
Der mir sein Hülf hier thäte?
Sind mir denn alle treulos worden,
60   Mein allerbesten Räthe?

Girsig, lieber Vater mein,
Nur laß mich bei dem Leben sein;
Ich will dirs immer gedenken,
Mein Schweidnitz soll dein eigen seyn,
65   Und Breslau will ich dir schenken.«

»Schweig König Lasla! es mag nicht sein,
Dein Schweidnitz ist vorhin schon mein,
Breslau will ich gewinnen;
Hilft mir das ganze Böhmerland,
70   Ein König bin ich drinnen.«

»Nun! schneid mir ein graue Kutten an,
Ich will in ein Kloster gahn,
Zu meines Vaters Ruhe;
Es bleib ein König wer da will,
75   Immer und ewigliche.«

Sein guter Rath half ihm nicht sehr,
Sie hatten vergessen Treu und Ehr,
Die Herrn aus Böhmerlande,
Daß sie König Lasla getödtet han,
80   Das haben sie große Schande.

Auf die Erde haben sie ihn hingestreckt,
Mit einem Kissen haben sie ihn ersteckt,

Sein Genick haben sie ihm gebrochen.
Wer wollt nicht Gott vom Himmel klagen,
Er läßt nichts ungerochen.   85

Und da er nun gestorben war,
Es glühet als ein Rosen gar,
Wol unter seinen Augen,
Da ihm das Blut von Wangen abrann,
Dran hatten sie keinen Glauben.   90

Es war bis an den dritten Tag,
Daß er da unbegraben lag,
Man ließ ihn niemand schauen,
Und da man ihn zu Grabe trug,
Da weinten Mann und Frauen.   95

Da sprach ein Ketzer unter ihnen:
»Nun hebt ihn auf und tragt ihn hin,
Den König aus deutschen Landen,
Sollt er uns hie vertrieben han,
Das wär uns eine große Schande.«   100

Und da sprach er: »Sieh Girsig,
Der König in Böhmen bin ich,
König Lasla ist gestorben,
Um seines falschen Glaubens willen,
Darum ist er verdorben.«   105

Da sprach er, der Rockenzahn:
»Eine neue Sitte nehm ich an,
Oestreich will ich zerstören;
Denn ihren Glauben weiß ich wohl,
Ihr Herzog will ich werden.«   110

Der Girsig der ist hochgeborn,
Recht als ein Sau ist er beschoren,

Wer ist der ihm wohl gleiche,
Mit Rauben, mit Stehlen, mit Bannerey,
115   Damit er worden reiche.

König Lasla war ein junger Mann,
Er wollt den Girsig bei sich han,
Er hat ihn auserkohren;
Ja ich sprechs auf die Treue mein,
120   Er ist ihm treulos worden.

König Lasla du viel edles Blut,
Gott erhalte dich in seiner Hut,
Mit seinem lieben Kinde,
Daß du also verschieden bist,
125   Mit deinem Hofgesinde.

II 124   Die Schlacht am Kremmerdamm.

(Aus Buchholz's Geschichte der Churmark Brandenburg.
Berlin, 1765. II. T. S. 383.)

Als Barnim de fast lütke Mann,
Averst im Kriege nich quade,
Am langen Damme kam heran,
Ging he flietig tho Rade.

5   He sprack: Dat is en garstig Lock,
Da mütten wie nich dorchrieden,
Et mögt uns kosten unsen Rock,
Wie willen man hier bliven.

Wie willen schrieven ut de Stür,
10   De uns de nich will geven,
Den willen wie brüden mit det Für,
Un nah det Veh em streven.

Det Rath gefehl em allen wol,
Se fingen an tho grawen,
Se mackten in de Erden holl,   15
Brachten det unnerst baven.

Marckgraf Ludwig de tappre Held,
Heelt up den Kremmschen Huwen,
Un dachte, dat sick da int Feld,
De Pamern schöllen truven.   20

Da averst kener kam hervär,
Liet he rupen sienen Peter,
Un sprack: Krieg diene Trumpet her,
Ried hen, als en Trumpeter.

Det segge Hertog Barnim an,   25
Ich hedde grot Verlangen,
Em as den Gast, un sienen Mann,
Im Felde tho emfangen.

Wo averst em det nich behagt,
So will ick em thospräcken,   30
Un ock im Luge sien unverzagt,
De Lanz mit em tho bräcken.

De Hertog sprack: He were da,
Un lichtlich ock tho finnen,
Det Spöt det stünde op de Wah,   35
Woll siehn, we werd gewinnen.

Drup ging et up den Damm hinab,
De was vull luter Köppe,
Et gaf da manchen harten Knap,
De Schall ging in de Zöppe.   40

De Märcker kunnen nich bestahn,
De Lug was ehr Verderven,

Da mußte mancher liggen gahn,
Un ahne Wunne sterven.

45   Drum weken se up düsse Siet,
Un menen da tho fechten;
De Pamer folgt im vullen Tritt,
Schlog Heeren mit den Knechten.

Tho Cremmen ging em det nich an,
50   He mußte buten blieven,
Det Fotvolck stund da Mann vör Mann,
Hulp em thorügge driewen.

Se schoten up de Strat hinut,
De men van Pamern krewelt,
55   Un föhlen em so up de Hut,
Det em det Harte wewelt.

Det, sprack Schwerin, deit hier ken got,
Lat uns den Damm erfaten,
Oder wie weren unse Blot,
60   Hier alle mötten laten.

Se treckten wedder hen thom Damm,
Un sammlten äre Büte.
Damit de Krieg en Enne namm,
Davör uns Gott behüde.

II 127   Der politische Vogel.

(Altes fliegendes Blat.)

Als ich einmahl spazieren ging,
In einen Lustgarten hinein,
Zu überdenken, was ich meint,

Wo schöne Lusthäuser sein,
Hört ich es ein Vöglein singen,   5
Verstund es auch gar wohl,
Von unbekannten Dingen,
Was dieses Jahr geschehen soll,
Was dieses Jahr geschehen soll.

Das Vöglein in dem Strausse saß,   10
Und schauet den Adler an:
Ach Adler es wird dieses Jahr,
Ein fremder Gärtners Mann,
Dich aus dem Garten vertreiben,
Sammt deinen Gesellen all,   15
Nicht länger sollt du es verbleiben,
Des Adlers wartet Gewalt,
Des Adlers wartet Gewalt.

So bald der Adler dies vernahm,
Schwingt er sich in die Luft,   20
Zu schauen was auf mehr umschwebt
Französisch und Spanischer Luft,
In Garten will eindringen
Ein fremder Gärtners Mann,
Und will einpflanzen die Lilien,   25
Anstatt der Tulipan,
Anstatt der Tulipan.

Bei Parmen und Castellen
Hat man die Kugel gespürt,
Ein Stein mögt es erbarmen,   30
Wie man auf uns hat zielt,
Drei Prinzen und neun Generalen,
Wie auch der Feldmarschall,
Sind schon zu Boden gefallen,
Der Gemeinen ohne Zahl,   35
Der Gemeinen ohne Zahl.

Der Safoier schlug ein Rebell,
Vermeinte sicher zu sein,
Die Deutschen aber Pif, Paf, Puf,
40   Und fielen ins Lager hinein,
Dort hatten sie alles verlassen,
Sammt Lager, Stuck und Zelt,
Im Hemd davon geloffen,
Den Deutschen bleibt das Feld,
45   Den Deutschen bleibt das Feld.

So bald der Franzos nach Safoien kam,
Da war der Safoier so froh,
Da zog er erst sein Hosen an,
Da kammpelte die Maus das Stroh,
50   Er thät sich resolviren,
Und schwur bei seinem Gott,
Sollt er auch alles verlieren,
Wollt rächen diesen Spott,
Wollt rächen diesen Spott.

II 129   Wilhelm Tell.

(Fliegendes Blat.)

Wilhelm bin ich der Telle,
Von Heldenmuth und Blut,
Mit meinem G'schoß und Pfeile
Hab ich die Freiheit gut
5   Dem Vaterland erworben,
Vertrieben Tyranney,
Einen festen Bund geschworen
Haben unsre Gesellen drey.

Uri, Schweiz und Unterwald,
10   Befreiet von dem Reich,

Litten großen Zwang und Gewalt
Von Vögten unbillig.
Kein Landmann durft nicht sprechen,
Dies ist mein eigen Gut,
Man nahm ihm also freche　　　　　　15
Die Ochsen von dem Pflug.

Dem der sich wollte rächen,
Und stellen in die Wehr,
Thät man die Augen ausstechen,
Und hörte Bosheit mehr.　　　　　　20
Zu Altdorf bei der Linden
Der Vogt steckt auf sein Hut,
Er sprach, den will ich finden,
Der ihm kein Ehr' anthut.

Das hat mich verursachet,　　　　　　25
Daß ich mein Leben g'wagt,
Den Jammer ich betrachtet,
Des Landmanns schwere Klag:
Viel lieber wollt ich sterben,
Dann leben in solcher Schand,　　　　　　30
Dem Vaterland erwerben
Wollt ich den freien Stand.

Den Filz wollt ich nicht ehren,
Den aufgesteckten Hut;
Das schmerzte den Zwingherren　　　　　　35
In seinem Uebermuth;
Er faßt ein Anschlag eitel,
Daß ich müst schiessen geschwind,
Ein Apfel von dem Scheitel
Meinem herzliebsten Kind.　　　　　　40

Ich bat Gott um sein Güte,
Und spannte auf mit Schmerz,

Vor Angst und Zwang mir blut'te
Mein väterliches Herz:
45   Den Pfeil konnt ich wohl setzen,
Bewahret war der Knab,
Ich schoß ihm unverletzet
Vom Haupt den Apfel ab.

Auf Gott stund all mein Hoffen,
50   Der leitet meinen Pfeil,
Doch hätt' mein Kind getroffen,
Hätt' ich fürwahr in Eil
Den Bogen wieder gespannt,
Und geschossen an den Ort
55   Den gottlosen Tyrannen,
Zu rächen seinen Mord.

Das hat der Bluthund geschwinde,
Gar wohl an mir gemerkt,
Das ich ein Pfeil dahinten
60   In meinem Göller gesteckt;
Was ich damit thät meinen,
Wollt er ein Wissen han,
Ich konnts ihm nicht verneinen,
Zeigt ihm mein Meinung an.

65   Er hat mir zwar versprochen,
Er wollt mir thun kein Leid,
Jedoch er hat gebrochen
Sein Wort und auch sein Eid;
Ja zu derselben Stunden
70   Mit Zorn er mich angriff,
Er ließ mich hart gebunden,
Hinführen in ein Schiff.

Ich klagte meinem Gesinde,
Das ich sie muß verlahn,

Mich jammert Weib und Kinde   75
Mit manchem Bidermann;
Ich meint sie nicht mehr zu finden,
Vergoß so manche Thrän,
Vor Herzleid mocht verschwinden;
Des lachet der Tyrann.   80

Er wollt mich han zur Busse
Beraubt des Sonnenscheins,
Zu Küßnacht auf dem Schlosse
Mich ewig sperren ein,
Mit Trotzen und mit Pochen   85
Führten sie mich dahin;
Das ließ Gott nicht ungerochen,
Und half dem Diener sein.

Dem Wind thät er gebieten,
Der kam im Sturm daher;   90
Der See fing an zu wüten,
Das Schiff stund in Gefahr;
Der Vogt hieß mich losbinden,
Und an das Ruder stehn,
Er sprach hilf uns geschwinde,   95
Mir und dir selbst davon.

Das thäte ich erstatten,
Und säumte gar nicht lang,
Als ich kam zu den Platten,
Zum Schiff hinaus ich sprang;   100
Ich eilte wunderschnelle
Durch hohe Berg hinan,
Den Winden und den Wellen
Befahl ich den Tyrann.

Er brüllte wie ein Löwe,   105
Und schrie mir zornig nach,

Ich achtete nicht sein Drohen,
Zu fliehen war meine Sach;
Ja in der hohlen Gassen
Wollt rächen ich den Trutz,
Mein Armbrust thät ich fassen
Und rüstet mich zum Schuß.

Der Vogt kam jetzt geritten
Hin auf die Gasse hohl,
Ich schoß ihn durch die Mitten,
Der Schuß war gerathen wohl;
Zu todt hab ihn geschossen
Mit meinem Pfeile gut,
Er fiel bald ab dem Rosse,
Des war ich wohl zu Muth.

Als David aus der Schlinge
Den großen Goliath,
Mit einem Stein geringe,
Zu Boden geworfen hat,
Als gab mir Gott der Herr
Sein Gnad und auch sein Macht,
Daß mich mit Gewalt erwehre,
Den Wütrich hab umbracht.

Mein Gesell hats auch gewaget,
Bewiesen seine That,
Den Landberger gezwaget
Mit einer Axt im Bad;
Der sein Eheweib mit Zwange
Wollt haben zum Muthwill,
Des schont er ihn nicht lange,
Schlug ihn zu tod in Eil.

Kein ander Gut noch Beute
Begehrten wir ins gemein,

Denn die Gewalt auszureuten,
Das Land zu machen rein;   140
Wir fanden ja kein Rechte,
Kein Schirm, kein Obrigkeit,
Darum musten wir fechten,
Gottes Gnad war uns bereit.

Da fing sich an zu wehren   145
Ein werthe Eidgenoßschaft;
Man grif gar bald zum Gewehren,
Der Feind der kam mit Kraft;
Den Ernst wir da nicht sparten,
Und schlugen tapfer drein,   150
Wohl an dem Morgarten,
Der Letzt wollt keiner sein.

Wir schlugen da den Adel
Mit aller seiner Macht,
Gesträuft han wir den Wadel   155
Dem Pfau, der uns veracht;
Ein Pfeil hat uns gewarnet,
Das Glück stund auf der Wag,
Gar sauer han wir erarnet
Zwei Sieg an selbem Tag.   160

Der Feind that uns angreifen
Mehr dann an einem Ort,
Den Schimpf macht er uns reife,
Wir musten laufen fort,
An Brünig zu dem Streite   165
Zu helfen Freunden gut,
Da gab der Pfau die Weite,
Es kost viel Schweiß und Blut.

Das merket fromm Eidgenossen,
Gedenket oft daran,   170

Was Blut für euch vergossen,
Laßt euch zu Herzen gahn;
Die Freiheit thut euch zieren,
Darum gebt Gott die Ehr,
175   Und sollt ihr die verlieren,
Sie würd euch nimmermehr.

Die Müh ist wohl gepflanzet,
Mit euer Väter Blut,
Die Freiheit der edle Kranze,
180   Den haltet wohl in Hut;
Den wird man euch abstechen
Sogleich zur solchen Zeit,
Wenn Treu und Glaub wird brechen
Durch Eigennutz und Geiz.

185   Mir ists, ich sehe kommen
So manchen Herren stolz,
Bringen ein große Summe
Des Gelds und roten Golds,
Damit euch abzumärkten,
190   Zu kaufen eure Kind,
Die kein Wort können reden,
Noch in der Wiege sind.

Ich thu euch dessen warnen,
Weil Warnung noch hat Plaz,
195   Gespannt sind euch die Garne,
Die Hund sind auf der Hatz;
Gedenket an mein Treue,
Kein Tell kommt nimmermehr,
Kein Freund alt und neue,
200   Giebt euch ein besser Lehr.

Thut euch zusammen halten
In Fried und Einigkeit,

Als eure frommen Alten,
Betrachtet Bund und Eid;
Laßt euch das Geld nicht müssen,   205
Die Gaben machen blind,
Damit ihr nicht müßt büssen,
Und dienen zulezt dem Feind.

Nehmt hin fromm' Eidgenossen,
Die noch aufrichtig sind,   210
Dieß Lied hiemit beschlossen,
Thuts schlagen nicht in Wind;
Ein Urner hats gesungen,
Gedichtet und vermehrt,
Zur Warnung, Lehr der Jungen,   215
Dem Vaterland verehrt.

Schloß Orban. II 137

(Aus einem längeren Gedichte bey Diebold Schilling
Burgund. Krieg. Bern, 1743. S. 183.)

Der Winter wollte lang bey uns seyn,
Des trauerte manches Vögelein,
Das jezt gar fröhlich singet,
Auf grünem Zweig hört mans im Wald
Gar süssiglich erklingen.   5

Der Zweig hat gebracht gar manches Blat,
Danach man grosses Verlangen hat,
Die Heid' ist worden grüne;
Darum so ist gezogen aus
Gar mancher Mann so kühne.   10

Einer zog auf, der andre ab,
Das hat genommen gar wilde Hab,

Der Schimpf hat sich gemachet,
Des hat der Herzog von Burgund
15 Gar wenig mehr gelachet.

Man ist gezogen in sein Land,
Ein Stadt ist Ponterlin genannt,
Da ist der Reigen anfangen,
Darin so sieht man Wittwen viel
20 Gar trauriglichen prangen.

Der Bär eilt ihnen nach mit der Fahn,
Er brannt, als er vormals gethan,
Den Welschen da zum Leide,
Da er das Dorf gezündet an,
25 Da zog er auf weite Heide.

Da nun der Zug gen Orban kam,
Da brannt die Stadt in Feuers Flamm,
Wann sie sich hätten ergeben
An die frommen Herren von Bern!
30 Das war dem Schloß nicht eben.

Darum sie es gezündet an,
Das hat entgolten mancher Mann,
Der in das Schloß ist kommen,
Die Eidgenossen in der Stadt
35 Sie löschten das Feuer zum Frommen.

Gesellen nahmen den Kirchthurm ein,
Und schossen zu den Welschen herein,
Daß es so laut erkrachet,
Wiewohl es war ein grosser Ernst
40 Des Schiessens mancher lachet.

In dem da stürmt man an das Schloß,
Man achtet gar kein Wurfgeschoß,
Sie hauen ein Loch in die Mauren,

Dadurch schlüpft mancher kühne Mann,
Um sich hat er kein Trauren. 45

Die von Bern stürmten vorne dran
Und die von Basel hinten an,
Sie kamen darin mit Genossen,
Das Fähnlein von Luzern, weiß und blau,
Sah man gar bald im Schlosse. 50

Da nun die Welschen sahen klar,
Wie schnell das Schloß erstiegen war,
Sie warfen ab die Wehrn,
Und baten, daß man auf sollt nehmen,
Durch Gott und unser Frauen Ehrn. 55

Hätten sie das beyzeit gethan,
Man hätt sie allesamt leben gelahn,
Jezt wollt man sie nicht ehren;
Da nun die Welschen sehen das,
Begannen sie sich zu wehren. 60

Sie hatten ein Thurm eingenomm'n,
Da konnt man lang nicht zu ihn komm'n,
Da waren viele innen,
Sie wehrten sich gar lange Zeit,
Und mocht ihr keiner entrinnen. 65

Da fügt sich daß man zu ihn kam,
Inwendig im Thurm man aufhin klam,
Viel höher als sie waren,
Man warf ihr eben viel zu todt,
Und traf sie über den Ohren. 70

Es geschah nie kein'm Mann grösser Noth,
Man warf sie lebendig und todt,
Allsamt über die Zinnen,
Das Schloß Orban man also thät
Den Welschen abgewinnen. 75

Darin waren mehr denn hundert Mann,
Die all ihr Leben musten lahn,
Darin will ich nicht lügen,
Man lehrt sie über die Mauer all
80   Ohn alles Gefieder fliegen.

Noch ist ein stark Schloß Jungi genannt,
Dem ward es auch gar bald bekannt,
Wie es zu Orban ergangen,
Da waren viel der Welschen auf,
85   Herab hatten sie Verlangen.

Man zog gen Jungi in die Stadt,
Nach dem Schloß man groß Verlangen hat;
Da man kam dargeschlichen,
Da waren die Welschen alle daraus
90   In welsche Land gewichen.

Der Bär war gelaufen aus dem Höhl,
Es ist ihm ergangen also wohl,
Wieder heim ist er gesprungen,
Gott geb ihm fürbas Glück und Heil,
95   Hat uns Veit Weber gesungen.

II 140   ## Herr Burkhart Münch.

In Rosen baden. Sprüchwort.

(Nach Lycosthenes Psellionoros Lustgarten.
Straßburg, bey Carolo. 1621. S. 678.)

Es war Herr Burkhart Münch bekannt
Als tapfrer Kriegsmann in dem Land,
Mit dem Delphin aus Frankereich
Er kam mit starker Macht zugleich.

Nicht weit von Basel fiel zumal 5
Der Eidgenossen grosse Zahl,
So daß sein Feind für diesmal zwar
Erleget und entflohen war.

Da ritt Herr Burkhart Münch frey fort,
Dort auf die Wahlstadt an den Ort, 10
Auch über todte Körper all
Und triumphirt mit lautem Schall.

Und auf der Wahlstadt einen fand,
Der ihm zuvor war wohlbekannt,
Der seine Wunden schwer ertrug, 15
Alsbald er sein Visier aufschlug.

Und sprach: »Schau heut zu Tag hiebey,
Da baden wir in Rosen frey.«
Solch Wort erhört ein Eidgenoß,
Dem diese Schmach gar sehr verdroß, 20

Daß er zu rächen sie gedacht:
»Ich möcht nur haben so viel Macht,
Weil ich doch lieg zum Todt verwundt.«
Also er sich ermahnt zur Stund.

Da richtet er an einem Stein 25
Sich auf die Kniee ganz allein,
Und warf denselben scharfen Stein
Herrn Burkhart in den Helm hinein.

Da sank Herr Burkhart unverzogen,
Und starb an seinem Sattelbogen, 30
Das Roß gieng mit dem Ritter durch
Und bracht ihn sterbend in die Burg.

»Wie hängt der Ritter auf dem Roß?
Sein Panzer ist ja rosenroth!

35   Legt ihn nur auf den Kirchhof fein,
            Da wachsen viele Röselein.«

            So ward die Ros in ihrem Blut,
            Die frech erwuchs mit Uebermuth,
            Gar bald zu nicht durch fromme Händ,
40   Das Rosenbad Gott von uns wend.

II 142   Zug nach Morea.

(Fliegendes Blat aus der Schweiz, mitgetheilt von
            H. Prof. Blumenbach.)

            Was haben die Urner und Zuger gethan,
            Sie wollen ein Zug gen Morea han,
            Gen Morea wollens dingen,
            Sie wollen dingen achttausend Mann,
5   Wider den Türken wollens kriegen.

            Sie zogen durchs freye Amt hinab,
            Sie fanden gar manchen jungen Soldat,
            Sie liessens all roth bekleiden, sie führen über den
                        Zuger-See,
            Sie lugen umher und das thut weh:
10   He der Krieg mögt manchem verleiden.

            Sie zogen zu Zug wohl aus der Stadt,
            Und ein gut Gesell zum andern sprach:
            »Ich habs gar eben gerechnet,
            Wir müssen ziehn dem Türken zu,
15   He ich mein, mein Herz müst brechen!«

            Wie sie aus den Schiffen heraus dann steigen,
            Die Hauptleut thun ihnen die Händ all reichen,
            Sie thätens in Glieder stellen,

Der ein Hauptmann zum andern sprach:
»He wie han wir die bravsten Gesellen.«   20

Der ein Hauptmann zum andern seit:
»Heut Nacht wend wir noch gen Uri hinein,
        wir müssen tapfer laufen.«
Der ein Hauptmann zum andern sprach,
Wie ihm gefiele diese Sach:
He die Gesellen wollen wir verkaufen.   25

Sie zogen über den Gotthard auf,
Die jungen Soldaten schreien überlaut,
Es wolt sie all schier gereuen,
Der ein gut Gesell zum andern sprach:
He keim Hauptmann ist mehr zu trauen.   30

Sie fahren über den langen See,
Sie sehen das Vaterland nimmermehr,
Sie thäten schier all weinen,
Der ein gut Gesell zum andern sprach:
He wären wir nunmehr daheime.   35

Und wie sie kamen zu der Meerstangen,
Es thut die Schweizersoldaten plangen:
»Wie weit münd wir von hinnen,
Wann ich denke an mein Vaterland,
He mein Herz möcht mir zerspringen!«   40

Sie reisen eine weite Reiß,
Der ein gut Gesell zum andern schreit:
Wie weit münd wir noch reisen?
Der Hauptmann zu den Soldaten sprach:
He Venedig will ich bald zeigen.   45

Der Wachmeister ist ein munterer Mann,
Er hat die bravsten Soldaten g'han,

Zu Venedig war er der erste,
Sie haben ihm geben viel Gut und Geld:
50   He ein guldene Ketten vest.

Und wie sie kamen zu dem Meer,
Da haben die Schweizer Galeeren gesehn,
Sie sitzen darneben nieder:
»Hend wir was gutes gehan im Vaterland,
55   He auf dem Meer wirds uns eintreiben.«

Und wie der Hauptmann die Red vernahm,
Und er zu den Soldaten sprach,
Zu denen Schweizerknaben:
»Wir sind versorgt mit Speiß und Trank,
60   He kein Hunger müssen wir haben.«

Und wie sie kamen in die Stadt Morea,
Dort wollten sie ihr Lager han,
Dort hend sie ihre Lager:
»Wenn der Bluthund das vernehmen thut,
65   He er wird uns bald Antwort geben.«

Es stund nicht mehr denn ein Monat an,
Dem Türken wurd es kund gethan,
Es wären Christen vorhanden,
Es wären da viel tausend Mann,
70   He so fern aus fremden Landen.

Der Türk der schickt ein Boten dar,
Ob sie wollten die Stadt Morea han?
Sie sollten Antwort geben,
So woll er ziehn mit ihnen ins Feld,
75   He kost manchem Schweizer sein Leben.

Und wie die Christen das vernahmen,
Und sie je länger je keker waren,

Sie brüllten wie die Löwen:
»Hilf Jesu Christ wir bitten dich,
He wie heut thut der Bluthund dräuen.«   80

Sie laufen Sturm ein halber Tag,
Der Hauptmann zu den Soldaten sprach:
»Seid ihr doch nicht erschrocken,
Ruft heut nur Gottes Namen an,
Euere Sünd wird euch nachgelassen.«   85

Und da sie kamen in Stadt Weissenburg,
Der Türk mit feurigen Kugeln schoß,
Er wollt die Christen dämmen,
Er grub wohl unter dem Boden durch,
He in die Luft wollt er sie sprengen.   90

Von Weissenburg eine weite Reis,
Der ein gut Gesell zum andern seit:
»Wie weit münd wir noch reisen?«
»Wir wollen ziehn zum heiligen Grab,
Der Hauptmann habs ihnen verheissen.«   95

Conradin von Schwaben.   II 145

(Nach der Chronik der Hohenstaufen. S. 492.)

Als Conradin zu Jahren kam,
Ein schnelle Sach sich bald vernahm,
Er wollt sich männlich halten,
Alle Erbländer nehmen ein,
Die von den Aeltern eigen sein,   5
Die wollt er frey verwalten.
Daß er sie frey und eigen hätt
Um Kriegsvolk thät er schreiben
Im Königreich, Fürstenthüm und Städt,

10 Da sollt niemand ausbleiben,
    Sondern ihm treuen Beystand thun,
    Bis er ein Heer zusammenbracht,
    Hat er kein Rast und konnt nicht ruhn.

    Als nun Papst Clemens solches vernahm,
15 Der Sache bald zuvor auch kam,
    Thät auch ein Kriegsherr verschreiben.
    Und schrieb dem Grafen Karl gleich,
    Dem Bruder des Königs in Frankenreich,
    Er sollte nicht ausbleiben,
20 Sondern Konrad wehren thun,
    Und alle Päß verlegen.
    Graf Karl thäts alsbald nun,
    Er zog ihm straks entgegen,
    Und machte durch Verrätherey,
25 Daß er Neapel genommen ein,
    Eh Conradin noch kam herbey.

    Karl der schicket aus gar viel
    Verräther in geheimer Still,
    Sie sollten Sperl einnehmen,
30 Denn Karl ließ gar viel darauf gehn,
    In Papstes Namen ists geschehn,
    Den Conradin zu dämmen;
    Der Papst verhieß ihm grosses Gut,
    Wenn er ihn möcht bestreiten,
35 Derhalben hielt er gute Hut,
    Er ließ groß Gut erbiethen,
    So die Verrätherey gemacht,
    Die Steg und Weg daselbst er wußt,
    Da rückt er bey in tiefer Nacht.

40 Conradin mit seinem Heer
    Auf die Nacht da einkehrt.
    Zu Morgens wollt er rücken

Ja ins Königreich Neapel ein!
Ließ ausrufen mit heller Stimm,
Sein Red wollt er nicht zucken,   45
Eh müß ihm drauf gehn Leib und Gut,
Er wolle es drauf setzen! –
Die Landsknecht sind nun wohlgemuth:
Die Reis' soll uns ergötzen!
Sie konnten sich nicht rüsten mehr,   50
Hineinzurücken in das Land,
Als schon der Feind vorhanden wär.

Nun höret zu, wie es ergieng,
Als sich der Schimpf mit Ernst anfieng,
Die Schanz ward hastlich übersehen.   55
Conradin hat gesiegt im Anfang,
Da über die Beut die Ordnung sank,
Da war der Schaden geschehen,
Sie waren übereilet schon
Von ihrem Gegentheile,   60
Deshalb empfingen bösen Lohn,
Ihre Haut war ihnen feile,
Der Vortheil übergeben ward,
Das Spiel, das war verloren schon,
Vermißt ward ihnen hier die Kron.   65

Es kostet manchen stolzen Mann,
Der seine Haut wollt rücken dran,
Zu retten seinen Herren,
Und ihm ein treuen Beystand thun
In Nöthen gänzlich nicht verloren,   70
Mit Tapferkeit zu wehren.
Es konnt damit doch nichts mehr seyn,
Sie waren überlänget,
Der Feind drang bald auf sie herein,
Daß sie wurden zerdränget,   75
Noch dennoch war ihr Herz so gut,

Eh einer seinen Herrn lassen wollt,
Vergossen sie ihr eigen Blut.

O Jammer über Jammersnoth,
80   Wie viel der Kriegsleut blieben todt,
Noch dennoch ward gefangen
Ihr Herr, für den sie Gut und Blut
Daran gesetzt aus freyem Muth,
Der must nun von hindannen
85   Mit einem Herzog zu Oesterreich,
Friedrich ward er genennet,
Sie wurden beyd hinweg zugleich
Geführet unzertrennet,
In die Hauptstadt, die ward genannt
90   Neapel von dem Königreich,
Gefangen sassens in ihrem Land.

Als Conradin gefangen war,
Wurd er gehalten grausam hart,
Mit samt dem Herzog Friedrich,
95   Verspottet, jämmerlich traktirt,
Zu einem Schauspiel umgeführt,
Und was man konnt erdichten. –
Den vorgen Tag der Held ging zu
Durch Berg und Thal mit glänzendem Heer;
100 Der Papst hat weder Rast noch Ruh,
Vor Neid konnt er nicht warten mehr,
Aus eitel Gift und grimmen Zorn
Gab er Befehl, daß man sollt schnell
Mit ihnen zum Gericht fortfahrn.

105 Man führt herfür die Fürsten beyd,
Wer hat gesehen solches Leid
Bey Denken aller Zeiten,
Da auf die Wahlstadt, die da war
Bereitet ihnen also baar,

Oeffentlich vor allen Leuten,   110
Man schlug ihnen beiden ihr Häupter ab,
Da war gar kein Erbarmen,
Es must daran der junge Knab
Mit seinen schneeweissen Armen,
Als er alt war sechzehn Jahr,   115
Durch den Papst Clemens den vierten
Ist das geschehen offenbar.

Der alte Lanzknecht.   II 149

(Fliegendes Blat.)

Wohl auf ihr Lanzknecht alle,
Seyd fröhlich, seyd guter Ding,
Wir wollen Gott den Herren
Dazu den edlen Köning,
Er legt uns ein gewaltigen Haufen ins Feld,   5
Es soll kein Lanzknecht trauren um Geld,
Er will uns ehrlich lohnen
Mit Stüwern und Sonnenkronen.

Der Herzog aus Burgunde,
Derselbig treulose Mann,   10
Wollt uns den edlen Franzosen
Schändlich verrathen han,
Das schaffet Gott durch seine Güt,
Gott woll uns den edlen König behüt,
Er ist ein edler Herre,   15
Wir dienen ihm allzeit gerne.

Beym Bauren muß ich dreschen
Und essen saure Milch,
Beym König trag ich volle Fleschen,
Beym Bauren ein groben Zwilch,   20

Beym König tret ich ganz tapfer ins Feld,
Zieh daher als ein freyer Held,
Zerhauen und zerschnitten,
Nach adelichen Sitten.

25 Es soll kein Lanzknecht garten
Vor eines Bauren Haus,
Denn er muß rotten und harken,
Daß ihm der Schweiß bricht aus,
Dazu das Mark in seim Gebein;
30 Viel lieber diene ich dem König allein,
Denn einem reichen Bauren,
Er giebt uns das Geld mit Trauren.

Der uns dies neue Liedlein sang
Von neuem gesungen hat,
35 Das hat gethan ein Lanzknecht gut,
Ist gelegen vor mancher Stadt,
In mancher Feldschlacht ist er gewesen,
In vielen Stürmen hat er genesen,
Dem edlen König zu Ehren,
40 Sein Lob ist weit und ferne.

II 151   Henneke Knecht.

(Baringii descriptio salae principatus Calemb.
Lemgo 1744. II. 153.)

Henneke Knecht, was willst du thun,
Willst du verdienen dein alten Lohn,
Ueber Sommer bey mir bleiben?
Ich geb dir ein Paar neue Schuh,
5 Den Pflug kannst du wohl treiben.

Henneke sprach ein trozig Wort,
Ich will keim Bauern dienen fort,

Solcher Arbeit will ich trutzen,
Ich will mich geben auf die See,
Des hab ich grössern Nutzen.   10

Das Weib sprach auch ein hastig Wort:
Wie bist du Kerl auch so bethört,
Willst du ein Schiffmann werden,
Hakken, reuten ist dein Art
Und pflügen in der Erden.   15

Henneke ward bey sich selbst zu Rath,
Er kauft für seinen Habersack
Ein Armbrust, gut von Preise,
Kurz Kleider läßt sich messen an,
Recht nach der Krieger Weise.   20

Er nahm die Armbrust auf den Nack,
Den Köcher er im Gürtel stach,
Das Schwerdt an seine Seite,
So ging er dann mit Sack und Pack,
Nach Bremen thät er schreiten.   25

Als Henneke nach Bremen kam,
Thät er vor einem Schiffer stahn,
Sprach: Schiffer lieber Herre,
Wollt ihr mich wohl zum Schiffmann han,
Für einen Ruderere?   30

Ich will dich gerne nehmen an,
Kannst du als Schiffknecht mir bestahn,
Wohl recht an Schiffes Borde,
Ich hör an deinen Worten wohl,
Du bist von Bauern Arte.   35

Henneke schwor einen theuren Eid:
Kein anderer Kerl ist weit und breit

Zu allem Thun und Sachen;
Ich bin in meinem Muth so frey,
40 Recht als ein wilder Drachen.

Da Henneke Knecht kam auf die See,
Stand er als ein verzagtes Reh,
Kein Wort konnt er nicht sprechen,
Er dachte hin, er dachte her,
45 Sein Herz wollt ihm zerbrechen.

Er lehnt sein Haupt an Schiffesbord,
Ein Armes lang sprach er kein Wort,
Wohl zu derselben Stunden:
Was mir das Weib vorhergesagt,
50 Das hab ich nun gefunden.

Der Wind, der weht, der Hahn, der kräht,
Das Wetter, das war gar unstät,
Das Meer ganz ungeheure,
Hätt ich den Pflug in meiner Hand,
55 Dem wollt ich wohl bald steuren.

Ist denn nun niemand hier bekannt,
Der mich bringt in das Sachsenland,
Wohl zwischen Dister und Leine,
Wohl zu des edlen Fürsten Haus,
60 Das Haus zum Lauensteine?

Auch ist nun hier niemand bekannt,
Der mich bringt ins Braunschweiger Land,
Ich will ihn wohl belohnen,
Ich will ihm geben mein Habersack,
65 Dazu ein Scheffel Bohnen.

Der uns das Liedchen hat erdacht,
Hat Henneken von der See gebracht,

Daß ihn die Läus nicht fressen,
Er warnt auch all Gesellen gut,
Daß ihr nicht seid vermessen.   70

Zwey Schelme.   II 154

(Fliegende Blätter.)

Es trägt ein Jäger ein grünen Huth,
Er trägt drey Federn auf seinem Huth,
Juchhey, Rassey! Hesasa, Faldrida!
Er trägt drey Federn auf seinem Huth.

Die eine war mit Gold beschlagen,   5
Das kann ein jeder Jäger tragen:
    Juchhey u.s.w.

Der Jäger der jagt ein wildes Schwein
Bey Nacht, bey Tag, bey Mondenschein:
    Juchhey u.s.w.   10

Er jagt über Berg und tiefe Straus,
Er jagt ein schwarzbraunes Mädel heraus:
    Juchhey u.s.w.

Wonaus, wohin, du wildes Thier,
Ich bin ein Jäger und fang dich schier?   15
    Juchhey u.s.w.

Du bist ein Jäger und fängst mich nicht,
Du kennst meine krumme Sprünglein noch
        nicht:
    Juchhey u.s.w.

Deine krumme Sprünge kenn ich gar wohl,   20
Leid ists mir, daß ich dich fangen soll:
    Juchhey u.s.w.

Er warf ihr das Bändlein an den Arm.
Jezt bin ich gefangen, daß Gott erbarm:
25   Juchhey u.s.w.

Er nahm sie bey ihrem rothen Rock,
Er schwang sie hinter sich auf sein Roß:
   Juchhey u.s.w.

Er ritt vor seiner Frau Mutter Haus,
30 Frau Mutter schaute zum Fenster hinaus:
   Juchhey u.s.w.

Sey mir willkommen, o Sohne mein,
Was bringst du für ein wildes Schwein:
   Juchhey u.s.w.

35 Frau Mutter, es ist kein wildes Schwein,
Es ist ein zartes Jungfräuelein:
   Juchhey u.s.w.

Ist es ein zartes Jungfräuelein,
So soll sie mir willkommen seyn:
40   Juchhey u.s.w.

Sie setzt das Jungfräulein an den Tisch,
Sie trug ihr auf gut Wildpret und Fisch:
   Juchhey u.s.w.

Sie trug ihr auf den besten Wein,
45 Das Jungfräulein wollt nicht fröhlich seyn:
   Juchhey u.s.w.

Ey iß und trink, gehab dich wohl,
Du darfst nicht sorgen, wers zahlen soll:
   Juchhey u.s.w.

Ders zahlen soll, und der bin ich,   50
Ich hab kein lieberes Schätzel als dich:
  Juchhey u.s.w.

Eur Herzallerliebste will ich nicht seyn,
Ich bin des Edelmanns Töchterlein:
  Juchhey u.s.w.   55

Und bist du des Edelmanns Töchterlein,
So sollst du mir des lieber seyn:
  Juchhey u.s.w.

Er führt sie wohl vor des Goldschmidts Haus,
Der Goldschmidt schaut zum Fenster hinaus: 60
  Juchhey u.s.w.

Ach allerliebster Goldschmidt mein,
Schmied meinem Schatz ein Ringelein:
  Juchhey u.s.w.

Schmied ihr den Ring an die linke Hand,   65
Ich nehm sie mit ins fremde Land:
  Juchhey u.s.w.

Ins fremde Land da will ich nicht,
Du bist ein Schalk, ich trau dir nicht:
  Juchhey u.s.w.   70

Sie gingen miteinander den Berg hinauf,
Er setzte sie nieder an einem Baum:
  Juchhey u.s.w.

Er bricht herab einen grünen Zweig,
Und machet das Mädel zu seinem Weib: 75
  Juchhey u.s.w.

Da lachet das Mädel so sehr vermessen:
Ach edler Jäger, eins hab ich vergessen:
    Juchhey u.s.w.

80   Wenn mich mein Mutter nun jaget hinaus,
Wo lag denn deiner Frau Mutter ihr Haus:
    Juchhey u.s.w.

Der Mutter ihr Haus steht unten am Rhein,
Es ist gebauet von Marmelstein:
85   Juchhey u.s.w.

Es hat weder Weg, es hat weder Steg,
Feins Mädel scher dich deiner Weg:
    Juchhey u.s.w.

Ich bin ein Schelm, du traust mir nicht,
90   Du bist nicht ehrlich, ich werf auf dich:
    Juchhey u.s.w.

Als sie ein Stückwegs hinaus kommt gegangen,
Ihr Mutter begegnet ihr mit der Stangen:
    Juchhey u.s.w.

95   Wo bist du gewesen, du faule Haut,
Du bist wohl gewesen des Jägers Braut:
    Juchhey u.s.w.

Wann andre Mädchen zu Tanz gehn und springen,
Du must bey der Wiege stehn und singen:
100   Juchhey u.s.w.

Man singt bey Meth und kühlem Wein,
Wohl von dem zarten Kindelein:
    Juchhey u.s.w.

Schlaf ein, schlaf ein feins Kindlein mein,   105
Wo wird wohl dein Vater der Jäger seyn?
Juchhey, Rassey! Hesasa, Faldrida!
Im Elsaß da wirst du ihn finden.

Der Bayrische Hiesel.   II 158

(Fliegende Blätter.)

Ey du mein liebe Thresel,
Ich bin nun wieder da,
Zu Nacht sollst mich behalten,
Gelt schlag mirs nicht ab.

Ey Bayrischer Matthiesel   5
Zieh aus deinen Rock,
Sez dich ein Weil nieder,
Bis ich dir was koch.

Ey du mein liebe Thresel,
Es hungert mich nicht,   10
Ich bin gar weit gangen,
Darum bin ich müd.

Warum bist du gangen
Und bist allzu müd?
Drey Hirsch hab ich schossen,   15
Die hab ich bey mir.

Ey sollt dich nicht hungern,
Ey durstet dich nicht?
Mein Hund hält die Wache,
Das best ihm zuricht.   20

Ey Bayrischer Matthiesel
Zieh aus deine Schuh,

Leg dich ein Weile nieder
Und deck dich warm zu.

25 Ey du mein liebe Thresel,
Allein kanns nicht seyn,
Wenn ich im Bette liege,
Must auch bey mir seyn.

Wenn die Kuh ist gemolken,
30 Die Milch ist gesaiht,
So will ich schon kommen,
Da ist es noch Zeit.

Sie schliefen zusammen
Die zeitlange Nacht,
35 Bis daß manch schön Hirschlein
Am Fenster rum grast.

»Ey Thresel sollst aufstehn,
Bring Krapfen heraus,
Zwölf Jäger sind draussen
40 Geschwind mach uns auf.«

Ey meine liebe Jäger
Euch laß ich nicht ein,
Ich thu mich stets fürchten
Und bin ganz allein.

45 »Ey du mein liebe Thresel
Du führst uns nur blind,
Dein Bayrischer Matthiesel
Ist auch bey dir drin.«

Ey Bayrischer Matthiesel,
50 Du kunstreicher Kund,
Zwölf Jäger sind draussen
Und drey grosse Hund.

Ey du mein liebe Thresel
Laß mir sie herein,
Ich thu mich nicht fürchten, 55
Wenns noch soviel seyn.

Ey Bayrischer Matthiesel
Zieh an deinen Rock,
Du must mit uns nun gehen
In Graftilands Schloß. 60

Und eh ich mit euch gehe,
Mein Leben ich wag,
Hab noch funfzig Gulden,
Die geb ich euch dann.

Ja deine funfzig Gulden, 65
Die sind uns schon recht,
Die wollen wir kriegen,
Und wärs noch viel mehr.

Ey meine liebe Jäger
Noch eins ich nur frag, 70
Ob ich wohl im Heimgehn
Ein Gemslein mir jag?

Ey ihr meine liebe Jäger
Jezt geht es zum Schluß,
Gehn wir nicht zusammen 75
So giebts kein Verdruß.

Sechs Jäger sind draussen,
Sechs Jäger sind drin,
Sechs hat er geschossen,
Sechs laufen davon. 80

Der Hund thät sie fangen,
Sie fallen aufs Knie.

Die Thresel thut bitten:
»Die thun dirs wohl nie!«

85 »Ey Bayrischer Matthiesel
Das Leben uns schenk,
Wir tragen dir die Hirsche
So weit du gedenkst.«

Trotz Jäger auf Almen,
90 Merkt grün ist mein Huth,
Drauf Schildhahnenfedern
Und Gemsbart mit Blut.

II 161   Icarus.

(Mitgetheilt, wahrscheinlich nicht sehr alt.)

Mir träumt, ich flög gar bange
Wohl in die Welt hinaus,
Zu Straßburg durch alle Gassen
Bis vor Feinsliebchens Haus.

5 Feinsliebchen ist betrübt,
Als ich so flieg und rennt:
Wer dich so fliegen lehrt,
Das ist der böse Feind.

Feinsliebchen, was hilft hier lügen,
10 Da du doch alles weist,
Wer mich so fliegen lehrt,
Das ist der böse Geist.

Feinsliebchen weint und schreiet,
Daß ich vom Schrey erwacht,

Da saß ich ach! in Augsburg 15
Gefangen auf der Wacht.

Und morgen muß ich hangen,
Feinslieb mich nicht mehr ruft,
Wohl morgen als ein Vogel
Schwank ich in freyer Luft. 20

Ruhe in Gotteshand. II 162

(Procopii Mariale festivale. p. 120.)

Gleich wie des Noah Täubelein
Ihr Füßlein nicht wollt sudeln ein,
Im Letten dieser Welt;
Sie floh dem Patriarchen zu,
In seiner Hand da fand sie Ruh, 5
Sonst nirgends in dem Feld,
Also in diesem Sünden-Land,
Maria stund in Gottes Hand,
Der Feind erjagt sie nicht,
Ihr Leib und Seel wohl angeführt, 10
Zum Bösen keine Neigung spürt,
Sieh an ihr Angesicht.

Wieben Peter. (1539) II 163

(Dithmarsische Kronick. S. 209.)

Will jy hören en nie Gedicht,
Wat körtelich is uthgericht,
 Darvan will ick jy singen,
En Mann is Wieben Peter genandt,
 De Dithmarscher wolde he dwingen. 5

He toeg wol ut sin Vaderland,
Darup het he gerovet und gebrant,
   Mit Gewalt veel Gudes genahmen,
Etliche gefangen und weggeföhrt,
10   Is nu to Uhtdracht kamen.

He hefft sick Hans Pommerenning genannt,
Hefft Schaepstette sülvest abgebrannt,
   Mit sinen Broder und Knechten,
Dat wareden de Acht and Vertig gewahr,
15   De Sacke möste he verfechten.

Darna wart he gefangen schon,
Dat man em scholde geven sin Lohn,
   Na sinen Verdenst und Rechte,
To Rendsburg ward he gefunden loß
20   Van adelichem Geschlechte.

Idt wahrde nicht gar lange Tydt
Toeg he in dütschen Lande wiht
   Na Carol dem Römischen Kaiser,
Ummer sine Mandata to hahlen dar,
25   Unglück war sine Reise.

Den Acht und Vertig is Badeschop gekohmen,
Wieben Peter hedde Knechte angenohmen
   To Jevern in Fresen Lande,
Darmit wolde he up de Dithmarscher nehmen,
30   Und dohn enen weh und bange.

Up enen Sünnavent edt idt geschah,
De was van Hemmelfarthsdag,
   Her Hövet Mann hebben se kohren
Bohles Johann en framme Mann,
35   De Schantze wolde he wohren.

Rode Reimer, Klaus Facke, sin ock erwählt,
Reinhold Gerdt en frammer Held,
   Dat beste deden se raden,
Se segelden all uth gegen de Floth,
   To hilligen Lande quemen se drade. 40

Se hedden en Schipken rüstet uth
Mit Viktualien en büssen Kruth,
   Mit Speisen und grote Geschütte,
En Jagteken, dat was darmet,
   Dat wart en ock wol nütte. 45

Se segelden to hillige Land langst dat Klieff,
Dar Wieben Peters opstahnde blief,
   Dat dehde em doch ken baten,
Johann sin Broder was darby,
   De moste dar sin Levend laten. 50

Se lepen dar frischlich an dat Land,
Wieben Peters twe Baten uthgesandt,
   De höret Lüde to stühren,
De ene was Vaget, de ander Pastor
   Des Nahme het Hr. Ludert. 55

He wolde sick gern gefangen geven,
Wolden se em fristen sin junge Leven,
   Und nehmen em gefangen,
Wol up des löflichen Königs Recht,
   Darnah stand sin Verlangen. 60

Bohles Johann sprack alltohand:
De Dithmarscher hebben my uthgesand,
   He schall sich fangen geven,
Hefft he den Kopmann ken Leed gedahn,
   Fristen schall he sin Leven. 65

Hänschen wol to Peter sprack:
Ick fürchte alhier grot Ungemack,
   Ach Peter giff dy gefangen.
Peter hof up sine witte Hand
70   Schloeg Hänschen by de Wangen.

He settede de Kanne vär sinen Mund,
He drunk se ut bet up den Grund,
   Ehn Fähnlin he so drahde,
Darto en Schwerd umb Hövet schwank,
75   Hedde men de Spisse to bade.

De Dithmarscher lepen an dat Klieff
Wieben Peter mit Hanßen bestahnde blief,
   Dat dehde em keen baten,
Twee andern Gesellen wären ock darby,
80   Ehr Leven mosten se laten.

Do hefft he man veer Schöte gedahn,
Darmet is he na der Kerken gahn,
   Den Böhne hefft he erkaren
Mit sinen Broder und Knechten dar,
85   Sin Leven hefft he verlahren.

Dat Scheten wahret en gantze Stund
Wol in der Kerken to hillige Land,
   Ener ward gefangen nahmen,
Värt gantze Land ward he geföhrt,
90   Is em to Unfall gekamen.

De Acht und Vertig schloten en Rath,
Wegen der dreer Doden drad,
   Wo men et damit scholde macken,
Wieben Peters scholde up en Radt,
95   Syn Hövet op enen Stacken.

De uns dat nie Ledlin sank,
Reinhold Junge is he genant,
 He hefft idt gar schön gesungen,
He was van twintig Jahren oldt
 Den Rey hefft he gesprungen.   100

Jarren Reimer de was daby,
Reinhold Junge de sprach het fry,
 Se hebben idt gar wol gesungen,
Se drinken veel lever guth Beer effte Win,
 Denn Wather uth den Brunnen.   105

Zugvögel.   II 167a

(Procopii Mariale Festivale. p. 448.)

Ach wie so schön, wie hübsch und fein
Sind deine Tritt Maria rein
In deinem Schühlein leis dahin,
Ach Jungfrau, was hast du im Sinn?
Du weist, was unterm Herzen tragst,   5
Mich wundert, wie du eilen magst?
»Hör mich nun an, du frommes Weib,
Ich trag in meinem reinen Leib,
Ich trag in mir das ew'ge Wort,
Beschwert mich nicht, ja hilft mich fort;   10
Gleich wie die Federn dem Vögelein
Nicht hinderlich, nein hülflich seyn,
Die Ruder keinem Schiff zur Last,
Nein treibens, daß es ohne Rast
Hinschwanket, schwebet ganz allein   15
Und bringt den Sohn des Herren heim.«

Die Seeräuber.

(Quartalschrift für ältere Literatur. Leipzig, 1784. 1. Q. S. 29.)

Störtebecher und Gödte Michael,
Die raubten beide zu gleichem Theil
Zu Wasser und nicht zu Lande,
Bis daß es Gott vom Himmel verdroß,
5 Des musten sie leiden große Schande.

Sie zogen vor den Heidnischen Soldan,
Die Heiden wolten ein Wirthschaft han;
Seine Tochter wolt er berathen,
Sie rissen und splissen wie zwei wilde Thier,
10 Hamburger Bier trunken sie gerne.

Störtebecher der sprach alzuhand:
Die West-See ist mir wol bekannt,
Das will ich uns wol holen;
Die reichen Kaufleut von Hamburg
15 Die sollen das Gelach bezahlen.

Sie liefen ostwerts längst des Lick:
Hamburg, Hamburg thu deinen Fleiß,
An uns kannst du nichts gewinnen,
Was wir auch wollen bei dir thun,
20 Das wolln wir bald beginnen.

Und das erhört ein schneller Both,
Der war von klugem Rath,
Kam in Hamburg gelaufen,
Er fragte nach des ältsten Bürgermeistern Haus,
25 Den Rath fand er zu Hauffe.

»Ihr lieben Herrn all durch Gott,
Nehmt diese Red nicht auf für Spott,
Die ich euch wil sagen,

Die Feinde liegen euch nahe bei,
Sie liegen am wilden Have.   30

Die Feinde liegen euch hart vor der Thür,
Des habt ihr edlen Herrn zweier Kühr,
Sie liegen dar am Sande,
Last ihr sie wieder von hinnen ziehn,
Des habt ihr Hamburger Schande.«   35

Der ältste Burgermeister sprach allzuhand:
»Gut Gesell du bist uns unbekannt,
Worüber solln wir dir gläuben?«
»Des solt ihr edlen Herren thun,
Bei meinem treuen Eide.   40

Ihr sollet mich setzn auf das Vorkastel,
Bis daß ihr eure Feinde seht
Wohl zu derselben Stunde,
Und spüret ihr einigen Wankel an mir,
So senket mich zu Grunde.«   45

Die Herrn von Hamburg zogen aus,
Sie gingen zu Segel mit der Fluth,
Wol nach dem neuen Werke,
Vor Nebel konnten sie nicht sehn,
So finster waren die Schwerken.   50

Die Schwerken brachen durch,
Die Wolken wurden klar,
Sie segelten fort und kamen dar,
Grossen Preis wollten sie erwerben,
Störtebecher und Gödte Michael musten
     darinnen sterben.   55

Sie hatten einen Hölck mit Wein genommen,
Darmit waren sie auf die Weser gekommen,

Dem Kaufmann dar zu leide,
Sie wollten darmit in Flandern seyn,
60   Sie musten dar noch scheiden.

Hört auf Geselle, trinket nun nicht mehr,
Dort laufen drey Schiffe in jener See,
Uns grauet vor den Hamburger Knechten,
Kommen uns die von Hamburg an Bord,
65   Mit ihnen müssen wir fechten.

Sie brachten die Büchsen an den Bord,
Zu allem Schiessen gingen sie fort,
Da hört man die Büchsen klingen;
Da sah man so manchen stolzen Held
70   Sein Leben zu Ende bringen.

Sie schlugen sich drei Tag und auch drei Nacht,
Hamburg dir ist ein Böses gedacht
All zu derselben Stunde,
Das uns ist lang zuvor gesagt,
75   Das kommen wir hie zu Funde.

Die bunte Kuh aus Flandern kam,
Wie bald sie das Gerücht vernahm,
Mit ihren starken Hörnern,
Sie ging sich brausen durch die See,
80   Den Hölck wollte sie verstören.

Der Schiffer sprach zu dem Steurmann,
Treib auf das Ruder zum Steurbort an,
So bleibt der Hölck bei dem Winde,
Wir wollen ihn laufen sein Vorkastel entzwei,
85   Das soll er wol empfinden.

Sie liefen ihm sein Vorkastel entzwei.
»Trauen, sprach sich Gödte Michael,
Die Zeit ist nun gekommen,

Daß wir müssen fechten um unser beider Leib,
Es mag uns schaden oder frommen.« 90

Stürzebecher sprach sich allzuhand:
»Ihr Herrn von Hamburg thut uns kein Gewalt,
Wir wollen euch das Gut aufgeben,
Wollt ihr uns stehen für Leib und Gestalt
Und fristen unser junges Leben?« 95

»Ja traun, sprach sich Herr Simon von Utrecht,
Gebet euch gefangen auf ein Recht,
Last euch das nicht verdriessen,
Habt ihr dem Kaufmann kein Leid gethan,
So werdet ihrs wol geniessen.« 100

Da sie gegen die Richtstadt kamen,
Nicht viel Gutes sie da vernahmen,
Sie sahn die Köpfe stecken.
»Ihr Herren, das sind unsere Mitkompans!«
So sprach sich Stürzebecher. 105

Sie wurden zu Hamburg in die Haft gebracht,
Sie sassen nicht länger als eine Nacht,
Wohl zu derselben Stunde,
Ihr Todt wurd also sehr beklagt,
Von Frauen und Jungfrauen. 110

»Ihr Herrn von Hamburg, wir bitten um eine Bitt,
Die wolt ihr uns versagen nicht,
Und mag euch auch nicht schaden,
Daß wir mögen den Trauerberg
Angehn in unserm besten Gewande.« 115

Die Herrn von Hamburg thäten die Ehr,
Sie liessen ihn Pfeiffen und Trummeln vorgehn,
Sie hättens wol lieber entbehrt,
Ja wären sie wieder in der Heidenschaft gewest,
Sie wären nicht wiederkehret. 120

Der Scharfrichter hieß sich Rosenfeld,
Er haute so manchen stolzen Held
Mit einem frischen Muthe,
Er stund mit seinen geschnürten Schuen
125   Zu den Enkel in dem Blute.

Hamburg, Hamburg, des geb ich dir den Preiß,
Die Seeräuber waren nie so weiß,
Um deinet Willen musten sie sterben,
Das machst du von Gold ein Krone tragn,
130   Den Preiß hast du erworben.

II 172   Inschrift.

(Procopii Mariale Festivale.)

Hör mich du arme Pilgerin,
Die zu Wallfahrten hast den Sinn,
Nicht wollest du vorüber gehen,
Bey diesem Bilde bleibe stehen,
5   Erfrisch allhier die müden Füß,
Maria hier die Mutter süß
Ganz ruhig stehet und wartet,
Ob du bist gut geartet.

Hast du ihr nichts zu geben mehr,
10   Laß ihr nur eine fromme Zähr,
Thu sie mit nassen Augen
Ganz sinniglich anschauen,
Ohn Zweifel wirds ihr lieber seyn,
Denn Silber, Gold und Edelstein,
15   Sie wird die Treue haben,
Dich wieder zu begaben.

Hans Steutlinger.

(Eingesandt.)

Was wollen wir singen und heben an,
Von einem Hans Steutlinger,
Hat aus dem Adel geheurathet,
Hat geheurath ein adliche Frau.

Ei Knechte lieber Knechte mein,   5
Sattel mir und dir zwei Pferd,
Gen Freiburg wollen wir reiten,
Gen Offenburg haben wir guten Weg.

Und da ich in Freiburg eine kam,
Fürs jungen Herrn Friedrich sein Hauß,   10
Da schaute der junge Herr Friedrich
Zum obern Fenster heraus.

Hans Steutlinger, lieber Hans Steutlinger,
Kommt zu mir jezt herein,
Steigt ab jezt von euerem Sattel,   15
Helft essen die wildesten Schwein.

Vom Sattel will ich wohl steigen,
Will treten auch zu euch hinein,
Wenn ihr mir wollet verheißen,
Daß ich kein Gefangner mehr sey.   20

Sie gaben dem Hans Steutlinger gute Wort,
Bis sie ihn brachten oben an Tisch:
Ei iß und trink Hans Steutlinger,
Dein Leben wird nimmermehr frisch.

Wie kann ich essen und trinken,   25
Wie kann ich nur fröhlich sein,
Mein Herz mögt mir versinken
Beim Meth und beim kühlesten Wein.

Hans Steutlinger, wem vermacht ihr euer Weib?
30 Ich vermach sie dem lieben Herrn Friederich,
Dem vermach ich ihren untreuen Leib,
Der sieht sie viel lieber noch als ich.

Hans Steutlinger, lieber Hans Steutlinger,
Wem vermacht ihr eure Kind?
35 Ich vermach sie dem lieben Gott selber,
Der weiß am besten, wem sie sind.

Hans Steutlinger, lieber Hans Steutlinger,
Wem vermachet ihr euer Gut?
Ich vermachs den armen Leuten,
40 Die Reichen haben selber genug.

II 174   Der Maria Geburt.

(Procopii Mariale Festivale I, S. 228.)

Gleich wie die lieb Waldvögelein,
Mit ihren Stimmen groß und klein
Früh morgens lieblich singen,
Sobald anbricht die Morgenröth,
5 Wenns purpurfarb am Himmel steht,
In Berg und Thal sie klingen.

Also ihr Menschen kommt herbey,
Laßt hören eure Melodey,
Das Kindelein zu grüssen.
10 Heut fröhlich sein Geburtstag fällt,
Sankt Anna bringt es auf die Welt,
Es lasset euch geniessen.

Die Morgenröth so kühl und naß,
Die schönen Blumen, Laub und Gras

Sich alle freundlich neigen,   15
Weil dieses Kind mit Gütigkeit
Erquicket ihre Mattigkeit,
Sie ihren Dank so zeigen.

Also, weil wie der Morgenthau,
Heut aufgeht unsre liebe Frau   20
Zum Trost der armen Seelen,
In Demuth grüß sie jedermann,
Denn sie ists, die uns trösten kann
In aller Trauer Quälen.

Von dem Hammen von Reystett, wie ihn   II 175
der Peter von Zeytenen gefangen hat.

(Altes fliegendes Blat von H. F. Gräter.)

An einem Montag es geschah,
Daß man Hammen von Reystett reiten sah,
Durch einen grünen Walde,
Peter von Zeitenen begegnet ihm balde.

Alsbald er Junker Hammen ersah: 5
Ja Hammen Gott geb dir ein guten Tag,
Und einen guten Morgen,
Du reitest in grossen Sorgen.

Hammen gieb dich willig darein,
Deren von Ulm must du Gefangner seyn,   10
Woltest mir mein Hütlein rucken,
Das dein will ich dir zucken.

Peter, wenn es nicht anders mag seyn,
So bitt ich dich durch den Adel mein,
Zieh aus dein scharfen Degen,   15
Nimm mir mein edles Leben.

  Hammen das thu ich nicht,
  Dein edles Leben nehm ich nicht,
  Ich will dich weder hauen noch stechen,
20 Die von Ulm müssen mich rächen.

  Sie banden ihm Händ, sie banden ihm Füß,
  Und warfen ihn auf ein hohes Roß,
  Und eilten mit ihm sehre,
  Sie furchten viel Landsherren.

25 Dem Fräulein von Oesterreich kam die Mehr,
  Wie Hammen zu Ulm gefangen leg,
  Es wollt nicht länger beiten,
  Gen Ulm wollt sie bald reiten.

  Da sie gen Ulm eine reit,
30 Der Burgermeister ihr entgegen schreit:
  Nach adelichen Sitten
  Werd ihr für Hammen bitten.

  Das Fräulein auf das Rathhauß trat,
  Der Bürgermeister neben ihr saß,
35 Ihr seyd meine gnäd'gen Herren,
  Das Fräulein sollet ihr ehren.

  Dem Fräulein ward all ihr Bitt verziehen,
  Es blieb der ganze Rath verschwiegen,
  Das Urtheil ward gegeben,
40 Daß Hammen nicht blieb am Leben.

  Das Fräulein auf zum Thurme trat:
  Ach Hammen Gott geb dir ein guten Tag,
  Und einen guten Morgen,
  Du liegst in grossen Sorgen.

45 Hammen gieb dich willig darein,
  Es geht dir an das junge Leben dein,

Ich bin vor den Rath getreten,
Und hab für dich gebeten.

Genade mir Frau von Oesterreich,
Dir werde Gott vom Himmelreich   50
Bewahr euch eure Ehre,
Euch und andern Fräulein mehre.

Ich bitt euch also fleissiglich,
Betet für mich, daß man mich
Laß einmauern, so will ich schliessen   55
Mein Leben dann mit Büssen.

Das Fräulein die Red vor die Herren bracht,
Das Fräulein ward von ihnen veracht,
Kein Gnad mocht sie erwerben:
Jungherr Hammen muß sterben.   60

Da man Hammen aus dem Thurm führt,
Man legt ihm an einen grauen Rock,
Man zog ihm aus seine Schuhe,
Seine Sünd thaten ihm sehr reuen.

Da Hammen vor des Herrn Marterbild kam,   65
Nun höret zu was Hammen sprach,
Er fiel nieder auf seine Knie,
Er bat die Gemein, daß man ihm verziehe.

Meister laß mir wohl der Weil,
Meister ihr sollt mich nicht übereiln,   70
Ich will euch ritterlich halten,
Den werthen Gott lasset walten!

Da man Hammen sein Haupt abschlug,
Bald man ihn zu einem Borne trug,
Man legt ihn dahin mit Fleisse   75
In zwei Leilachen waren weisse.

Man legt ihn auf einen hangenden Wagen,
Man that ihn zu seinen drey Schwestern tragen,
Durch einen grünen Walde,
80   Zu seinen drey Schwestern balde.

Die jüngste Schwester das vernahm,
Daß da ihr todter Bruder kam,
In einer kurzen Stunde
Dreymal war ihr geschwunden.

85   »Ihr Herren von Ulm wie ist euch so gach,
Fürchtet ihr nicht noch grössre Schmach,
Die euch daraus möcht kommen,
Ueber euch und eure Frommen.

Ihr Herren wisset was das bedeut,
90   Das Kindlein in der Wiegen leit,
Das noch kein Wort kann sprechen,
Sein Vater den muß es rächen.«

II 179   Maria, Gnadenmutter zu Freyberg.

Wunderschön Prächtige,
Große und Mächtige,
Liebreich holdselige, himmlische Frau,
Welcher auf ewiglich,
5   Kindlich verbinde mich,
Ja mit Leib und Seel gänzlich vertrau.
Billig mein Leben,
Alles beyneben,
Alles, ja alles, was immer ich bin,
10   Geb ich mit Freuden, Maria, dir hin.

Weil du ganz mackellos
Hat Gott dich Gnaden-Ros,

Der himmlisch Vater sein Tochter genannt,
Ja auch der göttlich Sohn,
In seinem höchsten Thron   15
Sich zu dir, dich als Mutter bekannt,
Endlich die Ehren
Noch zu vermehren
Als dir als seiner erwählten Braut,
Heiliger Geist sich dir selber vertraut.   20

Die Sonn begleitet dich,
Es unterwirfet sich,
Zu deinen Füßen der silberne Mond,
Kein Unvollkommenheit
Mindert dein Herrlichkeit,   25
Um dein Haupt machen die Sterne ein Kron;
Alles was lebet,
Alles was schwebet,
Alles was Himmel und Erde schränkt ein,
Muß deiner Majestät unterthan seyn.   30

In diesem Jammerthal
Seufzen wir allzumahl,
Zu dir, o Jungfrau, in Elend und Noth;
Maria du allein,
Wollst unsre Mutter seyn,   35
Wenn die Seel scheidet vom Leib der Tod,
Wenn wir hinreisen,
Thu uns erweisen
Gnad und Barmherzigkeit bey deinem Thron,
Bitt für uns Jesum dein göttlichen Sohn.   40

Von dem Schittensamen und seinem
falschen Knechte,
im Ton vom König Paris.

(Altes fliegendes Blat.)

Was wollen wir aber singen?
Von einem Edelmann,
Wollt die von Nürnberg zwingen,
Doch ihm sein Kunst zerrann.
Schittensamen war er genannt,
Er hat die von Nürnberg oft griffen an,
Beraubt und auch gebrannt.

Zwar es war sein Ungewinn,
Er bekriegt sie wider Recht,
Was hatten die von Nürnberg im Sinn,
Sie dachten es wird ihm schlecht,
Sechs hundert Gulden boten sie feil,
Wer ihnen den Schittensamen brächt,
Daß er ihnen würde zu Theil.

Der Schittensamen hätt einen Knecht,
Dem thats der Gulden Noth,
Er diente seinem Herrn nit recht,
Er gab ihn in den Tod,
Davon ward ihm sein Sekel schwer,
Sein Herz war aller Untreu voll,
Und aller Frommheit leer.

Er nahm sich vor ein falschen Sinn,
Wie er den Dingen thät,
Er gieng zu seinem Herren hin,
Hätt' mit ihm heimlich Red:
Ich weiß ein reichen Nürnberger Bauren,
So ihr dazu nun helfen wollt,
So wollen wir ihn erlauren.

Der Schittensamen hinwieder sprach:
Wo sizt der Bauer im Land? –   30
Er sizt nit fern vom Nürnberger Wald.
Da spricht der Knecht zur Hand:
All sein Gelegenheit weiß ich wohl,
Sechs hundert Gulden muß er uns geben,
Wenn ich ihn bringen soll.   35

Der Schittensamen hinwieder spricht:
Nun sind doch euer wohl drei,
Bringt ihr den Bauren in meine Gewalt,
Euer Theil ist auch dabei,
Ich reite nit gern so fern hinzu,   40
Wollt ihrs zu Fuße wagen,
Mein Urlaub habt dazu.

Der untreu Knecht, der konnt sich regen,
Mit seiner Schalkheit groß,
Er sprach: Herr so reit uns entgegen,   45
Und gebt uns auch ein Los’,
Nur ein halb Meil hinzu.
Der Schittensamen wieder sprach:
Das will ich gerne thun.

Der ein Knecht nahm der Red sich an,   50
Er sprach, ich weiß ein Rath,
Wir lassen ein Fräulein mit uns gahn,
Das bringt uns Wein und Brod,
Wenn uns der Bauer nicht käm bald,
Und wir die Nacht verziehen,   55
Und bleiben im Nürnberger Wald.

Sie nahmen ihr Spieß und auch ihr Wehr
Und zogen über Feld,
Der Schittensamen gab ihnen Weis und Lehr,
Er meint, es brächt ihm Geld.   60

Er wünscht ihnen allen Glück und Heil,
Er sprach, sie solltens frischlich wagen
Auf einen gleichen Theil.

Das Fräulein liessen sie mit gehn,
65 Bis daß sie Nürnberg sahen,
Sie sezten sich nieder und ruheten,
Die Glocken hörten sie schlagen,
Da war es in der neunten Stund,
Der Pfundstein zum Fräulein sprach
70 Aus seinem falschen Mund.

Geh hin und bring uns Wein und Brod,
Daß wir uns des Hungers erwehren,
Würden uns des Bauren Gulden roth,
Wir wollten lang darvon zehren,
75 Ich hofft der Bauer wird uns schier,
Ist dir der Frankenwein zu sauer,
So bring uns ein Malvasier.

Das Fräulein hob sich aus dem Wald,
Wohl über Stock und Stauden,
80 Das Thor zu Nürnberg fand sie bald
Mit Laufen und mit Schnaufen.
Auf das Rathhaus war ihr Gang,
Da sie den Burgermeister fand,
Die Stadtknecht giengen ihr nach.

85 Sie sagt ihnen all Gelegenheit,
Sie führt sie auf ein Ort,
Der Burgermeister war doch gescheidt,
Er merkt auf ihre Wort,
Hält sich dennoch nicht ganz daran,
90 Denn Frauen List und Worte
Betriegen manchen Mann.

Doch macht er bald, daß es geschah,
In einer halben Stund,
Daß man wohl manchen Reiter sah,
Freudig von Herzensgrund,   95
Mit ihren Harnischen bekleidt,
Und was zum Dienst gehöret,
Das war gar bald bereit.

Sie ritten vor den grünen Wald
Hinaus die unverzagten Mann,   100
Drei Gesellen auf der Lauer bald,
Die griffen sie frischlichen an,
Zwei führten sie gen Nürnberg ein,
Ins Rathhaus unter die Erden,
Da must ihr Herberg sein.   105

Den dritten sezt man auf ein Pferd,
Um ihn manch Reiter gut,
Er sollt ihnen zeigen Weg und Fährt,
Ihm folgt ein Hinterhut,
Ihr Harnisch war lauter und erklang,   110
Sie ritten durch manchen grünen Wald,
Da mancher Vogel in sang.

Sie ritten bis zum dritten Tag,
Eh daß sie kamen dar,
Sie hielten bei einander im Hag,   115
Niemand ward ihrer gewahr,
Bis daß sie sahen das Räuberschloß,
Sie zogen doch nit gar daran,
Sie stellten auf ihre Geschoß.

Der Knecht sich aus dem Sattel schwang,   120
Er gieng des Wegs ein Theil;
Es gelang ihm auch, darnach er rang,
Er entbot seinem Herrn in Eil,

Er sollt zu ihm reiten in den Wald,
125   Sie hätten ein Wildbret gefangen,
Die Müh wird ihm bald bezahlt.

Der Schittensamen nit anderst dacht,
Als er die Red vernahm,
Er meint, sie hätten den Bauren gebracht,
130   Er wollte ihn machen zahm,
Drum ritt er ihnen entgegen bald,
Da fingen ihn die Nürnberger Reiter,
Die hielten auf ihn im Wald.

Da führten sie ihn gen Nürnberg ein,
135   Da schaute ihn mancher Mann,
Weiß nicht weß sich die Herrn besannen,
Sah einer den andern wohl an,
Schlechten Empfang hätt da Schittensam
Von einem Bürger, der hieß Löffelholze,
140   Der sprach: Willkomm ins Teufelsnahm.

Man führt ihn zu der Herberg sein,
Da mancher gefangen drin liegt,
Darin steht ein Kapelle fein,
Da man die Räuber in wiegt,
145   Darin da dehnet man ihm sein Haut,
Was er den von Nürnberg hätt gethan,
Das sagt er überlaut.

Darnach führt man ihn vor Gericht
Und seiner Knecht wohl zween,
150   Es war ein böse Zuversicht,
Sie hörten die Urtheil gehn,
Der Herr ward urtheilt in das Feuer,
Die Knecht die sollt man köpfen,
Das Lachen war ihnen theuer.

Das Leben ward ihnen abgesagt,   155
Es mocht nicht anders gesein,
Die Knecht traten dem Herrn voraus,
Bis zu dem Rabenstein,
Ueber ein Schwerdt vergossen sie ihr Blut,
Des auch der Schittensamen begehrte,   160
Es mochte ihm nicht werden zu gut.

Er ward in einem Feuer verbrannt,
Daß weiß noch mancher Mann,
Darin da nahm sein Leben ein End,
Gott sehe sein Marter an,   165
Gott geb der Seel die ew'ge Ruh,
Darum ist das mein treuer Rath,
Daß niemand Unrecht thu.

Der uns das Liedlein neues sang,
Von Neuem gesungen hat,   170
Er hats geschickt einem weisen Rath
Zu Nürnberg in der Stadt,
Hans Kugler ist er genannt,
Er war ihr steter Diener,
Und dienet ihnen all zur Hand.   175

Das Prager Lied.   II 187
1636.

O allerschönstes Jesulein,
Du Pragerisches, lieb und klein,
Klein an Gestalt, groß in der Macht,
Wie in Erfahrnuß schon gebracht.

Du Zierd des ganzen Erdenreich,   5
Mit deiner Hülf nicht von uns weich,

Weil du zu uns ankommen bist,
Demüthig sey von uns gegrüßt.

Du kommst zu uns aus Böhmen Land,
Ach, mach dein Hülf auch hier bekannt,
Wir fallen dir zu Füßen all,
Dein Gnad uns zeige überall.

O allerschönstes Jesulein,
Wie konnt es denn doch möglich sein,
Daß man so wenig dich geacht,
So lang dich in Vergessung bracht?

Sieben Jahr dauerte dein Elend,
Zerbrochen wurden dir deine Händ,
Bis endlich deiner Gnaden Strahlen
Auf einen treuen Diener gefallen,

Der ohngefähr zu Prag ankam,
Und dein Abwesenheit wahrnahm;
Cirillus ware er genannt,
Dem deine Gnaden schon bekannt.

Er suchte dich gleich einem Schaz,
Durchgehet alle Ort und Plaz,
Verworfen durch der Juden List,
Findt er dich unter Staub und Mist.

Mit Jubel und auch Herzens Leid
Er dich erblicket hat mit Freud,
Grüßte dich mit Herz und Mund,
Nicht gnug dich bedauern kund.

Nach Möglichkeit thät er dich ehren,
Er muste auch von dir anhören:
»Gebt mir nur meine Händelein,
So geb ich euch den Segen mein.«

Dies muß die ganze Prager Stadt
Bekennen, dies erfahren hat,
Wie du vom Schweden sie erlößt,
Der in ihr feindlich war zuerst.   40

Auch zu der großen Pesten Zeit
Hast du sie von der Pest befreit,
O Jesulein streck aus deine Hand,
Beschüz das liebe Vaterland.

Die löbliche Gesellschaft Moselsar.   II 189

(Phil. v. Sittewald Strafschriften II. T. S. 661.)

Die löbliche Gesellschaft zwischen Rhein
Und der Mosel allzeit rüstig seyn,
Nach Unfall sie nicht fragen,
Das Terich (Land) hin und her,
Langes durch und die quer,   5
Zu Fuß und Pferd durchjagen,
Frisch sie es wagen,
Kein Scheuen tragen.

Ueber hohe Berg, durch tiefe Thal,
Fallen sie oftmals ein wie der Strahl,   10
All Weg ohn Weg sie finden,
Zu düstrer Nachteszeit
Wann schlunen (schlafen) ander Leut,
Sie alles fein aufbinden,
Ohn Licht anzünden,   15
Bleibt nichts dahinten.

Laffel, der weiß gar fein auszusehn,
Wo irgend in einem Gfar Klebis (Pferd) stehn,
Wanns wär auf zwanzig Meilen,

20   Beym hellen Mondenschein,
           Die Gleicher (Mitgesell) ins gemein,
           In einer kurzen Weilen
           Sie übereilen,
           Und redlich theilen.

25   Battrawitz, der alcht (geht) zur Hinterthür hinein,
           Bobowitz sazt sich hinter ein Haufen Stein,
           Mit den andern Gesellen,
           Den Quien (Hund) ruft er klug,
           Und brockt ihm Lehm (Brodt) gnug,
30   Daß sie nicht sollen bellen,
           Bis aus den Ställen
           Die Klebis schnellen.

           Wann sie nun haben die Hautzen Roß,
           So reiten sie nach dem neuen Schloß:
35   Ist jemand der will kaufen?
           Der Putzjakala
           Ist müd und liegt da,
           Weil er sich lahm gelaufen,
           Schier nicht kann schnaufen,
40   Drum will er saufen.

           Herr Wirth: Nun so laß uns lustig seyn,
           Lang mir den Glestrich (Glas) vom besten Wein,
           Um Doulmeß (Pfennig) darfst nicht sorgen;
           Ein halbe gute Nacht
45   Uns all zu Sontzen (Edelleuten) macht,
           Du kannst uns ja bis morgen
           Die Irtin (Zeche) borgen,
           Der Hautz (Bauer) muß sorgen.

           Ist das nicht wunderlich Gesind,
50   Daß der Hautz sein Schuh mit Weiden bindt,
           Und da die Zech muß zahlen,
           So lang er hat ein Kuh,

Die Klebis auch dazu,
Die Rappen mit den Fahlen,
Wir allzumalen   55
Durch Giel (Mund) vermalen.

Das schöne Kind.   II 191a

(Mündlich.)

Wie war ich doch so wonnereich,
Dem Kaiser und dem König gleich
In meinen jungen Jahren,
Als Julia das schöne Kind,
Schön wie die lieben Engel sind,   5
Und ich beysammen waren.

Die Mutter nannt mich Bräutigam,
Wir wurden gar nicht roth vor Scham,
Wir mochten gern so spielen,
Doch Julia das schöne Kind,   10
Das gieng schon fort im kalten Wind,
Und mochte es nicht fühlen.

Nun bin ich gar nicht wonnereich,
Dem alten Manne bin ich gleich,
Und bin doch jung von Jahren,   15
Ich bin ein König ohne Land,
Denn Julia an deiner Hand,
Da tanzen Engelschaaren.

Schuld.

(Mündlich.)

Es ging ein Knab spazieren,
Zu Augsburg in den Wald,
Da begegnet ihm ein Mägdlein,
War achtzehn Jahre alt,
5   Gar schön war sie gestallt.

Er nahm das Mädel gefangen,
Gefangen must du sein!
Er zog ihr aus die Kleider,
Und schlug sie also sehr,
10   Hat ihr genommen die Ehr.

Zu Augsburg in dem Wirthshaus
Saß er bei Speis und Trank;
Da kam dasselb'ge Mägdlein,
Griff ihn an seine Hand,
15   Schloß ihn in Ketten und Band.

Zu Augsburg auf dem Thurme,
Wo er gefangen saß,
Da kam seine liebste Frau Mutter:
Mein Sohn was machst du da?
20   Was hast du da gemacht?

Was ich allhier wohl mache,
Das darf ich euch schon sag'n:
Ich hab das schwarzbraun Mägdelein
Geschlagen also sehr,
25   Hab ihr genommen die Ehr.

Ach Jüngling! liebster Jüngling,
Ist das nicht Schand und Spott?
Dein Kopf der gehört an Galgen,

Dein Körper auf das Rad,
Weil du's verschuldet hast.   30

Ach Mutter, liebste Mutter mein!
Ist denn der Bericht schon da?
So bestell mir Roß und Wagen,
Ich geh nicht mehr zu Fuß,
Weil ich weiß, daß ich sterben muß.   35

Ihr lieben Herrn von Augsburg!
Noch eine Bitt an euch:
Den Kirchhof thut mir schenken,
Dazu ein seidenes Kiß'n,
Wo's gut drauf rasten ist.   40

Ach Jüngling, liebster Jüngling mein!
Das geht nicht bei der Stadt,
Der Kopf gehört an Galgen,
Der Körper auf das Rad,
Weil dus verschuldet hast!   45

Tritt zu.   II 193

Wann alle Wässerlein fliessen,
Soll man trinken,
Wann ich mein Schatz nicht rufen darf, ju ja rufen darf,
So thu ich ihm winken.

Winken mit den Augen,   5
Und treten mit dem Fuß,
S'ist eine in der Stuben, ju ja Stuben,
Und die mir werden muß.

Warum soll sie mir nicht werden,
Denn ich seh sie gern,   10

Sie hat zwei blaue Aeugelein, ju ja Aeugelein,
Sie glänzen wie zwey Stern.

Sie hat zwey rothe Bäckelein,
Sind röther als der Wein,
15 Ein solches Mädel findt man nicht, ju ja findt man nicht,
Wohl unter dem Sonnenschein.

»Ach herziger Schatz, ich bitt dich drum,
Laß mich gehen!
Denn deine Leute schmähen mich, ju ja schmähen mich,
20 Ich muß mich schämen!«

»Was frag ich nach den Leuten,
Die mich schmähen;
Und so lieb ich noch einmal, ju ja noch einmal,
Die schönen Mädchen.«

II 194   Des Bauerwirths Heimkehr.

(Mündlich.)

Es wollt ein Fuhrmann über Land fahren,
Er wollt drey Eimer Wein aufladen,
Ein süssen und ein sauern,
    Altemeralte ein süssen und ein sauern.

5 Und da er über die Brück hinein fuhr,
Da brach ihm sein Geissel und auch sein Schnur,
Schwarzbraune ließ er laufen:
    Altemeralte u.s.w.

Er kam wohl vor der Frau Wirthin ihr Haus,
10 Frau Wirthin schauet oben heraus
Mit ihren schwarzbraunen Augen:
    Altemeralte u.s.w.

Frau Wirthin habt ihr nicht soviel Gewalt,
Daß ihr ein'n Fuhrmann über Nacht behalt,
Dazu vier Roß und Wagen: 15
    Altemeralte u.s.w.

Ey so viel Gewalt, das hab ich wol,
Ich weiß nur nicht wie ich mich halten soll,
Mein Mann ist nicht daheime:
    Altemeralte u.s.w.   20

Er ist fort, ist über Feld,
Er hat einen Beutel, darin ist kein Geld,
Er wird bald wieder kommen:
    Altemeralte u.s.w.

Und da das Wirthlein heime kam,   25
Frau Wirthin hatt' einen andern Mann,
Sehr übel thät er sie schlagen:
    Altemeralte u.s.w.

»Ey wollt ihr mich so übel schlagen,
So will ichs meinem Vater sagen.   30
Dazu will ichs ja wagen«:
    Altemeralte u.s.w.

Willt fort, willt nimmer wieder kommen,
So laß du mir die Schlüssel zukommen,
Die Schlüssel zu deinen Kästen: 35
    Altemeralte u.s.w.

Frau Wirthin war so voller List,
Sie schiebet die Schlüssel wohl zwischen die Brüst,
Sie sprach, sie habs verloren:
    Altemeralte u.s.w.   40

Ey hast du dann die Schlüssel verloren,
So haben wir gute Aexte und Bohrer,

Die Kiste können wir aufhauen:
   Altemeralte u.s.w.

45   Und da die Kiste offen war,
Darinnen war ein junger Knab,
Er blüht, als wie die Rosen:
   Altemeralte u.s.w.

Ey Bauerwirthlein laß mich lange leben,
50   Ich will dir hundert Thaler geben,
Dazu will ichs euch ja geben:
   Altemeralte u.s.w.

II 196   Das glaubst du nur nicht.

(Mündlich.)

In den finstern Wäldern,
Da die Wolken schwarz,
In den Diestelfeldern
Fühl ich mich so wahr,
5   Wo die Vöglein lustig seyn,
Ach da fühlt mein Herz nur Pein:
Das glaubst du nur nicht!

O ihr hohen Berge
Fallet auf mich zu,
10   Und den Müden berget
In der kühlen Ruh,
Tausend Seufzer schick ich dir
Durch die kühlen Winde hier:
Das glaubst du nur nicht!

15   Das ist übertrieben!
Sagest du mir stets;

Ach was ist das Lieben,
Nimmermehr geräths:
Ich will es nun lassen ganz,
Du bist eine dumme Gans: 20
Das glaubst du nur nicht.

Die Mordwirthin.   II 197

(Mündlich.)

Es waren drei Soldaten-Söhn,
Sie haben Lust im Krieg zu gehn,
Wohl ins Soldaten Leben.
Sie bleiben aus eine kleine Weil,
Sie machen sich Geld und Brod dabei,   5
Auch Ungrische Dukaten.

Sie haben sich ganz kurz bedacht,
Und haben sich wieder nach Haus gemacht,
Frau Wirthin sprang entgegen:
»Frau Wirthin hat sie die Gewalt,   10
Ein'n Reiter über Nacht aus zu behalten,
Dazu und auch gastiren?«

Warum werd ich die Gewalt nicht hab'n,
Einen Reiter über Nacht zu behalten,
Dazu und auch gastiren?   15
Der Reiter sezt sich oben an den Tisch,
Sie mag mir auftragen was sie will,
Ich kanns ja wohl bezahlen.

Sie trägt ihm auf gebackne Fisch,
Und einen Schweinebraten,   20
Und als es war, als da man schlief:

Ach Mann ich kann nicht schlafen!
Sie macht das Pfännchen mit Fette heiß,
Und schütt's dem Reiter in Hals hinein.

25 Kriegt ihn an seiner schneeweissen Hand
Und schleift ihn in Keller in kühlen Sand:
Da kannst du liegen
Bis morgen Mittag verschwiegen;
Des Morgens als sein Kammerad kam:
30 Wo ist der Reiter?

»Der Reiter und der ist weiter,
Der Reiter der kann weiter sein.«
Er kann in eurem Hause sein.
Hat sie dem Reiter was Leids gethan,
35 So hat sie's ihrem lieben Sohn gethan,
Der aus dem Krieg ist kommen.

* * *

Sie hat sich in den Brunnen gesprengt,
Er hat sich in die Scheuer gehängt,
Müssen an einem Tag drei sterben.

II 199   Gruß.

(Mündlich.)

So viel Stern am Himmel stehen,
So viel Schäflein als da gehen
In dem grünen Feld,

So viel Vögel als da fliegen,
5 Als da hin und wieder fliegen,
So viel mal sey du gegrüßt.

Soll ich dich dann nimmer sehen,
Ach das kann ich nicht verstehen,
O du bittrer Scheidens Schluß.

Wär ich lieber schon gestorben,   10
Eh ich mir ein Schaz erworben,
Wär ich jetzo nicht betrübt.

Weiß nicht, ob auf dieser Erden
Nach viel Trübsal und Beschwerden
Ich dich wieder sehen soll.   15

Was für Wellen, was für Flammen
Schlagen über mir zusammen,
Ach wie groß ist meine Noth.

Mit Geduld will ich es tragen,
Alle Morgen will ich sagen: 20
O mein Schaz wann kommst zu mir?

Alle Abend will ich sprechen,
Wenn mir meine Aeuglein brechen:
O mein Schaz gedenk an mich.

Ja ich will dich nicht vergessen,   25
Wann ich sollte unterdessen
Auf dem Todbett schlafen ein.

Auf dem Kirchhof will ich liegen
Wie das Kindlein in der Wiegen,
Das die Lieb thut wiegen ein.   30

Inkognito.

(Mündlich.)

Es kamen drey Diebe aus Morgenland,
Die geben sich für drey Grafen aus,
Sie kamen vor der Frau Wirthin Haus:
»Frau Wirthin hat sie es diese Gewalt,
5   Daß sie über Nacht drey Grafen b'halt?«
»Wenn ich es diese Gewalt nicht hätt,
Was wär mir denn die Wirthschaft nutze?«
Der erste that die Pferde in Stall,
Der andere schwenkt das Futter hinein,
10   Der dritte trat zur Küche hinein,
Und küßte der Frau Wirthin ihr Mädlein,
Oder ist es ihr getreues Töchterlein?
Es ist mein getreues Töchterlein,
Es soll euch zapfen Bier und Wein.
15   Der Erste sprach: Das Mägdlein ist mein,
Ich hab ihm gegeben ein Ringelein!
Der andere sprach: Das Mädchen ist mein,
Ich hab ihm gegeben ein Glas voll Wein.
Der dritte sprach: Das Mädchen wär werth,
20   Daß wir es theilten mit unserem Schwerdt.
Sie gaben der Frau Wirthin einen süßen Getrank,
Daß sie vom Stuhl ins Bette hinsank.
Das Mägdlein greift der Mutter wohl an den Mund:
Ach Mutter leb jetzt noch eine Stund!
25   Es greift der Mutter wohl an die Brust:
Ach Gott wenn das mein Vater wußt!
Es greift der Mutter wohl an die Händ:
Ach Mutter du bist am letzten End!
Es greift der Mutter wohl an die Füß:
30   Ach Mutter was ist der Schlaf so süß.
Sie legten es auf einen viereckten Tisch
Und theilten es wie ein Wasserfisch,

Und wo ein Tröpfchen Blut hinsprang,
Da saß ein Engel ein Jahr und sang.
Und wo der Mörder das Schwerdt hinlegt,   35
Da saß ein Rabe ein Jahr und kräht.

Der Geist beym verborgnen Schatze.   II 201

(Mündlich.)

Ich habe einen Schatz und den muß ich meiden,
Muß von ihm gehn, kein Wort mit ihm zu reden,
Das Herze in dem Leibe möchte mir vergehn,
Den Sonntag, den Montag in aller fruh,
Schickt mir mein Schatz die traurige Botschaft zu,   5
Ich sollte ihn begleiten bis in das kühle Grab,
Dieweil er mich so treulich geliebet hat.
Ich habe ein Herz, ist härter als ein Stein,
Wo tausend Seufzer verborgen seyn,
Viel lieber wär mirs, ich läg in einem Grab,   10
So käm ich ja von allem meinem Trauren ab.

Höllisches Recht.   II 202

(Mündlich.)

Es ging ein Hirt gar früh austreiben,
Er hört' ein kleines Kindlein schreien.
Kindelein ich hör' dich und seh dich nicht.
»Ich bin in einem hohlen Baum
Und mit eichenen Rüthlein g'deckt.   5
Ach Alter nimm mich mit zu Haus,
Mein' Mutter hat Hochzeit zu Haus.«
Als er das Kind zur Thür nein bracht:

»Grüß euch Gott ihr Hochzeitgäst,
10   Dieweil die Braut mein Mutter ist.«
Wie soll ich denn dein Mutter sein,
Ich trage ja ein Kränzelein?
»Tragst du ein Kränzelein rosenroth,
Du hast schon drei Kinder todt.
15   's erst hast ins Wasser geschmissen,
's ander hast in Mist vergraben,
's dritt' in einen holen Baum,
Und mit eichenen Rüthlein zugedeckt.«
Ach wie kann das möglich seyn!
20   Kam der Teuffel zum Fenster hinein,
Und nahm sie bei ihrer schneeweissen Hand,
Thut mit ihr den Ehrentanz
Und führt sie in die höllische Pein.

II 203   Wechselgesang.

                        (Mündlich.)

                        Nachtigall.

Jungfrau merk auf meinen Schall,
Ich bin die Frau Nachtigall,
Schwing mich über ein hohes Haus,
Ein wackrer Herr, der schickt mich aus,
5   Er schickt euch einen schönen Gruß.
Nun hört, was ich noch sagen muß.

Er sah im Blumengarten euch,
In Lieb entbrannt sein Herze gleich,
Viel Gut und Ehr hat er umsonst,
10   Weil nichts freut als eure Gunst,
Nehmt diesen Ring doch von ihm an,
Daß er sich wieder freuen kann.

Jungfrau.

Gehöret hab ich deinen Schall,
Und daß du bist Frau Nachtigall,
Schwingst dich über ein hohes Haus, 15
Ein wackrer Herr, der schickt dich aus,
Und schickt mir einen schönen Gruß,
Nun höre, was ich sagen muß.

Den Ring steck ich an Finger hier,
Und schick die Rose ihm dafür, 20
Es war die Rose meine Lust,
Ich trug sie wohl an meiner Brust,
Zwar hat sie einen Dorn, der sticht,
Doch treue Lieb fürcht Dornen nicht.

Weltlich Recht. II 204a

(Reichardts musikalische Zeitung. 1806. Nro. 10. S. 40.)

Joseph, lieber Joseph, was hast du gedacht,
Daß du die schöne Nanerl ins Unglück gebracht.

Joseph, lieber Joseph, mit mir ists bald aus,
Und wird mich bald führen zu dem Schandthor hinaus.

Zu dem Schandthor hinaus, auf einen grünen Platz, 5
Da wirst du bald sehen, was die Lieb hat gemacht.

Richter, lieber Richter, richt nur fein geschwind,
Ich will ja gern sterben, daß ich komm zu meinem Kind.

Joseph, lieber Joseph, reich mir deine Hand,
Ich will dir verzeihen, das ist Gott wohl bekannt. 10

Der Fähndrich kam geritten und schwenket seine Fahn,
Halt still mit der schönen Nanerl, ich bringe Pardon.

Fähndrich, lieber Fähndrich, sie ist ja schon todt:
Gut Nacht, meine schöne Nanerl, deine Seel ist bei Gott.

II 204b   Ein gut Gewissen ist das beste
                      Ruhekissen.

                      (Mündlich.)

            Ich ging wohl bey der Nacht,
            Die Nacht, die war so finster,
            Daß man kein Stich mehr sah.

            Ich kam vor eine Thür,
5   Die Thür, die war verschlossen,
            Der Riegel war schon für.

            Es sind der Töchter drey,
            Die allerjüngste drunter,
            Sie ließ den Knaben hinein.

10   Sie stellt ihn hinter die Thür,
            Bis Vater und Mutter schlafen,
            Sie zieht ihn wieder herfür.

            Sie führt ihn die Stiege hinauf,
            Sie führt ihn in die Kammer,
15   Zum Kammerladen schmeist sie ihn naus.

            Er fiel auf einen Stein,
            Er fiel das Herz im Leib entzwey,
            Dazu das linke Bein.

            Er krüpelt über ein Steg,
20   Da kam ein altes Weib daher,
            Sie zog ihn aus dem Weg.

Der Pater kam dazu,
Er nahm ihn auf den Buckel,
Und beichtet ihn zur Ruh.

Wenns mir auch so sollt gehen,   25
So hohl der Teufel das Buhlen,
Das Mägdlein laß ich stehn.

Die schweren Brombeeren.   II 206

(Vielfach schriftlich und mündlich.)

Es wollt ein Mägdlein früh aufstehn,
Drey Stündelein vor dem Tag,
Wollt in den grünen Wald n'aus gehn,
Brombeerlein brechen ab.

Und als sie in den Wald nein kam,   5
Begegnet ihr Jägers Knecht.
Ey Mädchen scher dich weg nach Haus,
Dem Herren ist das nicht recht.

Und als das Mädchen rückwärts kam,
Begegnet ihr Jägers Sohn: 10
»Ey Mädchen brech dir ohne Scham,
Ein Schooß voll gönn ich dir schon.«

»Ein Schooß voll den begehr ich nicht,
Ein Handvoll hab ich genug.«
Die Brombeeren standen da so dicht,   15
Sie suchten da immerzu.

Und als ein halbes Jahr um war,
Brombeerlein wurden groß,

Und als ein drey Vierteljahr um waren,
Ein Kindlein auf dem Schooß.

Ach Gott sind das die Brombeerlein,
Die ich mir gebrochen hab,
Komm her du falsches Jägerlein,
Hilf tragen mich ins Grab.

Kinderey.

(Mündlich.)

Als sich der Hahn thät krähen,
Da war es noch lange nicht Tag,
Da gingen die jungen Gesellchen
Spazieren die ganze Nacht.

Und als sie lange gegangen,
Da wollten sie gerne herein:
Er.   Steh auf, steh auf Feinsliebchen,
Steh auf und laß mich ein.

Sie. Ich steh noch nicht auf fürwahr,
Ich laß dich fürwahr nicht herein,
Ich kenne dich ja an der Sprache,
Daß du es mein Schätzchen nicht seyst.

Er.   Kennst du es mich an der Sprache,
Daß ich es dein Schätzchen nicht sey,
So stecke du an nur dein Kerzchen,
Dann siehest du, wer ich bin.

Sie. Kein Fünkchen mehr in der Asche ist,
Mein Kerzchen ist längst ausgebrannt,
Adi, Adi mein Engelsschätzchen,
Jezt reis' ich nach Engelland.

Er. Nach Engelland will ich dich fahren,
Ich bin ein Schiffmann gut,
Du bist in deinen Jahren
Noch immer kindisch genug.

Vorladung vor Gottes Gericht.   II 208

(Mündlich.)

Es sprach eine Mutter zu ihrem Sohn:
»Must heirathen, was sagst du dazu,
Du must eine andre heirathen,
Dein feines Lieb must du nun lassen.«

»Ach nein, ach nein, das kann nicht seyn,   5
Daß ich muß scheiden von meinem Schätzelein,
Wir haben einander genommen,
Können nicht mehr von einander kommen.«

»Habest du genommen, wen du willt,
Du bist mein Kind und folgest mir nit?«   10
Ey Mutter, jezt will ich dir folgen,
Ey geh es mir, wie es auch wolle.

Und da es war am Hochzeittag,
Und alle Leut so lustig warn,
Der gute Gesell war so betrübet   15
Von wegen seiner andern Herzliebsten.

Es stand nicht länger als drey Tage an,
Der gute Gesell so tödtlich krank war,
Er käm seiner Liebsten vor den Laden,
Ein Gott behüt will er von ihr haben.   20

Sie aber gab einen harten Fluch,
Davon er schon hatte zu viel und genug;

Ich will ihn meinen Aeltern aufladen,
Ich will beyde aufs jüngste Gericht laden.

25   In zweyen Monden und das werd wahr,
Ich lad sie vor Gottes Gericht so gar.
In zweyen Monden sie starben zusammen,
Ihr Weinen thät löschen die höllischen Flammen.

Eigensinn.

(Aus Hr. v. Stromers Familienbuche vom Jahre 1581.)

Hast du's nicht gefischet,
So fisch es aber noch,
Hat sie der Schimpf gereuet,
So thu' ers aber noch.
5   Ist es denn Unglück heuer alles mein,
Ade du schönes Liebelein,
Du must mein eigen seyn.

Weiß ich mir ein Mädelein
Auf dieser Erden,
10   Ist sie mir beschert,
So muß sie mir auch werden,
Wohl über allen Dank,
Geschieht es aber heuer nicht,
So geschieht es überlang.

15   Da kauft er ihr ein Gürtlein schmal,
Das war gesprenkelt überall,
Es hing gesprenkelt wohl auf den Fuß,
Es reut mich, daß ich sterben muß.

Sterb ich denn so bin ich todt,
20   So gräbt man mich in die Röslein roth,

Inne die Rosen, inne den Klee,
Kein solch braun Mädlein bekomm ich nimmermehr.

Von der Erden wohl in das Haus,
Schau liebe Frau Mutter wie bin ich so groß,
Da kauft er ihr ein Ringelein von Gold,   25
Ach ja du schönes Mädelein, wie bin ich dir so hold.

Da war bedecket ein Bettlein mit Fleiß,
Da begrüßt er das Mägdlein mit ganzem Fleiß,
Er drucket sie mit lieblicher Art,
Hat mir dasselbe Mägdelein drey Jahr zu Lieb gewart. 30

Zucht bringt Frucht.   II 210

(Fliegendes Blat.)

Es flohen drei Sterne wohl über den Rhein,
Es hätt' eine Wittwe drey Töchterlein;
Die eine starb wie es Abend war
Und die Sonne nicht mehr schiene klar,
Die Andre um die Mitternacht,   5
Die Dritte um die Morgenwacht.

Sie nahmen sich all einander die Händ
Und kamen vor den Himmel behend,
Sie klopften leise an die Thür,
Sankt Petrus sprach: Wer ist dafür?   10
Es stehn drei arme Seelen hier,
Ach, macht bald auf die Himmelsthür.

Er sprach: Ich muß erst zeigen an,
Welch' von euch soll in Himmel gahn,
Drauf ging er hin und fragte nach,   15
Die Himmelsstimme also sprach:

Die ältsten zwei sollen hier ein gehn,
Die jüngste muß bleiben stehn.

Sie schrie und sprach: Was hab ich gethan,
20 Daß ich hier bleiben soll bestahn?
Sankt Petrus sprach: Weil du veracht
Gotts Wort, deine Seele nicht bedacht,
So geh nun hin und siehe zu,
Wo du findest in der Höllen Ruh.

25 Denn wenn du in die Kirch solltst gehn,
So bliebst du vor dem Spiegel stehn,
Dein Haupt bekrönt, dein Haar geschmiert,
Und dich hoffärtig ausgeziert:
Drum geh nur fort und packe dich,
30 Die Hölle wird aufnehmen dich!

Als sie nun vor die Hölle kam,
Da klopfte sie gar grausam an,
Der Satan sprach: Wer ist allhier?
Es ist eine arme Seel dafür!
35 Drauf sprang er auf, und ließ sie ein,
Und schenkt ihr ein ein glühnden Wein.

Als sie nun aus dem Becher trank,
Das Blut ihr aus den Nägeln sprang,
Er bracht sie in den höllischen Pfuhl,
40 Und sezt sie auf ein glühenden Stuhl,
Ja ihre Qual war übergroß,
Sie kriegte manchen harten Stoß.

Sie sprach: Das ist mein Mutter Schuld,
Daß sie mein Bosheit hat erduldt,
45 Und mich in Frevel lassen gehn,
Nicht einmal sauer drum gesehn,
Da meine Schwestern im Himmelssaal,
So siz ich in der Höllen-Qual.

Was hilft mir nun mein Uebermuth,
Mein Reichthum, Ehre, Geld und Gut?   50
Was hilft mir nun all Zierd und Pracht?
Ach hätt' ich nie daran gedacht!
So säß ich nicht in dieser Flammen,
Da alle Qualen schlagen zusammen.

Das wackre Maidlein.   II 212

(Altes fliegendes Blat. Nürnberg bei Valentin Neuber, 1500.)

Es war ein wacker Maidlein wohlgethan,
Sie ging an ihres Vaters Zinne stahn,
Sie sah daraus,
Sie sah dahere reiten
Ihrem Herzen einen Trost.   5

Ach Maidelein voll der Wonne,
Falbet euch die Sonne,
Daß ihr seyd worden bleich,
Hat euch ein andrer lieber dann ich,
Das reuet mich.   10

Warum sollt ich nicht werden bleich,
Ich trag alle Tag groß Herzeleid,
Allein schöns Lieb um dich,
Daß du mich verkiesen willt,
Das reuet mich.   15

Warum sollt ich dich verkiesen,
Ich hab dich noch viel lieber
Als alle Freunde mein,
Ach Maidelein laß dein Sorgen
Und folge du mir.   20

Worin ging sie ihm entgegen?
In eim seiden Hemdlein war wohl genäht,
Das war so fein,
Darin ging sie geschnüret
25   Das wacker Maidelein.

Er nahm sie bey ihrer schneeweißen Hand,
Er führt sie durch den grünen Wald,
Da brach er ihr einen Zweig,
Sie küsset ihn auf seinen rothen Mund,
30   Das wackre Maidelein.

Und da es kam zur halben Mitternacht
Der gute Held nahm Urlaub von der Magd,
Derselbig gute Held
Die Treu, die er ihr gelobet hat,
35   Die hielt er nicht.

Und wär ich weisser denn ein Schwan,
Ich wollt mich schwingen über Berg und tiefe Thal,
Wollt fahren über'n Rhein,
Und wüßten das all die Freunde mein,
40   Sie sängen mir ein Liedelein.

II 214   Es ist der Menschen weh und ach
              So tausendfach.

              (Mündlich.)

Wie bin ich krank,
Gebt mir nur einen Trank,
Nur keine Pulver,
Und keine Pillen,
5   Die können meinen Schmerz nicht stillen:
Wie bin ich krank!

Wie bin ich matt!
Kaum eß ich mich nur satt;
Des Fiebers Wüten
Durchwühlt den Körper,   10
Schwächt alle Glieder:
Wie bin ich matt!

Ich sterbe ja,
Drum gute Nacht;
Mein Testament ist gemacht,   15
Sag meiner Phillis,
Sag mein Verlangen,
Dort seh ich sie, sie kommt gegangen,
Küß mir den Mund:
Ich bin gesund.   20

Rückfall der Krankheit.   II 215a

Soll ich denn sterben,
Bin noch so jung?
Wenn das mein Vater wüßt,
Daß ich schon sterben müßt,
Er thät sich kränken   5
Bis in den Tod.
Wenn es die Mutter wüßt,
Wenn es die Schwester wüßt,
Thäten sich härmen
Bis in den Tod.   10
Wenn es mein Mädel wüßt,
Daß ich schon sterben müßt,
Sie thät sich kränken
Mit mir ins Grab.

Unerschöpfliche Gnade.

(Mündlich.)

Maria führt einen Reihen Kindlein klein,
Da kam eine arme Seele:
Maria, laß mich nein!
Ich kann dich nicht rein lassen,
5   Dein Ehr hast du verschlafen,
Dazu dein Kränzelein.

Hab ich mein Ehr verschlafen,
Dazu mein Kränzelein,
Warum sollt's Gott nicht erbarmen,
10   Warum sollt's Gott nicht erbarmen,
Daß ich verloren soll seyn.

Da kam sie vor die Hölle,
Gar traurig klopft sie an.
Es hören sie all die Teufel,
15   Sie hießen sie einergehn.
Der erste der macht's Thürle auf
Der andre sucht einen Stuhl,
Der dritte der blast's Feuer auf,
Der viert schürt wacker zu.

20   Was hat sie vor ihren Aeuglein stehn,
Ein kleines Kindelein;
Hat sie das Kind getödtet
Hat sie das Kind getödtet,
So muß sie leiden Pein.

25   Hab' ich das Kind getödtet,
Hab' ich das Kind getödtet,
Und muß ich leiden Pein,
Warum sollt's Gott nicht erbarmen,
Warum sollt's Gott nicht erbarmen,
30   Daß ich verloren soll seyn.

Ständchen.

(Fliegende Blätter.)

Liegst du schon in sanfter Ruh
Und thust dein schwarzbraun Aeuglein zu,
Und die zarte Gliederlein
Wohl in ein Federbett gewickelt ein.

Wälder, Felder schweigen still,   5
Und niemand ist der mit mir sprechen will,
Alle Flüß haben ihren Lauf,
Und niemand ist, der mit mir bleibet auf.

Heut hab ich die Wach allhier,
Schönste vor deiner verschloßnen Thür,   10
Sonn und Mond, dazu das Firmament,
Schaun wie mein junges Herz vor Liebe brennt.

Hörst du nicht die Seufzer schallen,
Schönste vor deinem Schlafkämmerlein fallen,
Stehest du nicht auf und lässest mich nicht ein,   15
Wie könntest du so unbarmherzig seyn.

Harfenklang und Saitenspiel,
Hab ich lassen spielen so oft und viel,
Ich hab es lassen spielen so oft und viel,
So daß mir keine Saite mehr klingen will.   20

Berg und Hügel auch dieses Thal,
Schreien über mich auch hunderttausendmal,
Froh wollt ich seyn, wenns dir und mir wohlgeht,
Obschon mein treues Herz in Trauren steht.

Gute Nacht, gute Nacht! Frau Nachtigall   25
In dem Thal, tausendmal, überall,
Grüße sie aus meinem Herzensgrund,
Aus meinem Herzen, mit deinem Mund.

Hörst du wohl den Schuß hier fallen,
30 Schönste vor dem Schlafkämmerlein schallen,
Ach warum ließest du mich nicht herein,
Konntest ach so unbarmherzig seyn.

Geht es dir wohl, so denke an mich,
Geht es dir übel, so kränket es mich
35 Froh wollt ich seyn, wenns dir und mir wohlgeht,
Obgleich mein treues Herz in Blute steht.

II 218   Rosenkranz
                    Tritt an den Tanz.

                 (Mitgetheilt von H. Nehrlich.)

Es starben zwey Schwestern an einem Tag,
Sie wurden an einem Tag begraben.

Und als sie kamen vors himmlische Thor,
Sanct Petrus sprach: Wer ist davor?

5 Es sind davor zwey arme Seelen,
Sie möchten gern bei Gott einkehren.

Die erste die soll zu ihm gehn,
Die zweyte soll den breiten Weg gehn.

Der breite Weg gar böse steht,
10 Der zu der leidigen Höll eingeht.

Und da sie den breiten Weg ausse kam,
Begegnet ihr die heilige Frau.

Wo'naus, wohin du arme Seele?
Wir wollen jetzt bei Gott einkehren.

Ich hab ja schon bei Gott eingekehrt,   15
Er hat mir hinausgewehrt.

Was hast du dann für Sünd gethan,
Daß du nicht darfst in Himmel gahn?

Ich hab ja alle Samstag Nacht,
Ein Rosen Kränzlein 'naus gemacht.   20

Hast du sonst keine Sünd gethan,
Darfst du mit mir in Himmel gahn.

Und als sie kamen vors himmlische Thor,
Sanct Petrus sprach: Wer ist davor?

Es ist davor eine arme Seele,   25
Sie möchte gern bei Gott einkehren.

Maria nahm sie bei der Hand,
Und führt sie ins gelobte Land.

Da ward ihr gleich ein Stuhl bereit't,
Von nun an bis in Ewigkeit.   30

Sündenlast.   II 219

(Mündlich.)

Es sterben zwei Brüder in einem Tag,
     Ein armer und ein reicher,
Der reiche, der wird in die Hölle begraben,
     Der arme in den Himmel.

Und da der Reiche begraben ward,   5
     Saß er in großer Hitze,
Sah er seinen herzgeliebten Bruder,
     In der ewigen Freude sitzen.

Ach Bruder, herzliebster Bruder mein,
   Reich mir ein Tröpflein Wasser,
10 Wohl auf meine Zunge, wohl auf meinen Mund,
   Das mich erquicken möge.

Ach Bruder, herzliebster Bruder mein,
   Kein Tröpflein soll dir werden,
15 Du hast den Armen das Brod versagt,
   Hasts Hunden und Schweinen gegeben.

Hab ich den Armen das Brod versagt,
   Habs Hunden und Schweinen gegeben,
Mein großes Gut trieb Uebermuth,
20   Kann es nicht mit mir nehmen.

Wenn Berg und Thal aufeinander ständ,
   Viel lieber wollt ich sie tragen,
Als daß ich soll stehn vor dem jüngsten Gericht,
   Soll alle meine Sünden beklagen.

25 Und käm alle Jahr ein Vögelein,
   Und nähm nur ein Schnäblein voll Erden,
So wollt ich doch die Hoffnung haben,
   Daß ich könnt seelig werden.

Amen, Amen, steht auch dabei,
30   Gott helf uns allen zusammen,
Wohl hier und dort aus aller Noth,
   Durch Jesum Christum Amen.

Wo's schneiet rothe Rosen,
Da regnet's Thränen drein.

II 221

(Mündlich.)

Wohl heute noch und Morgen,
Da bleibe ich bei dir;
Wenn aber kömmt der dritte Tag,
So muß ich fort von hier.

Wann kömmst du aber wieder,
Herzallerliebster mein;
Und brichst die rothen Rosen,
Und trinkst den kühlen Wein?

Wenns schneiet rothe Rosen,
Wenns regnet kühlen Wein;
So lang sollst du noch harren,
Herzallerliebste mein.

Ging sie ins Vaters Gärtelein,
Legt nieder sich, schlief ein;
Da träumet ihr ein Träumelein,
Wies regnet kühlen Wein.

Und als sie da erwachte,
Da war es lauter Nichts;
Da blühten wohl die Rosen,
Und blühten über sie.

Ein Haus thät sie sich bauen,
Von lauter grünem Klee;
Thät aus zum Himmel schauen,
Wohl nach dem Rosenschnee.

Mit gelb Wachs thät sies decken,
Mit gelber Lilie rein,

Daß sie sich könnt verstecken,
Wenns regnet kühlen Wein.

Und als das Haus gebauet war,
30   Trank sie den Herrgotts Wein,
Ein Rosenkränzlein in der Hand,
Schlief sie darinnen ein.

Der Knabe kehrt zurücke,
Geht zu dem Garten ein,
35   Trägt einen Kranz von Rosen,
Und einen Becher Wein.

Hat mit dem Fuß gestoßen
Wohl an das Hügelein,
Er fiel, da schneit' es Rosen,
40   Da regnets kühlen Wein.

II 222   Des Pfarrers Tochter von Taubenheim.

Da drunten auf der Wiesen
Da ist ein kleiner Platz,
Da thät ein Wasser fließen,
Da wächst kein grünes Gras.

5   Da wachsen keine Rosen,
Und auch kein Rosmarein,
Hab ich mein Kind erstochen
Mit einem Messerlein.

Im kühlen Wasser fließet
10   Sein rosenrothes Blut,
Das Bächlein sich ergießet
Wohl in die Meeresfluth.

Vom hohen Himmel sehen
Zwei blaue Aeugelein,
Seh ich mein Englein stehen   15
In einem Sternelein.

Dort droben auf dem Berge
Da steht das hohe Rad,
Will ich mich drunter legen
Und trauern früh und spat.   20

Hast du mich denn verlassen
Der mich betrogen hat,
Will ich die Welt verlassen,
Bekennen meine That.

Der Leib der wird begraben,   25
Der Kopf steht auf dem Rad,
Es fressen den die Raben
Der mich verführet hat.

Der Traum.   II 223

In des Regenbogen überlangem Ton.
(Altes Manuscript.)

Ein mal lag ich
In Schlafes Qual,
Mich däucht ich war
Auf einem Berg
Vor eime königlichen Pallast,   5
Der war durchhauen pur
Nach meisterlichen Sinnen,
Bildwerk zierlich
Stand überall
Am Pallast stolz,   10

Der war von Marmorquader;
Fein war das Dach
Von Kupfer braun,
Berillen klar
15   Das Fensterwerk.
Zu oberst von der Burg her glast
Von Gold ein Sonnenuhr,
Gülden waren die Zinnen.
Ringweis ich sah
20   Darum einen Zaun
Von Zederholz,
Die Pforte war Albater.
Ich trat auf die Schlagbrücke,
Und sah ein Tanz
25   Von minniglichen Bilden
In diesem Pallast schön;
Da gieng ich stehn
Zu dieser Pforten,
Und blickte heimlich hinein,
30   Die klaren Aeuglein spielten,
Freundliche Wort
Wurden gehort.
Die adelichen Jungen
Nach den Trometen (Flöten)
35   Höfelich sprungen,
Ihr jedes hat
Von Sammt ein Wad,
Ein köstlich Schauben,
Ring, Ketten, goldne Borten.
40   Heidnisch war der Frauen Geberd,
Darauf jede mit Rosenkränz;
Der Männer fürstliches Gewand,
Von Sammet, Seiden und Taffant,
Damast und gulden Stücken
45   Von Perlen glänzen, Kränzen
Auf den Hauben.

Im Herzen mein
Dacht, mögt ich bei der Schaare sein!
Ich wolt mich mischen unter sunder
und that gehn,
Das war mir frei gelücken.   50

2.

Ich kam hinein,
Und sah die Tisch
Mit Pfeler Tuch
Bedecket all,   55
Mit Teppich war der Saal geziert,
Mitten stund im Pallast
Ein kaiserlich Kredenze
Von Zipperwein,
Wilprett und Fisch,   60
Bereitet war
So überköstlich Speise,
Solch mannich Blum
War da gestreut,
Himmlischer Geruch   65
War in dem Saal.
Zu Tisch
Manichem edlen Gast
Zu groser Reverenze
Ein grose Summ   70
Der Diensteleut
Dienten der Schaar,
Nach Art höfelicher Weise.
Als ein End hätt' das Mahle,
Standen sie auf,   75
Ein Sommer Reihen sprungen,
Gar lieblicher Gesang
Mit Freud erklang.
Ihr Melodeye

80 Die konkerdiret lustiglich
    Gleich engelischen Zungen.
    Auch sah ich viel
    Der Ritterspiel
    Von Rittern und von Knechten,
85 Mit Laufen, Springen, Ringen,
    Kämpfen, Fechten
    Künstlich, gelenk,
    Mit viel Gepräng.
    Nach dem einließen
90 Sie auch ein Mummereye.
    Verputzet, daß man sie nit kennt,
    Zumal ein wohl gezierter Hauf,
    Die hätten ein Maruscatanz,
    Ihr zween sah ich gerüstet ganz,
95 In Harnisch über alle,
    Die könnten stechen, brechen
    Mit den Spießen
    Gar ritterlich.
    In einen Winkel schmiegt ich mich,
100 Mein Herz vor Freuden kittert, zittert,
    Hupfet, sprang
    Von Wonn in diesem Saale.

                    3.

    Schau, indem kam
    Hinein der Tod,
105 Mit sich er trug
    Ein Sense scharf,
    Und schlich grausam hinein den Saal,
    Und mähet ab und auf,
    Bald starbe, wen er trafe,
110 Ein Ende nahm
    Die fröhlich Rott
    Jederman floh,

Und aus dem Saal sich machet,
Traurig Geschrei
War ihr Gesang,   115
Der Tod sie schlug,
Zu Haufen warf,
Da ward manch rothes Mündlein fahl,
Groß ward der Todten Hauf,
Also däucht mich im Schlafe,   120
Wie daß ich frei
Herab da sprang
In Graben hoch,
Indem ich aufgewachet,
Und däucht mir heimlich eben;   125
Der Traum bedeut
Die Wollust dieser Welte.
Der Pracht, Gewalt und Ruhm
Ist als ein Blum
In ihrer Zierde   130
Durch Regen sanft und kühlen Thau,
Aufwächset in dem Felde,
So Reifes Duft
Und kalte Luft
Geschwind über sie thut blasen,   135
Bald sie verschmoret, dorret
In der Masen,
Reichthum und Kunst,
Freud, Lieb und Gunst,
Ehr und Gewalte,   140
Gepräng, Geschmuck und Würde,
Auf dieser Erde aller Stand
Steht es in Glück und blühet heut,
So schwindet es doch Morgen ab,
Und sinket endlich in das Grab,   145
Was Fleisch und Blut konnt geben,
Das muß verderben, sterben

Jung und alte
Mann unde Frau,
150   Auf das Vergänglich hier nit bau,
Das als ein Traume, Schaume
Kommet um;
Fleuch, zeuch zum ewgen Leben.

II 229a   Gedankenstille.

Vögel thut euch nicht verweilen,
Kommet, eilet schnell herzu,
Wölfe höret auf zu heulen,
Denn ihr störet meine Ruh.

5   Götter kommt und helft mir klagen,
Ihr sollt alle Zeugen seyn,
Dürft ich es den Lüften sagen
Und entdecken meine Pein.

Wehet nur ihr sanften Winde,
10   Bächlein rauschet nicht so sehr,
Fliest und wehet jetzt gelinde
Gebt doch meinem Leid Gehör.

Aest und Zweige thut nicht wanken,
Bäum und Blätter haltet still,
15   Weil ich jetzo in Gedanken,
Euch mein Leid entdecken will.

Der Bremberger.

Fliegendes Blat.

1.

Mit Urlaub Frau um euren werthen Dienstmann
Geheissen war der Bremberger
Ein edler Ritter weise,
In seinem Ton ich euch wohl singen kann,
Darin mir niemand verdenke, 5
Sein Lob ich immer preise
Er hat gesungen mannigfalt,
Das red ich auf die Treue mein
Von einer schönen Frauen.
An ihm geschah grosse Gewalt, 10
Daß er verlor das Leben sein,
Sein Leib der ward ihm zerhauen.
Der Herr der sprach: »Du hast mir lieb die Fraue mein
O Bremberger es geht dir an das Leben dein!«
Sein Haupt das ward ihm abgeschlagen 15
Zu derselben Stund,
Das Herz er in dem Leibe trug,
Das aß der Fraue rother Mund.

2.

Der Herr der sprach: »Frau könnt ihr mich bescheiden
    nun,
Was ihr jetzund gegessen hand, 20
Daß euchs der lieb Gott lohne.«
Die Frau die sprach: »Und das weiß ich sicher nicht
Ich wollts also gern wissen thun,
Es schmecket mir also schöne.«
Er sprach: »Fürwahr glaub du mirs, 25
Es ist gewesen Brembergers Herz,
Er trugs in seinem Leibe
Und bracht dir viel Schimpf und Scherz,

Es konnt dir machen Freuden viel
30 Und konnt dir Leid vertreiben.«
Die Frau sprach: »Hab ich gegessen das mir Leid
     vertrieben hat
Und sollt meiner armen Seel nimmer werden Rath,
So thu ich einen Trunk darauf zu dieser Stund
Von Essen und von Trinken kommt nimmer mehr in
     meinen Mund.«

3.

35 Die Frau stand auf, sie eilet von dem Tische
Verbarg sich in ihr Gemach,
Und dacht ihrs Herzens Schwere:
»Hilf Maria du himmlische Königin
Daß mir nie so Leid geschah
40 Ja an dem Brembergere.
Um meinetwillen litt er Noth,
Da war er gar unschuldig an,
Es muß mich immer reuen, um ihn so leid ich hier den
     Tod
Meines Leibes er nie gewaltig ward,
45 Red ich bey meinen Treuen;
Er kam mir nie so nah, daß mir von ihm ward ein
     Umbefang,
Des trauer ich sehr, mir ist mein Leben worden krank,
Sich hat verkehrt Herz, Muth und all mein Sinn,
Und wenn meins Lebens nimmer ist,
50 So scheid mein arme Seel von mir dahin.«

4.

Nun wollt ihr hören, wie lang die Frau des Lebens pflag,
Ohn Essen und Trinken hat sie kein Noth,
Als ich euch will bescheiden.
Fürwahr sie lebt bis an den eilften Tag,
55 Da schied die Zart, die Werth davon,

Dem Herrn geschah groß Leiden.
»Ach Gott wie soll es mir ergahn,
Daß ich die liebste Fraue mein
So unehrlich hab verrathen
Und ihren werthen Dienstmann,   60
Ich fürcht es wird mir viel zu schwer
Mein Seel die muß leiden Noth.«
Der Herr der stand und sah den grossen Jammer an:
»O Herre Gott, daß ich sie beyde samt verrathen han!«
Der Herr ein Messer in sein eigen Herz stach,   65
Es wende dann Maria und ihr liebes Kind
Sein Seel muß leiden Ungemach.

Die Herzogin von Orlamünde.   II 232

Nach einer chronikalischen Erzählung von Nikolaus Dumman,
abgedruckt in Ch. Ph. Weldenfels Selecta antiquit. lib. II. c.
XXXIII. p. 469, Herr Heinze bemerkte, daß die Kinder in der
Niederlausitz sich der Worte beym Abzählen bedienen: Engel,
Bengel laß mich leben, ich will dir einen schönen Vogel geben.

Albert Graf von Nürnberg spricht:
»Herzogin ich liebe nicht;

Bin ein Kind von achtzehn Jahren
Und im Lieben unerfahren,

Würde doch zum Weib dich nehmen,   5
Doch vier Augen mich beschämen;

Wenn nicht hier vier Augen wären,
Die das Herze mein beschweren.«

Orlamündens Herzogin
Spricht zu sich in ihrem Sinn: 10

»Witwe bin ich schön vor allen,
Aller Fürsten Wohlgefallen;

Wenn nicht hier vier Augen wären,
Würde seine Lieb mich ehren.«

15   »Kinder ihr vom schlechten Mann,
Der mich hielt in strengem Bann;

Weil ihr meine Land ererbet
Wenn ihr nicht unmündig sterbet.«

Also Oehl in Flammen wüthet,
20   Das statt Wasser aufgeschüttet.

Also deutet sie die Rede
Auf zwey eigne Kinder schnöde,

Die im Saal zum Spiel abzählen,
Unter sich den Engel wählen:

25   »Engel, Bengel, laß mich leben,
Ich will dir den Vogel geben.«

Nadeln aus dem Wittibschleyer
Zieht sie, daß er falle freyer,

Zu dem wilden Hager spricht:
30   »Nimm die Nadeln und verricht,

Schwarzer Hager, du mein Freyer
Fürchtest nicht den schwarzen Schleyer,

Fürchtest du nicht auch vier Augen,
Die zum Zusehn hier nicht taugen,

35   Setz' dich mit zu ihren Spielen,
Daß sie keine Schmerzen fühlen,

Daß die Wunden niemals sprechen,
Must du in das Hirn sie stechen.«

Herulus zum Hager spricht,
Eh der ihm das Hirn einsticht: 40

»Lieber Hager, laß mich leben,
Will dir Orlamünde geben,

Auch die Plassenburg die neue,
Und es soll mich nicht gereuen.«

Herula zum Hager spricht,   45
Eh er ihr das Hirn einsticht:

»Lieber Hager laß mich leben,
Will dir meine Docken geben,

Engel, Bengel laß mich leben,
Will dir meinen Vogel geben.«   50

Hager sich als Mörder nennt,
Eh er sich das Hirn einrennt.

»Gott ach Gott, wo werd ich ruhen,
Höre schon den Vogel rufen,

Gott ach Gott, wo soll ich fliehen,   55
Sehe schon den Vogel ziehen.«

Albert spricht zur Herzogin:
»Das war nicht der Rede Sinn,

Meinte unsre eignen Augen,
Wie wir nicht zusammen taugen.«   60

Beyde Kinder unverweset
Liegen noch im Marmorsarge,
Als wär heut der Mord gewesen,
Recht zum Trotze allem Argen.

Auf diese Gunst
             machen alle Gewerbe Anspruch.

Es war einmal ein Zimmergesell,
War gar ein jung frisch Blut,
Er baut dem jungen Markgrafen ein Haus,
Sechshundert Schauläden hinaus.

5   Und als das Haus gebauet war,
Legt er sich nieder und schlief,
Da kam des jungen Markgrafen sein Weib,
Zum zweiten und drittenmal rief.

»Steh auf, steh auf gut Zimmergesell,
10   Denn es ist an der Stund
Hast du so wohl ja gebauet das Haus
So küß' mich an meinen Mund.«

»Ach nein, ach nein, Markgräfin fein,
Das wär uns beiden ein Schand,
15   Und wenn es der junge Markgrafe erführ,
Müßt ich wohl meiden das Land.«

Und da die beiden beisammen waren,
Sie meinen sie wären allein,
Da schlich wohl das älteste Kammerweib her,
20   Zum Schlüsselloch schaut sie hinein.

»Ach edler Herr, ach edler Herr!
Groß Wunder, zu dieser Stund

Da küßet der jung frische Zimmergesell,
Die Frau Markgräfin an Mund.«

»Und hat er geküßt meine schöne Frau,   25
Des Todes muß er mir sein,
Ein Galgen soll er sich selber baun
Zu Schafhausen draus an dem Rhein.«

Und als der Galgen gebauet war,
Sechshundert Schauladen hinaus,   30
Von lauter Silber und Edelgestein,
Steckt er darauf ein Straus.

Da sprach der Markgraf selber wohl:
Wir wollen ihn leben lan,
Ist keiner doch unter uns Allen hier   35
Der dies nicht hätte gethan.

Was zog er aus der Tasche heraus
Wohl hundert Goldkronen so roth,
Geh mir, geh mir aus dem Land hinaus,
Du findest wohl überall Brod.   40

Und als er hinaus gezogen war,
Da ging er über die Haid,
Da steht wohl des jungen Markgrafen sein Weib,
In ihrem schneeweißen Kleid.

Was zog sie aus der Tasche gar schnell,   45
Viel hundert Duckaten von Gold:
»Nimms hin, du schöner du feiner Gesell.
Nimms hin zu deinem Sold.

Und wenn dir Wein zu sauer ist,
So trinke du Malvasier,   50
Und wenn mein Mündlein dir süßer ist
So komme nur wieder zu mir.«

Albertus Magnus.

Von den Geheimnissen der Weiber.

Die Königin blickt zum Laden aus,
Ein Jüngling stand wohl vor dem Haus,
Sie winkt ihm da,
Daß er sollt zu ihr kommen.

5   Der Jüngling kam heimlichen dar,
Er sprach: Zart edle Fraue klar,
Kein Mann soll sich
In eurem Dienst versäumen.

Da sprach die Königin hochgebohr'n:
10   In meinem Dienst hast du geschwor'n
Leibeigen dich,
Das sollst du nun erkennen.

Dein Willen mach dem Meinen gleich,
So wird mein Herz ganz Freudenreich,
15   Lieblich Begier,
Die will ich dir bekennen.

Er wußt nicht, was sie damit meint,
Sie hätt' sich nah mit ihm vereint,
Sein Freiheit er
20   Vor ihr nicht konnt erhalten.

Sie blickt ihm in das Herz hinein,
Mein's Leibs must du gewaltig seyn,
Der Ehren sein
Hätt' er da kein Gewalte.

25   Und als der Tag sich anebrach,
Die Königin wohl zu ihm sprach,
Deins Leibs hab ich
Begehrt, der ist mir worden.

Heb dich davon, saum dich nicht lang', –
Gar bald er in die Kleider sprang,   30
Er wußt auch nicht,
Daß ihm folgt nach ein Morde.

Sie nahm ihn fälschlich bei der Hand,
Hin auf ein Brett sie ihn da sandt,
Zuckt an der Schnur,   35
Das Brett thät mit ihm fallen.

Wohl in ein Wasser ungeheur,
Darin verdarb der fromm und theuer,
Das falsche Weib
Ließ freudig Lachen schallen.   40

Aus ihrer Lieb führt nur ein Weg,
Der führte auf den Todessteg,
Die ihr vertraut,
Acht Jüngling noch gar freie.

So warens mit dem ersten neun,   45
Die Zahl war ihr noch viel zu klein,
Den zehnten auch
Sucht sie in falscher Treue.

Er war ein hochgelehrt Student,
Ihr Complexion er gar wohl kennt',   50
Er wußt gar wohl
Sie konnt ihn nicht betriegen.

Er blickt sie an durch Kunstes Glas,
Er sah wie sie naturet war,
Er warb um sie,   55
Ihr List mußt ihm erliegen.

Er zwang ihr Herz mit seiner Kunst,
Er zwang ihr Herz in Liebesbrunst,

Die Königinn
60 Wollt sehnlich ihn umfangen.

Da sagt er ihr ein hartes Wort,
Neun Jüngling seh ich schweben dort,
Die warnen mich,
O Weib, das bringt mir Bangen.

65 Ein Wasser braußet unter mir,
Dein Bett ein böses Schifflein schier,
Will schlagen um,
Will jenen mich gesellen.

Du führest falsche Segellein,
70 Du glaubst, ich sollt der zehnte sein,
Du Mörderin
Willst tödten mich in Wellen.

Groß Zorn das Weib der Red empfand,
Sie ließ ihm binden Fuß und Hand:
75 Ihr Diener mein,
Thut mir den Mann erträncken.

Er blickt sie an, ganz still gemüth,
Er wußt wohl, daß er war behüt,
Man hob ihn auf,
80 Und wollt ihn schon versencken.

Da brachen seine Strick zur Stund,
Er sprang hinab frei und gesund,
Im tiefen See
Konnt er gar lustig schweben.

85 Ganz aufrecht als ein Federbolz,
Trat er darin das Wasser stolz.
Wer ihn ermordt,
Dem will sie sich ergeben.

Des faßt manch böser Knabe Lust,
Manch Armbrust zielt nach seiner Brust;   90
In Vögelein
Die Pfeil sich da verkehren,

Und schwebten um ihn auf und ab.
Die Königinn rief da herab:
O hätt ich dich,   95
Ich wollt dein Kunst zerstören.

Frau Königinn, er zu ihr sprach,
Ich trage um neun Knaben Rach',
Neun Vögelein
Die Pfeil sich um mich schwingen.   100

Nach einem Wald steht mir mein Sinn,
Darin ich euer Vogler bin,
So viel ich fang,
Von euch lehr ich sie singen.

Da schwang er sich zum Wald hindan,   105
Ihm sahen nach viel Weib und Mann,
Die Königinn
Ward bleich an ihren Wangen.

Er setzt sich in den grünen Plan,
Viel Vögelein sich zu ihm nahn,   110
Mit Listen braucht
Er keinen nicht zu fangen.

Er schwang sich in die Lüfte klar
Um ihn die laute Vogelschaar,
Ließ nieder sich   115
Auf eines Thurmes Zinne.

Den Vöglein in die Schnäbel band
Er Brieflein all, darinnen stand:

Neun mordete
120   Die Königinn um Minne.

Die fliegen wohl durch Stadt und Land,
Man fieng sie alle mit der Hand,
Da ward die Schand
Wohl allen offenbare.

125   Ein Vogel bunt in Sonderheit,
Des hätt die Königinn ein Freud,
Sie griff nach ihm,
Er sezt sich auf ihr Haare.

Er ließ ihr fallen auch mit List,
130   Den Zettel zwischen ihre Brüst,
Und flog von dann,
Da las sie ihre Schande.

Das Zettelein sie da zur Stund
Zerriß mit ihrem rothen Mund,
135   Wohl hin und her
Sie ihre Händlein wandte.

Ihr Schuld kam da wohl klar an Tag,
Der Künstler führt die erste Klag:
Frau Königinn,
140   Albertus ist mein Namen.

Albertus Magnus heiße ich,
Sanktus nennt auch die Kirche mich,
Du hast um mich
Dein Buhlerkunst verloren.

145   Ein weiser Meister heiße ich,
Du wolltst im Zorn ertränken mich.
Da schrie sie laut:
»O Weh daß ich gebohren!

O Weh daß ich gebohren bin!«
Schrie da die edle Königinn,   150
Verzweifelung
Kam da in ihre Sinnen.

Albertus macht sie da wohl zahm,
Sie stand vor ihm in groser Scham,
Er redt zu ihr   155
Und ließ sie Muth gewinnen.

Zur Hand gewann sie Reu und Leid,
Zerriß ihr königliches Kleid,
Und legt sich an
Wohl einen grauen Orden.   160

Albertus lehrt sie in der Beicht,
Wie sie Versühnung wohl erreicht,
Mit strenger Buß,
Um ihre Schuld und Morden.

Vor ihrer Zell wohl achtzehn Jahr,   165
Neun Vögel sangen traurig gar,
Den gab sie Speiß,
Und weinet bitterlichen.

Und da die Zeit verstrichen war,
Da waren es neun Engel klar,   170
Die führen sie
Wohl in das Himmelreiche.

Wächter hüt dich bas.

(Fliegendes Blatt. Nürnberg bei Valentin Neuber um 1500.)

Es wohnet Lieb bey Liebe,
Dazu groß Herzeleid,
Ein edle Herzoginne,
Ein Ritter hochgemayt,
Sie hätten einander von Herzen lieb,
Daß sie vor grosser Hute
Zusammen kamen nie.

Die Jungfrau, die war edel,
Sie thät ein Abendgang,
Sie ging gar traurigliche,
Da sie den Wächter fand;
O Wächter mein trit her zu mir,
Selig will ich dich machen,
Dürft ich vertrauen dir.

Ihr sollet mir vertrauen
Zart edle Jungfrau fein,
Doch fürcht ich nichts so sehre,
Als eures Vaters Grim.
Ich fürchte eures Vaters Zorn,
Wo es mir misselungen,
Mein Leib hab ich verlorn.

Es soll uns nicht mißlingen,
Es soll uns wohl ergehn,
Ob ich entschlafen würde,
So weck mich mit Getön,
Ob ich entschlafen wär zu lang,
O Wächter, traut Geselle,
So weck mich mit Gesang.

Sie gab das Geld dem Alten,
Den Mantel an sein Arm.

»Fahrt hin mein schöne Jungfraue
Und daß euch Gott bewahr,
Daß er euch wohl behüt!«
Es kränkt demselben Wächter
Sein Leben und Gemüth.   35

Die Nacht, die war so finster,
Der Mond gar lützel scheint,
Die Jungfrau, die war edel,
Sie kam zum hohlen Stein,
Daraus da sprang ein Brünnlein kalt,   40
Auf grüner Linde drüber
Frau Nachtigal saß und sang.

»Was singest du Frau Nachtigal,
Du kleines Waldvögelein,
Woll mir ihn Gott behüten,   45
Ja da ich warte sein,
So spar mir ihn auch Gott gesund,
Er hat zwey braune Augen,
Dazu ein rothen Mund.«

Das hört ein Zwerglein kleine,   50
Das in dem Walde saß,
Es lief mit schneller Eile
Da es die Jungfrau fand.
Ich bin ein Bot zu euch gesandt,
Mit mir sollt ihr gleich gehen,   55
In meiner Mutter Land.

Er nahm sie bey den Händen,
Bey der schneeweissen Hand,
Er führt sie an das Ende,
Wo er sein Mutter fand.   60
»O Mutter, die ist mein allein,
Ich fand sie nächten spät
Wohl bey dem hohlen Stein.«

Und da des Zwergleins Mutter
65   Die Jungfrau recht ansah:
»Geh führ sie wieder geschwinde,
Da du sie funden hast.
Du schaffst gros Jammer und gros Noth,
Eh morgen der Tag hergehet,
70   So sind drey Menschen todt.«

Er nahm sie bey den Händen,
Bey der schneeweissen Hand,
Er führt sie an das Ende,
Wo er sie funden hat.
75   Da lag der Ritter verwundet in Tod,
Da stand die schöne Jungfraue,
Ihr Herz litt grosse Noth.

Sie zog aus seinem Herzen
Das Schwerdt und stieß es in sich:
80   »Und hat es dich erstochen,
So stech ichs auch in mich;
Es soll nun nimmer kein Königs Kind
Um meinetwillen sterben,
Sich morden mehr um mich.«

85   Und da es morgens taget,
Der Wächter hub an und sang:
»So ward mir nie kein Jahre,
Kein Nacht noch nie so lang,
Denn diese Nacht wollt nicht vergehn.
90   O reicher Christ vom Himmel,
Wie wird es mir ergehn.«

Und das erhört die Königin,
Die auf dem Bette lag.
»O höret edler Herre,
95   Was ist des Wächters Klag,
Wie ihm die Nacht doch hätt gethan,

Ich fürcht, daß unsre Tochter,
Die hab nicht recht gethan.«

Der König zu der Königinn sprach:
»Zünd an ein Kerzlein licht,   100
Und lug in alle Burge,
Ob ihr sie findet nicht,
Kannst du sie in dem Bett nicht sehn,
So wirds demselben Wächter
Wohl an sein Leben gehn.«   105

Die Königinn war geschwinde,
Sie zündt ein Kerzlein licht,
Sie lugt in alle Burgen,
Sie fand die Tochter nicht.
Sie thät ins Bette sehn,   110
O reicher Christ vom Himmel
Wie wird es heut ergehn.

Sie liessen den Wächter fahen,
Sie legten ihn auf den Tisch,
In Stücken thut man ihn schneiden,   115
Gleich wie ein Salmenfisch.
Und warum thäten sie ihm das,
Daß sich ein andrer Wächter
Sollt hüten desto bas.

Trümmeken Tanz.   II 248

(Altes Tanzlied, Dithmarsische Kronik Seite 108.)

Herr Hinrich und siene Bröder alle dree, voll grone,
Se buuden een Schepken tor See, um de adlige
    Rosenblome,
Do dat Schepken rede was, voll grone,

Se setten sick darin, se föhrde alle daher, um de adliche
    Rosenblome
5 Do se Westwerts averkemen, voll grone,
Do stond dar een Goldschmits Söhne vor de Döhr, mit
    de adlige Rosenblome,
Weset mir willkommen, ji Herren alle dree gar hübsch
    und schone
Will ji Mede, efte will ji nun Wien, sprack de adlige
    Rosenblome,
Wy willen neen Mede, wy willen neen Wien, voll grone
10 Wy willen en Goldschmits Tochter han, de van de adlige
    Rosenblome.
Des Goldschmits Tochter krieg ji nig, gar hübsch und
    schone,
Se is Lütke Leicke al togesegt, de adlige Rosenblome.
Lütke Leicke de kriegt se nig, voll grone,
Dar will wy dree unse Halse um wagen, um de adlige
    Rosenblome.
15 Lütke Leicke tog ut sien blankes Schwerd, voll grone,
He houde Herr Hinrich sien lütgen Finger af, um de
    adlige Rosenblome.
Herr Hinrich tog ut sien blankes Schwerd, gar hübsch
    und schone,
He houde Lütke Leicke sien Hövende wedder af, um de
    adlige Rosenblome.
Ligge du aldar ein kruse Kroll, voll grone,
20 Myn Hert is hundert tusend Freuden voll, um de adlige
    Rosenblome,
Lütke Leicke siene Kinder wenden all so sehr voll grone,
Morgen schallen wy unsern Vader begraven, um de adlige
    Rosenblome.

(Dithmarsische Kronik.)

Dat geit hir gegen den Sommer, gegen de leve
    Sommertidt,
De Kinderken gahn spehlen an dem Dahl, dat sprack
    en Wyff.
»Ach Mönnecken min leve Moder, moste ick aldar
    tom Aventanz gahn
Dar ick hör de Pipen gahn und de leven Trummel
    schlan!«
Ach neen! min Tochter nichten dat, du schalt, du
    schalt schlaapen gahn.   5
»Ach Mönnecken min, dat deit my de Noth, dat deit
    my de Noth.
Kann ick tom Avend-Tanz nich, so mut ick sterven
    doth.«
Ach neen du myn Dochter, alleen schalst du nich gahn,
So weck op dienen Broder und lath em mit dy gahn.
»Min Broder is junk, is man en Kind, ick weck em
    altes nicht,   10
Vielmehr weck ick een andern Mann, den ick sprecken
    schall.«
O Dochter myn, Gott geve dy grot Heil, Gott geve dy
    grot Heil,
Nu ick dy nich stören kan, so gah du all dar hen.
Do se tom Avenddanz kahm, to de Kinder speele gahn,
Se leth er Ogen herummer gahn, ehr se den Richter
    fand,   15
De Richter de was grot, he toeg aff synen Hoet,
He toeg aff synen Hoet, he küssede se vör den Mund
An den Tanz dar se stund.

Alle bey Gott, die sich lieben.

(Mündlich.)

Es hatt' ein Herr ein Töchterlein,
Mit Nahmen hieß es Annelein,
Ein Herrn wollt man ihr geben,
Frau Markgräfin sollte es werden.

Ach Vater ich nehm noch keinen Mann,
Ich bin nicht älter dann elf Jahr,
Ich bin ein Kind und sterb fürwahr.

Es stund nicht an ein halbes Jahr,
Das Fräulein mit dem Kinde ging,
Sie bat ihren Herrn im Guten,
Er sollt jezt holen ihre Mutter.

Und als er in den finstern Wald einritt,
Ihm seine Schwiger entgegen schritt:
»Wo habt ihr dann euer Fräulein?«

Mein Fräulein liegt in großer Noth,
Fürcht, wenn wir kommen, sei sie schon todt;
Mein Fräulein liegt in Ehren
Ein Kind soll sie gebähren.

Und als er über die Heide ritt,
Ein Hirtlein hört er pfeifen,
Ein Glöcklein hört er läuten.

Ei Hirtlein, liebes Hirtlein mein,
Was läutet man im Klösterlein,
Läutet man um die Vesperzeit,
Oder läutet man um eine Todten Leich?

Man läutet um eine Todten Leich!
Es ist dem jungen Markgrafen
Sein Fräulein mit dem Kind entschlafen.

Und als er zu dem Thor einritt,
Und als er in den Hof einritt,   30
Drei Lichter sieht er brennen,
Drei Schüler Knaben singen.

Und als er in die Stube kam
Sein Fräulein in der Bahre lag,
Das Kindlein in ihren Armen lag.   35

Er küßt sie an ihren bleichen Mund,
Jezt bist du todt und nimmer gesund.
Er küßt sein Kindlein an ihrem Arm,
Das Gott erbarm, das Gott erbarm.

Die Mutter die war ganz allein,   40
Die sezt sich an ein harten Stein,
Vor Leid brach ihr das Herz entzwei.

Da zog er aus sein glitzerich Schwerd,
Und stachs sich selber durch sein Herz:
Er sprach, ists nicht ein Straf von Gott,   45
Vier Leichen in eines Fürsten Schloß.

Es stand nicht länger als drei Tag,
Drei Lilien wuchsen auf des Fräuleins Grab,
Die erste weiß, die andre schwarz.

Die schwarz dem kleinen Kindlein war,   50
Weil es noch nicht getaufet war;
Auf der dritten war wohl geschrieben:
Sie sind all bei Gott, die sich lieben.

Den Herrn, den gräbt man wieder aus,
Legt ihn zum Annelein ins Gotteshaus,   55
Da liegen vier Leichen zusammen,
Das Gott erbarme. Amen!

Edelkönigs-Kinder.

(Mitgetheilt von H. Schlosser.)

Es waren zwei Edelkönigs-Kinder,
Die beiden die hatten sich lieb,
Beisammen konten sie dir nit kommen,
Das Wasser war viel zu tief.

5 Ach Liebchen köntest du schwimmen,
So schwimme doch her zu mir,
Drey Kerzlein wollt ich dir anstecken,
Die solten auch leuchten dir.

Da saß ein loses Nönnechen,
10 Das that, als wenn es schlief,
Es that die Kerzlein ausblasen,
Der Jüngling vertrank so tief.

Ach Mutter herzliebste Mutter,
Wie thut mir mein Häuptchen so weh,
15 Könt ich ein kleine Weile
Spazieren gehn längst der See.

Ach Tochter herzliebste Tochter,
Allein solst du da nit gehn,
Weck auf deine jüngste Schwester,
20 Und laß sie mit dir gehn.

Ach Mutter herzliebste Mutter,
Mein Schwester ist noch ein Kind,
Sie pflückt ja all die Blumen,
Die in dem grünen Wald sind.

25 Ach Mutter herzliebste Mutter,
Wie thut mir mein Häuptchen so weh,
Könt ich eine kleine Weile
Spazieren gehn längst der See.

Ach Tochter, herzliebste Tochter,
Alleine sollst du da nit gehn,   30
Weck auf deinen jüngsten Bruder,
Und laß ihn mit dir gehn.

Ach Mutter, herzliebste Mutter,
Mein Bruder ist noch ein Kind,
Er fängt ja alle die Haasen,   35
Die in dem grünen Wald sind.

Die Mutter und die ging schlafen,
Die Tochter ging ihren Gang,
Sie ging so lange spazieren,
Bis sie ein Fischer fand.   40

Den Fischer sah sie fischen,
Fisch mir ein verdientes roth Gold,
Fisch mir doch einen Todten,
Er ist ein Edelkönigs-Kind.

Der Fischer fischte so lange,   45
Bis er den Todten fand,
Er grif ihn bei den Haaren,
Und schleift ihn an das Land.

Sie nahm ihn in ihre Arme,
Und küßt ihm seinen Mund: 50
Adie mein Vater und Mutter,
Wir sehn uns nimmermehr.

Die Braut von Bessa.

(Kornmanns Frau Veneris Berg. Frankfurt am Main 1614. S. 305.)

Zu Felsberg bat mich Kledte,
Ich solt ihm schreiben recht,
Was ich gesehen hätte,
Von manchem stolzen Knecht,
5   In einem Dorf hieß Bessa,
Da war ein groß Kürmes,
Darzu ein grosser Tanz
Um einen Ketten-Kranz.

Ich kam einmal gen Beß,
10   Auf einen Sonntag früh,
Da war ein groß Kürmes,
Davon ich singen will,
Ich ward gar schön empfangen,
Von ein'm der hieß Hans Lange,
15   Mit dem ich ziehen pflegt
Gar manche liebe Täg.

Er bracht mich unter ein Linde,
Die war unterschieden recht,
Da fand sich ein wüst Gesinde,
20   Das waren die Eisern Knecht,
Die hätten sich bezeichnet mit Weiden,
Kein Hochmuth wollen sie leiden,
Sie sprungen auf den Plan,
Ein jeder wolt den Vorreihen han.

25   Die andern trugen Berken,
Das war also gethan,
Das einer den andern soll merken,
Wann sich erhüb ein Schlan,
Die dritten trugen Hopfen
30   Am Hals und auch am Kopf,

Truz wer sie zornig mächt,
Und sie zum Zanke brächt.

Wohl an demselbigen Tanze,
Sahe man ein wunder schöne Magd,
Sie kunt gar wohl umschwanzen,   35
Vor allen wohlbehagt,
Sie kunt gar wol begaffen
Mit Mönchen und mit Pfaffen,
Sie wolt kein andern han,
Als Eisserer Henzen Sohn.   40

Sie hieß die Riebel feiste,
Das war ganz offenbar.
Viel Spott thät sie beweisen,
An manchem Knecht fürwahr,
Es hofft ein jeder Knabe   45
Kundschaft mit ihr zu haben,
Dadurch wuchs ihr der Muth,
Keinem Geringen thät sie gut.

Sie war so schön gezieret,
Den Sternen ward sie gleich,   50
Darzu konnt sie vexieren
Die Knaben meisterlich,
Sie war von solcher Schanze,
Daß jeder wolt mit ihr tanzen,
Dadurch zulezt geschah,   55
Groß Leid und Ungemach.

Da kam ein stolzer Knabe,
Der hieß Bellerstein,
Den Vortanz wolt er haben,
Mit der schönen Magd allein,   60
Er sprach: Mich thun verdrießen,
Die Helleparten und die Spiesse,

Der sehe ich also viel,
Daß ich nicht tanzen will.

65   Ein Zank erhub sich balde,
Durch die Eissern und Bessar Knecht,
Ein jeder wolt den Plaz behalten,
Sie waren all kühn und frech,
Sie begundten sich zu schlagen,
70   Die Bessar waren zagen,
Sie machten die Flucht darvon,
Die Eissern behielten den Plan.

Wol an demselben Tanze,
Sag ich wohl auf mein Eid,
75   Waren vier und vierzig Knechte,
Waren alle roth Lündsch gekleidt,
In gelben Wammes und Hosen,
Sie sprungen als wären sie rasend,
Sie machten sich so breit,
80   Zum Streit waren sie bereit.

Großen Hochmuth thäten sie treiben,
Mit Trotzen, Keiben und Schlan,
Das wolt ich bald aufschreiben,
Und nicht vergessen lan,
85   Sie thäten sich bald bedenken,
Ein Trinkgeld wolten sie mir schenken,
Sie brachtens zu mir her,
War gar nicht mein Beger.

Sie thäten mich bald fragen:
90   Ob ich der Schreiber wär?
Das solt ich kurzum sagen,
Dazu ward mir nicht her.
Ich gab ihn gute Worte,
Als die keiner nie erhörte,

Ich macht mich bald darvon,   95
Ihr Klopfen an mich kam.

Sie wolten mich lernen schreiben,
Die zornig Bursche Art,
Bei ihn war nicht zu bleiben,
Sie waren mir viel zu gelahrt;   100
Ihr Buchstaben thaten sie ziehen
Mit Schlägen und großen Striemen,
Ich macht mich bald darvon,
Begert von ihn kein Lohn.

Der uns dies Lied thut singen,   105
Will ich berichten bald,
Von dannen mußt er entspringen,
Sonst er nicht worden alt,
Er ging mit kurzen Schritten,
Recht nach der Hasen Sitten,   110
Ja lauffete über Nacht.
Ade zu guter Nacht.

Die Tartarfürstin.   II 258

(Aus einer Handschrift mitgetheilt von H. D. Hinze.)
(Ein in Preussen sehr gewöhnliches Volksblatt: Der im Jahre 1656
geschehene Einfall der Tartarn in Preussen, von Johann Melitor,
aus dem Polnischen ins Deutsche übersezt. Elbing 1793. giebt in
Versen einen Bericht, der aber ohne Einzelheit auf alle kriegeri-
sche Einfälle paßt.)

Was wollt ihr aber hören,
Was wollt ihr, daß ich sing?
Wohl von der Tartarfürstin,
Wie's der zu Neumark ging.

5   Nach Bresselau in Schlesien
    Ein große Reiß sie macht,
    Nach Neumark kam sie gefahren
    Und blieb allda zur Nacht.

    Da sprach der Wirth zum andern:
10 »Ein Heydin wohnt bey mir,
    Sie hat Gold, Edelsteine,
    Die laß ich nicht von hier.«

    »Gut Nacht, O Fürstin schöne,
    Ihr lebt nicht bis zum Tag.«
15 Und wandte sich behende,
    Gab ihr den Todesschlag.

    Und all ihr Hofgesinde
    In tiefem Schlaf er fand,
    Und würgt sie groß und kleine
20 mit seiner eignen Hand.

    Mit seinen eignen Händen
    Begrub er sie allzumal
    Gar tief in kalten Keller,
    Ihr Gold und Gut er stahl.

25 Er zeigte drauf den andern
    Sein Hand von Blut so roth,
    Von Gold und Edelsteinen
    Die Hälft er ihnen bot.

    Die nahmen sie so gerne
30 Und schwiegen von der That,
    Doch was nicht früh gerächet,
    Das straft der Himmel spat.

    Der Tartarfürst, der hörte
    In Neumark ist mein Kind

Gemordet und beraubet,   35
Den Körper man noch findt.

Da rief er seinen Haufen:
»Auf nehmet Spieß und Schwerd,
Nach Schlesien wir ziehen,
Es ist des Ziehens werth.«   40

So kamen sie in Schaaren
Ins ganze Schlesier Land,
Und sengten, brannten, stahlen,
Der Welt ists wohlbekannt.

Der Fürstin Tod zu rächen   45
Bey Wahlstadt ging es trüb,
Zur Ehr der Heidenfürstin
Der Christen Herzog blieb.

So ward am Land gerächet
Was Neumark hat gethan,   50
Herr Gott mich selbst regiere
Fang ich allein was an.

Kloster Trebnitz.   II 260

(Mitgetheilt von H. D. Hinze.)

Der edel Herzog Heinrich zu Pferd
Stürzt in den Sumpf gar tief, tief, tief.
Seines Lebens er sich schier verwehrt,
Als Gott sein Engel rief, rief, rief.

Der Engel nahm ein Köhlertracht,   5
Und trat zum Sumpf hinan, an, an.
Und schnell dem Herrn ein Aestlein bracht:
»Da halt der Herr sich dran, dran, dran.«

Und als der Herzog g'rettet war,
10 Da kniet er freudig hin, hin, hin.
»O Herr wie ist es wunderbar,
Daß ich gerettet bin, bin, bin.

Und bin ich denn gerettet nun,
Bau ich ein Kloster dir, dir, dir,
15 Daß man dir dien in Fried und Ruh,
Auf diesem Flecklein hier, hier, hier.«

Das Kloster war gar schön gebaut,
Des freut sich wer es sah, sah, sah.
Und manche fromme Gottesbraut,
20 Kam hin von fern und nah, nah, nah.

»Was begehrt ihr edle Jungfrauen mehr?«
Der Herzog fragt sie dann, dann, dann.
»Wir b'dürfen nichts und nimmermehr
Dieweil wir alles han, han, han.«

25 »Und weil euch denn nichts noth mehr ist,
So sey denn dieser Nam, Nam, Nam,
Trebnitz, das hieß, wir b'dürfen nichts.«
Den Namen es bekam, kam, kam.

II 261 ### Herzog Hans von Sagan, und die Glogauschen Domherrn.

(Mitgetheilt von H. D. Hinze.)

Hannes der Herzog zu Sagan
Der Grimme lag in schwerem Bann,
Der Bischof*) wollt sich rächen,
Den Bann ließ über ihn sprechen.

*) Rudolph I. Bischof von Breslau st. 1482.

»Und lieg ich auch in tiefem Bann,   5
So kehr ich mich kein Daumen dran,«
Thät Herzog Hannes sagen,
»Die Domherrn will ich fragen.«

»Ihr Glogschen Domherrn kommt herbey,
Laßt mit euch reden frank und frey,   10
Kommt ihr zu meinen vier Pfählen,
Ihr könnts euch selber wählen.«

»In euern vier Pfählen gehts nicht an,
Dieweil ihr seyd in schwerem Bann,
Ruft uns zu andern Orten,   15
Da wollen wir eurer warten.«

Er b'stellt sie auf die Brücke schlau,
Die werthen Domherrn von Glogau,
Der Herzog kam gegangen,
Die Rede thät er anfangen.   20

Sie sprachen viel und mancherley
Riz, Raz, da ging der Boden entzwey,
Wohl hinter ihrem Rücken
Zersägte man die Brücken.

»Nun seht euch um, ihr Herrn gemach,«   25
Der Herzog grimmen Tones sprach,
»Ihr Herren wollt ihr singen,
Ihr Herren wollt ihr springen?«

Die Herren sahn die Wassersnoth,
Sie sahen vorn und hinten Tod: 30
»Es muß euch wohl gelingen
Herr Hans, wir wollen singen.«

Und darauf gingen all nach Haus,
Der Herzog lacht sie lustig aus:
35   Sein Spas, der war gelungen,
Mein Lied, das ist gesungen.

II 262   Der Pfalzgraf.

(Der erschossene Pfalzgraf, wahrscheinlich des Churfürsten
Philip Wilhelms Sohn, Pfalzgraf Friedrich Wilhelm, erschossen
vor Mainz, 1689 den 30. July.)

Es reitet die Gräfin weit über das Feld,
Mit ihrem gelbhaarigen Töchterlein fein,
Sie reiten wohl in des Pfalzgrafen sein Zelt,
Und wollen fein frölich und lustig sein.

5   Frau Gräfin, was jagt ihr so früh schon hinaus?
O reitet mit eurem fein Liebchen nach Haus,
Der Pfalzgraf kommt selber gleich zu euch hinab,
Sie tragen ihn morgen hinunter ins Grab:

Es hat ihn eine Kugel so tödtlich verwundt,
10   Da starb er sogleich in der nämlichen Stund,
Da schickt er dem Fräulein ein Ringelein fein,
Soll seiner beim Scheiden noch eingedenk sein.

Hat dich o Pfalzgraf, die Kugel getroffen,
Wär ich viel lieber im Neckar ersoffen;
15   Trägt man den Liebsten zum Kirchhof herein,
Steig ich wohl mit ihm ins Brautbett hinein.

Will reichen ihm meinen jungfräulichen Kranz,
Will sterben und scheiden von Güter und Glanz;
Lieb Mutter, sez du mir den Kranz in das Haar,
20   Auf daß ich schön ruhen kann auf der Bahr.

Steck mir an den Finger das Ringlein fein,
Es mit mir soll liegen ins Grab hinein,
Ein schneeweisses Hemdelein zieh du mir an,
Auf daß ich kann schlafen bei meinem Mann.

Auf Töchterleins Grab sollst legen ein Stein,   25
Drauf sollen die Worte geschrieben seyn:
Hier ruhet der Pfalzgraf und seine Braut;
Da hat man den beiden das Brautbett gebaut.

Die Nachtwandler.   II 263

Konrad, der Degenfelder hat
Sein edles Fräulein in die Stadt
Zur Hochzeit mitgenommen,
In ein Gespräch gar mancherley
Sind da die Frauen kommen.   5

Jakob von Gültlings Frau zeigt an:
»Viel Tugend hat mein Edelmann,
Viel Tugend thut er üben,
Er ist besonnen, hat Vernunft,
Er thut mich herzlich lieben.   10

Doch leget er sich trunken nieder,
Er oft gar schnell erwachet wieder,
Ein'n Streich hat er empfangen
Vor Mastrich in dem Niederland,
Der thut ihm noch anhangen.   15

Dann springt er von dem Bett herab,
Daß ich mich oft verwundert hab,
Wehrt sich um Leib und Leben,
Doch thut er sich auf freundlich Wort
Ganz stille niederlegen.«   20

Des Degenfelders Frau zeigt an:
»Die Tugend liebt mein Edelmann,
Doch thut er dies oft üben,
Im Schlafe geht er manche Nacht,
25   Thut mich damit betrüben.«

Indem sie dies Gespräch vollendt,
Ging schier die Hochzeit auch zu End,
Da ging es an ein Scheiden,
Allein die beiden edlen Fraun
30   Lebten da länger in Freuden.

Junker Jakob ward lustig gemacht,
Daß er ist blieben über Nacht,
Doch gar mit grossen Bitten,
Viel lieber wär er mit Gesind
35   Zur Wohnung gleich geritten.

Mit Trinken sezt man stark an ihn,
Der Junker dacht in seinem Sinn:
»Ich muß mich wohl vorsehen,
Daß ich die Sach nicht mach zu grob,
40   Will mich bey Zeit ausdrehen.«

Sie lebten all in Freuden groß,
Den Degenfeld die Frau umschloß,
Und küßte ihn vor allen;
Sobald die andern solches sahn,
45   Hats ihnen wohlgefallen.

Junker Jakob saß an dem Tisch,
Den Degenfeld an der Hand erwischt,
Aus Lieb thät er sie drücken,
Sprach ihm daneben freundlich zu,
50   Thät sich an ihn auch schmücken.

Ein Umtrunk bald herummer ging,
Junker Jakob wieder anfing,
Hat ganz freundlich gebeten;
»Den bring ich euch zur guten Nacht.«
Vom Tisch ist er getreten.   55

Als bald er sich zur Ruh begab,
Sein Knecht zog ihm die Kleider ab;
In einer Kammer kleine
Befahl er sich dem lieben Gott,
Legt sich ins Bett alleine.   60

Zu plaudern noch Herr Konrad kam,
Doch als er Gültlings Schlaf vernahm,
Wollt er ihn nicht erwecken,
Und als er noch ein Bett ersah,
Thät er hinein sich strecken.   65

Da es nun war um Mitternacht,
Der Teufel hat sein Spiel gemacht,
In dieser Kammer kleine,
Da die zween Junker gelegen sind,
Der Mond schien hell und reine.   70

Konrad von Degenfeld aufsteht,
Und in dem Schlaf nachtwandeln geht,
Wie er sonst oft thut pflegen,
Das Deckbett schlug er um sich rum,
Darunter er gelegen.   75

Jakob erwacht und blicket hin,
Konrad geht still im Schlaf auf ihn,
Als wollt er ihn verfolgen,
Da springt er auf vor dem Gespenst
Und sucht nach seinem Dolche.   80

Er tappt umher, und auf der Erd
Greift er des Degenfelders Schwerdt,
Thuts gegen ihn erheben:
»Nun steh und sage, wer du bist,
85   Sonst geh ich dir ans Leben.«

Als Konrad noch kein Antwort gab,
Entsetzt sich Gültling sehr darob,
Wehrt sich um Leib und Leben,
Vermeint es wär ein Teufelsspuck,
90   Thät viele Stich ihm geben.

Tödtlich verwundet sinkt zur Erd
Der edle Degenfelder werth,
Indem da thut erwachen
Der Schultheis und das Hausgesind,
95   Niemand wußt von den Sachen.

Ein Lichtlein schlägt er an geschwind,
Der Kammer eilt er zu geschwind,
Junker Jakob thät anfangen;
»Was ist das für ein Teufelsspuck
100   Der mich hat angegangen.«

Das Licht nimmt er in seine Händ,
Und es zur Erde niederwendt,
Als er den Mord gesehen,
Da schrie er Jammer immerfort:
105   »Ach Gott, wie ist mir geschehen!«

Erst wollte er's ganz glauben nicht,
Dem Konrad küßt er das Gesicht,
Der Schultheis schrie mit Bangen:
»Herr Jakob gieb dich mir geschwind.«
110   Herr Jakob ward gefangen.

Bis Morgens früh ein Stund vor Tag,
Dem Ritter man das Urtheil sprach,
Da ward das Thor geschlossen,
Die Fuhrleut, fremde Wandersleut
Hat man hinaus gelassen.　　　　　　　　　　115

Darnach sie wurden zugesperrt,
Viel Bürger mußten wohlbewehrt
Zum Markte eilend kommen,
Die ganze Stadt des Wunder nahm,
Wie sie das hat vernommen.　　　　　　　　　120

Ein schwarzes Tuch ward da bereit,
Und mitten auf den Markt gespreit,
Auch eine Bahr daneben,
Herr Jakob nahm seinen Mantel ab,
Thät ihn seinem Jungen geben,　　　　　　　125

Ein seidnes Tuch war da zur Hand,
Die Augen er sich selbst verband,
Und thät aufs Tuch hinschreiten,
Darauf kniet er mit Heldenmuth,
Stellt beyde Händ in die Seiten.　　　　　　130

Indem der Meister sein Werk verricht,
Trit ihm der Teufel unters Gesicht,
Das sag ich unverholen,
Wie gern hätt er ihm Leib und Seel
In dieser Stunde gestohlen.　　　　　　　　135

Er aber beständig blieben ist
In dem Vertraun auf Jesum Christ,
Ist ritterlich gestorben,
Die ewge Freud und Seligkeit
Hat er damit erworben.　　　　　　　　　　140

In die Bahr hat man ihn gelegt,
Mit einem schwarzen Tuch bedeckt,
Die ganze Gemeind thät klagen,
Er ward von ehrlichen Leuten da
145   Ganz traurig weggetragen.

Das vierte Gebot.

(Altes Manuscript.)

Im Land zu Frankereiche
Ein alter Konig saß,
Der all sein Land und Reiche
An seinen Sohn da gab.

5   Das war aus Alters Schwäche,
Daß er sich des verwandt,
Der Sohn thät ihm versprechen,
Ich nähre dich zur Hand.

Der Sohn gar bald sich nahme
10   Ein Hausfrau minniglich
Die war dem Vater grame,
Sprach also klägelich:

Der alt Mann thut stets husten,
Bei Tisch, das graut mir sehr,
15   Und nimmt mir Essens Lusten,
Macht mir die Zunge schwer.

Der Sohn thät ihren Willen,
Ließ auch den Vater sein
Da legen in der Stillen
20   Unter die Stiege hinein.

Ein Bett darinnen stunde,
Von Heu und auch von Stroh,
Recht als ein andrer Hunde
Viel Jahre lag er so.

Die Konigin thät sich legen,   25
Gebahr ein Sohne gut,
Der ward ein stolzer Degen,
Und hätt ein frommen Muth.

Als er die Sach erkannte,
Bracht er zu aller Stund   30
Seim Anherrn Speiß und Tranke,
Was er nur finden kunt.

Er bat ihn an eim Tage
Um eine Roßdeck alt,
Daß er nit kalt da lage,   35
Der fromm Jüngling lief bald.

Da er zum Roßstall kame,
Ein Roßdeck, die war gut,
Er von dem Pferd da nahme,
Zerriß sie mit Unmuth.   40

Sein Vater ihn da fraget:
Was ihm die Roßdeck thät:
»Ich bring sie halb, er saget
Deim Vater an sein Bett.

Das Halbtheil ich behalte   45
Für dich, wenn du da ruhst,
Wo deinen Vater alte,
Du jezt versperren thust.«

Traure nicht, traure nicht,
Um dein junges Leben,
Wenn sich dieser niederlegt,
Wird sich jener heben.

(Mündlich.)

Es ritt ein Herr und auch sein Knecht,
Sie ritten miteinander einen Winter weiten Weg.

Sie kamen an einen Feigenbaum,
Lieb Knecht steig, schau dich ume auf dem dürren
Feigenbaum.

5   Es ist, lieb Herr, es ist zu viel,
Mein Kraft ist mir entschwunden, die Aestlein sind auch
dürr.

Lieb Knecht so halt mein Roß am Zaum,
Ich will wohl selber steigen auf den dürren Feigenbaum.

Und da er auf den Baum nauf trat,
10   Die Aestlein waren dürre, er fiel ins grüne Gras.

Lieb Herr, nun liegst du halber tod
Wo soll ich mir nun ausnehmen, mein schwer verdienten
Lohn?

Lieb Knecht, für deinen Lohn und Werth,
Dafür sollst du wohl nehmen mein Rappelbraunes Pferd.

15   Dein Rappelbraun Pferd, das mag ich nit,
Ich weiß mir noch was Anders, das mir lieber lieber ist.

Lieb Knecht, für deinen Lohn und Werth,
Dafür sollst du wohl nehmen mein Silberreiches
Schwerdt.

Dein Silberreiches Schwerdt das mag ich nit,   19
Ich weiß mir noch was Anders, das mir lieber lieber ist.

Lieb Knecht, so nimm mein wunderschönes Weib,
Dazu den jungen Markgraf, der in der Wickelwiege leit.

Lieb Herr, jetzt reit ich, schau um ein Grab,
Daß man euch mit den Schülern zur Kirche eintrag.

Und da sie an die Kirche kamen,   25
Da fiengen alle Glöckelein zu läuten läuten an.

Sie läuten so hübsch, sie läuten so fein,
Sie läuten dem Markgrafen ins Himmels Reich hinein

Ins Paradeis, ins Himmelreich,
Da sitzen die Markgrafen den Engelein zugleich.   30

Der grobe Bruder.   II 272

Kuchlebu, Schifflebu fahren wohl über den Rhein,
Bey einem Markgrafen, da kehren sie ein.

»Guten Morgen, junger Markgraf, guten Morgen,
Wo hast du dein adelich Schwesterlein verborgen?«

Was fragst du nach meinem adelichen Schwesterlein
          klein,   5
Es möchte dir viel zu hübsch und zu adelich seyn.

»Warum möcht es mir viel zu hübsch und zu adelich
          seyn,
Es geht mit einem Kindelein klein.«

Geht es mit einem Kindelein klein,
So soll es auch nicht mehr mein Schwesterlein seyn.   10

Er schickte sogleich Roß und Wagen,
Und ließ sein adelichs Schwesterlein hertragen.

Sie versprach der Kindsmagd ein Paar neue Schuh,
Soll ihrem Kindlein die Sach recht thun.

15 Versprach dem Kutscher ein Paar silberne Sporen,
Er soll auch tapfer in Hof nein fahren.

Und da sie in den Hof nein kamen,
Da sagt der Bruder ihr gleich willkommen:

»Liebes adeliches Schwesterlein mein,
20 Wo hast du dein Kindelein klein?«

Ich hab fürwahr kein Kindelein klein,
Die Leute gehn mit Lügen auf mich ein.

Er nahm sie bey ihrer schneeweisesten Hand,
Und führt sie auf Ulm zu dem Tanz.

25 »Ihr Musikanten macht mir auf einen langen Tanz,
Mein Schwester ist hier im Nägelkranz.«

Der Tanz der währte dritthalbe Stund,
Bis ihr die Milch aus den Brüsten raussprung.

Der Bruder nahm sie bey der schneeweisesten Hand
30 Und führt sie in sein Schlafzimmer alsbald.

Und sprang mit Stiefel und Sporen auf sie,
Daß sie vor grossem Schmerze laut schrie.

Hör auf, hör auf, grober Bruder mein,
Es ist ja genug, das Kind ist nicht dein.

35 Es gehört ja dem König in Engeland zu!
»Ach hättst du es bälder gesaget nur!

Hätt ich fürwahr einen Schwager gehabt,
Ist dir noch zu helfen, mein Schwesterlein sags?«

Warum wird es mir zu helfen seyn,
Man sieht auf Lung und Leber hinein!   40

Es stand nicht länger an als dritthalbe Tag,
Da war der König von England selber da.

»Willkommen, willkommen junger Markgraf mein,
Wo hast du dein adelich Schwesterlein klein?«

Es liegt im kühlen Grab und da liegts,   45
Daß du es nimmermehr hier wiedersiehst.

Was zog der König? Sein glitzeriges Schwerdt,
Und stach es dem jungen Markgrafen durchs Herz.

Er stach es ins Herz, so tief als er kann;
»Sieh an das hast du deiner Schwester gethan.«   50

Er nahm sein Kind froh in den Arm:
»Jezt hast keine Mutter mehr, daß Gott erbarm!«

Die wiedergefundene Königstochter.   II 274

(v. Seckendorfs Musenalmanach f. 1808, S. 29.)

Es hat ein König ein Töchterlein,
Mit Namen hieß es Annelein;
Es saß an einem Rainelein,
Las auf die kleinen Steinelein.

Es kam ein fremder Krämer in's Land,   5
Er wurf ihm dar ein seidnes Band: :,:
Jezt must du mit mir in fremde Land.

Er trugs vor einer Frau Wirthin Haus,
Er gabs für einen Bankert aus:
10 Frau Wirthin, liebe Frau Wirthin mein,
Verdinget mir mein Kindelein.

O ja! o ja! das will ich wohl,
Ich will ihm thun doch also wohl, :,:
Gleich wie ein' Mutter eim Kind thun soll.

15 Und als die Jahrszeit ummen war,
Und es zu seinen Jahren kam:
Es wollt ein Herr ausreiten
Und er wollt ausgahn weiben.

Er ritt vor einer Frau Wirthin Haus
20 Die schöne Magd treit ihm Wein heraus:
Frau Wirthin, liebe Frau Wirthin mein! :,:

Ist das euer Töchterlein?
Oder ist es eures Sohnes Weib?
Daß es so wunderschön mag seyn. :,:

25 Es ist doch nicht mein Töchterlein,
Es ist doch nicht meines Sohnes Weib,
Es ist nur mein armes Südeli,
Es weist meinen Gästen die Stübeli.

Frau Wirthin, liebe Frau Wirthin mein,
30 Erlaubet mir ein Nacht oder drei, :,:
So lang das euer Willen mag seyn!

O ja! o ja! das will ich wol,
Es soll doch euch erlaubet sein, :,:
So lang das euer Willen mag seyn.

35 Er nahm schön Annelein bei der Hand,
Er führt es in eine Schlafkammer lang,

Er führt es vor ein schönes Bett,
Ob es die Nacht bei ihm schlafen wölt.

Der Herr zog aus sein goldiges Schwerdt,
Er leit es zwischen beide Herz'.   40
Das Schwerd soll weder hauen noch schneiden,
Das Annelein soll ein Mägedli bleiben.

Ach Annelein kehr dich umher!
Nun klag mir deinen Kummer schwer!
Klag mir alles was du weist,   45
Was du in deinem Herzen treist.

Sag, wer ist dein Vater? Sag' wer ist deine Mutter?
Der Herr König ist mein Vater, Frau Königin ist
   meine Mutter,
Ich hab einen Bruder heißt Mannigfalt,
Gott weiß wohl wo er umherfahrt.   50

Und ist dein Vater ein König,
Und ist dein Mutter eine Königinn,
Hast du einen Bruder heist Mannigfalt;
Jezt hab ich mein Schwesterlein an meiner Hand.

Und wie es Morgens Tage ward   55
Frau Wirthin vor die Kammer trat:
Steh' auf du schnöde Magd, steh' auf,
Füll deinen Gästen die Häfelein auf!

O nein! laß du schön Annelein in Ruh,
Füll deine Häfelein selber zu, :,:   60
Mein' Schwester Annelein mus 's nimmer mehr thun.

Er saß wol auf sein hohes Pferd,
Und er sein Schwesterlein hinter ihm nahm,
Er nahm schön Annelein beym Gürtelschloß,
Er schwungs wol hinter sich auf sein Roß.   65

Und wie er durch den Hof einrit,
Sein Mutter ihm entgegen schrit:
Bis mir Gott willkommen du Sohne mein,
Und auch dies zarte Fräuelein!

70 Es ist doch nicht mein Fräulein, :,:
Es ist doch nur euer liebes Kind,
Was wir so lang verlohren gehan.

Sie setzen schön Annelein oben an Tisch,
Sie geben ihm gesotten und gebratne Fisch,
75 Sie stecken ihm an einen güldnen Ring:
Jezt bist du wieder mein Königskind!

II 277   Der Staar und das Badwännelein.

[in der Spinnstube eines hessischen Dorfs aufgeschrieben.]

Herr Konrad war ein müder Mann,
Er band sein Roß am Wirthshaus an.

Das Mägdlein sprach, steig ab, steig ab,
Ihre Aeuglein schwankten auf und ab.

5 Ach Jungfer liebste Jungfrau mein,
Schenk mir ein Becher kühlen Wein ein.

Ach Herre, lieber Herre mein!
Ich bring ein Becher kühlen Wein.

Trink ab, trink ab du rother Mund,
10 Trink aus den Becher auf den Grund.

Frau Wirthin, liebe Frau Wirthin mein,
Ist dies fürwahr euer Töchterlein?

Mein Töchterlein ist sie nicht fürwahr,
Sie ist mein Magd für immerdar.

Wollt ihr mir sie leihen auf eine Nacht?   15
So will ich euch geben des Goldes Macht.

Wollt ihr mir geben des Goldes Macht,
Will ich sie euch leihen auf eine Nacht.

Nun richt dem Herrn ein Fußbad an,
Mit Rosmarin und Majoran.   20

Sie ging in Garten und brach das Kraut,
Da sprach der Staar, »o weh du Braut,

In dem Badwännelein ist sie hergetragen,
Darin muß sie ihm die Füße zwagen,

Der Vater starb in Leid und Noth,   25
Die Mutter grämt sich schier zu todt.

O weh du Braut! du Findelkind,
Weißt nicht wo Vater und Mutter sind.«

Da trug sie das Badwännelein,
Wohl in des Herrn Schlafkämmerlein.   30

Sie fühlt hinein, obs nit zu warm,
Und weint dazu, das Gott erbarm!

Ach meine Braut was weinst du dann?
Bin ich dir nicht gut für einen Mann.

Du bist mir gut für einen Mann,   35
Ich wein über, was der Staar mir sang.

Ich war im Garten und brach das Kraut,
Da sang der Staar: o weh du Braut!

In dem Badwännelein ist sie hergetragen,
40 Darin muß sie ihm die Füße zwagen.

Der Vater starb in Leid und Noth,
Die Mutter grämt sich schier zu todt.

O weh du Braut, du Findelkind,
Weißt nicht, wo Vater und Mutter sind.

45 Da sah der Herr das Badwännelein an,
Da war das burgundische Wappen dran.

Das ist meines Herrn Vaters Schild allein,
Wie kommt dies Wännlein ins Wirthshaus herein?

Da sang der Vogel am Fensterladen:
50 »In dem Badwännelein ist sie hergetragen

O weh du Braut, du Findelkind!
Weist nicht, wo Vater und Mutter sind.«

Herr Konrad sah an ihren Hals,
Da hatte sie ein Muttermahl.

55 Grüß Gott, grüß Gott mein Schwesterlein.
Dein Vater ist König an dem Rhein.

Christina heißt deine Mutter,
Konrad dein Zwillingsbruder.

Da knieten sie nieder auf ihre Knie,
60 Und dankten Gott bis morgens früh.

Daß er sie hielt von Sünden rein,
Durch den Staar und das Badwännelein.

Und als zu morgen kräht der Hahn,
Frau Wirthin fängt zu rufen an.

Steh auf, steh auf du junge Braut,   65
Kehr deiner Frau die Stube aus.

Sie ist fürwahr keine junge Braut,
Sie kehrt der Wirthin die Stube nicht aus.

Herein Frau Wirthin nur herein,
Nun bringt uns einen Morgenwein.   70

Und als die Wirthin zur Stube eintrat,
Herr Konrad sie gefraget hat:

Woher habt ihr das Jungfräulein?
Sie ist eines Königs Töchterlein.

Die Wirthin ward bleich als die Wand,   75
Der Staar verrieth da ihre Schand.

In einem Lustgarten im grünen Gras
Das Kind in dem Badwännelein saß.

Da hat die bös' Zigeunerin
Gestohlen das zarte Kindelein.   80

Herr Konrad war so gar entrüst,
Sein Schwerdt er durch ihre Ohrlein spießt.

Er bat sein Schwesterlein um einen Kuß,
Ihr Mündelein reicht sie ihm mit Lust.

Er führt sie bey der schneeweißen Hand   85
Und hob sie auf den Sattel bald.

Das Wännelein trug sie auf dem Schooß,
Da ritt er vor der Frau Mutter Schloß.

Und als er in das Thor eintritt,
Die Mutter ihm entgegen schritt.   90

Ach Sohne, lieber Sohne mein,
Was bringst du für eine Braut herein.

Sie führt das Wännelein ja zur Hand,
Als ob sie mit einem Kinde gang.

95   Es ist fürwahr keine junge Braut.
Es ist euer Tochter Gertraut

Und als sie von dem Sattel sprang,
Die Mutter in ein Ohnmacht sank.

Und als sie wieder zu Sinnen kam
100 Ihr Tochter sie in die Arme nahm.

Laß sie sichs eine Freude sein,
Ich bin Gertraut ihr Töchterlein.

Heut sind es fürwahr 18 Jahr,
Daß ich der Frau Mutter gestohlen war.

105 Und ward getragen übern Rhein
In diesem kleinen Badwännelein.

Und als sie sprach, da kam der Staar,
Und sang die Sach ganz offenbar.

Und sang: »O weh mein Ohr thut weh,
110 Ich will keine Kinder stehlen mehr.« –

»Ach Goldschmidt lieber Goldschmidt mein,
Nun schmiede mir ein Gitterlein.

Schmied mirs wohl vor das Badwännlein,
Das soll des Staaren Wohnung seyn.«

Die Entführung.

[v. Seckendorfs Musenalmanach auf 1808. S. 16.]

Ich bin durch Frauen Willen
Geritten in fremde Land,
Mich hat ein edler Ritter
Zu Boten hergesandt.
Der entbeut euch sein viel werthen Gruß,   5
Nun entbiet't ihm was ihr wöllet,
Von euch, so hat er Freuden g'nug.

Was soll ich ihm entbieten?
Redt als das Mägdlein rein,
Säh ich den Held mit Augen,   10
Das erfreuet das Herze mein.
Und siehst du dort die Linden,
Wohl vor der Burge stahn,
Da heiß dann deinen Herren
Des Abends spät darunter gahn.   15
Da will ich mit ihm kosen,
Und sagen meinen Muth;
Ich bin vor großen Sorgen
Sicher wol behut't.

Da der edel Ritter   20
Da unter die Linden kam,
Was fand er unter der Linden?
Ein Mägdlein die war wolgethan.
Ab zog er den Mantel sein,
Er warf ihn in das Gras.   25
Da lagen die zwey die lange Nacht,
Bis an den lichten Tag.
Er halst, er küßt, er drücket,
Sie lieblich an sein Leib;
Du bist auf meine Treue,   30
Das allerliebste Weib.

Nun ist dir dein Will an mir zergangen,
Redt als das Mägdlein rein,
So thust du wol dem gleiche,
35   Sam du mir treu wollst sein.
Und kehrst mir bald den Rücken
Und reist dahin von mir.
So thu ich als ein kleines Kind,
Und wein, ach edler Herr! nach dir.

40   So verbiet ich euren Augen
Ihr wunder schönes Weib!
Daß sie nach mir nicht weinen,
Ich komm her wieder in kurzer Zeit.
Und siehst du dort mein Rößlein
45   Nach dem Zügel schlagen,
Das soll uns, mein allerliebstes Lieb!
Aus größten Nöthen tragen.

Da hub sich in der Burge,
Wol wunder großer Schall,
50   Der Wächter an der Zinne,
Der sang: die Burg ist aufgethan!
Hat jemand hier verloren,
Der soll sein nehmen wahr.
Da sprach der Edel von Kerenstein:
55   Ich hab mein' schöne Tochter verloren,
Darum so hast du Wächter genommen das rote Gold,
Darum so must du leiden den bittern Tod.

Nun weiß es Christ vom Himmel wol
Daß ich unschuldig bin,
60   Und ist mein schön Jungfraue,
Mit einem andern dahin,
Das war ihr beider Wille,
Sie waren einander lieb.
Der Wächter an der Zinne,
65   Der sang so wol ein Tagelied.

[Mitgetheilt von H. v. Wessenberg in Constanz.]

Weiß mir e Herr, hätt siebe Süh
Und nune einzig Töchterli.
Der Herre stellt e Gastmal a,
Er ladt viel fremdi Herre dra.
Er ladt viel fremdi Herre ni,   5
De König us Mailand au darbi.
Di Tochter hät e Haar, ist gelber weder Gold,
Darum wird ihre der König us Mailand hold,
Das Mägdli wölt ge schlafe go,
Tritt ihr der König us Mailand no,   10
Und doner hot sie Wille getho,
Sizt er ufs Ross, und ritt darvo.
In vierzig Woche will er wider ko.
Die vierzig Woche sind umme,
Der König ist nie kumme.   15
Dem Mägdli wurds im Siteli weh
Zu einem kleine Kindele.
»Ach! Bruder! liebe Bruder mi!
Erlaub du mir di Kämmerli!
Erlaub mir di Schlofgade,   20
Klei Kindli mueni habe!« –
»»Ach Schwester, liebi Schwester mi!
Schlafkämmerli soll di eige sy;
Ih will dir ge' viel Gut und Geld
Bring du di Kindli recht uf d' Welt.««   25
»Ach Bruder liebe Bruder mi!
Und hätti numme ne Wiber dry!« –
»»Ach Schwester liebi Schwester mi,
D' Wiber müend gli vorhande sy.«« –
Und do das Kind gebohre war,   30
Die eine zu der andere sprach:
»Das Kind ist hübsch und minniglich

Es sieht dem König us Mailand glich.«
Die Mutter an de Wände
35 Erloset de Reden en Ende.
Sprung dür die Stege uf und ab,
Bis daß sie zus Mägdlis Vater kam.
»Hänt aister gesproche eui Tochter sey fromm,
Izt hätt sie gebohre en junge Sohn.
40 Und wär' die Tochter eu wie mi,
Die Red' muß uns verschwiege sy;
Das Kind ist wüest und grüsiglich
Es sieht em leidige Teufel glich.« –
Der Vater fiel in e grosse Zorn,
45 Er sprung wohl uf die Mure
Ruft alle sine Nachbure:
»Nachbure, liebi Nachbure mi,
Müend mir e Galge mure;
Dra mue mi Tochter verfuhle.
50 Ih will sie lasse hänke,
Ihr' junge Soh vertränke.« –
Der Bruder an de Wände
Erloset de Reden en Ende.
Erloset von Anfang bis zum End
55 Bis ihm sini Aeugli Wasser gend.
»»Ach! Schwester! Liebi Schwester mi,
Mir händ e zornigs Väterli;
Er will di lasse hänke,
Din junge Soh vertränke.«« –
60 Es Mägdli sezt sie uf im Bett
Es heischt Dinte und Federe her,
Es thut e Briefli schreibe
Sim Herre in Mailand ine.
»Ach! Bruder, liebe Bruder mi
65 Hätt ih e kleines Böthemli,
Müeßt mir es Briefli trage
Mim Herre in Mailand sage.« –

»»Lieb Schwester, liebi Schwester mi,
Das Böthemli will ih selber sy,
Will dir das Briefli trage,   70
Dim Herre in Mailand sage.«« –
Doner is Mailand ine kam
Er so zu selbigem Diener sprach:
»Ach Diener, liebe Diener mi
Möcht euer Herr dahaime sy?« –   75
»»O nei! min Herr ist nit dahai,
Min Herr der ist geritten us
Umme zarts Jungfräuli us.«« –
Der Both der kehrt sie nit dara,
Bis er zum Herr in d' Stube tratt, –   80
Was zog er us sim Buse? –
»Sieh hi! sieh hi! min Herre mi,
Darinn kannst sehe, wer ih bi.« –
Ehb er das Briefli ganz lese kann
Die Thräner ihm in d' Schoos aberann.   85
»Stehnt uf! stehnt uf ihr Ritter uf
Wir müend an Rhinstrom ritten us;
Umme zartes Jungfräuli us,
Und du min liebe Diener mi
Gang sattle mir mi Pferdeli,   90
Und sattle mir das beste Pferd,
Das unter vierthalb hundert wär.« –
Und dones war am Frytig früh
Sie führet das Mägdli us so früh.
Frumm Mägdli wend sie hänke,   95
Sin junge Soh vertränke. –
Und dones uf die Laiter kam
Und es de Nachrichter treuli bath:
»Nachrichter, liebe Nachrichter mi –
O wart du nune kleine Wil,   100
Ih ghör e scharfe Reitery,
Ih hoffs es möcht ein drunter sy,

Möcht meines Kindlis Vater sy.« –
Der Nachrichter ist en barmherzige Ma,
105   Er warte vierthalb Stunden ab,
Er wartet vierthalb Stund
Bis daß die Schaar vo Ritter kumt.
Er wünschet allen e gute Tag,
Dazu nen gute Morge.
110   »Wen wender so früh versorge? –
In unserm Land ists nit der Bruch
Daß mas Wibervolk thut henken uf.«
Was zog er us sim Buse? –
Voll Wunder! – Ein schönes Thücheli.
115   »Sieh hi! sieh hie! Brun Maidli mi!
Wickle du di kleis Kindli dri!« –
Was zieht er us si'r Scheide? –
Voll Wunder! – Ein schönglänziges Schwerdt,
Er stach sin Schwägerin uf die Erd.
120   »Wenn ih den Adel nit niesse möcht,
So stäch ih min Schwäher wohl uf die Erd.
Ach! Anni – magsts ritten erlide? –
Magst zu mir uf mi Pferd stige? –
Du mußt nu ritte ne halbi Stund
125   Bis daß die Gutsche gegen us kunt!«
»»Worum wött is Ritte nit besser erlide,
Als uf de hohe Galgen uf stige!«« – –
Es stoht nit me als e halb Johr a,
Der König stellt e Gastmahl a. –
130   »Ach: Anneli, liebs Anneli mi
Wönmer lode die Väterli au dri?« –
»»O Nei! O Nei! Min Herr o nei!
Wönd lade mi Väterli nit drei!«« –
»Es fliegt e Vögeli nit so hoch
135   Es lot sie wieder nieder.
Wenn scho die Väterli zornig ist,
Der Zorn, der let sie wieder.«

Graf Friedrich.

[Fliegendes Blat aus der Schweiz.]

Graf Friedrich thät ausreiten
Mit seinen Edelleuten,
Wollt' holen seine liebe Braut,
Die ihm zur Ehe war vertraut.

Als er mit seinem hellen Hauf   5
Ritt einen hohen Berg hinauf
An einem kleinen Weg,
Kam er auf einen schmalen Steg.

In dem Gedräng dem Grafen werth
Schoß aus der Scheid ein scharfes Schwerdt,   10
Verwundet ihm sein liebe Braut
Mit grosem Schmerz sein's Herzens traut.

Also zog er bald sein Hemmed weiß
Druket 's ihr in die Wunden mit Fleiß,
Das Hemmed war mit Blut so roth,   15
Als ob mans draus gewaschen hätt'.

Er gab ihr gar sehr freundlich Wort',
Man hat nie größer Klag gehört,
Die von eim Manne kommen schon,
Als von dem Grafen wolgethan.   20

Graf Friedrich edler Herre,
Ich bitt' euch gar sehre,
Sprecht ihr zu eurem Hofgesind,
Daß sie nicht reiten so geschwind!

Graf Friedrich ruft seinen Herren: 25
Ihr sollt nicht reiten so sehre!
Meine liebe Braut ist mir verwundt,
O reicher Gott, mach sie mir gesund!

Graf Friedrich zu seinem Hof einrit
30   Sein Mutter ihm entgegen schrit:
Bis Gott willkomm du Sohne mein,
Und All' die mit dir kommen sein!

Wie ist dein liebe Braut so bleich,
Als ob sie ein Kindlein hab gezeugt;
35   Wie ist sie also inniglich,
Als ob sie ein's Kindleins schwanger sei!

Ei schweig mein Mütterlein stille,
Und thu's um meinet wille!
Sie ist Kindshalben nicht ungesund
40   Sie ist bis auf den Tod verwundt.

Da es nun war die rechte Zeit,
Ein köstlich Wirtschaft war bereit,
Mit aller Sach' versehen wol,
Wie eins Fürsten Hochzeit seyn soll.

45   Man sezt die Braut zum Tische,
Man gab ihr Wildpret und Fische,
Man schenkt ihr ein den besten Wein,
Die Braut die mocht nicht frölich seyn.

Sie mocht weder trinken noch essen,
50   Ihr's Unmuths konnt sie nicht vergessen,
Sie sprach: Ich wollt es wär die Zeit,
Daß mir das Bettlein würd bereit't.

Das höret die übel Schwieger,
Sie redt gar bald hin wieder:
55   Hab ich das mein Tag nie gehört,
Das eine Braut zu Bett begehrt.

Ei schweig mein Mütterlein stille!
Hab daran kein'n Unwillen!

Sie redt es nicht aus falschem Grund,
Sie ist todtkrank zu dieser Stund.   60

Man leuchtet der Braut zu Bette
Vor Unmuth sie nichts red'te,
Mit brennenden Kerzen und Fakeln gut,
Sie war traurig und ungemuth.

Man leuchtet der Gräfin schlafen   65
Mit Rittern und mit Grafen,
Mit Rittern und mit Reitern,
Mit lauter Edelleuten.

Graf Friedrich edler Herre
So bitt ich euch so sehre: 70
Ihr wollt thun nach dem Willen mein,
Laßt mich die Nacht ein Jungfrau sein!

O allerliebste Gemahle mein!
Der Bitt' sollt du gewähret sein.
Mein Schaz! mein Trost, mein schönes Lieb, 75
Ob deinem Schmerzen ich mich betrüb.

Du herzigs Lieb! mein höchster Hort,
Ich bitt dich: hör mich nur ein Wort!
Hab ich dich tödlich wund erkennt,
Verzeih mir das vor deinem End!   80

Ach allerliebster Gemal und Herr!
Bekümmert euch doch nicht so sehr!
Es ist euch alles verziehen schon,
Nichts Arges habt ihr mir gethan.

Sie kehrt sich gegen die Wände,   85
Und nahm ein seeligs Ende,
In Gott endt sie ihr Leben fein,
Und blieb ein Jungfrau, keusch und rein.

Zu Morgens wollt sie haben
90   Ihr Vater reichlich begabet,
Da war sie schon verschieden
In Gottes Nahmen und Frieden.

Ihr Vater fragt all' Umstände,
Wie sie genommen hätt' ein Ende?
95   Graf Friedrich sprach: Ich armer Mann
Bin, Gott sei's klagt! selbst schuldig dran.

Der Braut Vater sprach in Unmuth:
Hast du verderbet ihr junges Blut,
So must du auch darum aufgeben
100   Durch meine Hand dein junges Leben.

Indem so zog er aus sein Schwerdt,
Er stach den edlen Grafen werth,
Mit großen Schmerzen durch seinen Leib,
Daß er tod auf der Erden bleib.

105   Man band ihn an ein hohes Roß,
Man schleift ihn durch das tiefe Moos,
Darin man seinen Leib begrub;
Kürzlich zu blühen er anhub.

Es stund an bis den dritten Tag,
110   Da wuchsen drei Lilien auf seinem Grab,
Darauf da stund geschrieben:
Er wär bei Gott geblieben.

Ein Stimm vom Himmel kam herab,
Man sollt ihn nehmen aus dem Grab!
115   Der schuldig war an seinem Tod,
Der muß darum leiden ewig Noth.

Man grub ihn wieder aus dem Moos,
Man führt ihn auf sein bestes Schloß,

Zu seiner Braut man ihn begrub,
Sein liebliche Farb sich erhub.   120

Er war bei dreien Tagen schon todt,
Noch blühte er als ein' Rose roth
Unter seinem Angesicht fürwahr,
Sein ganzer Leib war weis und klar.

Ein groß Wunder auch da geschah,   125
Das mancher Mensch glaubhaftig sah:
Sein Lieb er mit Armen umfing,
Ein Red aus seinem Munde ging.

Und sprach: Gott sei gebenedeit!
Der geb uns heut die ewig' Freud!   130
Seit ich bei meinem Bulen bin,
Fahr ich mit leichtem Muth dahin.

Graf Friedrich.   II 294

(Mitgetheilt von H. von Wessenberg.)
(In einer Abschrift dieses Liedes, das uns in mehreren Dialekten
doch nie so vollständig wie hier zugekommen, wirft der Sohn
der Mutter nachher vor: Ach Mutter, du must mein Ehr nicht
abschneiden, du hast mirs fürwahr schon dreymal so gemacht,
wann ich aufs Weiben ausgeh. Auch ersticht er sich darin selbst.)

Grof Friederich wötti*) wibe,
Si Mutterli wär nit z'friede.
Thut ihm de Dege fege
Mit lauter Gift und Schwebel.
Graf Friederich wött usrite   5
Mit vielen Edellüte,
Wött hole sei liebi Braut

*) wollte.

Wonihm zur Eh' wär vertraut. –
Er wurd gedrungen e' böse Weg.
10 Do schießt us der Scheid si' glänzig Schwerdt,
Siner liebe Braut in rechte Fuß.
»Izt weiß ih daß sie sterbe muß!« –
Bald zug er aus si Hemdli weiß
Er drukt es in die Wunde mit Fleiß.
15 Das Hemdli war vom Blut so roth
Als ob mes drinn gewasche hätt.
Und doner in de' Hof nei ritt
Si Mutter ihm entgege schritt; –
»Bis mir Gottwillche Sohn dahai!
20 Mit deinem bleiche Bräuteley!
Wie ist doch deine Braut so bleicht
Als ob siene Kindli hätt gesäugt,
Wie sieht sie nit so höniglich
Als ob sie gar scho schwanger ist.«
25 »»Nu stille mi Mutterli stille! –
Sie red't's nit us Uwille! –
Sie ist Kindshalbe nit ugsund,
Sie ist bis auf de Tod verwundt.«« –
Sie führet die Braut zum Tisch,
30 Bringet ihr viel Brät und Fisch,
Sie schenket ihr i vom beste Wi,
Das Bräutli möcht nit lustig sy;
Möcht weder trinke noch esse,
Ihres Unmuths nit vergesse.
35 Sie sprach, sie wöll's zuner andern Zeit.
Als ihrene Bettli wär bereit.
Sie führet die Braut zu Bettli,
Vor Unmuth sie nit redti.
Mit Lichter und mit Leuchter
40 Mit lauter Edelleute.
Sie führet die Braut ge schlofe
Mit Reuter und mit Grofe;

Mit brennede Kirze und Fakle gut,
Die Braut ist krank, ist übel zu muth.
»Gemahli lieb Gemahli und Schatz,   45
Ih bitt eu um en einziges Gsatz,
Hab ih eu tödtli verwunde könnt,
Verzeihet mer das vor eurem End!«
»»Gemahl, lieber Gemahl und Herr!
Bekümmeret eu do nit so sehr,   50
Es ist eu alles verziehe scho,
Nix Arges habet ihr mir getho.
Gemahl lieber Gemahl lond mi
Heut Nächte none Jungfrau sy.
Und diese Nacht alleini   55
Und fürderhi me keini! –
So lang mir Gott wills Lebe lo',
Für dos bin ih eu untertho. –««
— — — — —
— — — — — —*)   60
Sie kehrt si' gegen d' Wände,
Izt fallt sie schon ins Ende.
In Gott hätt sie ihrs Lebe frey.
Ist bliebe au e Jungfrau rei'.
Und wurd am Morge begrabe.   65
Ihr Vater wött sie begabe,
Hätt gmeint er käm zu einer Hochzeit
Izt kommt er zu einer Todenleich.
Der Vater erfraget alli Umständ,
Wie sie hai gnommen e seligs End.   70
Grof Friedrich sprach: »Ih armer Ma,
Vor Gott ist Klage, bi schuldig dara!«
Der Vater sprach in wilder Wuth:
»Hast du verursacht ihr unschuldigs Blut,
So mußt du au darum aufgebe   75
Durch mei Hand dei jugendlich Lebe.«

---

*) Die Sängerin, ein 76jähriges Bauernweib, wußte sich hier einiger
Reimpaare nicht zu erinnern.

Er zog wohl us sei glänziges Schwerdt
Und stichts dem adeliche Grofe durs Herz,
Mit grosser Gwalt dur seinen Leib,
80   Bis daß er tod auf der Erde leit.
Sie vergrabet d Braut uf das veste Schloß,
Grof Friedrich in e tiefes Moos.
Dahin man seinen Leib vergrub,
Allda es kürzlich zu blühen erhub.
85   Und dones wär am dritte Tag
So wachset drey Lilie uf sim Grab.
Darinne stund geschriebe,
Bey Gott sey er gebliebe.
Sie nemmet Grof Friedrich us dem Moos,
90   Sie führet ihn uf sei vestes Schloß,
Zu seiner Braut man ihn vergrub,
Und kürzlich zu blühe das erhub,
Er ist de dritte Tag scho todt,
Er blühet wie'ne Rose roth,
95   Ein grosses Wunder au geschah,
Das menger Mensch glaubhaftig sah.
Mit weissen Armen er sie umfieng,
Ein Red' us seinem Munde gieng:
»Ih danke eu ihr liebe Leut,
100   Daß ihr mi zu meim Schaz geleit;
Weil ih by meiner Buhle by
Fahr ih us dieser Welt dahi,
Mit leichter und mit ringer Gemüth
Laß ih dahinde mein uschuldig Geblüt,
105   Ih fahr us dieser Welt dahi
Us aller Noth erlediget bi.« –

Der Färber.*)

(Mitgetheilt von H. v. Wessenberg.)

Kummet her! kummet her ihr jungi Leut',
Und still und stille 'ne kleini Zeit,
Und höret was will i eu singe! –
Was dieß Johr sich begebe hat
Zu Miltau in der werthe Stadt,   5
So gar viel traurige Dinge.
Ein kunstreicher Mahler in dieser Stadt
Mit seiner Frauen erzoge hat
Ei' Tochter und die ist schö' bestellt,
Und sie ist billig zu lobe,   10
Es lobet sie nu jederma,
Ma' bhalt sie sehr in Ehre,
Sie schicket sie in d' Schul und Lehre,
Ka' schriben und lese nach Begehre,
Man brucht sie nit lang zu weise.   15
Jeztunter e' braune Färber kam,
Thät sie zur Eh' begehre.
Der Mahler sprach: »Es hat no' Zeit,
Noch all' e Jahre zwey oder drey;
Sie muß no' länger warte.« –   20
Die Mutter sprach: »Schämt ihr üch nit,
Weil sie noch jung und närrisch ist.« –
Sie thät der Sache wehre.
Es wur' ihm rund abg'schlage.
Das thut ihr i' dem Herze so weh,   25

---

*) Der Dialekt, in der diese Romanzen gesungen wurden, ist nicht
ganz die ländliche Volkssprache – des hauensteinischen
Schwarzwalds; sondern es ist die Volkssprache, die das Hochdeutsche
zu sprechen affektirt.
Die Melodie – nach welcher diese Romanzen gesungen wurden, war
mehr rhytmische Deklamation, als Melodie. Ein Linienpaar war der
Satz des Rhytmus wovon die erste Linie die Kadenz, die zweite das
Finale machte.

Die Antwort sie verdrosse,
Weil sie so heimli hätt' die Eh'
Dem Färber scho versproche.
Er geit ihr au' en ehlige Pfand,
30   E' schö' Goldstück wohl uf die Hand.
Dabey hät sie versproche,
Sie wöll no warte drey, vier Johr,
Bis das er wieder käm gelofe.
Dabey soll es nu bleibe.
35   »Ade! mei Kind! izt mu'ni fort,
Mei Herz ist voller Leide.
Sie heißt ihn i Gottsname bald,
Durch Berg und Thal und Wasser und Land
Zu ihre wieder kumme.
40   Er goht nach seines Vaters Haus,
Den Abschied thut er nemme.
Der Vater geit ihms Gleit hinaus
Wie wackere Handwerksg'selle.
Und do der Färber wär eweg,
45   Wär' niene meh vorhande,
Thut sich e' reiche Wittma dar,
Viel Gut hät er beysamme.
Die Tochter sprach: »O Elteren i bitt,
Mir kommet nit zusamme.
50   Will lieber bleibe ganz alley,
Kei Wittma' mag ih nit nemme.« –
Der Vater sprach: »Du mußt en ha,
Ih thu di nit lang frage.«
Er ließ sie au zusamme bald,
55   Die Tochter mit dem alte Ma,
Zu ihrem gröste Schade.
Sie wurde krank wohl a der Stätt,
Ma muß sie legen i das Bett,
Empfindt sie Weh und Schmerze.
60   Sie war so voller Kümmerniß,
Und durft's au Niemed klage,

Wenn sie sonoft as Goldstück denkt,
Wonihre der Färber hätt gebe.
Sie wurdi krank und kränker je,
Thät nimmer uferstehe. –   65
Zu Preuß dort in der Rosen, am Tag,
Bey der Nacht hätt er sie g'sehn.
Er hört sie klägeli weine.
Er sieht sie ineme weise Kleid,
»Das ist mi Brut, ihr helle Schei   70
Was ist ihr doch geschehe?!«
Und dones morndriges Tages war,
Er ließ si setze uf die Post,
Thut nacher Moldau jage.
Allein er kommt ja viel zu spat,   75
Si Braut ist scho vergrabe. –
Er goht wohl uf de Kilihof,
Nimmt Haue und Spad so viel er mag,
Er thut si nit lang weile,
Er grabt die Todebahr heraus,   80
Die Tode thut si richten auf,
Sie stellt sie uf die Erde,
»Ach Gott! ach Gott! warum bin i do!
Wer thut mi izt erquäle?!« –
Der Färber sprach: »Kennt ihr mi nit,   85
Der eu das Goldstück hätt gebe,
Wienihr mir händ so treuiglich,
Wienihr mir händ versproche,
Ihr wöllet no warte dry vier Johr,
Bis daß ih wieder käm geloffe.« –   90
Er nimmt sie by der wise Hand,
Thut sie nach Hause führe,
Zunihrem erste Bräutigam,
Wienes si thut gebühre.
Er klopfet a der Thüre a   95
Mit ungehöfligem Herze,
Der Junge hätt ihm aufgethan,

In d'Stube thät er sie führe.
Er wünscht dem Hochzeiter e guti Zeit
100   Mit ungehöflichem Herze:
»Do bring i eueri Liebi hai
Wohl us der kühligen Erde.« –
Der Hochzeiter verschrikt, fallt in Ohmacht,
Und stirbt au no i der selbige Nacht
105   Empfindet sie Weh und Schmerze.
Izt wartet sie none halbes Jahr,
So liesset si das neue Paar
Druf no der Kilche führe.
Und das ist ein seltami Eh
110   Wo diese drey Persone,
Desgleiche nie geschehe wär,
Noch niemal wär vernomme.

II 302   Des edlen Helden Thedel Unverfehrden
von Walmoden Thaten.

I. Die Taufe.

(Nach den Reimen von Georg Thym. Wolfenbüttel 1563.)

Es hat gewohnt ein Edelmann,
Des Tugend kannte jedermann
Nicht ferne vom Braunschweigschen Land,
Aschen von Walmoden genannt.
5   Gott segnete des Aschen Weib
Im heilgen Stand mit fruchtbarem Leib,
Sie hat ein Söhnlein ihm geboren,
Der war zu Grossem auserkoren.
Die Aeltern sein aus Griechenland
10   Theodulus ihn han genannt,
Verkürzt man aber Thedel spricht,
Von Gott ein Knecht, keins andern nicht.

Zur Schule ward er früh gesandt,
Die Sprachen lernt aus allem Land,
In fremde Land ging nach Paris,   15
Damit er ward der Kunst gewiß.
Da Thedel war so lange Zeit
In fremdem Land gewesen weit,
Kam endlich wieder heim nach Hauß,
Der Vater gab nen grossen Schmaus.   20
Da ward getauft sein Schwesterlein,
Er muß dabey Taufzeuge seyn.
Er konnt Latein, verstand so drat,
Die Tauf, die Christus setzen that.
Die Worte, die der Priester las,   25
Aus seinem Herzen nicht vergas,
Und als die Mahlzeit war geschehen,
Ließ er den Pfarrherrn zu sich gehen,
Er sprach: »Mir ist gezeiget an,
Daß ihr mich auch getaufet han,   30
Habt ihr da auch die Wort gelesen,
Die bey der Schwester Tauf gewesen?« –
»Ich sage euch bey Jesu Christ
Der unsrer aller Mittler ist,
Bey euch sind keine andre Wort   35
Gebraucht als heut an diesem Ort,
So wird euch Gott vom Himmels Thron
Beystand geben durch seinen Sohn!«
»Ehrwürdger Herr, bin ich also
Getauft, so bin ich herzlich froh,   40
Seit ich das bin von euch bericht,
Ich fürchte mich vor keinem nicht,
In Kampf und Streit in Gottes Namen,
Ich schlag den Teufel selbst zusammen.«
Den Teufel das gar sehr verdroß,   45
Daß Thedels Glauben war so groß.

II. Das schwarze Pferd.

Des Junker Thedels fromme Eltern
Entschlafen sind in Gott dem Herren,
Sie liessen ihm Lotter das Haus,
50 Unter dem Barenberg siehts heraus.
Von ungefähr ging er einmal
Mit seinem Schreiber in das Thal,
Zur wilden Hayd, genant die Haard,
Da man viel Wildes wird gewahr,
55 Sie wollten Hasen, Füchse fangen,
Von Reutern bald die Felder klangen.
Der Thedel sah da viel Bekannte,
All gute Freund vom Vaterlande,
All die gestorben lange Zeit,
60 Er war von ihnen nicht sehr weit.
Vor ihnen reitet schwarz ein Mann,
Mit einer grossen schwarzen Fahn,
Auf einem feinen schwarzen Pferd,
Das trabt daher seltsam Geberd.
65 Herr Thedel war ganz unerschrocken,
Die Springschnur gab und auch die Klocken
Dem Schreiber sein, zu dem er sprach:
»Stell du die Garn all fein gemach,
Der Reiter will ich nehmen wahr,
70 Ein Wunder ich vielleicht erfahr.«
Im Hinterhalt er droben sah,
Fünf Reiter, kam ein Reiter nach,
Derselbe saß bey seiner Reis,
Auf einer schwarz dreybeingen Geis,
75 Derselbe sprach: »Gevatter mein,
Was sucht und macht ihr hier allein,
Habt ihr nicht Lust und Lieb darin:
So zieht zum heilgen Grabe hin
Auf meiner schwarz dreibeingen Geis,
80 Sitzt hinter mir auf dieser Reis,

Verdienet euch das schwarze Pferd,
Das jezt der schwarze Mann herkehrt,
Doch müßt ihr auf dem Weg nicht sprechen,
Das würde gleich den Hals euch brechen.
Und seyd ihr dann am heilgen Grab,   85
So steiget nach Gefallen ab,
Wenns euch gefällt, mögt ihr ein Schild
Da hängen lassen und ein Bild:
Ihr könnt da thun nach eurer Macht
Und bleiben bis zur andern Nacht.   90
Wenn aber dann zum drittenmal
Wir umgezogen überall,
Dann dürfet ihr euch nicht verweilen,
Und müßt zur Stunde mit mir eilen,
Sonst möget ihr zu eurem Frommen   95
Zusehn, wie ihr nach Haus mögt kommen.«
Bald sprach der Thedel unverfehrt:
»Die christliche Taufe sey verehrt,
Ich bin von aller Teufels List
Erkauft durch meinen Jesu Christ,   100
Willst du mich hier zurücke bringen,
So thu ich um das Pferd schon ringen.«
Bald auf die Ziege sprang der Held,
Und macht sich unverzagt ins Feld,
Und da sie sind ans Meer gekommen,   105
Den Teufel hieß es gleich willkommen!
Der Teufel sprach zum Unverfehrden:
»Nun soll es gar nicht lange werden,
Laßt euer Rütteln, sitzet still,
Ich über die Pfütze springen will.«   110
Nun kamen sie zum heilgen Grab,
Sie stiegen von der Geiße ab.
Der Teufel blieb für sich allein,
Herr Thedel ging in Jerusalem ein,
Da ließ er zum Gedächtniß sein   115
Sich mahlen dort ein Schild so fein,

Was ich allda noch hab gesehen,
Hoch in der Kirche thut es stehen.
All seine Wunder beichtet gern,
120   Geht auch zum Nachtmal unsres Herrn,
Und dann besah er alles mein ich,
Ward auch gewahr den Herzog Heinrich,
Der damals mit dem Löwen sein,
Und einem Grus im Dom erscheint:
125   »Wie geht es unserm lieben Gemahl
Mit unsern Kindern auf dem Saal?«
Der Unverfehrt war da bekannt,
»Es steht noch wohl im ganzen Land,
Doch sagt man, daß ihr seyd ertrunken,
130   Mit Rittern und mit Gut versunken,
Die Herzogin will sich vermählen,
Den Pfalzgraf thut sie sich erwählen.«
Darob erschrak der Herzog sehr,
Und bat sogleich den Unverfehrt,
135   Zur Mahlzeit sollt er zu ihm kommen,
Und Briefe würd er da bekommen.
Darauf gab Thedel sein Bericht:
»Mein gnädger Herr sehr weise spricht,
Kanns eurer Gnaden nicht abschlagen,
140   Denn ich hab einen leeren Magen,
Mir sind die Wirth auch unbekannt,
Auch hab ich nicht viel Geld, noch Pfand.«
Als nun der Fürst zur Herberg kam,
Der Marschall sprach: »In Gottes Nam
145   Herr Wirth laßt decken, gebt zu Essen,
Vom besten Wein laßt uns einmessen,
Mein Herr hat Botschaft überkommen,
Die hat ihm alle Sorg benommen.«
Dem Unverfehrt sie gaben all
150   Den Handschlag recht mit lautem Schall,
Er must erzählen gar mit Fleiß,
Sie hörtens an mit froher Weis,

Sie fragten alle nach seinem Pferd,
Er that, als ob ers nicht gehört.
Als nun die Mahlzeit ging zu Ende,   155
Der Kanzler kam, die Brief in Händen,
Ein Jeder bracht sein Briefelein,
Das eine groß, das andre klein.
Wegfertig war Herr Thedel schon,
Nahm Abschied ging dann in den Dom.   160
Als nun die Mitternacht heran,
Da kam der Teufel klopfet an
Und fragt: Was machst du an dem Ort?
Herr Thedel schweigt und sagt kein Wort.
Der Teufel klopft zum drittenmahl,   165
Da betet er recht laut einmal.
Der Teufel schrie mit lauter Stimm:
»Du wachest noch, umsonst mein Grimm:
Dein Glauben ist so ganz und gar,
Daß ich dir bringe kein Gefahr.«   170
Da gab er auf den Unverfehrt,
Und schenkt ihm gleich das schwarze Pferd.
Der ritt von dannen immerfort
Bis zu der Haard, nach jenem Ort,
Wo er den Schreiber lassen thät,   175
Beym Hasengarn zu Abends spät.
Dem lags gar übel in dem Sinn,
Daß er nicht wußt wo aus, wo hin,
Nach Lotter er getraut sich nicht,
Weil er vom Herren ohn Bericht.   180
Der Junker sprach: »Gott sey geehrt,
Wie hast du Schreiber dich verfehrt,
Wovon bist du geworden grau?«
Der Schreiber sprach: »Da ich euch schau,
Wie ihr so stark und unversehrt   185
Gewonnen habt das schwarze Pferd,
So hab ich all mein Leid vergessen.«
Herr Thedel sprach: »So häng indessen

Das Hasengarn wohl auf dein Pferd.
190   Ich reit zu meiner Hausfrau heim,
Die mag in grossen Aengsten seyn.«
Die Hausfrau ihm entgegen ging,
Mit ihren Armen ihn umfing,
Und fragt ihn wo er blieben wär:
195   »Ich hab gejagt bey meiner Ehr.«
Da nun die Mahlzeit war gethan,
Da fing die Hausfrau wieder an,
Sprach: »Lieber Junker Unverfehrt,
Woher habt ihr das schwarze Pferd,
200   Das so gewaltig schlägt und beisset,
Den Haber an die Erden schmeisset,
Nichts frißt als glühende Kohlen und Dorn,
Beym Heu geräth in grossen Zorn?
Er sattelt sich auch gar zu schwer.«
205   Herr Thedel sagt: »Bey meiner Ehr
Ich habs gefunden auf der Haard.«
Denn er gedachte wohl daran,
Was ihm gesagt der schwarze Mann:
Ihm solle alles Glück zukommen,
210   So lang er sich in acht genommen,
Doch wenn er sagt, wie ers gekriegt,
Der Tod ihn in drey Tag besiegt.

III. Der gehangene Pferdedieb.

Der edle Thedel Unverfehrt
Nach Braunschweig eilt auf seinem Pferd,
215   Zu Herzog Heinrichs Ehgemahl
Und ihren Kindern sprach im Saal:
»Der Herzog wünscht euch so viel gute Nacht
Als manch roth Mündlein in dem Jahre lacht,
So viel als grüne Grasstiel sind,
220   Die man am Weg zum Grabe findt,

Von wo er diese Briefe sandt,
Die übergiebt euch meine Hand.«
Die Fürstin küßt die Brief fürwahr,
Mit Weinen, Seufzen spricht sie dar:
»Gott lohn es dir, mein edler Herr,   225
Ich glaubt ihn todt und weinte sehr,
Aus seinen Schreiben ich befind,
Wohl wie sie zupetschieret sind,
Du sollst hier trinken und auch essen
Nach Nothdurft, bis wir sie gelesen.«   230
Die Fürstin war sehr guter Ding,
Ließ bringen einen goldnen Ring,
Auch einen Kranz von Golde gut,
Der saß auf einem neuen Huth,
Sie wurd gereitzt zur Fröhlichkeit,   235
Daß sie ihm gab ein neues Kleid,
All das dem Thedel zum Geschenk,
Daß er ihr Gnaden bey gedenk.
Dann sagt sie ihm: »Ein gutes Pferd
Müßt ihr wohl haben Unverfehrt,   240
Daß ihr in zweyen Tagen hier?« –
»Dafür gebt Gott die Ehr, nicht mir!«
Die Fürstin gab ihm ihre Hand,
Eh dann sie ihn von dannen sandt,
Der Thedel in die Herberg ging,   245
Zu sagen also gleich anfing:
»Ihr Knechte, daß wir reiten, trachtet,
Herr Wirth genau die Rechnung machet.«
Der Wirth sprach: »Zieht in Gottes Geleit,
Die Fürstin hat bezahlet heut.«   250
Da nahm er gütlich sein Abschied
Zum Graf von Schladen er hinritt,
Doch fand er ihn nicht gleich zu Haus,
Er mußte vor das Thor hinaus,
Gericht ward da gesprochen,   255
Der Stab war schon gebrochen.

»Der Pferdedieb ist schon gehangen,
Laßt euch um euer schön Pferd nicht bangen.«
Der Graf ihn führt zu seinem Schloß,
260   Und freut sich übers schwarze Roß.
»Das schwarze Roß, Herr Thedel spricht,
Das fürcht selbst höllsches Feuer nicht.
Es ist wie ich, ich mach kein Kreutz
Wie auch der Teufel mir einheitz.«
265   Das thät den Teufel sehr verdrießen,
Er meint, das soll der Thedel büßen,
Und als es auf den Abend kam,
Der Bös den Dieb vom Galgen nahm,
Und setzt ihn auf die Heimlichkeit,
270   Der Teufel war voll Fröhlichkeit,
Und hat in seinem Sinn gedacht,
Wie er ihn schon zu Fall gebracht,
Daß Thedel dann ein Kreutz würd machen,
Säh er also den Ort bewachen,
275   Denn Thedel hat verlobt fürwahr,
Daß er in größter Todesgefahr
Kein Kreutz vorm Teufel machen wollt,
Denn Gottes Wort ihm alles golt.
Da es nun in die Nacht nein kam,
280   Vom Grafen Thedel Abschied nahm;
Es wurden Licht gestecket an,
In die Latern, daß er hinan
Von Dienern würd zu Bett gebracht.
Er schickt sie fort mit: »Gute Nacht!«
285   Begehrt dann auf die Heimlichkeit,
Und macht sich auch dazu bereit.
Der Held war kühn und unverzagt,
Er fand da, was ihm bas behagt
Den todten und gehangnen Dieb,
290   Dasselbe war ihm gar sehr lieb,
Nahm ihn beym Kopf und bey den Haaren,
Und sagt: Dich will ich wohl bewahren!

Und setzt ihn von dem Hohlaltar,
Daß sein ein andrer würd gewahr.
Der Schreiber kam da hergeschlichen,   295
Wollt seine Sachen auch ausrichten.
Als der erblickt den todten Dieb,
So wars ihm ganz und gar nicht lieb,
Fing auch gar sehr zu rufen an,
Konnt gar nicht laufen mehr der Mann,   300
Wär auch gestorben zu der Zeit,
Doch Thedel half ihm aus dem Leid.
Herr Thedel Morgens früh aufstund
Und thäts dem Graf von Schladen kund.
Als er die Morgensuppe aß   305
Und seinen Aerger ganz vergaß.
Darauf der Graf gar selbst hinging,
Um anzusehn das seltsam Ding.
Hat auch dem Schloßvogt anbefohlen,
Den Henker gleich zur Stell zu holen: 310
»Er hat sein Geld gekriegt dafür,
Und muß nun thun auch sein Gebühr.«
Alsdann zum Unverfehrden spricht:
»Die Nacht hast du geschlafen nicht,
Ich hätt nicht bleiben können die Nacht,   315
Ich hätte mich gleich fort gemacht.«
Der Unverfehrt also darnach:
»Ich war sehr müd und blieb nicht wach,
Gott lebt, ich fürcht den Teufel nicht.
Der Dieb war todt und gar nicht spricht,   320
Ich habe meine Seel und Leben
Gott einzig in die Händ gegeben.«

IV. Die Feder im Bart.

Nicht aber lang zu dieser Zeit
Im ganzen Land ist große Freud,

325 Der Herzog Heinrich ist zurück,
Und hat gestört der Freier Glück,
Und nach dem Meßhauß in der Stadt,
Er allen Adel zu sich bat.
Auch Thedel kam im neuen Kleid,
330 Der Herzog ihn erkannt von weit,
Auch gab ihm seine Gnad die Hand,
Und dankte ihm, wie allbekannt.
Sie assen, tranken allzumal,
Und waren guter Ding im Saal,
335 Auch über Essen ward gesungen,
Darnach gerungen und gesprungen,
Getanzt, gefochten und tornirt,
Auf Trommel und auf Pfeif hofirt;
Herr Thedel wollt dabey stets seyn,
340 Und sollts ihm kosten Arm und Bein.
Im Rennen, Torniern und Stechen,
Im Schwerdt und Spieß zerbrechen
Ward keiner mehr gesehen,
Der ihn noch wollt bestehen.
345 Es rief ein jeder Edelmann,
Daß er das beste hab gethan.
Der Herzog gab ein Kleinod fein,
Gemacht aus Gold und Edelstein,
Und sagt, daß er Gefallen hab
350 An seinem Roß, schwarz wie ein Rab,
Weil er von seinem schwarzen Pferd
Noch nie gefallen auf die Erd.
Herr Thedel sprach: »Es ist dies Pferd
Weils Nachricht bracht der Fürstin werth,
355 Von euch Herr Herzog mir sehr theuer,
Drum hassens ihre Räth und Freyer.«
Der Fürst fing ihn zu loben an,
Und pries ihn da vor jedermann.
Ein Jungfräulein reicht ihm den Kranz
360 Und führet ihn so drat zum Tanz,

Und wie er zu dem Tanz hintrat
Gedacht er in dem Herzen drat:
»Ich dank dir Gott zu dieser Frist,
Daß du mein Hülf und Tröster bist,
Herr Jesu Christ, Lob, Ehr und Preis,   365
Dem heilgen Geist in gleicher Weis!«
Als nun der Thedel unverfehrt
Vor andern ward so hochgeehrt,
Da ward ein Neider aus dem Freund,
Der wollt ihm schlimmer als der Feind.   370
Der Herzog fragt: »Ob Unverfehrt
Wohl irgend zu erschrecken wär?«
Der Neider sprach: Ich hab eins funden,
Wenn morgen kommt zur Kirch die Stunde
Steckt eine Feder dünn und klein   375
In eures Bartes Haar hinein,
Wird dann Herr Thedel zu euch kommen,
Er hätt sie gern herausgenommen;
Ihr gebt das zu, doch greift er drin,
Die Feder aus dem Bart zu ziehn,   380
So beisset schnell nach seiner Hand,
Ich setze meine Seel zum Pfand,
Er wird die Hand zurücke ziehn,
Und in dem ersten Schrecken fliehn.
Dem Fürsten wohl gefiel der Rath,   385
Den ihm der Mann gegeben hat,
Die Feder in den Bart er steckt,
Wie er vom Schlafe war erweckt,
Als morgens er zur Kirche ritt,
Er nahm sein Hausgesinde mit,   390
Auch unser fromme Thedel kam
Und seine Stell beym Fürsten nahm,
Fein tapfer kam daher getreten,
Mit seines Fürsten ersten Räthen
Und ward der Feder bald gewahr,   395
Die in des Fürsten Bart steckt dar.

Der unerschrockne Unverfehrt
Trat da zu ihm, wohl vor sein Pferd,
Der Fürst sich da nicht anders stellt,
400   Als ob er ihm zusprechen wöllt,
Und neiget sich zum Unverfehrt,
Der ihm mit sittlicher Geberd,
Nach seiner Feder tasten thät,
Meint, daß er sie ergriffen hätt;
405   Der Herzog biß ihm nach der Hand,
Dafür er auf der Backe fand,
Ein Schlag, und der war über gut,
Das thät er aus bewegtem Muth.
Herr Thedel sprach mit zorngem Mund:
410   »Sind eure Gnaden worden ein Hund?«
Der Fürst allda sprach zu der Frist:
»Ganz recht von dir geschehen ist,
Wenns uns ein andrer hätt gethan,
Wir wolltens ungestraft nicht lahn,
415   Von einem Narren ists gekommen,
Daß schlechten Rath wir angenommen,
Der uns den Rath gegeben hat,
Der packe sich von Hof und Stadt,
Du Thedel, unerschrockner Mann
420   Hast recht bezahlt und gut gethan.«

V. Der Bischof giebt das Salz.

Da er nun Abschied hat genommen,
Nach Lotter wiederum gekommen,
Wollt eine Zeitlang ruhen fein
Bey seiner Frau und Kinderlein,
425   Der Bischof ihm von Halberstadt
Die Freundschaft aufgesaget hat,
Er mocht wohl seyn der Narr gewesen,
Der schlechten Rath dem Fürst gegeben.

Er wollt nicht ruhen, bis er brächt
Um alle Güter sein Geschlecht.   430
Herr Thedel sprach: »Ich freue mich,
Der Bischof hat viel mehr als ich,
Das man ihm nehmen kann und rauben,
Das sag ich ihm mit gutem Glauben.«
Mit Reitern hat er sich bemannt,   435
Drey hundert starke Männer fand,
Wohl über funfzig Dörfer und Städt,
Des Junker Thedels Panner weht,
Und gingen nun den geraden Weg
Und nahmen alles Vieh hinweg;   440
Der Bischof auch gefangen ward,
Und sitzt in Lotter wohl ein Jahr,
Er wollt das Vieh gern wieder haben,
Und mußt dazu das Salz bezahlen.

VI. Zug nach Liefland, Heidentaufe, Tod.

Nach diesem Zug des Thedels Weib,   445
Verschied aus dieser Zeitlichkeit.
Er brachte sie mit grosser Pracht
Bey Fackelschein in schwarzer Nacht,
Nach Goslar in die Kaiserstadt,
Berief da einen edlen Rath   450
Und übergab da seinem Sohn
Die Güter all und zog davon.
Er zog auf seinem schwarzen Pferd
Zum Orden von dem heilgen Schwerdt
Nach Liefland, Heiden zu bekehren,   455
Darin war er ganz unverfehren,
In kurzer Zeit das ganz Liefland
Kam meist durch ihn in Ordenshand.
Der Deutschmeister ihn den Unverfehrt
Vor allen hielt so lieb und werth,   460

Er ließ den Heiden keine Ruh,
Er taufte sie nur immer zu,
Es mußten dran, arm oder reich,
Jung, alt, groß, klein wohl alle gleich.
465   Der Teutschmeister da zu wissen begehrt,
Wie er gekommen zu dem Pferd,
Das sicher ihn in den Gefahren
Vor allen andern kann bewahren.
Herr Thedel bat, davon zu schweigen,
470   Am dritten Tag es würd sich zeigen,
Wenn er es hätt bekannt gemacht,
Er würd verscheiden in der Nacht,
Doch würd er treu der Ordenspflicht,
Es sagen, wie er es gekriegt.
475   Der Meister sich verwundert sehr,
Steht doch nicht ab von Ordensehr,
Hofft, daß Herr Thedel könn entgehen,
Will vom Befehle nicht abstehen.
Herr Thedel bat um vierzehn Tag,
480   Daß er der Welt den Abschied sag,
Empfing das heilge Sakrament,
Bereitet sich zum lezten End,
Besteiget dann sein schwarzes Pferd,
Erzählt sein Leben unverfehrt,
485   Da geht das Pferd gleich mit ihm durch,
Drey Tage irrt er im Gebirg,
Die dritte Nacht beym Christusbild
Er sinkt herab, entschlafen mild.
Also kam er aus dem Elend,
490   Also hat die Geschicht ein End.

Tragödie.

(Nach Joh. Georg Tibianus Narration von Wallfahrten.
Constanz bey Straub 1598.)

Ein Graf von frommem edlem Muth,
An Sitten hochgeehrt und gut,
Ging täglich in die Kirch zur Zeit,
Von seiner Burg nicht sonder weit.
Und einmal trug es sich da zu,   5
Daß er sich niedersetzt in Ruh,
Entschläft er betend vorm Altar
Der Sankt Kathrina heilig war.
Ein Jungfrau sah er vor sich stehn,
Mit einer Krone blinkend schön.   10
Wie Spinngeweb voll Himmelsthau
Wenn Morgenlicht auf Rosen schaut,
Von Demant schien es eine Laube,
Voll Strahlen schien hindurch der Glaube.
An ihrer Seite konnt er schauen   15
Zwey schöne stehende Jungfrauen,
Doch wie viel schöner die Gekrönte
Aus tausend bunten Vögeln tönte.
Der Jüngling fürcht sich vor dem Wunder,
Er neigt sich, schlägt die Augen unter.   20
Sie sprach: »Da du doch edel bist,
Wie zeigst du dich unadelich,
Wir kommen darum, wie wir sollen,
Daß wir dich jezt ansehen wollen;
So deckst du deine Augen zu,   25
In dieser deiner müden Ruh,
Willt du dir ein Gemahl gern freyen,
Hier unter uns erwähl von dreyen!«
Da er nun diese Wort gehört,
Aus seinem Schlaf geschwind auffährt,   30
Erwacht mit himmlischer Lieb durchgossen,
Seine Augen rannen von ihm erschlossen;

Ein Jungfrau sprach zu ihm da gnädig:
»Nimm die, so jezt mit dir geredet,
35   Dann wie sie schöner ist als wir
Kann ich jezund versprechen dir,
Also ist sie vor Gott auch höher,
Und deiner Bitt Gewährung näher,
Ihr Name ist dir wohlbekannt,
40   Sankt Katharina ist genannt.«
Darauf der Jüngling sie thät grüssen,
Und fiel der Jungfrau still zu Füssen,
Hub an zu weinen inniglich,
Und bat die Heilige demüthlich,
45   Sie wolle seiner sich des Armen
Allzeiten über ihn erbarmen.
Sie setzt' ihm auf ein Rosenkranz,
Der gab von sich ein Sonnenglanz,
Und sprach: »Nimm diesen Kranz der Liebe
50   Von mir, die du sollst stetig üben!«
Verschwand also vor seinen Augen,
Mit ihren zweyen Beyjungfrauen.
Da nun der Graf jezund erwacht,
Hat er des Rosenkranz gedacht,
55   Auf seinem Haupt thät er den finden,
Thät ihn mit Wohlgeruch umwinden.
Nachdem es aber sich begab,
Daß man dem Grafen sehr oblag,
Und wider Willen muß er freyen,
60   Das ihm doch übel thät gereuen! –
Ihm ward in seinem jungen Leben
Ein schöne edle Jungfrau gegeben,
Ließ doch von der Gewohnheit nicht
All Tag er Katharinen bitt,
65   Daß sie ihn darum nicht woll hassen,
In seinen Nöthen nicht verlassen.
Da nun sein Hausfrau schwanger ging,
Sie einen Argwohn auch empfing,

Wenn er ging nach Kathrinen Kirche
Thät sie in ihrem Herzen fürchten,   70
Er möcht vielleicht in diesen Tagen
Ein lieber dann sie selber haben.
Einsmals bestellt sie eine Magd,
Zu der sie diese Worte sagt:
»Wo geht mein Herr all Morgen hin?«   75
Die Magd sagt ihr aus bösem Sinn:
»Ich weiß wohl, wo er hingegangen,
Hat nach des Pfaffen Schwester Verlangen.«
Die Frau ward ob dem Wort betrübt,
Weil sie den Grafen allein nur liebt,   80
Da nun der Graf zurücke kam,
Der Frauen Traurigkeit vernahm,
Fragt er, warum sie traurig wär,
Sie sagt, sie hörte böse Mähr,
Wie er ging täglich umher buhlen,   85
Zu des Pfarrers Schwester in die Schulen.
Er sagt: »Du hast nicht recht gehört,
Oder bist sonst worden bethört,
Die ich lieb hab in meiner Pflicht,
Die ist des Pfarrers Schwester nicht,   90
Es ist ein andere der Frist,
Die tausendmal viel schöner ist.«
Stand also auf von seinem Bett,
Als wenn er noch zu buhlen hätt,
Ging doch nur wieder von ihr hin,   95
Wie vor auch zu Sankt Katharin.
Ob dieser Antwort das Gemüth
Der Gräfin war so tief betrübt,
Sie sprang im Zorn vom Bett herab
Und stach sich selbst die Kehle ab.   100
Der Graf von dem Gebet heimkam,
Die Trauerbotschaft nun vernahm,
Sah sein Gemahl des Tods verschieden
Und dort im Blut umwälzet liegen,

105 Erschrack er sehr, sein Herz ward kühl,
  Daß er in ein Ohnmacht hinfiel.
  Da er nun wieder zu sich kam
  Hub bitterlich zu weinen an,
  Klopft an sein Herz, rauft aus sein Haar,
110 Und sprach zu sich in der Gefahr:
  »O heilge, heilge Katharin,
  Sieh an, in welcher Noth ich bin,
  Ach ich hab meine Treu verloren,
  Und bin meineidig an dir worden.«
115 Mit diesen Worten lief er hin
  Zur Kirche der Sankt Katharin,
  Mit Seufzen er sein Bitt vorbracht,
  Bis um ihn her war dunkle Nacht,
  Und traurig prächtig Stern bey Stern,
120 Durchs Kirchenfenster sah von fern.
  Mit ihren Jungfrauen da erschien,
  Die heilge Jungfrau Katharin,
  Dem Grafen, der vor dem Altar,
  Da lag und halb entschlafen war.
125 Ging zu ihm hin, wischt seine Augen
  Mit ihren beyden Beyjungfrauen.
  Sie sprach zu ihm: »Hast unrecht gethan,
  Daß du mich so verlassen Mann,
  Auf dich genommen andre Last,
130 Dein Treu an mir gebrochen hast,
  Doch hast du mich ziemlicher massen
  Geliebt und mich nicht gar verlassen.
  Steh auf und geh mit Freuden heim,
  Dir soll diesmal geholfen seyn.
135 Dein Hausfrau ist lebendig worden,
  Hat eine Tochter dir geboren.
  Die wird dir lange Zeit nachleben,
  Der sollst du meinen Namen geben,
  In ihrem Gebet wird sie sich üben,
140 Daß Gott der Herr sie sehr wird lieben,

Also, daß sie in einem Jahr
Den Großvater aus grosser Gefahr
Des Fegefeuers erlösen wird,
Der immer noch im Feuer irrt.«
Sie neigt sich ihm, wischt seine Augen,   145
Die Thränen ihr Händ einsaugen.
Doch wie der Bircken weisse Rinde,
So wächst ein Handschuh davon geschwinde
Auf ihren Händen weiß wie Schnee,
Den streift sie ab, als sie zur Höh,   150
Der fällt und weckt ihn am Altar.
Da er vor Kummer schlafen war,
Er findet einen Handschuh weiß,
Wie niemand ihn zu weben weiß.
Ein Bote kam: Herr kommt herüber,   155
Denn euer Gemahl, die lebet wieder,
Und hat in diese Welt geboren
Ein schöne Tochter auserkohren.
Ob dieser fröhlichen Botschaft
Erhielt der Graf zurück die Kraft,   160
Stand auf und dankte Katharin,
Den Handschuh steckt zum Helme kühn,
Zog wiederum zu seiner Frauen,
die er mit Freuden an thut schauen,
Und küßt das Kind, umfängt das Weib,   165
Drückt sie zu sich an seinen Leib,
Fing an zu weinen gleich dem Kind,
Bat um Verzeihung seiner Sünd,
Die Gräfin sprach: »Wir sollen loben
Sankt Katharin im Himmel droben,   170
Denn da ich mich vor Leid getödtet,
Und lag in allen meinen Nöthen,
Zu mir schon kamen höllsche Knaben,
Mein Seel sie wollten genommen haben,
Da hat die heilge Katharin   175
Für mich gebeten; Gott verziehn,

Daß er den Leib der Seel noch liesse,
Daß sie in ihm noch könnte büssen.« –
Die Gräfin ließ ein Kloster bauen,
180   Die Tochter im Gebet zu schauen,
Der Graf zog ins gelobte Land
Vom Handschuh grosse Kraft empfand,
Den Rosenkranz, den Handschuh weiß
Ins Kloster gab nach seiner Reis.

II 325   ## Dorothea und Theophilus.

(Mündlich.)

Gleich wie ein fruchtbarer Regen
Ist der Martyrer Blut,
Und Frucht durch Gottes Segen
Reichlich er bringen thut.
5   Durchs Kreutz die Kirche dringet
Und wächst ohn Unterlaß,
Durch Tod zum Leben ringet,
Wer herzlich glaubet das.
Aus guter Zucht und Namen
10   Erschwingt sich gute Art,
Von Gott die Frommen kamen,
Der frommen Kinder wart't.
Ist Dorothea geboren
Von Aeltern keusch und rein,
15   So geht sie nicht verloren,
Und bleibt sie auch allein.
Die Heyden wollten zwingen
Sie zur Abgötterey,
Dem Feind wollts nicht gelingen,
20   Christum bekannt sie frey,
Ein Urtheil ward gefället
Verdient hätt sie den Tod,

Ritterlich sie sich stellet,
Und schrie ernstlich zu Gott.
Und Theophil dem Kanzler   25
Dem jammert die Jungfrau sehr;
Er sprach: O schon dein Leben,
Verlaß die falsche Lehr,
Und frist dein junges Leben!
Drauf Dorothea spricht: 30
»Ein beßres wird er geben
Und das vergehet nicht.
Zum schönen Paradiese
Komm ich nach meinem Tod,
Daß sie sich Christum wiesen,   35
Stehn da viel Röslein roth,
Draus wird mir Christ, mein Herre
Machen ein Ehrenkranz,
Der Tod geliebt vielmehre,
Als so ich ging zum Tanz.«   40
Doch Theophil die Rede
Erklärt für lauter Spott,
Sprach: Liebe Dorothea,
Wenn du bey deinem Gott
Schick mir auch Aepfel und Rosen   45
Aus Christi Garten schön! –
»Ja, sprach sie, heilge Rosen
Die sollst du wahrlich sehn.«
Das Fräulein war gerichtet,
Da klopft es an sein Haus,   50
Der helle Morgen lichtet,
Ein Knäblein stehet draus,
Geschwingt mit goldnen Flügeln
Reichts Rosenkörbchen dar,
Verschwindet auf den Hügeln,   55
Von wo es kommen war.
Und auf den Rosenblättern
Da steht geschrieben klar:

»Mein Christus ist mein Retter,
60 Und er mir gnädig war,
Ich leb in Freud und Wonne,
In ewger Herrlichkeit!« –
»Mein Irrthum ist zerronnen!«
Theophilus sagt mit Freud.
65 Bald fing er an zu preisen
Dich Christus wahren Gott,
Und ließ sich unterweisen
Wohl in des Herrn Gebot,
Hat heilge Tauf empfangen
70 Und Christum frey bekennt,
Zur Marter ist gegangen
Und mit der Ros verbrennt.

II 327   St. Jakobs Pilgerlied.

[v. Seckendorfs Musenalmanach für 1808. S. 11.]

Wer das Elend bauen wöll,
Der heb' sich auf und sey mein G'sell,
Wol auf Sankt Jakobs Strassen.
Zwei Paar Schuh, der darf er wol,
5 Ein Schüssel bey der Flaschen.

Ein breiten Huth, den soll er han,
Und ohne Mantel soll er nit gahn
Mit Leder wol besezet,
Es schnei' oder regen' oder wehe der Wind
10 Daß ihn die Luft nicht nezet.

Sack und Stab ist auch dabey,
Er lug, daß er gebeichtet sey,
Gebeichtet und gebüsset,

Kommt er in die welsche Land,
Er findt keinen deutschen Priester.   15

Ein deutschen Priester findt er wol,
Er weiß nit wo er sterben soll,
Oder sein Leben lassen.
Stirbt er in dem welschen Land,
Man gräbt ihn bei der Strassen.   20

So ziehen wir durch Schweizerland hin,
Sie heissen uns Gott wellkumm! sin,
Und geben uns ihr Speise.
Sie legen uns wol und decken uns warm,
Die Strassen thun sie uns weisen.   25

So ziehen wir durch die welsche Land,
Die sind uns Brüdern unbekannt,
Das Elend müssen wir bauen,
Wir ruffen Gott und St. Jakob an,
Und unsre liebe Frauen.   30

So ziehen wir durch der armen Gecken Land.
Man giebt uns nichts denn Aepfeltrank,
Die Berge müssen wir steigen.
Gäb man uns Aepfel und Birn genug,
Wir essens für die Feigen.   35

So ziehen wir durch Sofei hinein
Man giebt uns weder Brod noch Wein;
Die Säck stehn uns gar leere;
Wo ein Bruder zu dem andern kommt,
Der sagt ihm böse Mähre.   40

So ziehen wir zu St. Spiritus ein,
Man giebt uns Brod und guten Wein,
Wir leben in rechten Schallen,

Langedocken und Hispanien,
45   Das loben wir Brüder allen.

Es liegen fünf Berg im welschen Land,
Die sind uns Pilgram wol bekannt,
Der erst' heißt Runzevale,
Und welcher Bruder darüber geht
50   Sein Backen werden ihm schmale.

Der eine heißt de Monte Castein,
Der Pfortenberg mag wol sein Bruder sein,
Sie sind einander fast gleiche.
Und welcher Bruder darüber geht,
55   Verdient das Himmelreiche.

Der vierte heißt der Rabanel,
Darüber lauffen die Brüder und Schwestern gar
        schnell,
Der fünft heißt in Alle Fabe,
Do leit viel manches Biedermanns Kind,
60   Aus deutschem Land begraben.

Der König von Hispanien der führt ein Kron,
Er hat gebaut drei Spital gar schon,
In St. Jakobs Ehren,
Und welcher Bruder darein kommt,
65   Man beweist ihm Zucht und Ehre.

Es war dem Spitalmeister nit eben,
Vierthalbhundert Brüder hat er vergeben,
Gott ließ nicht ungerochen.
Zu Burges ward er an ein Kreuz gehefft,
70   Mit scharfen Pfeilen durchstochen.

Der König der war ein Biedermann,
In Pilgramkleider legt er sich an,

Sein Spital wollt er beschauen,
Was ihm die deutschen Brüder sagten,
Das wollt er nit glauben.   75

Da ging er in das Spital ein,
Er hies ihm bringen Brod und Wein,
Die Suppe die war nit reine;
Spitalmeister, lieber Spitalmeister mein!
Die Brod sind viel zu kleine.   80

Der Spitalmeister war ein zornig Mann:
Der Greulich hat dich herein gethan,
Das nimmt mich nimmer Wunder!
Und wärst du nit ein welscher Mann,
Ich vergäb dir, wie die deutschen Hunde!   85

Und da es an den Abend kam,
Die Brüder wollten schlafen gahn,
Der Pilgram wollt schlafen alleine:
Spitalmeister, lieber Spitalmeister mein
Die Bett sind gar nicht reine.   90

Er gab dem Pilgram ein' Schlag,
Daß er von Herzen sehr erschrack,
Er thät zu dem Spital auslaufen,
Die andern Brüder thäten
Den Spitalmeister sehr raufen.   95

Do es an den Morgen kam,
Man sah viel gewapneter Mann,
Zu dem Spital eindringen,
Man fing den Spitalmeister
Und all sein Hausgesinde.   100

Man band ihn auf ein hohes Roß,
Man führt ihn gen Burges auf das Schloß,

Man thät ihn in Eisen einschließen,
Es thät den Spitalmeister
105   Gar sehr und hart verdriessen.

Der Spitalmeister hätt ein Töchterlein,
Es mocht recht wol ein Schälkin sein.
Es nimmt mich immer Wunder,
Daß der liebste Vater mein,
110   Soll sterben wegen der deutschen Hunde.

Es stund ein Bruder nahe dabey,
Nun soll es nit verschwiegen sein,
Ich will es selber klagen!
Da ward daßelbig Töchterlein
115   Unterm Galgen begraben.

Sieh Bruder, du sollst nit stille stahn,
Vierzig Meil hast du noch zu gahn;
Wol in St. Jakobs Münster.
Vierzehn Meil hinunter baß
120   Zu einem Stern, heißt Finster.

Den finstern Stern wollen wir lan stahn,
Und wollen zu Salvator eingahn,
Groß Wunderzeichen anschauen.
So rufen wir Gott und St. Jakob an,
125   Und unsre liebe Frauen.

Bei St. Jakob vergiebt man Pein und Schuld,
Der liebe Gott sei uns allen hold,
In seinem höchsten Throne,
Der St. Jakob dienen thut,
130   Der lieb Gott soll ihm lohnen.

Der Pilgrim.

(Procopii Paschale. p. 263.)

Der Geistliche.

Winter ist hin, der Pilgrim zieht ins Feld,
Im Frühling er sich umschaut in der Welt,
Wo er hinkommt, find er kein bleibend Städt,
Fühlet ers jezt, was ihn da führen wohl thät,
Im Sinn ihm liegen nur heilige Oerter,   5
Wohin er auch zieht, dahin nur begehrt er,
Von seinem Vorhaben zurücke nicht weichet,
Bis er das Vaterland endlich erreichet.

Geistlicher Pilgrim, halt dich nicht auf,
Laß dich nicht hindern, weit ist dein Lauf,   10
Hie in kein Ding verliebe dich sehr,
Sonst machen sie dir die Reise nur schwer,
All falschen Betrug im Gesang der Sirenen,
Liebkosen der Welt du weißt zu verhöhnen,
Ach bist du ermüdet, wie rauh sind die Wege,   15
Wie wird es so dunkel, wie schmal sind die Stege.

Der Pilgrim.

Ich bin ein Pilgrim, reis' ins heilge Land,
Ob ich komm wieder, das ist Gott bekannt,
Nach Rom, Lorett in Italia,
Auch nach St. Jakob in Galitia.   20
Gott mich begleite, daß ichs glücklich ende,
Mein Müh und Zeit zu seinem Dienst anwende,
All Tritt und Schritt geschehen ihm zu Ehren,
Er geb mir Gnad, daß ich mög wiederkehren.

Viel muß ich leiden auf der Wanderschaft,   25
Ach lieber Herr verleih mir Stärk und Kraft,
Denn der Gefahr ich unterworfen bin,
Hilft nichts dafür, ich schlag mirs aus dem Sinn.

Mein schweres Bündel muß ich selber tragen,
30 Weiß keinen Weg, darum muß ich oft fragen,
Groß Ungewitter, Ungelegenheiten,
Mich werden plagen, ich sehs schon von weiten.

Der bittre Hunger mir die Kräfte frißt,
Der täglich Durst mein steter Gleitsmann ist,
35 Bey langem Tag, wohl in dem Sommer heiß
Thu ich vergiessen manchen Tropfen Schweis.
Geld hab ich nicht, davon ich möchte zehren,
Doch trau ich Gott, der wird mir Speis bescheren.
Die müden Füß mich machen schier verzagen,
40 Gern hättens, daß ich sie am Hals thät tragen.

Komm ich zu einem klaren Wasserbach,
Bald um ein gutes besser wird mein Sach,
Ich halt mich auf dabey, leg die Bürd,
Mir ist, als wenn ich neu geboren würd,
45 Ich tret hinein und thu mich recht abkühlen,
Fast alle Glieder mein das Kühl bald fühlen,
Ich sprütz mirs ins Gesicht und thu mich waschen,
Und füll wohl auch damit mein Pilgertaschen.

Ein grünen Baum ich seh gar schattenreich,
50 Darunter ich mich niederlasse gleich,
Ich schau hinauf, ob er von Obst hat was,
Mit Stein und Prügeln ich ihm abnehm das.
Den matten Körper thu ich wacker laben,
Die Säck ich voll anschieb, wenn ichs kann haben,
55 Damit den Durst und Hunger ich vertreibe,
Und dergestalt ich noch bey Kräften bleibe.

Im grünen Gras nehm ich ein wenig Ruh,
Ein süsser Schlaf bekommt wohl auch dazu,
Dann steh ich auf und setze fort mein Reis,
60 Die erste Nachtherberg ich selbst nicht weiß,

Ich bin erquickt, drum frisch darauf ich springe,
Bin lustig, guter Ding und mir eins singe
Was werd ich essen, Abends oder Morgens,
Drum laß ich Gott und klein Waldvöglein sorgen.

Der Geistliche.

In diesem Leben sind Pilgrim wir all,   65
Niemand sich schätze besser zumal,
Die anderen Ding sind all hier daheim,
Warum, sie sind nur von Erde und Leim:
Aber der edle Mensch ist hier Fremdling,
Muß von hinnen wandern oft gähling,   70
Ist für die bessere Welt doch erschaffen,
Zum Vaterland eilt er zum Himmel rechtschaffen.

Ein neues Pilgerlied.   II 335

(Aus den Siebziger Jahren, mitgetheilt von H. F. Schlosser.)

An welcher Zelle kniet nun
Mein süsser Pilgerknab,
Ach wo! ach wo! in welchen Sand
Drückt er den Dornen Stab?

Wo drückt sein rother Mund ein Kuß,   5
Aufs heilige Gewand,
Und welchen Bruder grüsset er
Mit seiner frommen Hand.

Ihr Engel singt ihm alle gar
Wo er im Schlummer ruht,   10
Den Rosenkranz in seiner Hand,
Die Muscheln auf dem Hut.

Ach süßes Aug, so fromm und rein,
So schwarz als Holderbeer!

15   Ach dürft ich seine Schwester sein,
            So heilig sein wie Er!

            Fremd ist die Welt mir weit und breit,
            Irr ich ohn Rast und Ruh,
            Klein ist die Welt, und mein und mein,
20   Wenn ich Ihn finden thu.

II 336   Von der Belagerung der Stadt Frankfurt,
                    ein Lied im Ton:
            Frisch auf in Gottes Namen. 1552.

            [Fliegendes Blatt, gedruckt in Frankfurt.]

            (Die unterstrichene Worte sind Namen von Schanzen
                        und Geschütz.)

            Die Sonn mit klarem Scheine
            Erglastet überall,
            Die kühlen Brünnlein reine
            Erlusten Berg und Thal,
5   Viel süßer Lüftlein Güte
            Von Auf- und Niedergang,
            Aus freyer Stimm, Gemüthe,
            Der hell Waldvöglein Blüthe
            Frau Nachtigall erklang.

10   Des Walds, der Blümlein Ziere
            Gab Wonn und Freudigkeit,
            In deutschem Landreviere
            War stille Sicherheit.
            Der gütig Herr und Gotte
15   Sohn, Vater, heilger Geist
            Erlöst aus aller Nothe,

Aus Teufels Macht und Tode
Sein göttlich Gnad uns reißt.

Stadt Frankfurt an dem Mayne!
Dein Lob ist weit und breit,   20
Treu, Ehr und Glauben reine,
Mannliche Redlichkeit
Hast du mit deinem Blute
Erhalten ritterlich.
Vertrau dem Herrn, du Gute,   25
Er hilft unschuldgem Blute,
Des sollst du freuen dich.

Ich ritt an einem Morgen
Mit Lust in grünem Wald,
Nach Wildes Spur ohn Sorgen,   30
Da sah ich mannichfalt
Von fernen einherbrechen
Viel Reuter und Landsknecht gut,
Mit Schießen, Rennen, Stechen,
Daß mancher zahlt die Zechen   35
Gar theuer mit seinem Blut.

Die Stadt sie thäten beschießen,
Des achten wir gar klein,
Man ließ sie's wieder genießen,
Schenkt ihnen tapfer ein.   40
Aus Stücken, neuen und firnen
Hieß sie Gott willkomm seyn;
Es gab Köpf, Bein und Hirnen,
Ich mag nicht solcher Birnen,
Gott helf ihnen all aus Pein!   45

Der Rehbock sein Gehürne
Männlichen richtet auf,
Zerstieß manch harte Stirne
So fern in schnellem Lauf.

50 Der Kauz in grüner Auen
 Auf seinem Zweiglein schön,
 Thät manchen Vogel krauen,
 Daß er sich mußte rauen,
 Die Federn lassen gehn.

55 Ein Landsknecht schrie von ferne
 Jetzt wehr dich unser Hahn,
 O Bruder und Schwester gerne
 Ist Beystand euch gethan,
 Es fliehen Stephans Pfeile
60 Viel scharfer Nadeln geschwind,
 Die alte Schlang mit Weilen
 Thut 's Oechslein übereilen:
 Her, her ihr bösen Kind!

 Der Singerin Stimm so reine,
65 Ihres Liedleins Anefang
 Hört man am Affensteine,
 Am Mühlenberg entlang.
 Mit ihren Gespielen allen
 Hält sie den Abendtanz,
70 Thät mancher übel fallen
 Von Bollwerken und Wallen,
 Erwart't nit dieser Schanz.

 Es währt manch Nacht und Tagen,
 Ist unsrer Sünden Schuld,
75 Dem Herren wollen wirs klagen
 Und warten mit Geduld.
 Frankfurt mit den Genossen
 Warst du so gar verlorn,
 Mit Feuer und Kugel beschossen,
80 Allein du trägst entschlossen
 Die kayserliche Kron.

Aus einem ähnlichen Lied im Ton der
Schlacht von Pavia.

Frankfurt, die hochgelobte Stadt!
Sag mir, wie sie's verdienet hat,
Um Fürsten und groß Herren,
Sechs Fürsten kamen auf eine Zeit,
Die wollten sie umkehren.   5

Kaiser Karl, der hielt die Stadt in Hut,
Versammelt da ein Haufen gut,
Von Reutern und Landsknechten,
Die waren stets ganz wohlgemuth
Mit ihm ums Blut zu fechten.   10

Konrad von Hanstein, dem edlen Held,
Dem war die Stadt anheim gestellt
Zu frommen treuen Händen,
Der hielt sich wohl; drum alle Welt
Ihn preißt in allen Landen.   15

Die Fürsten schossen Tag und Nacht,
Bewiesen ihre große Macht,
Und ließen sich nichts dauren,
Die Tauben in ihren Häuslein klein
Die mußten darum trauren.   20

Zu Nürnberg in der werthen Stadt
Ein Ocklesmann sein Wohnung hat,
Kann gut Pilullen machen,
Die hört man hie stets früh und spat
Mit großer Macht herkrachen.   25

Der Unfall fahr ihm in die Händ,
Und schlag den Kopf ihm um die Wänd,
Mit seiner großen Taschen!

Ich mein, der Markgraf sey ein Mann,
30   Der könn ihm daraus naschen.

Aber Markgraf, wie gefiel es dir?
Willst du nicht kommen wieder schier?
Den Wein wollen wir dir schenken,
Den Mecklenburg bring auch mit dir,
35   So springen wir über die Bänke.

Ein'n Hahn wir dir bereitet han,
Ein Rehbock steht auch auf dem Plan,
Ein Kauz in freyer Schanzen,
Ein Lanzknecht der ist wohlgemuth,
40   Der wollt gern mit dir tanzen.

Es ist auch neulich kommen her,
Ein Thier, das heißt der leidig Bär,
Den führt bös Els am Stricke,
Der Bauer mit seim groben Sack,
45   Die werden dich wohl zwicken,

Sie haben sich all wohlbedacht,
Ein Sack mit Ingwer mit sich bracht,
Viel Lorbern und Muskaten,
Wann dir darnach der Bauch thut weh,
50   Sie können ihrer wohl entrathen.

Ich wollt, daß nie dem wohl erging,
Der Unlust und groß Krieg anfing,
Zu verderben Städt und Lande,
O Gott, wer rächt der Armen Blut?
55   Es steht in deinen Handen.

Man spricht: Arm Leut drückt jedermann,
Das wir dann jetzt vor Augen han,

Kein Freund will sie erretten,
Man schickt eh Pulver und grob Geschütz,
Daß man sie mög zertreten. 60

Gott aber sieht mit Macht darein,
Und wehrt des Teufels falschen Schein,
Und seinen bösen Tücken,
Er wird ohn Zweifel den Kaiser gut
Nicht lassen unterdrücken. 65

Wunderliche Zumuthung. II 341

(Geschichte des Lutherischen Gesangbuchs von Schmidt.
Altenburg 1707. S. 276.)

Einsmals zu Frankfurt an dem Main
Viel Fürsten thäten ziehen ein,
Ihrer lutherischen Religion gemäß,
Nach dem Stift zu St. Barthelmäs.
Als dieser Schluß ward offenbar, 5
Vom Volk ein großer Zulauf war;
Da nun ein Zeichen ward geläut,
Dadurch die Predigt angedeut,
Siehe, da kam ein Priester dar,
Der dem Papstthum anhängig war: 10
Trat auf die Kanzel stracks hinauf.
Des wundert sich des Volkes Hauf,
Thät sich doch nicht besinnen lang,
Sondern fing bald an den Gesang:
Nun bitten wir den H. Geist 15
Um den rechten Glauben allermeist.
Da nun der Gesang vollendet was,
Das Evangelium er las,
Das Volk mit Fleis solchs höret an,

20 Doch, da ers wolt erklären dann,
    Woltens nicht hören überall
    Fingen an mit frölichem Schall:
    »Nun freut euch lieben Christen gemein
    Und laßt uns frölich springen.«
25 Der Pfaff stand, wundert ob den Sachen,
    Weil man am Gesang kein End wolt machen;
    Da stand er und ward gleich erstart,
    Letzlich er halb unsinnig ward,
    Lief von der Kanzel ungestüm,
30 Und ging mit großem Zorn und Grimm,
    Zu einem Jülichschen Fürsten dar,
    Denn sonst noch kein Fürst drinnen war,
    Klagt ihm, er würd von seinem Ort
    Mit Gewalt, ohn Recht gedrungen fort,
35 Und könnt sein Amt verrichten nicht,
    Das wollt er klagen ihm hiermit,
    Und sollt er ihm auf diese Klag
    Zeugniß geben am Jüngsten Tag.
    Der Fürst sprach: »Lieber Priester mein,
40 Die Fürsten kamen überein,
    Daß sie wolten an diesem Ort,
    Anhören das Göttliche Wort,
    Von einem, welcher zugethan
    Ihrem Glauben und Religion,
45 Solchem, der Fürsten Schluß gemein,
    Solt ihr nicht widerstanden sein.
    Zudem kömmt mir beschwerlich für,
    Daß ihr habt zugemuthet mir,
    Ich soll von dieser eurer Klag
50 Zeugniß geben am Jüngsten Tag,
    Denn dort entweder werdet ihr
    Nicht kommen wiederum zu mir,
    Oder, wenn solches schon geschicht,
    So werd ich euch doch kennen nicht.«

Hierauf lief der Pfaff davon mit Grimm,　　　55
Und warf die Sanduhr ungestümm
Beim Altar aufn Boden hin;
Flucht und schwört mit tollem Sinn.
Das Volk insgemein ob diesen Sachen,
Muste des tollen Pfaffen lachen:　　　60
»Nun bitten wir den heilgen Geist
Um den rechten Glauben allermeist.«

Georg von Fronsberg.　　　II 343

1. Wie das Kriegsvolk von Georg von Fronsberg singt.

(Spangenbergs Adelsspiegel. Zinkgräfs Apophtegmen)

Georg von Freundsberg, von großer Stärk,
Ein theurer Held, behielt das Feld,
In Streit und Fehd, den Feind besteht,
In aller Schlacht er Gott zulegt die Ehr und Macht.

Er überwand mit eigner Hand　　　5
Venedisch Pracht, der Schweizer Macht,
Französisch Schaar legt nieder gar,
Mit grosser Schlacht den päbstschen Bund zu
　　　Schanden macht.

Der Kaiser Ehr, macht er stets mehr,
Ihr Land und Leut beschützt allzeit,　　　10
Mit großer Gefahr er sieghaft war,
Ganz ehrenreich, man findt nicht bald, der ihm
　　　sey gleich.

II 344 a 2. Wie Georg von Fronsberg von sich selber sang.

Mein Fleiß und Müh, ich nie hab gespart,
Und allzeit gewahrt, dem Herren mein;
Zum Besten sein schickt ich mich drein,
Gnad, Gunst verhofft, dochs Gemüth zu Hof
5   Verkehrt sich oft.

Wer sich zukauft, der lauft weit vor,
Und kömmt empor, doch wer lang Zeit
Nach Ehren streit, muß dannen weit,
Das sehr mich kränkt, mein treuer Dienst
10   Bleibt unerkennt.

Kein Dank noch Lohn davon ich bring,
Man wiegt mich gring, und hat mein gar
Vergessen zwar, groß Noth, Gefahr
Ich bestanden han, was Freude soll
15   Ich haben dran?

II 344 b   Galantes dreissigjähriges Kriegslied.

Amor, erheb dich edler Held!
Begebe dich mit mir ins Feld,
Frisch auf!
Mein Liebchen ist gerüst'
5   Als ob sie mit mir streiten müst',
Sie hat nichts Guts im Sinn.

Jezt zieh ich wider die ins Feld,
Die mir die Liebst ist in der Welt,
Frisch auf!
10   Gott weiß, ich bin bereit,
Mit ihr zu leben ohne Streit,
Wenn sie nur selber wollt'.

Was all ihr Gott verliehen hat
Vor andern Frau'n aus großer Gnad,
Frisch auf!   15
Das setzt sie wider mich,
Mich zu vertilgen eigentlich,
Der ich doch nichts verschuldt.

Ihr Leib von Gott gar schön bereit
Die Festung ist, darum ich streit', 20
Frisch auf!
Ihr zarte Brüstelein
Zwei mächtige Basteien sein,
Worauf sie sich verläßt.

Ihr Fähnlein ist der Uebermuth,   25
Damit sie mich verachten thut.
Frisch auf!
Ihr zarter rother Mund,
Ist Spieß und Schwerdt, so mich verwundt,
Ja öfters bis in Tod.   30

Trabanten, Fußknecht, Reiterei
Sind Ungnad, Falschheit, Tirannei.
Frisch auf!
Ihr klare Aeugelein,
Die sind zwei Feuerkügelein,   35
Damit sie mich verblendt.

So Gott mir gönnet Glück und Preis
Daß ich das Fähnlein niederreiß,
Frisch auf!
Ich hoff' damit zu sieg'n,   40
Herzlieb, du mußt doch unterlieg'n
Und geben mir den Preis.

Die Waffen sind, womit ich streit,
Kunst, Tugend, Ehr und Frömmigkeit,

45   Frisch auf!
            So soll ihr Spies und Schwerd
            So mich vor Zeiten hat versehrt
            Meinen Schaden machen heil.

            Denn nimmer hast du die Gewalt,
50   Daß sich dein List gen mir erhalt,
            Frisch auf!
            Geliebt dir Frömmigkeit,
            Kunst, Tugend, Ehr, so wird der Streit
            Durch mich gewonnen seyn.

55   Wo aber du nach Reichthum freist,
            Schau, daß du nie den Kauf bereust,
            Frisch auf!
            O Weh! Ein alter Mann
            Hat einen Sack voll Thaler an,
60   Der wird dich führen hin.

            Ein wenig denke nach, mein Schatz,
            Eh du kömmst auf den Musterplatz,
            O Weh!
            Wenn du mich nun besiegst,
65   Und dann bei deinem Alten liegst,
            Wie wird dir sein zu Muth!

            Herzallerliebstes Engellein,
            Bedenk, was dir zu thun mag sein,
            O Weh!
70   Wirst du einmal verführt,
            Mein junger Leib dir nimmer wird,
            Du bringst mich auch in Tod.

Rühre nicht Bock, denn es brennt.

(Aus der Zeit Simon Dachs.)

Bons dies, Bock!
Dei Grats, Block!
Wie viel Tuch zum Rock?
Sieben Ellen.
Wann soll ich ihn haben?   5
Gleich auf der Stelle,
Auf den Sonntag Abend,
Sprach der Geselle.
Sonntag kam, Block kam.

Bons dies, Bock!   10
Dei Grats, Block!
Nun wo ist mein Rock?
Nicht genug Tuch.
Sieben Ellen kein Rock?
Waß solls dann werden Bock?   15
Ein Wammes, Block!
Wann soll ich ihn haben?
Gleich auf der Stelle,
Auf den Sonntag Abend,
Sprach der Geselle.   20
Sonntag kam, Block kam.

Bons dies Bock!
Dei Grats Block!
Wo ist nun mein Wamms Bock?
Nicht genug Tuch.   25
Sieben Ellen kein Wamms, kein Rock?
Waß solls dann werden, Bock?
Ein paar Hosen, Block.
Wann soll ich sie haben?
Gleich auf der Stelle,   30
Auf den Sonntag Abend,

Sprach der Geselle.
Sonntag kam, Block kam.

Bons dies Bock!
35   Dei Grats Block!
Wo sind nun die Hosen Bock?
Nicht Tuch genug.
Sieben Ellen nicht Hosen, nicht Wamms, nicht
    Rock?
Was solls dann werden, Bock?
40   Ein paar Strümpfe Block!
Wann soll ich sie haben?
Gleich auf der Stelle,
Auf den Sonntag Abend,
Sprach der Geselle.
45   Sonntag kam, Block kam.

Bons dies Bock!
Dei Grats Block!
Wo sind nun die Strümpfe Bock?
Nicht Tuch genug.
50   Sieben Ellen nicht Strümpfe, nicht Hosen,
    nicht Wamms, nicht Rock?
Waß solls dann werden Bock?
Ein paar Handschuh Block.
Wann soll ich sie haben?
Gleich auf der Stelle,
55   Auf den Sonntag Abend,
Sprach der Geselle.
Sonntag kam, Block kam.

Bons dies Bock!
Dei Grats Block!
60   Wo sind nun die Handschuh Bock?
Nicht Tuch genug.

Sieben Ellen nicht Handschuh, nicht Strümpfe, nicht
  Hosen, nicht Wamms, nicht Rock?
Waß solls dann werden Bock?
Ein Däumling Block!
Wann soll ich ihn haben?   65
Gleich auf der Stelle,
Auf den Sonntag Abend,
Sprach der Geselle.
Sonntag kam, Block kam.

Bons dies Bock!   70
Dei Grats Block!
Wo ist nun mein Däumling Bock?
Nicht Tuch genug.
Sieben Ellen nicht Däumling, nicht Handschuh, nicht
  Strümpfe, nicht Hosen, nicht Wamms, nicht Rock?
Was solls dann werden Bock?   75
Noch ein Viertel
Wirds ein Gürtel Block.
Wann soll ich ihn haben?
Gleich auf der Stelle,
Auf den Sonntag Abend,   80
Sprach der Geselle.
Sonntag kam, Block kam.

Bons dies Bock!
Dei Grats Block!
Wo ist mein Gürtel Bock?   85
Das Tuch ist zerbrochen,
Ihr tragts schon acht Wochen.
Block thät zum Kramer laufen,
Thät ein neues Tuch kaufen.
Und wär der Block nicht gestorben,   90
Der Bock hätt ihn verdorben.

Streit zwischen dem blinden Cupido
und einem Waldbruder.

(Fliegendes Blat.)

Cupido. Willkomm mein lieber Eremit!
Was machst in dieser finstern Hütt?
Wie kommts, daß der verdrieslich Wald
Dir besser als die Stadt gefallt?
5   Soll dann ein so betrübter Stand
Das grob und rauhe Klausnerg'wand
Den schönsten Kleidern von Drador
Und Silber gehen vor?

Eremit. Ein G'müth, so nach dem Himmel tracht,
10   Acht' kein Geschmuck noch Kleiderpracht,
Ein Hütt so mich bedecken kann,
Ist stattlich gnug für mein Person:
Dazu wo findt man größre Freud,
Als in der süßen Einsamkeit?
15   Da kann man in vergnügter Ruh
Sein Leben bringen zu.

Cupido. Ja, ja, hast recht, ich stimm dir bey
Daß es kein gemeiner Wollust sey,
Zubringen seine Lebenszeit
20   In Wäldern mit der Jagdbarkeit,
Wo man die Hirschen und die Reh
Sieht lustig springen in die Höh,
Doch aber so verschlossen sein,
Das geht mir gar nicht ein.

25 Eremit. Ist nur ein schnöde Eitelkeit
Das irdisch Geschütz und Jagdbarkeit,
Ein rein anmüthig Klausnerg'müth,
Das ist allein mein Jagdgebieth,
Mit dem Brevier so mein Geschoß,

Geh ich auf gutes Waidwerk los,   30
Bring meiner Seele einen Schmaus
Von dieser Jagd nach Haus.

Cupido. Hast du Lust zu dem Brevier,
Wie gefällt dir das? hab eins bei mir,
Das braucht so viel Durchblättern nicht.   35
Verlaß den Wald und gehe mit,
Ich will dich führen in die Stadt,
So schöne Pläz und Häuser hat,
Dort leben kannst in guter Ruh,
Komm! schlag dein Hütte zu.   40

Eremit. Wer Gott recht liebt, ihm dienen will,
Dem ist das Beten nicht zu viel,
Das Fasten und die Geisselstreich,
Die bringen mich ins Himmelreich;
Drum geh nur fort verführisch Kind,   45
Dein Rath ist nichts als ungesinnt,
Laß mich in meiner Klausnerey
Der Andacht wohnen bey.

Cupido. Du bist der erst mein Eremit!
Der mich verstößt aus seiner Hütt,   50
Du bist da wie im Himmel drein,
Quäl dich einmal ein Gott zu seyn,
Du hast wohl nicht dazu den Muth,
Ich bin ein armes, junges Blut,
Und muß mich wagen in die Welt,   55
Als Gott bin ich bestellt.

Eremit. Wenn dem so ist, gieb mir den Pfeil,
Die Vögel schieß ich zum Kurzweil,
Bleib hier mit Kutt und mit Brevier,
Dir reuet's bald, es ist halb vier,   60
Da kommt die alte Schäferin,

Hör an die Beicht mit frommem Sinn,
So viel ihr sind, sie sind verliebt
In jeden Eremit.

II 353   Die feindlichen Brüder.

(Handschrift mit Noten. 1600–1700.)

(Der lieben Dummheit muß hiebey bemerkt werden,
daß dieß ein Scherz, wenn sie weiß was ein Scherz ist,
kein Schimpf gegen Schiller sey.)

Don Geishaar.

Müller, warum thust erbleichen?
Weiße Farb bezüchtigt dich,
Aller Muth will von dir weichen,
Was ist dir, dich frage ich,
5 Diebstähl dir vielleicht einfallen
Die begangen hast beim Mahlen,
Weisser Müller ohne Scham,
Weil du führst ein Diebesnam.

Don Mahlmehl.

Schneiderlein, was thust du fragen?
10 Warum ich ganz weiß erschein,
Solltest mir zuvor erst sagen,
Was bedeut' die Röthe dein?
Roth bist du vor lauter Fleckel,
Die gestohlen du, Geisböckel,
15 Schneider grossen Diebstahl übt,
Gar nichts als den Abschnitt liebt.

Don Geishaar.

Mehldieb sei nicht also trutzig,
Halte mir nicht Diebstahl für,

Mache dich nicht so unnützig,
Kehre nur vor deiner Thür, 20
Schwarzmehl du für weiß thust geben,
Davon stiehlst du noch daneben,
Ja die Kleien stiehlst du auch,
Das ist ja der Müller Brauch.

Don Mahlmehl.

Was thut doch der Geißbock mecken, 25
Fängt da mit mir Händel an,
Will ihn in ein Beutel stecken,
Hängen auf am Hosenband.
Diebstahl will er mir vorstossen,
Der doch voller Diebespossen, 30
Sag, wie ist das Kleid doch dein,
Da's gestohlne Fleckel sein.

Don Geishaar.

Seckelleerer, magst so lügen
Schweige mir nur alsbald still,
Sonsten deinen Mehlmuth biegen, 35
Ich mit meiner Elle will,
Meinst, ich pfleg vom Raub zu leben,
Weil du es so machest eben,
Dein Kropf ist Diebstahli voll
Weil dein Kopf schmirali toll. 40

Don Mahlmehl.

Brauch die Elle nur zum messen,
Fleckeldieb und nicht für mich,
Doppelt messen thu vergessen,
Hiezu mahnt Don Mahlmehl dich,
Doppelt Tuch und doppelt Seiden 45
Doppelt Knöpf brauchst beim Zuschneiden,
Ja noch dieses nicht erkleckt,
Weiter sich dein Geitz erstreckt.

Don Geishaar.

Müller, Mahler, Roggenstehler
50 Sag, womit erhälst dein Schwein,
Kaufst Getraid nicht um ein Heller,
Muß doch fett wie du ja sein.
Andre müssen sich ernähren,
Du thust fremdes Gut verzehren
55 Gleich ein Habicht Räuber lebst,
Und in lauter Diebstahl schwebst.

Don Mahlmehl.

Wie prangst du mit Silberknöpfen,
Mit Seiden ausgenähtem Tuch,
Weib und Tochter auch mit Schöpfen,
60 Mit Spitz, Bändern, hohem Schmuck,
Dann dies sind gestohlne Waaren,
Die da zieren Hoffahrts Narren,
Bist ein rechter Papagai,
Ist nichts dein, als das Geschrei.

Don Geishaar.

65 Mein Mühlesel, thu betrachten,
Zieh dich bei der Nasen doch,
Deinen Kropf thu beobachten
Mit demselben hurtig poch,
Die Natur hat dir ihn geben,
70 Daß du sollst bezeichnet leben.
Dieser ist ein Ueberfluß,
Gleich wie dir dein Diebsgenuß.

Don Mahlmehl.

Hättst ein Kropf, du wärest schwerer,
Dürfst nicht tragen 's Bögeleis,
75 Der Wind dich hinweht du Leerer,
Du verschüttest deine . . . . !

Geh du deine Finger reiben,
Daß du kannst die Zeit vertreiben,
Unrecht Gut heraus dir fährt,
Gesunder Haut bist du nicht werth.   80

Don Geishaar.

Eines muß ich dich noch fragen,
Warum machst die Säck so leer,
Werden voll dir zugetragen,
Kehren heim nicht halb so schwer.
Geld brauchst du für deine Kinder,   85
Die nicht klüger als die Rinder,
Oder für dein Lumpgesind,
Wenns nicht durch die Gurgel rinnt.

Don Mahlmehl.

Sag mir auch du Fingerreiber,
Zu was so viel Futter ist,   90
Doch nicht so viel Diebstahl treibe,
Schau man kennt schon deine List,
Steifleinwand, Kameelhaar eben
Muß man dir ja doppelt geben,
Damit kleidest du die dein,   95
Ach laß doch das Stehlen sein.

Chor Don Geishaars.

Waitzendieb, Roggendieb, Gerstendieb,
Korndieb, Kleiendieb, Breiendieb,
Erbsendieb, du, du, du Linsendieb,
Graubendieb du, du, du Mehlbeutel,   100
Lügenveitel, Wasserkropf, Eselsknopf,
Mühlnarr, du, du, du Me Me Mehldieb,
Du bist ein Dieb, ja ja ja, nein nein nein,
Ich nicht, du du du.

Chor Don Mahlmehls.

105 Tuchdieb, Zeugdieb, Hosendieb, Seidendieb,
Fadendieb, Bordendieb, Säckeldieb,
Fleckeldieb, du, du, du Kameelhaardieb,
Manchesterdieb, du, du, du Knopfdieb,
Fingerreiber, Bocktreiber, Ziegenbart,
110 Armer Tropf, meck meck meck, Ziegenknopf,
Du bist ein Dieb, meck meck meck, ja ja ja,
Ich nicht, du, du, du!

Chor Don Geishaars.

Es ist ein Dieb da!

Chor Don Mahlmehls.

Es ist ein Bock da!

Chor Don Geishaars.

115 Wer ist er?

Chor Don Mahlmehls.

Wer ist er?

Chor Don Geishaars.

Der Mahlmehl.

Chor Don Mahlmehls.

Der Geishaar.

Nun gehen mir alten seeligen Manne
erst die Augen auf.

(Docen Miscellaneen I, S. 272.)

Als Jupiter gedacht,
Er hätte Himmel und Erd,
Ganz fertig ausgemacht,
Und was darin gehört,
Da sah er hin und her, 5
Besinnt sich endlich fein,
Es müßt seyn etwas mehr,
So da gehört darein.
Der Sachen ha ha Cupido lacht,
Sprach: Alter du hast nicht alles gemacht, 10
Besinn dich fein wohl, besinn dich fein wohl,
Das Beste fehlt hier, das billig seyn soll!

Solches Jovem verdroß hart,
Daß er von diesem Kind,
Spöttlich verlachet ward, 15
Da nahm er in sein Sinn,
Erschafft ein Kreatur
Ein schön jungfräulich Bild,
Welche schöne Figur
Er für sein Kunstwerk hielt. 20
Der Sachen ha ha Cupido lacht:
Du hast alles recht wohl gemacht,
Des freu ich mich sehr, des freu ich mich sehr;
Ach Lieber mach doch der Dinge noch mehr.

Welches Jovi Freuden bracht, 25
Daß dieses Kind nackend und bloß,
Ihn sehr freundlich anlacht,
Drum setzt ers in sein Schooß,
Das Bild entschlief so bald,
Er hätts geküßt so gern, 30

Wolts aber mit Gewalt,
Nicht aus dem Schlaf verstörn.
Der Sachen ha ha Cupido lacht,
Sprach: Alter küß fort, bis sie erwacht,
35   Laß also nicht ruhn, laß also nicht ruhn,
Es ist ihr nicht um den Schlaf zu thun.

Dein Liebelein schlaf oder wach,
So küß sie immerfort,
Dir kein Gedanken mach,
40   Sondern glaub meinem Wort,
Küß sie so oft und wohl,
Ich will verwetten was,
Ob sie dich schelten soll,
Sondern sprechen, küß nur bas!
45   Der Sachen, ha ha, Cupido lacht,
Zwey Lieblein scherzen die ganze Nacht,
Laß also frey gehn, laß also frey gehn,
Ach Kinder was wird noch draus entstehn.

Darum schönes Liebelein,
50   Laß mich dir nun küssen auch
Dein werthes Mündelein,
Weils ist ein alter Brauch,
Der muß abkommen nicht,
Weils ist ein ehlich Pflicht,
55   Und wenns in Ehren geschieht,
So kanns ja schaden nicht.
So haben die Alten einander geküßt,
Bis aus Zwey ein Drey worden ist.
So laßt uns nun auch halten den Gebrauch,
60   So lang wir leben auf dieser Erd.

Ehrensache und Satisfaction zu Günzburg.

(In des guten Kerls Ton.)

(Altes Manuscript.)

Zu Günzburg in der werthen Stadt,
Als ihre Zunft den Jahrstag hat,
Die Schneider alle kamen,
Die Meister sämmtlich jung und alt,
Die Gesellen auch in schiefer Gestalt   5
Da in der Kirch zusammen.

Der Teufel aber hat kein Ruh,
Baut sein Capelle auch dazu,
Als sie zum Opfer gehen,
Da hat man mitten in der Schaar   10
Ein großen Geißbock offenbar
In ihrer Mitt' gesehen.

Der gieng ganz sittsam neben her
Dem Opfer zu in aller Ehr,
Und thät sich doch nit bücken,   15
Ein alter Meister hochgeschorn
Der faßt da einen grimmen Zorn,
Und wollt darüber zücken.

Wo führt der Teufel den Bock daher,
Potz Elle, Fingerhut und Scheer,   20
Er kömmt mir recht und eben,
Gieng er nur besser her zu mir,
Ich wüsste schon ein Kunst dafür,
Wollt ihm ein Maultasch geben.

Der Geißbock hätt sehr feine Ohrn,   25
Vermerkte bald des Schneiders Zorn,
Hätt doch nichts zu bedeuten,

Er machet sich zugleich unnütz,
Und biet dem Schneider einen Trutz,
30   Gieng frisch ihm an die Seiten.

Der Schneider aber hielt sein Wort,
Es war grad an der Stiege dort,
Er griff den Bock beim Boschen,
Er stieß denselben hin und her,
35   Als wenns des Bocks sein Mutter wär,
Gab ihm eins an die Goschen.

Der Geißbock fiel die Stiegen ein,
Das mußt er also lassen sein
Und dürft sich nicht wohl rächen,
40   Gieng bald darvon in aller Still,
Gedacht der Schneider sind zu viel,
Sie dürften mich verstechen.

Frau Burgermeisterin alldort
Stand in dem Stuhl an ihrem Ort,
45   Die hat der Bock ersehen,
Er gieng ganz traurig zu ihr hin,
Und klagte ihr in seinem Sinn,
Wie hart ihm wär geschehen.

Er sprach: »Ich habs nit bös gemeint,
50   Dieweil die Schneider meine Freund,
Hab ich für Recht ermessen,
Daß ich mit Meister und Gesell
Mich bei dem Jahrstag auch einstell,
Bin grob doch eingesessen.

55   Die Maultasch hab ich nit erwart',
Hätt sonst mein Fell so rauch und hart
Gar wohl verschonen können,
Jezt habe ich die Stöß davon,

Die hängen mir mein Lebtag an,
Das fühl ich an dem Brennen.   60

Wenn ich aufs Jahr noch hier verbleib,
Bleib ich daheim und schick mein Weib,
Kanns leichter übertragen,
Die ist zumahl ein reine Geiß,
Wie sie und jedermann wohl weiß,   65
Die dürften sie nit schlagen.«

Die Frau sagt ihm auf sein Begehrn:
»Geh nur mein Schatz, klags meinem Herrn,
Dem Schneider bringts nicht Rosen.«
Der Geisbock neiget sich vor ihr,   70
Bedankt sich auch auf sein Manier
Mit Stutzen, Meckern, Stoßen.

Der Schneider schaut von ferne zu,
Des Bocks Anklag gab ihm Unruh,
Wolt schier darum verzagen,   75
Daß er den Bock, es war ihm leid,
Aus Zorn und Unbescheidenheit
Im Gotteshaus geschlagen.

Wies endlich ablief noch zur Lust,
Das ist den Schneidern wohl bewußt,   80
Habs weiter nit beschrieben,
So viel ich hab gehört davon,
Hat er dem Bock Abbitt gethan,
Dabei ist es geblieben.

Ein guter Herr, der sprach mich an,   85
Dem hab ich es zu lieb gethan,
Sein Bitt nit abgeschlagen,
Und diese schöne Action
Ins guten Kerles Weiß und Ton
Also zusamm getragen.   90

Schadenfreude.

[Nach Anakreon, nationalisirte Antike. Philanders
Strafreden I, S. 113.]

Hie auf dieser Liebes Matt
Cupido vor dreien Tagen,
Weil er nichts zu schaffen hat,
Wollt sein Zelt und Lager schlagen:
5   Ach Cupido kleiner Schelm,
Wie machst du so große Wunden.

Als er nun ins Grüne kam,
Dieses hier dort das wolt sehen,
Venus bei der Hand ihn nahm,
10 Doch wolt er nicht mit ihr gehen, ach Cupidon. usw.

Lief bald vor das Bienen Haus,
Wolt ein wenig Honig lecken,
Eine kroch zum Korb heraus
Und flog nach dem jungen Gecken, ach Cupidon. usw.

15 Cupido bald her bald hin,
Hätt sich gern vor ihr verkrochen,
Doch die Bien flog stets auf ihn,
Bis er von ihr war gestochen, ach Cupidon. usw.

Als er seinen Finger schaut,
20 Wie er armsdick aufgeloffen,
Fing er an zu schreien laut:
O weh Mutter, ich bin troffen! Ach Cupidon. usw.

O Weh liebe Mutter bald,
Ich muß an dem Stich verderben,
25 O Weh, ich lauf in den Wald,
Lasse mich drinn Hungers sterben. Ach Cupidon. usw.

Helft und helft ihr nicht geschwind,
Stürz ich mich in einen Brunnen,
Wie bald kann ein armes Kind
Als ich, in der Hitz verbrennen, ach Cupidon. usw.   30

Rach o liebste Mutter Rach,
Ich werd noch verzweiffeln müssen,
Helft, ich spring sonst in den Bach,
Oder will mich selbst erschiessen, ach Cupidon. usw.

Venus sprach vor Zorn kein Wort,   35
Endlich nahm ein Hand voll Ruthen,
Wart, ich will dich bringen fort,
Daß dir soll der Hintern bluten, ach Cupidon. usw.

Hab ich dirs nicht vor gesagt,
Du solt stupfens müssig gehen,   40
Wer nicht folgen will der wagt.
Komm her, laß den Finger sehen, ach Cupidon. usw.

Ey du ungerathner Sohn,
Dir ist eben recht geschehen,
Das ist dein verdienter Lohn,   45
Wilt nicht mit der Mutter gehen, ach Cupidon. usw.

Indem bükt sie ihn herum:
Halt ich will dich lehren sitzen,
Gß' gß' noch einmal so kum,
Dann will ich dich besser fitzen, ach Cupidon. usw.   50

Cupido fiel auf die Erd,
Ha! wie that ihn das verdriessen,
Und wie ein zaumloses Pferd,
Schlug um sich mit Händ und Füßen, da Cupidon. usw.

Ach mein, klag dich nicht so sehr,   55
Sprach sie, und bald laß die Possen,

Denk' daß du wohl andre mehr
Unverschuldet hast geschossen, ha Cupidon. usw.

Deine Pfeil sind voller Gift,
60   Und gehn richtig zu dem Herzen,
Was aber den Finger trift,
Das ist nur ein Kinderscherzen. Ha Cupidon. usw.

Thuts dir schon ein wenig weh,
Darfst dir drum nicht lassen bangen,
65   Eh du dreimal Steh und Geh,
Sagst, so wird es sein vergangen. Ach Cupidon. usw.

Wen der lose Vorwiz sticht,
Und solch Leckerey will treiben,
Dem gerath es anders nicht,
70   Drum sollst bei der Mutter bleiben.
Ach Cupidon kleiner Schelm,
Wie machst du so große Wunden!

Du Stupfer, du Hauser,
Du Rupfer, du Zaußer,
75   Du Lecker, du Lauser,
Du Schlecker, du Mauser,
So soll es dir gehn,
Recht ist dir geschehn,
So soll es dir gehn!!!

II 366   Rinaldo Rinaldini.

Es wollt ein Schneider wandern,
Am Montag in der Fruh,
Begegnet ihm der Teufel,
Hat weder Strümpf noch Schuh':

He, he, du Schneiderg'sell,   5
Du mußt mit mir in die Höll,
Du mußt uns Teufel kleiden,
Es gehe wie es wöll.

Sobald der Schneider in die Höll kam,
Nahm er seinen Ehlenstab,   10
Er schlug den Teuflen Buckel voll,
Die Hölle auf und ab:
He, he, du Schneidergesell,
Mußt wieder aus der Höll,
Wir brauchen nicht zu messen;   15
Es gehe wie es wöll.

Nachdem er all gemessen hat,
Nahm er seine lange Scheer
Und stuzt den Teuflen d' Schwänzlein ab
Sie hüpfen hin und her.   20
He, he du Schneiderg'sell,
Pack dich nur aus der Höll,
Wir brauchen nicht das Stuzen,
Es gehe wie es wöll.

Da zog er's Bügeleisen raus,   25
Und warf es in das Feuer,
Er streicht den Teuflen die Falten aus,
Sie schrieen ungeheuer:
He, he du Schneiderg'sell,
Geh du nur aus der Höll,   30
Wir brauchen nicht zu bügeln,
Es gehe wie es wöll.

Er nahm den Pfriemen aus dem Sack,
Und stach sie in die Köpf,
Er sagt, halt still, ich bin schon da,   35
So sezt man bei uns Knöpf:

He, he, du Schneiderg'sell,
Geh einmal aus der Höll,
Wir brauchen nicht zu kleiden,
40   Es geh nun wie es wöll.

Drauf nahm er Nadl und Fingerhut,
Und fängt zu stechen an,
Er flickt den Teufeln die Naslöcher zu.
So eng er immer kan:
45   He, he, du Schneidergesell,
Pack dich nur aus der Höll,
Wir können nimmer riechen,
Es geh nun wie es wöll.

Darauf fängt er zu schneiden an,
50   Das Ding hat ziemlich brennt,
Er hat den Teuflen mit Gewalt
Die Ohrlappen aufgetrennt:
He, he, du Schneiderg'sell,
Marschir nur aus der Höll,
55   Sonst brauchen wir den Bader,
Es geh nun wie es wöll.

Nach diesem kam der Lucifer,
Und sagt: es ist ein Graus,
Kein Teufel hat kein Schwänzerl mehr,
60   Jagt ihn zur Höll hinaus:
He, he, du Schneiderg'sell,
Pack dich nur aus der Höll,
Wir brauchen keine Kleider,
Es geh nun wie es wöll.

65   Nachdem er nun hat aufgepackt,
Da war ihm erst recht wohl,
Er hüpft und springet unverzagt,
Lacht sich den Buckel voll,

Ging eilends aus der Höll,
Und blieb ein Schneiderg'sell;   70
Drum holt der Teufel kein Schneider mehr,
Er stehl so viel er wöll.

Hans in allen Gassen.   II 369

[Fliegendes Blat]

Ich will einmal spaziren gehn,
Und suchen meine Freud,
Begegnet mir ja alsobald,
Ha ha, ja ja, ja alsobald,
Ein Knäblein war schön bekleidt.   5

Zwei Flüglein thät er tragen,
Ein Bogen in seiner Hand,
Er thät gleich zu mir sagen,
Ha ha, ja ja, ja sagen,
Schenk mir dein Herz zum Pfand.   10

Was thust du da, du kleiner Bub?
Was machst du hier im Wald?
Du g'hörst nach Haus in deine Ruh,
Ha ha, ja ja, in deine Ruh,
Die Nacht ist dir zu kalt.   15

Seine Aeuglein hat er verbunden,
Mit einem schwarzen Flor,
Du machst mir ja viel Wunden,
Ha ha, ja ja, viel Wunden,
Du kleiner Kupido.   20

Itzt will ich erst recht lieben,
Weils die Leut verdriessen thut,

Ich wills nicht mehr aufschieben,
Ha ha, ja ja, aufschieben,
25   Wills nehmen für mein Buß.

II 370   Das zarte Wesen.

(Altes Manuscript.)

Zu Backnang wohnt ein Schneiderlein,
Es hat ein einzigs Geiselein,
Er bracht ihm Gras, er bracht im Kraut,
Das best', das er im Garten baut.
5   Da ward das zarte Wesen krank,
Der Schneider war in grossem Leid,
Als sie den Tod mußt leiden:
»Mein edle Geiß, die Häddel heißt,
Hat manches Kraut gefressen.
10   Jezt muß ich gar vor Herzeleid
Mein süße Geiß vergessen!«

Der Stadtknecht gieng am Zaune nah,
Sobald, als er die Geiß ersah:
»Potz Kreutz! was seh ich liegen!
15   Das wär' jezt eine gute Sach,
Wenn es nur blieb verschwiegen.«
Der Stadtknecht zeigts dem Metzger an:
»Ei guten Abend Metzger du,
Beim Bettelhaus, da liegt ein Rehbock,
20   Die Haut ist abgezogen.
Das wär ein gute Sach für uns,
Wenn es nur bleibt verschwiegen.«

Der Metzger in die Metzel kam,
Sein Gürtel und Messer mit sich nahm,
25   Ein weissen Schurz darneben.

Die Pfarrerin mit dem Gelenk heim gieng,
Die Vögtin macht ein Braten,
Es habens kauft mehr als zehn Frau'n,
Ist reissend abgegangen.
Die Backnanger Herrn sind zusammen gesessen,   30
Das zarte Wesen als einen Rehbock gegessen,
Ein Guckuck für eine Taube,
Und blaue Schleen für Trauben.

Das Backnanger Liedlein lautet nit wohl,
Man schlägt einem gleich den Buckel voll,   35
Sie konnten das zarte Wesen nit verdauen.

Weibliche Selbstständigkeit.   II 371

(Mündlich.)

Wer noch in Freiheit leben will,
Der komm mit mir zum Walde,
Diana rast und rastet still,
Und rufet alsobalde;
Frau Echo schlägt den Triller drein,   5
Daß mir mein Herz zerspringt,
Weil auf der Sait Diana spielt,
Und mir ein Liedlein singt.

Und als ich in Gedanken da
Schier ganz verwirret ware,   10
Da kam ein Wildpretschütz mir nah,
Dazu ein junger Knabe.
Er nennet mich bei meinem Nam,
Und schaut mich herzlich an:
Wie kommen wir allhier zusamm,   15
Sprach er, o Schäfersdam?

Ich gab zur Antwort: Kleiner Bu,
Was thust du hier im Walde,
Heraus gehörst du in die Ruh,
20   Die Nacht ist dir zu kalte!
Mein Feuer habe ich bey mir!
Und seufzet allsogleich,
Weil auf der Sait Diana spielt
In ihrem edlen Reich.

25   Sie führt ihn ins Gebüsch hinein,
Zum grün tapzierten Saale,
Sie bleibt nicht lange so allein,
Und strickt am Vogelgarne,
Das Feuer lockt die Flora hin,
30   Die Blumen sehn hinein,
Ich bleib mit meinem freien Sinn
Wohl in dem Wald allein.

II 372   Das Erbbegräbniß.

(Altes Manuscript.)

Das Schneiderlein sah am Wege stehn
Eine alte verzottelte Geiß,
Da sprach dieselbige: Zick, Zick, Zick,
Bock, Bock, Bock, Meck, Meck, Meck,
5   Da wards dem Schneiderlein heiß.

Das Schneiderlein fing zu laufen an,
Lauft in das Wirtshaus hinein,
Da sprach derselbige: Zick, Zick, Zick,
Bock, Bock, Bock, Meck, Meck, Meck,
10   Schenkt mir ein halb Maas ein.

Das Schneiderlein fing zu saufen an,
Sauft aus den Fingerhut,

Da sprach derselbige: Zick, Zick, Zick,
Bock, Bock, Bock, Meck, Meck, Meck,
Wie schmeckt der Wein so gut.   15

Das Schneiderlein fing zu tanzen an,
Tanzt in der Stuben herum,
Da fiel derselbige Zick, Zick, Zick,
Bock, Bock, Bock, Meck, Meck, Meck,
Vor Ohnmacht gar bald um.   20

Das Schneiderlein wurde begraben dann
In ein hohle verzottelte Geiß,
Da sprach derselbige Zick, Zick, Zick,
Bock, Bock, Bock, Meck, Meck, Meck,
Wie ist die Hölle so heiß.   25

Der Paß.   II 373

[Fliegendes Blatt.]

Schöns Salzburger Mädl,
Mit dem krausen Härl,
Thust mir überaus gefallen,
Wann ich dich seh gehen,
Bleib ich allzeit stehen,   5
Und betrachte dich vor andern allen,
Deine schwarze Hauben
Sticht mir in die Augen,
Mit deinen güldnen Borten;
Bin ich z'Haus allein,   10
Fallt mirs wieder ein,
Dirnerl wär ich bey dir dorten.

Wenn ich fragen darf,
Mein, wer ist der Herr,

15   Denn es ist nicht allzeit zu trauen,
        Mein Herr ist sehr bös,
        Giebt der Frau oft Stöß,
        Daß sie nicht auf mich thut schauen! –
        Weil du mich thust fragen,
20   Will ich dirs wohl sagen:
        Ich bin einer von den Liebesgöttern,
        Alle Schäfersleut
        Auf der grünen Haid
        Heissen mich auch einen Vettern.

II 374   Flußübergang.

                (Altes Manuscript.)

        Es hatten sich siebenzig Schneider verschworen,
        Sie wollten zusammen ins Niederland fahren,
        Da nähten sie einen papierenen Wagen,
        Der siebenzig tapfere Schneider konnt tragen,
5   Die Zottelgeiß spannten sie dran,
        Hott Hott, Meck Meck, ihr lustigen Brüder,
        Nun setzt euer Leben daran.

        Sie fuhren, da trat wohl an einem Stege
        Den Schneidern der Geiß ihr Böcklein entgegen,
10   Und schaute die Meister gar trotziglich an,
        Darunter war aber ein herzhafter Mann,
        Der zog wohl den kupfernen Fingerhut an,
        Und zog eine rostige Nadel heraus,
        Und stach das Geißböcklein daß es sprang.

15   Da schüttelt das Böcklein gewaltig die Hörner,
        Und jagte die Meister durch Distel und Dörner.
        Zerriß auch dem Held den Manchesternen Kragen,
        Erbeutet viel Ellen und Scheren im Wagen,

Und weil acht und sechzig gesprungen in Bach,
So hat nur ein einz'ger sein Leben verloren,   20
Weil er nicht konnt springen, er war zu schwach.

Kupido die Fledermaus.   II 375

Als ich verwichen lag in sanfter Ruh,
Da klopft an meiner Thür,
Und kommet auch zu mir,
Ein kleiner Bue!

Schneeweiß ist er gekleidt, von Angesicht blind,
Er stellt sich an die Wand,   6
Ein Fackel in der Hand,
Das lose Kind!

Was das bedeuten soll, schrie ich darauf,
Schweig still, es geschieht dir nichts!   10
Schweig still, ich thu dir nichts,
Sprach er darauf.

Er geht zum Bette hin, der kleine Fratz,
Er bittet mich gar schön,
Sollt aus dem Wege gehn,   15
Sollt machen Platz.

Ey du verdammtes Kind! was bildst dir ein,
Willst schon im Bette liegen,
Gehörst noch in die Wiegen,
In die Wickel hinein.   20

Scheer dich vom Bett und geh nach Haus
Anstatt der Liebesglut
Gehört dir noch die Ruth,
Du Fledermaus!

90 × 9 × 99.

Es waren einmal die Schneider,
Die hatten guten Muth,
Da tranken ihrer neunzig,
Neun mal neun und neunzig
5   Aus einem Fingerhut.

Und als die Schneider versammelt waren,
Da hielten sie einen Rath,
Da sassen ihrer neunzig,
Neun mal neun und neunzig,
10   Auf einem Kartenblat.

Und als die Schneider nach Hause kamen,
Da können sie nicht hinein,
Da schlupften ihrer neunzig,
Neun mal neun und neunzig
15   Zum Schlüsselloch hinein.

Und als die Schneider recht lustig waren,
Da hielten sie einen Tanz,
Da tanzten ihrer neunzig,
Neun mal neun und neunzig
20   Auf einem Geisenschwanz.

Und als sie auf der Herberg waren,
Da hielten sie einen Schmauß,
Da fraßen ihrer neunzig,
Neun mal neun und neunzig,
25   An einer gebacknen Maus.

Und als ein Schnee gefallen war,
Da hielten sie Schlittenfahrt,
Da fuhren ihrer neunzig,

Neun mal neun und neunzig
Auf einem Geisenbarth.   30

Und als die Schneider nach Hause wollen,
Da haben sie keinen Bock,
Da reiten ihrer neunzig,
Neun mal neun und neunzig
Auf einem Haselstock.   35

Und als die Schneider nach Hause kamen,
Da saßen sie beim Wein,
Da tranken ihrer neunzig,
Neun mal neun und neunzig
An einem Schöpplein Wein.   40

Und als sie all besoffen warn,
Da sah man sie nicht mehr,
Da krochen ihrer neunzig,
Neun mal neun und neunzig
In eine Lichtputzscheer.   45

Und als sie ausgeschlafen hatten,
Da können sie nicht heraus,
Da wirft sie alle neunzig,
Neun mal neun und neunzig
Der Wirth zum Fenster hinaus.   50

Und als sie vor das Fenster kamen,
Da fallen sie um und um,
Da kommen ihrer neunzig,
Neun mal neun und neunzig
In einem Kandel um.   55

Cupido und die Magd.

Cupido. Als ich bei dunkler Nacht
        War auf der Liebesjagd,
        Wollt fangen in der Still
        Der Herzen viel,
5   Da thät sich offerirn
        Ein schöne Bauersdirn,
        Als ich sie schlafend fand,
        Mein Bogen spannt,
        Und schoß in schneller Eil,
10   Ihr Herz mit Liebespfeil.

Magd.   Tausend Sapperlot,
        I mein gar, mein Jackerl brennt,
        G'schosse bin i auch,
        An irgend einem End,
15   I schmeck schon a Rauch!

Cupido. In Scherz und Liebeslust
        Schieß ich nach deiner Brust.

Magd.   Schau, der Narr is g'scheid,
        Schießt mer dann uff die Leut
20   So grad für Gespaß,
        Daß Gott erbärmel!
        Schieß mer brav in Ermel,
        Do triffst mi nit uff die Nas.

Cupido. Mägdlein treib du kein Spott,
25   Ich bin der Liebesgott,
        Der nach deinem Herzen tracht',
        Mich nit veracht,
        Sonst brauch ich mein Gewalt,
        Du wirst's erfahren bald,
30   Daß ich auch jedermann

Bezwingen kann,
Mit meinen Pfeilen spitz.

Magd.   Was schert mich dein Bolz,
Schieß dir im Holz
Kleine Vögle z'sammen,   35
Erdbeer oder Schwammen,
Dir zum Futter such.

Cupido.   Ich hab Speiß und Früchten gnug,
Dich nur zu lieben such.

Magd.   Ey du kleiner Diab!   40
Was verstehst du von der Liab,
Bischt hintern Ohren
Noch nit trucke woren,
Machst noch in die Wiegen.

Cupido.   Weil du mich dann verachst,   45
Und meiner Worte lachst,
So sollst mit Liebespein
Du ganz umgeben seyn.
Wenn dein Herz in Flammen brinnt,
Denk an das kleine Kind,   50
Das dir so zugesetzt,
So daß die Liebesglut
Dich schier verzehren thut.

Magd.   Sollst mirs nur probieren,
Ich will dirs Fleisch kuriren,   55
Will dir dein Spiegellein
Mit Ruthen kehren rein.

Cupido.   Niemand mich fangen kann,
Weil ich hab Flügel an.

60   Magd.   So kannst Zauberey,
             Fliegst in Lüften frey,
             Wie ein geropte Gans?
             Du Spatzenhirn.

     Cupido. Du stolze Bauerndirn!
65   Läßt gar kein Lust verspürn
              Vor meinen betrübten Sinn,
              So geh nur hin,
              Nimm nur den Veit,
              Gieb acht, daß dichs nit reut,
70   Wenn du suchst in Müh und Noth
              Dein Stücklein Brod.
              Mußt Dreschen, Butterrühren,
              Mußt Gras und Mist ausführen.

     Magd.   Dreschen ist meine Freud,
75   Mistführen thut der Veit,
              Wenn dann die Sennrin kommt,
              Hat er die Spielleut g'holt,
              Führt mich zum Bier.

     Cupido. So bleib beim Bauergesind,
80   Bauernmensch du bist blind.

     Magd.   Ich sieh wohl gnu für mi,
              Schau nur du für di,
              Sag ders mit eim Wort
              Scher di wieder fort,
85   S'iß nix mit mi.

Meine Reise auf meinem Zimmer.

(Fliegendes Blat.)

Der Schneider Franz, der reisen soll,
Weint laut und jammert sehr:
»O! Mutter lebet ewig wohl,
Euch seh ich nimmermehr!«
Die Mutter weint entsetzlich: 5
»Das laß ich nicht geschehn,
Du darfst mir nicht so plözlich
Aus deiner Heimath gehn.«

O! Mutter, nein, ich muß von hier,
Ist das nicht jämmerlich!   10
»Mein Kind, ich weiß dir Rath dafür,
Verbergen will ich dich.
In meinem Taubenschlage,
Verberg ich dich mein Kind,
Bis deine Wandertage   15
Gesund vorüber sind.«

Mein guter Schneider merkt sich dies,
Und thut als ging er fort,
Nahm kläglich Abschied und verließ
Sich auf der Mutter Wort,   20
Doch Abends nach der Glocke,
Stellt er sich wieder ein,
Und ritt auf einem Bocke
Zum Taubenschlag hinein.

Da ging er, welch ein Wanderschaft,   25
Im Schlage auf und ab,
Und wartete bis ihm zur Kraft
Die Mutter Nudeln gab,
Beim Tag war er auf Reisen,
Und auch in mancher Nacht,   30

Da hat er mit den Mäusen
Und Ratten eine Schlacht.

Einst hatte seine Schwester Streit,
Nicht weit von seinem Haus,
Er hört wie die Bekämpfte schreit,
Und gukt zum Schlag hinaus,
Mein Schneiderlein ergrimmte,
Macht eine Faust und droht:
»Wär ich nicht in der Fremde,
Ich schlüge dich zu todt.«

Kerbholz und Knotenstock.

II 383

(Fliegendes Blatt.)

Seyd lustig und fröhlich
Ihr Handwerksgesellen,
Denn es kommt die Zeit,
Die uns all erfreut;
    Sie ist schon da!

Wir haben uns besonnen,
Feierabend genommen
In der Still,
Reden nicht zu viel,
    Brauchen nicht viel Wort!

Wir haben uns besonnen,
Wo wir werden hinkommen,
Reisen ist kein Schand,
Zu Wasser und zu Land,
    Gehn auch Abends zu Bier.

Wir haben uns besonnen,
Wo wir werden hinkommen,

In das Oesterreich,
Gilt uns alles gleich,
  Wien ist die Hauptstadt!   20

Kaiser, Königinn zu sehn,
Etwas zu erlernen,
Von Bescheidenheit,
Von der Höflichkeit,
  Wie auch von Manier!   25

Preßburg in Ungarn,
Hat uns bezwungen,
Breslau in der Schlesing,
Bin ich schon gewesen,
  Das gefällt mir wohl.   30

Moskau in Rußland,
Allerlei Leder sind mir da bekannt,
Juchten und Korduan,
Zucker und Marzipan
  Ißt man allda zum Frühstück.   35

Botzen in Ellischland,
Inspruck im Tirolerland,
Setz mich auf das Meer
Fahre hin und her,
  Nach Holland hinein.   40

Amsterdam in Holland,
Schöne Farben sind uns wohlbekannt,
Grün und blau,
Scharlachroth,
  Karmasinfarbroth.   45

Haben einen weiten Gang
Fort in das Tirooolerland,

Frankreich in Paris,
Wo ich meine Stiefel ließ,
50   Ist allda ein Lazareth!

Dresden in Sachsen,
Wo die schönen Mädel auf den Bäumen wachsen,
Hätt' ich dran gedacht,
Hätt' ich eine mitgebracht,
55   Für den Altgesellen auf der Post.

Prag in Böhmen, mag ich auch nicht seyn,
Seyn so viele Juden darein,
Alle liebe Tag
Ist es eine Klag,
60   Daß eine Mordthat geschach.

Dreißig tausend groß und klein
Studitutidenten thun drin seyn,
Jederzeit
Ist es ihre Freud,
65   Wenn sie machen brave Beut.

Können Juden vexiren,
Recht tribuliren,
Sie gehen her
Mit Schweinenschmeer
70   Schmieren sie ihnen die Bärt.

Haben noch einen harten Stand
Bis nunter ins Kravattenland,
Sitz ich auf der Sau
Und herummer schau,
75   Belgrad ist schon da.

Nun adje Heidelberg,
Bist eine rechte Staatsherberg,

Ist ganz still,
Wenn man will
  Singen die ganze Nacht.   80

Nun adje du werthe Stadt,
Weil es ausgeregnet hat,
Mit dem Parableh
Geh ich nach der See,
  Wenn ich komm vom großen Faß.   85

Rechenexempel.   II 386

(Fliegende Blätter.)

Bruder Liederlich,
Was saufst dich so voll?
O du mein Gott,
Was schmeckts mir so wohl.

Am Montag   5
Muß versoffen seyn,
Was Sonntag
Uebrig war vom Wein.

Am Dienstag
Schlafen wir bis neun,   10
Ihr liebe Brüder
Führt mich zum Wein.

Am Mittwoch
Ist mitten in der Wochen,
Haben wir das Fleisch gefressen,   15
Freß der Meister die Knochen.

Am Donnerstag
Stehn wir auf um vier,

Ihr lieben Brüder,
20　Kommt mit zum Bier.

Am Freytag
Gehen wir ins Bad,
Alle Lumperey
Waschen wir ab.

25　Am Samstag
Da wollen wir schaffen,
Spricht der Meister:
Könnts bleiben lassen.

Am Sonntag
30　Vor dem Essen
Spricht der Meister:
»Jezt wollen wir rechnen.

Die ganze Woche
Hast du gelumpt,
35　Hast du gesoffen,
Null für Null geht auf.

Nun will ich nicht mehr leben,
Mit dir Geselle mein.
Urlaub will ich dir geben,
40　Weil du nicht bleibst daheim.
Du hast die sieben Tag
Gefeiert mit Spazierengehen,
So ich nicht leiden mag.«

Bruder Liederlich.

Gar willig und mit Freuden
45　Will ich jezt ziehn davon,
Will solche Krauter meiden,
Dies also machen thun,
O Kraut, o Meister Kraut,

Des Tag soll zweymal fressen,
In meine zarte Haut.　　　　　　　　　　　　50

Meister.

Egyptisch soll dich plagen
Der Sonn und Mondenschein,
Ein Bündel schwer zu tragen
Soll dir Gesellschaft seyn,
Dazu ein schlimmer Weg,　　　　　　　　　55
Darauf du jezt sollst wandern,
Bis über die Schuh im Dreck.

Bruder Liederlich.

Wie bist du so vermessen,
Hör zu du Krauter mein,
Du giebst zwar wohl zu fressen,　　　　　　60
Viel Supp und wenig Fleisch,
Und alle Tag zwey Kraut,
Das macht in einem Jahre
Sieben hundert dreissig Kraut.

Meister.

Was soll ich dir belohnen,　　　　　　　　65
Wenn du's verdienest nicht?
Den Buckel thust du schonen,
Daß dir nicht Weh geschieht;
Thust alle Stund ein Schlag,
Die Hand magst nicht aufheben,　　　　　　70
Drum ich dich nimmer mag.

Bruder Liederlich.

Die Frau hat mich geliebet,
Und auch die Tochter dein,
Der Abschied mich betrübet,
Bringt mich in schwere Pein,　　　　　　　75

Macht mir mein Herz verwundt,
Wann ich an sie gedenke,
Und ihren rothen Mund.

Meister.

Mein Weib kann dir nicht helfen,
80 Weil sie nicht Meister ist,
Laß nur die Lieb verwelken,
Wann abgereiset bist,
Geh, nimm dein Kleid an Leib,
Und laß das Lieben bleiben,
85 Bey deines Meisters Weib.

II 390   Trutz den Meistern.

(Fliegendes Blat.)

Drum ihr Gesellen halt euch gut,
Zu Hamburg das junge Blut,
Thut die Meister scheren;
Rommodedom und Faldrida,
5 Thut die Meister scheren.

Sagt in vierzehn Tagen auf,
Reiset fort mit schnellem Lauf,
Thut die Welt durchreisen; Romod. usw.

So ihr an Ort und Stelle werd kommen,
10 Sagt die Meister habn genommen
Geld aus unserer Lade; Romod. usw.

Den Gesellen, die davon sprechen,
Wollen wir den Hals zerbrechen,
Ja sie sollen schweigen; Romod. usw.

Gesellen gingen nach Altona hinaus,   15
Lebten da in Saus und Schmauß,
Auf des Meisters Gelder: Romod. usw.

Als sie ein Vierzehn Tage gelegen,
Wollten sie das Geld erlegen,
Wolten sie es wohl ändern: Romod. usw.   20

Gesellen thäten sich resolviren,
Nach der Herberg zu spaziren,
Thäten da brav saufen: Romod. usw.

Thüren wurden zugemacht,
Trommel geschlagen, daß es kracht,   25
Bürger schlugen Lärmen: Romod. usw.

Vor die Herberg kamen an
Mehr als dreißig tausend Mann,
Bürger und Soldaten: Romod. usw.

Tischler gaben sich gefangen,   30
Kamen den Herren entgegen gegangen,
Fragten was sie wolten: Romod. usw.

Wir verlangen nicht mehr als Recht,
Oder es wird Hamburg schlecht,
Dieses Jahr ergehen: Romod. usw.   35

Schornsteinfeger fuhren fort:
Tischler saget nur ein Wort,
Sollen wir drein werfen: Romod. usw.

Tischler kamen aus Arest,
Liessen sich aufs allerbest   40
Die Trompeten blasen: Romod. usw.

Andre Handwerker allzumal
Riefen Vivat überall,
Es leben unsre Brüder: Romod. usw.

45   Nun Adjeu mein Lied ist aus,
Meister müssen gehn nach Haus,
All ihr Gut verkaufen: Romod. usw.

Wer hat uns dies Lied erdacht,
Das haben brave Burschen gemacht,
50   Die die Welt durchreisen,
Rommodedom und Faldrida,
Die die Welt durchreisen.

II 392   Der Habersack.

[Altes fliegendes Blat aus 1500.]

Und wollt ihr hören singen,
Ich sing ein neues Lied,
Von einem feinen Fräulein,
Und wie es dem ergieng,
5   Sie war genannt der Habersack,
Gott geb ihr einen guten Morgen,
Und einen guten Tag,
    Tag und Tag und aber Tag
    Mit der ich heut Nacht sprach.

10   Das Fräulein, das war weise,
Mit seinen Worten klug,
Wie bald nahm sie den Habersack,
Ihn zu der Mühle trug,
Nun seh, du lieber Müller mein,
15   Den Haber sollst du mahlen,
Wohl um den Willen mein,

Dein und mein und aber dein,
Es soll verschwiegen sein.

Der Müller nahm den Haber
Und schütt ihn auf die Rell,   20
Er konnt ihn nie gemahlen,
Es war sein Ungefäll,
Er mahlt die Nacht, bis an den Tag,
Gott geb ihm einen guten Morgen,
Und einen guten Tag,   25
    Tag und Tag und aber Tag,
    Mit der ich heut Nacht sprach.

Der Müller nahm die Stiefel,
Streift sie an seine Bein,
Er gieng die Gassen auf und ab,   30
Und sang ein Liedlein klein,
Er sang ein Lied vom Habersack,
Gott geb ihr ein guten Morgen,
Und einen guten Tag,
    Tag und Tag, und aber Tag,   35
    Mit der ich heut Nacht sprach.

Das hört des Müllers Knechte
In seinem Kämmerlein,
Er dacht in seinem Sinne,
Es wär ein Fräulein fein,   40
Es wär ein Fräulein minniglich,
Wollt Gott sollt ich sie schauen,
Wohl durch den Willen mein,
    Dein und mein und aber dein,
    Es sollt verschwiegen sein.   45

Müllerlied.

[Altes fliegendes Blat aus 1500.]

Der Müller auf seim Rößlein saß,
Gar wohl er in die Mühle sah,
Er thät dem Annely winken,
O Annelin, liebstes Annelin mein,
5   Hilf mir den Wein austrinken.

Und da der Wein austrunken war,
Da kam ein grober Bauer dar,
Er bracht dem Müller Säcke,
Der Müller dacht in seinem Sinn,
10   Hätt Korn ich drein gemessen.

Der Müller in die Mühle trat,
Er wünscht den Säcken guten Tag,
Thät in die Lauten schlagen,
Und welcher Sack nit tanzen will,
15   Den nimmt er bei dem Kragen.

Das Bäurlein in die Mühle trat,
Er wünscht dem Müller guten Tag,
Darzu ein guten Morgen,
Dank hab, Dank hab du grober Baur,
20   Was willstu bei mir holen.

Das Bauerlein in die Mühle schreit,
Müller hast mir das Mehl bereit?
Du hast mirs halber gestolen,
Du lügst, du lügst du grober Bauer,
25   Ist mir in der Mühl verstoben.

Das Bäurlein aus der Mühle trat,
Das Annelein ihm die Wahrheit sagt,
Du hast der Kleie vergessen,

Ach nein, ach nein, liebs Annelin,
Des Müllers Schwein han's gessen.   30

Der Müller hätt die fettsten Schwein,
Die in dem Lande mögen seyn,
Er mästs aus Bauern Säcken.
Da muß sich mancher arme Bauer
Sein Mägd und Knecht früh wecken.   35

Der Müller war sogar verwegen,
Er ist dem Bauer in Weg gelegen,
Es hat ihn sehr verdrossen,
Dasselbig that das Müllerlein gut,
Ist ihm gar übel erschossen.   40

Der Müller gäb ein Batzen drum,
Daß man ihms Liedlein nimmer sung,
Er thuts gar übel hassen,
Singt man das in der Stuben nit,
So singt mans auf der Gassen.   45

Der uns das Liedlein neu gesang,
Ein grober Bauer ist er genannt.
Er hats gar wohl gesungen,
Er hat drei Säck in die Mühle gethan,
Sind ihm zwey wiederkommen.   50

Das schwerste Leiden.   II 395

[Albertini Narrenhatz. Augsburg 1617.]

Es ist auf Erden kein schwerers Leiden,
Als wann sich einer auf ein neu's muß kleiden.
Ein neues Paar Schuh,
Ein Wammes darzu
Ein Rock dabei, hat kein Falten.   5

Die Hosen sind hinten und vorne zerspalten,
Die Strümpf hängen wohl über die Schuh,
Gleichwie ich auch thue,
Hab ich kein anders zu kaufen.

10 Wann ich über die Gassen gehe,
Der Wind thut mir von Herzen wehe,
Man siehet mir hinten und vorne ein,
Das stehet nicht fein,
Ein jeder thut meiner lachen.

15 Linz ist gar eine feine Stadt,
Darin es gar viel Schneider hat,
Hätt' ich Geld, so zöge ich hinein,
Und kaufet ein.
Also muß ichs lassen bleiben.

20 Also geschicht den kostfreien Gesellen,
Wann sie stets banketieren wöllen,
Fressen und saufen wohl bei dem Wein,
Wollen die besten seyn,
Für einen jeden thun sie auszahlen.
25 Dies Liedlein ist den jungen Gesellen gemacht;
Die gern spaziren gehn bei der Nacht,
Wenig erwerben,
Und viel verderben.

II 396   Habt ihr den krummen Peter
             lange nicht gesehen.

                 (Mündlich.)

Hab ich dann schon rothe Haar, rothe Haar,
Leid ich d'rum noch kein Gefahr.
Rothe Haar die Leut nicht schänden,

's ist, daß mich die Leute kennen,
Hab ich dann schon rothe Haar, rothe Haar,   5
Leid ich d'rum noch kein Gefahr.

Hab ich schon ein schieles Aug, schieles Aug,
Krieg ich doch ein schöne Frau.
Mancher hat zwey schöne Augen,
Muß doch durch die Brille schauen,   10
Wann ich schon ein wenig schiel, wenig schiel,
Brauche ich doch keine Brill.

Hab ich schon ein stumpfe Nas, stumpfe Nas,
Bin ich doch ein schlauer Haas.
Kann doch schön die Teller lecken,   15
Bleibt mir keiner am Näschen stecken,
Hab ich schon ein stumpfe Nas, stumpfe Nas,
Bin ich doch ein schlauer Haas.

Hab ich schon ein krummen Fuß, krummen Fuß,
Weiß ich, daß ich hüpfen muß,   20
Mancher hat fein grade Glieder,
Hinkt und hüpft doch hin und wieder,
Hab ich einen krummen Fuß, krummen Fuß,
Weiß ich, daß ich hüpfen muß.

Leb ich schon inkognito, inkognito,   25
Scher ich mich auch nichts darum,
Gut gelebt und seelig gestorben,
Ist dem Teufel die Rechnung verdorben,
Leb ich schon inkognito, inkognito,
Scher ich mich auch nichts darum.   30

Das Weberlied.

Frühmorgens, wenn der Tag bricht an,
Hört man uns schon mit Freuden
Ein schönes Liedlein stimmen an,
Und wacker drauf arbeiten.
5 Die Spule die ist unser Pflug,
Das Schifflein ist das Pferde,
Und damit machen wir gar klug
Das schönste Werk auf Erden.

Gar manche Jungfrau freundlich spricht:
10 Macht mir gut Tuch zu Betten,
Das Garn ist auch schon zugericht,
Zu Tischtuch und Servietten.
Webt mir die schönsten Bilder drein,
Macht mir darin kein Neste,
15 Das Trinkgeld sollt ihr haben fein,
Webt mirs aufs allerbeste.

Und wenn ein Kriegsheld zieht ins Feld
Mit seinen Wehr und Waffen,
So schlägt er auf ein Leinwandzelt,
20 Darunter thut er schlafen.
Die schönste Arbeit weben wir
Von Seiden, Flachs und Wolle,
Dem Fähndrich weben wir's Panier,
Daß ers erhalten solle.

25 Und ist die Leinwand nichts mehr werth,
Und ist die Fahn verloren,
So kömmt sie erst in rechten Werth,
Papier rauscht vor den Ohren,
Man druckt darauf das Gotteswort,
30 Und schreibt darauf mit Dinten,
Des Webers Werk währt immer fort,
Kein Mensch kann es ergründen.

Construction der Welt.

(Mündlich.)

Als Gott die Welt erschaffen
Und allerhand Gethier,
Konnt er nicht ruhig schlafen,
Er hat noch etwas für;
Wann nur ein Mensch auf Erden,   5
Dacht er in seinem Sinn,
Die Welt muß voller werden,
Es sey noch etwas drinn.

Dem könnt wohl alles nutzen
So schön gemacht voraus,   10
Drauf nahm er einen Butzen
Und macht ein Männlein draus;
Er schnipt ihn in die Höhe,
Blies ihn ein bissel an,
Da sah er vor sich stehen   15
Adam! den ersten Mann.

Der Stein, wo Adam saße,
Der war sehr kalt und naß,
Es fror ihn ans Gesaße,
Drum legt er sich ins Gras;   20
Gott Vater schaut vom Himmel,
Und schaut dem Adam zu,
Gedacht bey sich schon immer:
Was macht mein grosser Bu?

Ich darf ihn ja nicht schlagen,   25
Es ist ein jung frisch Blut,
Ein Weib muß ich ihm schaffen,
Sonst thut er mir kein gut.
Dann kommt er hergeschlichen,
Daß mans konnt merken schier,   30

Fein geschwind nahm er ein Rippe,
Aus Adams Seit herfür.

Adam, der thut erwachen,
Und hat das Ding gespürt,
35   Es war ihm nicht ums Lachen,
Drum er so heftig schrie:
O Herr! Wo ist mein Rippen?
Ich bin kein ganzer Mann,
Wann ich daran will dippen,
40   So ist kein Ripp mehr da.

Adam sey nur zufrieden,
Schlaf fort in guter Ruh,
Vor Schaden dich will b'hüten,
Ich stell dirs wiedrum zu.
45   Ein Weib will ich draus machen,
Ein wunderliches Thier,
Du sollst mir drüber lachen,
Schau gschwind, da stehts schon hier!

Kannst du so schöne Sachen
50   O lieber Gott und Herr!
Aus meinen Rippen machen,
So nimm der Rippen mehr;
Komm her mein liebe Rippe,
Sey tausendmal willkomm,
55   Geh hin und nimm die Schippe,
Und grab die Erd herum.

Eins will ich euch noch sagen,
Den Baum laßt mir mit Fried,
Die Frucht so er thut tragen
60   Sollt ihr verkosten nit.
Ihr sollt des Tods gleich sterben,
Zum Garten naus gejagt,

Ins Elend und Verderben,
Zum Garten naus gejagt.

Ach Gott, was schöne Aepfel,   65
So roth als wie ein Blut,
Sie wär'n recht in mein Kröpfel,
Ich glaub sie seynd recht gut!
Bräucht nicht lang zu studieren,
Könnt bald ein Doktor seyn;   70
Bräucht nicht lang zu studieren,
Könnt bald ein Doktor seyn.

Darauf die Schlang sich krümmet
An die verbotne Frucht,
Anbey ganz lieblich singet: 75
Glaubt nicht daß dieser Fluch
An euch erfüllt soll werden,
Viel lieber wird euch seyn
Das Leben hier auf Erden,
Wie Götter könnt ihr seyn.   80

Mit Gott das laß du bleiben,
Fangst schöne Händel an,
Er ist im Stand, thut treiben
Uns gleich zum Garten naus.
Adam wo bist hinkrochen?   85
O weh er ruft uns schon;
Adam wo bist hinkrochen?
O weh er ruft uns schon.

O Herr! thut mich verschonen,
Ich kann ja nichts dafür,   90
Die Rippe hats gethan,
Die Schlang hat uns verführt.
Die Schlang hat uns versprochen,
Wir könnten was bessers seyn,

95   Drauf dachten wir wolltens wagen,
        Und haben halt bissen drein.

        Kriech mit mir unters Gebüsche,
        Geschwind laßt uns bedecken,
        Sonst thut er uns erwischen,
100   Wann er herein thut treten.
        Adam wo bist hingangen?
        O weh! er ruft uns schon!
        Adam wo bist hingangen?
        O weh! er ruft uns schon!

105   Untreues Lumpeng'sindel,
        Wie übel habt ihr g'haußt;
        Geschwind macht euren Bündel.
        Packt euch zum Garten naus;
        In Arbeit sollst du schwitzen,
110   Weil dieses hast gethan,
        Und bey dem Rocken sitzen,
        Das ist der Sünden Lohn.

        Die Eva wollt nicht gehen,
        Die rief sich ihren Mann,
115   Der wollt ihr nicht beystehen,
        Da gieng das Zanken an. –
        Jezt wird das größte Wetter
        Um meinen Hals hergehn,
        Hätt ich das alte Leder
120   Mein Lebtag nicht gesehn!

        Zu Fuß sollst du nicht laufen,
        Ich sags bey meiner Treu,
        Was Schöns will ich dir kaufen,
        Wenn Kirchweih kommt herbey.
125   Und kriegst du mir erst Kinder,

Wohl übers Jahr hinaus,
So wasch ich dir die Windel
Und kehr die Stuben aus.

Aussicht in die Ewigkeit.   II 403

[Fliegendes Blat.]

O wie gehts im Himmel zu
Und im ewigen Leben,
Alles kann man haben gnug,
Darf kein Geld ausgeben,
Alles darf man borgen,   5
Nicht fürs Zahlen sorgen;
Wenn ich einmal drinnen wär,
Wollt nicht mehr heraus begehr.

Fällt im Himmel Fasttag ein,
Speisen wir Forellen,   10
Peter geht in Keller nein,
Thut den Wein bestellen;
David spielt die Harpfen,
Ulrich bratet Karpfen,
Margareth backt Küchlein gnug,   15
Paulus schenkt den Wein in Krug.

Lorenz hinter der Küchenthür,
Thut sich auch bewegen,
Tritt mit seinem Rost herfür,
Thut Leberwürst drauf legen,   20
Dorthe und Sabina,
Liesbeth und Cathrina
Alle um den Heerd rum stehn,
Nach den Speisen sie auch sehn.

25   Jezt wolln wir zu Tische gehn,
        Die beste Speis zu essen,
        Die Engel um den Tisch rum stehn,
        Schenken Wein in d' Gläser.
        Sie thun uns invitiren,
30   Der Barthel muß transchieren,
        Joseph legt das Essen vor,
        Cäcilia b'stellt ein Musikchor.

        Martin auf dem Schimmel reit,
        Thut fein gallopiren,
35   Blasi hält die Schmier bereit,
        Thut die Kutschen schmieren,
        Wären wir ja Narren,
        Wenn wir nicht thäten fahren,
        Und thäten alle weil zu Fuße gehn,
40   Und ließen Roß und Kutsche stehn.

        Nun adje du falsche Welt,
        Du thust mich verdrießen,
        Im Himmel mir es besser g'fällt,
        Wo alle Freuden fliessen.
45   Alles ist verfänglich,
        Und alles ist vergänglich,
        Wenn ich einmal den Himmel hab,
        Hust' ich auf die Welt herab.

II 405   Das neue Jerusalem.

                 [Fliegendes Blatt.]

        Wer hat Lust mit mir zu ziehen
        Nach der Stadt Jerusalem,
        Denn darinnen kann man sehen
        Was der weise Salomon

Hat gebauet Schlösser, Kirchen,   5
Alles ist von Stein und Holz,
Alles überzogen worden
Mit dem Silber und rothen Gold.

Der Glanz ist nicht auszusprechen
Von der Stadt Jerusalem,   10
David spielet auf der Harfe,
Benjamin spielt Flöttrawär,
Isaak tanzet mit Rebekka,
Jakob mit der schönen Rahel.
Zu der grossen Freudenwonne,   15
Auf dem Schloß Jerusalem.

O Jerusalem du schöne,
O wie schöne glänzest du,
Ey wärst du nur in der Nähe,
So wär ich schon längst bey dir.   20
Ach wenn ich ein Engel wäre,
Daß ich heut noch fliegen könnt,
In die Höh wollt ich mich schwingen,
Und fliegen nach Jerusalem.

So lang sich mein Herz beweget,   25
Und ein warmes Tröpflein Blut,
In den blauen Adern reget,
Bleib ich dir mein Engel gut.

Schnützelputz-Häusel.   II 406

[Büsching und von der Hagen Sammlung deutscher Volkslieder.
Berlin 1807. S. 59.]

So geht es in Schnützelputz Häusel,
Da singen und tanzen die Mäusel,
Und bellen die Schnecken im Häusel.

In Schnützelputz Häusel da geht es sehr toll,
5   Da saufen sich Tisch und Bänke voll,
Pantoffeln unter dem Bette.

So geht es in Schnützelputz Häusel usw.
Es sassen zwei Ochsen im Storchenest,
Die hatten einander gar lieblich getröst't,
10 Und wollten die Eier ausbrüten.

So geht es in Schnützelputz Häusel usw.
Es zogen zwei Störche wohl auf die Wacht,
Die hatten ihre Sache gar wohl bedacht,
Mit ihren großmächtigen Spiessen.

15 So geht es in Schnützelputz Häusel usw.
Ich wüßte der Dinge noch mehr zu sagen,
Die sich in Schnützelputz Häusel zutragen,
Gar lächerlich über die Maßen.

II 407   Räthsel um Räthsel.

Ei Jungfer ich will ihr
Was aufzurathen geben,
Und wenn sie es errathet
So heurath ich sie.

5   Was für eine Jungfer
Ist ohne Zopf?
Was für ein Thurm
Ist ohne Knopf?

»Die Jungfer in der Wieg
10   Ist ohne Zopf,
Der Babilonisch Thurm
Hat keinen Knopf.«

Was für eine Straße
Ist ohne Staub?
Welcher grüne Baum   15
Ist ohne Laub?

»Die Straße auf der Donau
Ist ohne Staub,
Der grüne Tannenbaum
Ist ohne Laub.«   20

Was für ein König
Ist ohne Thron?
Was für ein Knecht
Hat keinen Lohn?

»Der König in der Karte   25
Hat keinen Thron,
Der Knecht an dem Stiefel
Hat keinen Lohn.«

Was für ein König
Ist ohne Land?   30
Was für ein Wasser
Ist ohne Sand?

»Der König auf dem Schilde
Ist ohne Land,
Das Wasser in den Augen   35
Ist ohne Sand.«

Was für eine Scheere
Hat keine Schneid?
Was für eine Jungfer
Geht ohne Kleid?   40

»Die schwarze Lichtputzscheer
Hat keine Schneid,

Die Jungfer in dem Meer
Die hat kein Kleid.«

45   Welches schöne Haus
Hat weder Holz noch Stein?
Welcher grüne Straus
Hat keine Blümelein?

»Das kleine Schneckenhaus
50   Hat weder Holz noch Stein,
Der Straus an dem Wirthshaus
Hat keine Blümelein.«

Was für ein Herz
Thut keinen Schlag?
55   Und was für ein Tag
Hat keine Nacht?

»Das Herz an einer Schnalle
Thut keinen Schlag,
Der allerjüngste Tag
60   Hat keine Nacht.«

Ei Jungfer ich kann ihr
Nichts aufzurathen geben,
Und ist es ihr wie mir
So heurathen wir.

65   »Ich bin ja keine Schnalle,
Mein Herz thut manchen Schlag,
Und eine schöne Nacht
Hat auch der Hochzeitstag.«

An den Meistbiethenden
gegen gleich baare Bezahlung.

Lieber Schatz, wohl nimmerdar,
Will ich von dir scheiden,
Kannst du mir aus deinem Haar
Spinnen klare Seiden.

Soll ich dir aus meinem Haar
Spinnen klare Seiden,
Sollst du mir von Lindenlaub
Ein neu Hemdlein schneiden.

Soll ich dir aus Lindenlaub
Ein neu Hemdlein schneiden,
Mußt du mir vom Krebselein
Ein paar Scheeren leihen.

Soll ich dir vom Krebselein
Ein paar Scheeren leihen,
Mußt du tausend Krebselein
Durch den Neckar treiben.

Soll ich tausend Krebselein
Durch den Neckar treiben,
Mußt du mir die Schrittlein zählen,
Die die Krebslein schreiten.

Soll ich dir die Schrittlein zählen,
Die die Krebslein schreiten,
Mußt du mir die Brücke schlagen
Von einem kleinen Reise.

Soll ich dir die Brücke schlagen
Von einem kleinen Reise,
Mußt du mir den Siebenstern
Am hellen Mittag weisen.

Soll ich dir den Siebenstern
Am hellen Mittag weisen,
30Mußt du auf den Münsterthurm
Mit mir zu Pferd auch reiten.

Soll ich auf den Münsterthurm
Mit dir zu Pferd auch reiten,
35Mußt du mir die Spornen machen,
Wohl von dem glatten Eise.

Soll ich dir die Spornen machen,
Wohl von dem glatten Eise,
Mußt du sie an die Füße schlagen,
40Am heißen Sonnenscheine.

Soll ich sie an die Füße legen
Am heißen Sonnenscheine,
Mußt du mir eine Peitsche drehen
Von Wasser und von Weine.

45Soll ich dir eine Peitsche drehen,
Von Wasser und von Weine,
Mußt du mir den Riesenstein
Zu klarem Staube reiben.

Soll ich dir den Riesenstein
50Zu klarem Staube reiben,
Mußt du mir den Apfel roth
Wohl um die Welt rum treiben.

Soll ich dir den Apfel roth
Wohl um die Welt rum treiben,
55Mußt du ziehen übers Meer,
Und doch auch bei mir bleiben.

Soll ich ziehen übers Meer,
Und doch auch bei dir bleiben,

Mußt du deine Mutter geben
Als Jungfrau mir zum Weibe.   60

Soll ich meine Mutter geben
Als Jungfrau dir zum Weibe,
Lieber will ich dir ein Kindlein geben,
Und keine Jungfrau bleiben.

Fuge.   II 412

[Hackenbergers deutsche Gesänge. Danzig 1610. p. 20.]

Ein Musikant wollt fröhlich seyn,
Es thät ihm wohl gelingen,
Er saß bey einem guten Wein,
Da wollt er lustig singen,
Bekannt ist weit und breit der Wein,   5
Gewachsen hin und her am Rhein,
Macht sittlich modulieren,
Thut manchen oft verführen.

Davon sezt er ein Liedlein klein,
Das thut er wohl betrachten,   10
Und mischet gute Fugen ein,
Niemand konnts ihm verachten.
Er dacht in dem Gemüthe sein,
Ey wären tausend Kronen mein,
Und alle Jahr ein Fuder Wein,   15
Das könnten gute Fugen seyn.

Säuberliches Mägdlein.

[Frankens musikalisches Convivium. 1622.]

Wo find ich deines Vaters Haus
Säuberliches Mägdlein?
Geh das Gäßlein ab und aus,
Schweig still und laß dein Fragen seyn.

5 Wo bellet dann das Hündlein dein: Säub. usw.
Ruf den Wächter leise ein: Schweig usw.

Wo knarret dann das Thürlein dein: Säub. usw.
Nimm den Haspen in die Hand: Schweig usw.

Wo schimmert dann das Feuer dein: Säub. usw.
10 Geuß ein wenig Wasser drein: Schweig usw.

Wo find ich dann das Kämmerlein: Säub. usw.
Bey der Küche an der Wand: Schweig usw.

Wo leg ich hin mein Hemdelein: Säub. usw.
Weißt dus nit, so nimms nicht rein: Schweig usw.

15 Wie soll ich auf den Morgen thun: Säub. usw.
Zieh dich an und geh darvon: Schweig. usw.

Trinklied.

[Erasmus Widtmanns musikalische Kurzweil. Nürnberg 1623.]

Zu Klingenberg am Maine,
Zu Würzburg an dem Steine,
Zu Bacherach am Rhein
Hab ich in meinen Tagen
5 Gar oftmals hören sagen,

Soll'n sein die besten Wein.
Jung! schenk mir ein
Ein Gläslein fein,
Und bring mirs her,
Wie ichs begehr.
Mein lieber Herr! 10
Ich will euch diesen bringen,
Frölich und guter Dingen.
Frisch auf ihr Herrn! her und dran,
Das Fäßlein hat kein'n Panzer an. 15

Bin ich schon nit am Maine,
Zu Würzburg an dem Steine,
Noch diesesmal am Rhein,
Sein dennoch andre Reben,
Die auch gut Säftlein geben, 20
Lieblich und edle Wein.
Jung! schenk mir ein
Ein Gläslein Wein,
Und bring mir's her,
Wie ichs begehr. 25
Mein lieber Herr!
Ich kanns euch nit abschlagen,
Will's kecklich mit euch wagen,
Frisch auf ihr Herrn! her und dran,
Das Fäßlein hat kein'n Panzer an. 30

Im Wirtenberger Lande
Ist weit und breit bekannte,
Das edle Nekarthal,
Da wächst ein gesunder Safte,
Der giebt uns gute Kräfte, 35
Mit Freuden oftermal.
Jung! schenk mir ein
Ein Gläslein Wein,
Und bring mir's her,

40 Wie ichs begehr.
Mein lieber Herr!
Ich bitt ihr wöllt mit Freude
Fein redlich thun Bescheide.
Frisch auf ihr Herrn! her und dran,
45 Das Fäßlein hat kein'n Panzer an.

Und kann ein Land nit haben
Des edlen Weines Gaben,
So führts der Fuhrmann drein,
Darum an allen Orten
50 Von viel und manchen Sorten
Wird gefunden guter Wein.
Jung! schenk mir ein
Ein Gläßlein Wein,
Und bring mirs her,
55 Wie ichs begehr.
Mein lieber Herr!
Ich will es jenem bringen,
Thut ihr ein' Weile singen:
Frisch auf ihr Herrn! her und dran,
60 Das Fäßlein hat kein'n Panzer an.

Im fruchtbarn Taubergrunde
Wächst Wein stark und gesunde,
Auch an viel Orten mehr,
Dabei wir fröhlich singen,
65 Und oft mit Freuden springen,
Gut Wein jagt Trauern fern.
Jung! schenk mir ein
Ein Gläßlein Wein,
Und bring mir's her,
70 Wie ichs begehr.
Mein lieber Herr!
Das Wasser g'hört dem Fische,
Der Wein dem Menschen frische.

Frisch auf ihr Herrn! her und dran,
Das Fäßlein hat kein'n Panzer an. 75

In Oesterreich und Steier
Sind gewachsen fern und heuer,
Gesund und gute Wein,
So die Leut lustig machen,
Daß sie singen und lachen, 80
Tag und Nacht fröhlich seyn.
Jung! schenk mir ein
Ein Gläßlein Wein,
Und bring mir's her
Wie ichs begehr. 85
Mein lieber Herr!
Jung! thu das Gläslein schwenken,
Ein frisches einzuschenken.
Frisch auf ihr Herrn! her und dran!
Das Fäßlein hat kein'n Panzer an. 90

Trinklied. II 417

[Mitgetheilt von H. C. Bertuch.]

Ich ging einmal nach Graßdorf nein,
Da kam ich vor die Schenke,
Und da ich vor die Schenke kam,
Da fing mich an zu dursten.
Der Wirth der sezt mich oben an, 5
Er dacht ich wär der beste.
Ey Mutter Gottes ja
Maynblümlein bla,
Wie lachten die andern Gäste.

Und weil ich nun gegessen hatt' 10
Da sollt' ich auch bezahlen,

Da fragt ich, was die Mahlzeit kost',
Da sprach der Wirth: ein Thaler,
Ey Mutter Gottes ja
15   Maynblümlein bla,
Da hatt' ich keinen Thaler.

Der Wirth der zog mein Röckle aus,
Und jagt mich in die Scheune,
Ey Mutter Gottes ja, Maynblümlein bla,
20   Wie lang war mir die Weile.
Und als es gegen Morgen kam,
Da träufelts von dem Dache,
Ey Mutter Gottes ja
Maynblümlein bla,
25   Da mußt ich selber lachen.

Und als es gegen Mittag kam,
Da zog der Wirth mir's Käpple aus,
Und jagt mich auf die Straße.
30   Und als ich auf die Straße kam,
Die Schuh warn sehr zerbrochen,
Ey Mutter Gottes ja
Maynblümlein bla,
Da lief ich auf den Socken.

II 418   Trinklied.

[Kriegers Arien. Dresden 1676.]

Der edle Wein
Ist doch der beste Schieferdecker,
Sein schiefer Schein
Macht alle Menschen etwas kecker,
5   Ich wundre mich,
Daß er so klettern kann und steigen,

Und macht daß sich
Die großen Häupter vor ihm neigen.

Der muntre Trank
Kann ohne Leiter weiter kommen,　　　　　　10
Wenn er so blank
Die Stirnenburg hat eingenommen,
Als mancher, der
Mit Hülfe sich hinan will bringen,
Und ohn Gefahr　　　　　　15
Die Hälfte noch weiß zu erzwingen.

Drum bleibts dabey,
Er hegt ein recht vergöttert Leben,
Weil er so frey
Kann in die Lüfte schweben.　　　　　　20
Und wenn wir ihn
In unsre hohlen Hälse lassen
Mit Pracht einziehn,
Empfinden wir ihn gleichermassen.

Dann manches Haus,　　　　　　25
So schwer es sonst auf Säulen stehet,
Fährt mit hinaus,
Es merket, daß es leichter gehet,
Sobald der Wein
Durch seine Pfort ist eingezogen,　　　　　　30
So stimmt es ein,
Und meint es sey schon hochgeflogen.

Wenn dies geschicht,
So könnte doch kein Haus bestehen,
Wenn Morpheus nicht,　　　　　　35
Der Baukunst an die Hand zu gehen,
Vor andren wär

Erfahren und so weit gekommen,
Daß ihm die Ehr
40   Von Sterblichen noch nie genommen.

Dann wenn der Wein
Aufleget gar zu schwere Dächer,
So muß es seyn,
Daß sie beschweren die Gemächer,
45   Macht er Verdruß,
So mag er Schieferdecker bleiben,
Doch Morpheus muß
Den Bau erhalten und forttreiben.

II 420   Hum fauler Lenz.

[Mitgetheilt von H. Spangenberg.]

Es wollt eine Frau zu Weine gahn. Hum fauler Lenz.
Und wollt den Mann nicht mit sich han. Ha ha ha.

Du mußt zu Hause bleiben. Hum usw.
Sollst Küh und Kälber treiben. Ha usw.

5   Ach Mann, was hast du dann gethan. Hum usw.
Du hast den Rahm gefressen ab. Ha usw.

Und hast die Molken lassen stahn. Hum usw.
Dafür mußt du jezt Prügel han. Ha usw.

Die Frau ergrif den Plaul. Hum usw.
10   Und schlug den Mann aufs Maul. Ha usw.

Der kroch zum Hühnerloch hinaus. Hum usw.
Wohl in das nächste Nachbarhaus. Ha usw.

Ach Nachbar, ich muß klagen. Hum usw.
Mein Frau hat mich geschlagen. Ha usw.

So ist mir gestern auch geschehn. Hum usw.   15
So will ich wieder heime gehn. Ha usw.

Trinklied.   II 421

[Poetisches Lustgärtlein. Gedruckt 1645. S. 21.]

Wer fragt danach,
Aus dem Gelag,
Hab ich mir vorgenommen,
Den ganzen Tag,
So lang ich mag,   5
Auch morgen nicht zu kommen.
Herr Wirth, gebt Ihr
Die Freyheit mir,
Mich lustig zu erzeigen,
So seht nur an,   10
Wie wohl ich kann
Die frischen Gläser neigen.

Dies ist der Trank,
Der Unmuth zwang,
Durch den wir lustig werden,   15
Der unsern Geist
Der Pein entreißt,
Giebt freudige Geberden.
Er thut uns kund
Des Herzens Grund,   20
Macht Bettler gar zu Fürsten,
Wir werden kühn
Und frisch durch ihn,
Daß uns nach Blut muß dürsten.

25   Sein süßer Saft
        Giebt denen Kraft
        Zu reden, die sonst schweigen,
        Macht uns bereit,
        Barmherzigkeit
30   Den Armen zu erzeigen,
        Wie auch beherzt,
        Das was uns schmerzt
        Zu eifern und zu lästern,
        Ertheilt die Kunst
35   Und alle Gunst
        Der dreymal dreyen Schwestern.

        Daher man sieht,
        Wenn wir hiemit
        Die Nase schon begossen,
40   Wie dann der Fluß
        Des Pegasus
        Kommt auf uns zugeschossen,
        Der will dann ein
        Poete seyn,
45   Der kann viel Streitens machen
        Von der Natur,
        Der redet nur
        Von Gottes hohen Sachen.

        Dort hat ein Paar
50   Sich bey dem Haar,
        Der greift nach seinem Degen,
        Der steht und speit,
        Der jauchzt und schreit
        Und kann sich kaum noch regen.
55   Der säuft dem zu
        Auf einen Du,
        Der schwatzt von seinen Kriegen,
        Der sitzt und weist

Wo er gereist,
Und scheut sich nicht zu lügen.   60

Auch mir wird izt
Der Kopf erhitzt,
O Wein, von deinen Gaben,
Die Zunge singt
Die Seele springt,   65
Die Füsse wollen traben,
Wohlan noch baß
Durch dieses Glas
Will ich auf dich jezt zielen.
Du deutsches Blut   70
Laß mir ein gut
Rundadinella spielen.

Trinklied.   II 423

[1500–1550.]

Die liebste Buhle, die ich han,
Die liegt beim Wirth im Keller,
Sie hat ein hölzern Röcklein an,
Und heißt der Muskateller.
 Sie hat mich nächten trunken gemacht,   5
 Und fröhlich mir den Tag vollbracht,
 Drum wünsch ich ihr ein gute Nacht.

Sie hat mich auch so angelacht,
Daß ich die Sprach verlohren,
Und hat mir gestern Bauchweh gemacht   10
Wohl zwischen meinen Ohren,
 Drum thu ich ihr ein Possen heut,
 Und bring zu ihr ein andre Maid,
 Die mag mit ihr bestehn den Streit.

15 Nun Mägdlein halt dein Kränzlein fest,
    Daß du nicht kömmst zum weichen,
    Mein Wein thut heut gewiß sein Best,
    Gar sanft wird er einschleichen.
        Mein Herz hält Wasser als ein Sieb,
20   Mein Buhl, er ist mir gar zu lieb.
        Steig ein, schleich ein du lieber Dieb.

    Soll ich mein Kränzlein halten fest,
    Das sein hängt an der Pforten,
    Viel lieber wär ich nie gewest
25 In diesem schweren Orden.
        Dein Buhl dreht mir die Sinnen all,
        Das Gläslein hat ein glatten Schall,
        Gieb acht mein Knab, daß ich nit fall.

    Und wenn er in ein faul Faß käm,
30 So müßt mein Wein versauren,
    Und wenn ich eine andre nähm,
    So müßt mein Herz vertrauren;
        Drum will mein Buhl mir stehen bei,
        Er lehrt mich sagen also frei,
35   Daß ich dich mein mit steter Treu.

    Und wär ein Fäßlein noch so rein,
    So findt man Drusen drinnen,
    Und wär ein Knabe noch so fein,
    Ist er doch falsch von Sinnen.
40   Mit Spinnen voll ein Zuckerlad,
        O Weh, der mich verführet hat
        Auf diesen steilen Rebenpfad.

    Ach Mägdlein laß dein Weinen seyn,
    Bis daß geweint die Reben,
45 Und bringst du mir ein Knäbelein,
    Ein Winzer soll es geben,

Und bringst du ein klein Mägdelein,
Solls nähen mit der Nadel fein
Den Schlemmern ihre Hemdelein.

Das dumme Brüderlein.   II 425

[1500–1550.]

Wo soll ich mich hinkehren,
Ich dummes Brüderlein,
Wie soll ich mich ernähren
Mein Gut ist viel zu klein;
Wie wir ein Wesen han,   5
So muß ich bald daran,
Was ich heut soll verzehren
Ist gestern schon verthan.

Ich bin zu früh geboren,
Wo heute ich hinkomm,   10
Mein Glück das kommt erst morgen,
Hätt ich den Schatz im Dom,
Dazu den Zoll am Rhein,
Und wär Venedig mein,
So wär es all verloren,   15
Es müßt verschlemmet seyn.

Was hilft, daß ich mag sparen,
Vielleicht verlör ichs gar,
Sollt mirs ein Dieb ausscharren,
Es reute mich ein Jahr,   20
Ich weis, mein Gut vergeht
Mit Schlemmen früh und spät,
Doch der hat einen Sparren,
Dem was zu Herzen geht.

25 Ich laß die Vögel sorgen
    In diesem Winter kalt,
    Will uns der Wirth nicht borgen,
    Den Rock geb ich ihm bald,
    Sein Wein, der mich erzog,
30 Hat nur ein hölzern Rock,
    Will mich als Faß ihm borgen,
    In meinem rothen Rock.

    Rück an den Schweinebraten,
    Dazu die Hühner jung,
35 Darauf mag bas gerathen
    Ein frischer kühler Trunk,
    Mein Freund, du guter Wein,
    Willkommen, du bist mein,
    Mir ist ein Beut gerathen,
40 Das muß verschlemmet seyn.

    Drey Würfel, eine Karte,
    Das ist mein Wappen frey,
    Sechs hübsche Fräulein zarte
    An jeder Seite drey,
45 Komm her du schönes Weib,
    Mein Herz freut sich im Leib,
    Du mußt heut auf mich warten,
    Der Wein ist Zeitvertreib.

II 427   Trinklied.

                 [1500–1550.]

    Dort unten an dem Rheine,
    Da ist ein Berg bekannt,
    Der trägt ein guten Weine,
    Rüdesheimer genannt,

Der hat ein geistlich Art an sich,   5
Macht äußerlich und innerlich.

Ein Klösterlein wir bauen
Dort aus der Maßen gut,
Von lauter schön Jungfrauen,
Liegt gar in großer Armut,   10
   Darin manch Bruder trinkt kein Geld,
   Und ißt kein Wein, daß er den Orden hält.

Ein Abt den thun wir weihen,
Der hat der Hühner viel,
Die gachsen all und schreien,   15
Wer nur die Eier will,
   Ka, ka, ka, ka, ka, ka ney
   Backen wir ein Küchelein zu dem Wein.

Kartheuser sind uns zu wider,
Zur Zeit wenn sie aufstehn,   20
Dann legen wir uns nieder,
Und putzen uns die Zähn.
   Kartheuser sind uns ungemäs,
   Wir essen kein Brod und sie kein Käs.

Gloria! ihr Brüder alle,   25
Profiziat ihr Herrn,
Kapitel wollen wir halten,
Bis zu dem Morgenstern.
   Nun resonet in Laudibus,
   Wer übrig bleibt, bezahlen muß.   30

Trinklied.

[1500–1550.]

Man sagt wohl in dem Mayen,
Da sind die Brünnlein gesund,
Ich glaubs nicht meiner Treuen,
Es schwenkt eim nur den Mund,
5   Und thut im Magen schweben,
Drum will mirs auch nicht ein,
Ich lob die edlen Reben,
Die bringen uns gut Wein.

Wo Heu wächst auf der Matten,
10   Dem frag ich gar nichts nach,
Es hab Sonn oder Schatten,
Ist mir geringe Sach.
Gut Heu, das wächst an Reben,
Dasselbig wolln wir han,
15   Gut Streu thut es auch geben,
Das weiß wohl Weib und Mann.

Und wer es nicht kann kauen,
Der geh auch nicht zum Wein,
Doch seh ich an dem Hauen
20   Daß wir gut Mäher sein:
Wir rechens mit den Zähnen,
Und worflens mit dem Glas,
Der Magen muß sich dehnen,
Daß ers in Scheuer laß.

25   Wir han gar kleine Sorgen
Wohl um das römisch Reich,
Es sterb heut oder morgen,
Das gilt uns alles gleich;
Und gieng es auch in Stücke,
30   Wenn nur das Heu geräth,

Daraus drehn wir ein Stricke
Der es zusammen näht.

Die Specksupp ist gerathen,
Den Schlaftrunk bringt uns her,
Ist noch ein Weck am Laden,   35
Er ist nit sicher mehr,
Ein Kaiser steckt zum Spiese,
Ein Künglein in Pastet,
Arm Ritter macht recht süße,
Bis daß der Hahn gekräht.   40

Das Liedlein will sich enden,
Wo ist daheime nu?
Tapt hin nur an den Wänden,
Und legt das Heu zur Ruh,
Der Wagen schwankt hereine,   45
Sie han geladen schwer,
Er bräch, wenn nicht am Rheine
Der Strick gewachsen wär.

Ich bind mein Schwerdt zur Seiten,
Und mach mich bald davon,   50
Hab ich dann nit zu reiten,
Zu Fuße muß ich gon,
Ich taumle als ein Gänselein,
Das ziehet auf die Wacht,
Das thut das Heu und auch der Wein,   55
Ade zur guten Nacht.

Evoe.

[1500–1550.]

Freut euch ihr lieben Knaben!
Der Herbst erzeigt sich wohl,
Die lang getrauert haben,
Heut wollen wir werden voll.
5   Wir haben vormals den sauren Wein
Gar theuer genommen an,
Das wollen wir heute bringen ein,
Der süße Most, der neue Wein,
Wird uns gar gern eingahn.

10   Was wir versäumet haben,
Das machen wir nun gleich,
Mit Wein wollen wir uns laben
Hier und in Oesterreich,
In einer neuen Krausen
15   Wollen wir ihn nehmen an,
Ob ihm soll uns nit grausen,
Bis uns der Kopf thut sausen,
Nit eh gehn wir davon.

In einem Keller tiefe,
20   Wollen wir uns senken ein;
Darnach dem Wirthsknecht rufen:
Trag her ein kühlen Wein!
Von dir wollen wir nit weichen,
Bis daß wir werden voll,
25   Laß uns nur Wein herreichen,
Gesellen, ich will euch zeigen,
Der Wein thut was er soll.

Wirthsknecht, nun merk uns eben,
Was unser Meinung sey,
30   Kein Pfenning wir dir geben,

Du bringst uns dann herbey
Ein guten feisten Braten,
Den wollen wir gern haben,
Wir mögen sein nicht gerathen,
Eine gute Henne gesotten,   35
Die fügt wohl solchen Knaben.

Ein Bergwerk haben wir funden
Das macht uns heut noch reich,
Das bringt uns Freud und Wonne,
Zu Wien in Oesterreich,   40
Da finden wir aufgeschlagen
Gar manche Grube fein,
Da füllen wir unsern Kragen,
Den Bauch und auch den Magen
Wohl bei dem Osterwein.   45

Wohl auf ihr lieben Gesellen,
Wohl in das Bergwerk ein,
Die alle Morgen wöllen
Trinken gut Wermuthwein,
Das sind die rechten Gesellen,   50
Die in das Bergwerk fahrn,
Es sind die rechten Knappen,
Sie sitzen in einer Kappen,
Gott woll sie all bewahrn.

Den Herren allen gleiche,   55
Wünsch ich viel Glück und Heil,
Die heut von Oesterreiche
Bringen ein rechtes Theil
Des Erzes aus der Grube,
Die Noe funden hat,   60
Sie erfreut gar manchen Buben,
Um Sorg gäb er kein Ruben,
Sein Herz in Freuden staht.

Wir haben uns vermessen,
65   Gut Gesellen allgemein,
Wir sollen nit vergessen
Der Fuhrleut groß und klein,
Die in das Elsas fahren,
Und bringen rheinschen Wein,
70   Ihr Lob wolln wir nit sparen,
Gott woll sie all bewahren,
Maria die Königein.

Dazu die Franken alle,
Die bauen guten Wein,
75   Gott grüß sie mit reichem Schalle,
Ihr Lob das ist nit klein,
Dazu die Fuhrleut gute,
All die gen Frankfurt fahrn,
Gott habs in seiner Hute,
80   Maria die viel gute
Woll sie allzeit bewahrn.

Im Wirthshaus ist gut leben,
Wenn kömmt der heurig Wein,
Da wollen wir dann streben,
85   Und wollen fröhlich sein,
Bratwürst, jung Schwein und Hahnen
Soll man uns tragen her,
Und andre Gericht und Nahmen
So kommen wir zusammen
90   All voll und selten leer.

Reich' Würfel her und Karten,
Ein Bretspiel wolln wir han,
So mögen wir erwarten,
Den nüchtern Morgenhahn,
95   Dann wollen wir noch haben
Ein guten Salvewein,

Damit wir uns erlaben,
Gott behüt die frommen Knaben,
Die stets voll wollen seyn.

Einladung zur Martinsgans.

[Simon Dachs Zeitvertreiber. 1700.]

Wann der heilge Sankt Martin
Will der Bischofsehr entfliehn,
Sitzt er in dem Gänsestall
Niemand findt ihn überall,
Bis der Gänse groß Geschrey   5
Seine Sucher ruft herbey.

Nun dieweil das Gickgackslied
Diesen heilgen Mann verrieth,
Dafür thut am Martinstag
Man den Gänsen diese Plag,   10
Daß ein strenges Todesrecht
Gehn muß über ihr Geschlecht.

Drum wir billig halten auch
Diesen alten Martinsbrauch,
Laden fein zu diesem Fest   15
Unsre allerliebste Gäst
Auf die Martinsgänslein ein,
Bey Musik und kühlem Wein.

Eine gute, auserwählte,
hochgelobte Buttermilch.

[Altfliegendes Blat. Strasburg bei Jakob Frölich. 1500–1550.]
Vielleicht indischen Ursprungs?

Eins Bauren Sohn hätt' sich vermessen,
Er wollt ein gute Buttermilch essen,
Ein auserwählte Milch, ein hochgelobte Milch,
Ein abgefeimte Milch, des Milry Milch, ein gute
    Buttermilch.

5   Man trug ihm her ein saures Kraut,
Die Buttermilch traf ihn bas in die Haut,
Ein auserwählte Milch, ein hochgelobte Milch,
Ein abgefeimte Milch, des Milry Milch, ein gute
    Buttermilch.

Man trug ihm her ein Schweinebraten,
10   Die Buttermilch war ihm bas gerathen,
Ein auserwählte Milch, ein hochgelobte Milch,
Ein abgefeimte Milch, des Milry Milch, ein gute
    Buttermilch.

Man trug ihm her gut Aepfel und Birn,
Die Buttermilch lag ihm stets im Hirn,
15   Ein auserwählte Milch, ein hochgelobte Milch,
Ein abgefeimte Milch, des Milry Milch, ein gute
    Buttermilch.

Man bracht ihm her gut Häring frisch,
Die Buttermilch war ihm ein besser Fisch,
Ein auserwählte Milch, ein hochgelobte Milch,
20   Ein abgefeimte Milch, des Milry Milch, ein gute
    Buttermilch.

Man trug ihm her die Waldvögelein,
Die Buttermilch däucht ihm, besser zu seyn,

Ein auserwählte Milch, ein hochgelobte Milch,
Ein abgefeimte Milch, des Milry Milch, ein gute
    Buttermilch.

Bergreihen.   II 436

[Nürnberg 1547.]

Ach Gott, was wollen wir aber heben an,
Daß wir das recht und wohl ersinnen,
Wir wollens auch nicht unterwegen lahn,
Von den Hauern da wollen wir singen,
Sie hauen das Silber, das Gold mit Fleis,   5
Sogar aus festem Gesteine,
Gott weiß wohl wo es liegt.

Ein Hauer in die Grube fuhr,
Aus frischem freiem Muthe,
Man sieht wohl, daß er Eisen führt,   10
Darum gewinnt ihr das Gute,
Wenn er kömmt wieder wohl auf sein Ort,
Wenn er an Gott gedenkt,
So ist er fein wohl behüt.

Wenn er nun sizt und will bestechen,   15
Die ganze Woche so sehr,
Hilf lieber Gott, das Erz woll brechen,
Wir ringen ja fast nach Erze,
Gott hat es nur selber verriegelt gar schon,
Für manchen gar verschlossen,   20
Es bauet mancher Mann über das Jahr.

Er wird des gar hart verdrossen,
Gott will es uns wieder aufriegeln gar schön,
Der Hauer mit seinen Händen,

25   Er getraut des zu genießen zwar,
      Wenn uns nun Gott ein Glück gäb,
      Daß wir das Erz begreifen,
      Unser Lob steht auf dem Bergwerk so breit,
      Wir achten keines harten Reifes,
30   Wir sitzen gar gern bei gutem Getränk,
      Wies Menschenbild geneusset,
      Der Malvasier oder Rheinische Wein,
      Den trinken gar gerne die Reichen.
      Wenn nun die Hauer kommen dar,
35   Wenn uns die Herren erkennen,
      Unser Lob, das preiset man gar,
      Herr Wirth, die Stube ist uns viel zu enge,
      Auch rücken wir Tische und Bänke,
      Wir begießen das Flötz recht überall,
40   Sieht man die Aüglein herwanken,
      Dazu kommen uns die Fiedler dar,
      Man hört die Saiten klingen,
      Dazu die werthen Pfeifferlein gut,
      Man sieht die Hauer herspringen,
45   Dazu die Jungfräulein säuberlich,
      Sie tragen rosenfarbe Mündlein,
      Ihre Wänglein sind Lilien weis,
      Der gewaltige Münzerhof ist uns viel zu enge,
      Darauf wir das Silber bringen,
50   Merkt auf ihr werthen Münzer gut,
      Helft mir die Hauer erkennen,
      Sie hauen das Silber aus der alten Wand,
      Die Gott der Herr selber gebauet hat,
      Mit seiner selbst Gewalt.
55   Auf dem Berg findet man,
      Manchen guten Berggesellen,
      Der wohl des Bergs geneusset,
      Wo findet man denn einen bessern Berg,
      Da uns das Silber rausfleusset,

Damit so preisen wir St. Annaberg,　　　　　　60
Er ist geziert also schön,
Man lobt ihn in aller Welt,
Damit so preisen wir St. Joachims Thal,
Er ist geziert also schön,
Man singet ihn in der Hauer Thon,　　　　　　65
Damit so preisen wir dem Kaiser seine Kron,
Sie ist geziert also schon,
Man singet sie in der Hauer Thon.

Braunbier, braunisch kurirt.　　　　　II 438

[Fliegendes Blatt.]

Bauer.　Herr Doktor, ich will fragen,
Seht dieses Glas voll Bier,
Ihr könnet mir wohl sagen,
Was fehlt dem Bier allhier?
Es thut sich ganz entfärben,　　　　　5
Die Kräfte sind auch hin,
Wenn es vor mir sollt sterben,
Ein arme Wais ich bin.

Doktor.　Hört Bauer, kanns nicht sagen,
Hab nicht auf das studirt,　　　　　10
Ihr müßt nur weiter fragen,
Vielleicht sagts euch der Wirth.
Will doch ein wenig sehen,
Ob ich nichts kennen kann;
Weiß schon was ihm geschehen,　　　　　15
Die Wassersucht ist dran.

Bauer.　Jezt merk ich schon den Possen,
Es ist ein Fehler drin,

<pre>
            Man hat das Bier vergossen,
20   Sonst wär es nicht so dünn;
            Das Malz ist ihm verronnen,
            Und Wasser hat's für drei,
            Der Wirth hat nah zum Bronnen,
            Was rathet ihr dabey?

25 Doktor. Das ein will ich euch rathen,
            Ihr müßt halt folgen mir,
            Ich wett mit euch Dukaten,
            Ihr kriegt das beste Bier.
            Geschwind zum Wirth thut laufen,
30   Er macht euch Bier nach Wunsch,
            Das Wasser gebt zu kaufen,
            Die Gerste gebt umsonst.

    Bauer. Herr Doktor, ich muß lachen,
            Der Handel geht nicht an,
35   Wenn er nur Bier thät machen,
            Daß mans blos trinken kann,
            Das wollen wir halt hoffen,
            Im Wasser gehts nicht zu Grund,
            Das Bier wär längst versoffen,
40   Wenn es nicht schwimmen kunnt.
</pre>

II 440   Sehnsucht nach dem Esel mit dem Gelde.

[Paul Sartorius neue deutsche Liedlein. Nürnberg 1601.]

Frisch auf ihr lieben Gesellen, ein neue Zeitung gut,
Hab ich euch sagen wöllen, faßt einen guten Muth,
Der mit dem Geld wird kommen, hab ich für gewiß
    vernommen,
Mit einer grosen Summen, das wird uns bringen
    Frommen.

Laßt uns nun fröhlich singen, ob dieser Botschaft gut,   5
Und dem zu Lohn eins bringen, der's uns verkünden
    thut,
Ich rieth zu diesen Dingen, daß wir entgegen giengen,
Und freundlich den empfiengen, der uns das Geld thut
    bringen.

So wolln wir frisch aufstehen, weil ihrs für rathsam acht,
Und ihm entgegen gehen, daß er auf uns sey bedacht,   10
Laßt eilends uns fortlaufen, und ihm die Federn raufen,
Er möcht zurück sonst zaufen, und sich von uns
    abschraufen.

He lustig Compagnia! ich hör den Esel wohl,   13
Er schreit nur I, A, I, A, die Truhen sind gewiß voll,
Es wird uns noch gelingen, drum seyd nur guter Dingen,
Vor Freude laßt uns springen, das Geld wird man uns
    bringen.

Ach wenn sie das Rössel doch   II 441
langsam gehn liessen.

(Aus dem Bayrischen 1650–1700.)

Schlimm Leut sind Studenten, man sagts überall,
Obwohl sie schon kommen im Jahr nur einmal,
So machens ins Dorf so viel Unruh und Mist,
Daß uns die erste Woche schon weh dabey ist.

Wir müssen nur sorgen auf Mariengeburt,   5
Es wünscht auch ein jeder, daß Galli bald wird,
Da kommens mit Degen und Büchsen daher,
Und machen im Dorfe ein jämmerlich Gescher.

Nichts ist vor ihnen sicher, kein Henne, kein Taube,
Als wärens erschaffen zum Plündern und Raube,   10

Darf ihnen kein Gans auf die Wiesen naus trauen,
Studenten thun ihr gleich den Kragen weghauen.

Sind Gärten mit Brettern und Riegeln umzäunt,
So thun sies zerbrechen, daß die Sonne durchscheint,
15   Sie steigen um die Aepfel, zerreissen die Bäum,
Wär zufrieden, trüg jeder nur ein Tasche voll heim.

Mit Feuer und Pulver sinds gar sehr gefähr,
Daß oft eim sein Häusel verbrennet gar wär,
Lassen pulverne Fröschle einem hupfen aufs Dach,
20   Wenns brennet, so fragens kein Teufel danach.

Hat einer beym Häusel ein wachbaren Hund,
Der sonst von der Kette nicht abkommen kunt,
Sie lassen ihn laufen, es wär ja nicht noth,
»Potz Hagel da schießt's ja!« der Pudel ist todt.

25   Studenten im Wirthshaus, sinds aus der Weis frisch,
Sie brauchen allein ein großmächtigen Tisch,
Sie saufen und schreien als g'hört das Haus ihn'n,
Und saufen und schreien sich blitzblau und grün.

Bald redens lapodeinisch, ich kanns nicht verstehn,
30   Doch ists leicht zu rathen, auf uns muß es gehn,
Bald tanzens und springens und hupfens am Fleck,
Und nehmen den Knechten den Tanzboden weg.

Und schmeissen die Knecht sie auch alle heraus,
So laufens wie die Mäus auf die Strassen hinaus,
35   Und machen ein Haufen und grausam Gefecht,
Und hauen und stechen und schreien erst recht.

Ziehn naus auf die Felder und geben kein Fried,
Ist grad wie ein Wetter, so spielens damit,
Da tretens die Aecker, verstehn nicht was 's ist,
40   Wenn einer schwarz Brod um sein Handarbeit frißt.

Sind Roß auf der Weide, und rasten ein Weil,
So nehmens Studenten, es ist gar ein Gräul,
Und hauens in die Seiten mit allbeiden Füssen:
Ach wenn sie das Rössel doch langsam gehn liessen!

Kriegslied.   II 442

(Christoph Demantius sieben und siebenzig Tänz. Nürnberg 1601.)

Ach Jungfrau klug von Sinnen,
Still deinen Uebermuth,
Acht nicht so gar geringe
Das edle Studentenblut.
Wer ists, der ihn'n mag gleichen,   5
An Tugend, Muth und Ehr,
Laß du sie nur hinschleichen,
Weil keiner dich begehrt.

Du magst nur immer loben
Die Reuter voll und wild,   10
Du kömmst noch auf den Kloben,
Und auf ihr Narrenschild,
Dir gefällt ihr Sakramenten
Um Gottes Wunden all,
Viel baß als der Studenten   15
Gesang und Lautenschall.

Als ich wohl seh, vom Zaune
Die Ursach gebrochen hast,
Bist du nit guter Laune,
Ists uns ein leichte Last,   20
Lauf hin in Stall nach Miste,
Deins Gleichens man wohl findt,
Und dich nach Gefallen erlüste,
Bei tollem Reuter-Gesind.

II 443   Sie können es nehmen, wie sie wollen.

(Nikolaus Rosthius liebliche Galliarden. 1593.)

Ein Mägdlein jung gefällt mir wohl,
Von Jahren alt, weis wie ein Kohl,
Schön wie ein Rab ihr gelbes Haar,
Triefdunkel sind die Aeuglein klar.

5   Die Stirn rund wie ein Falten Rock,
Feist ausgedörrt die Bäcklein schmuck.
Blauroth ist ihr das Mündlein weiß,
Schön häßlich ich sie schelt und preiß.

Schneeweiß sind ihre schwarze Händ,
10   Wie eine Schneck ihr Gang behend,
Wie ein Kettenhund sie freundlich redt,
Sauhöflich, wenn sie geht und steht.

Ein solches Mägdlein hätt ich gern,
Nah bei ihr zu seyn sehr weit und fern,
15   Sie oft zu herzen nimmermehr,
Gott nehm sie bald! ist mein Begehr.

II 444   Das naive Kammermädchen an den
Studiosus der zweyten Potenz.

(Mündlich.)

Jezt bin ich wiederum recht vergnügt,
Weil mein Schatz bei mir ist,
Und so viele Treu verspricht,
Redet mit mir,
5   Redet von der Wahrheit,
Redet von der Treuheit,
Redt von der Welt Süßigkeit,
Redt von der Welt End.

Wollt ihr wissen was es macht,
Daß mich mein Schatz verlacht,   10
Und ich im schwarzen Register muß stehn?
Du kannst leicht denken,
Wie es mich thut kränken,
Wenn ich eine andere muß bei dir sehn stehn;
Denn du bist hochgesinnt,   15
Hast doch nichts hinter dir,
Als nur die Kleider, die du trägst,
Wirst ausgelacht,
Eine Arme, die magst du nicht,
Eine Reiche, die kriegst du nicht;   20
O weh, wie wird dirs noch gehn!

Die Schwäbische Tafelrunde.   II 445

(Altes Manuscript. 1500–1550.)

Neun Schwaben giengen über Land,
Zu einer Dornenhecken,
Alda der Jokel stille stand,
Thät Abentheuer schmecken.

Es schlief ein Haas ganz starr im Gras,   5
Die Ohren thät er recken,
Die Augen offen, hart wie Glas,
Es war ein rechter Schrecken.

Hätt jeder ein Gewehr, gewiß
Er wollts für'n andern strecken,
So hattens all neun nur ein Spieß,   10
Wer darf den Haas mit wecken?

Drum hieltens einen Kriegesrath,
All neun ganz einig schiere,

15   Sie wollten thun ein kühne That
        An dem grausamen Thiere.

        All neun an ihrem Schwabenspieß
        Stehn männlich hint'r einander,
        Du Jokel bist der vorderst g'wiß,
20   Sprach einer zu dem ander.

        Du Ragenohr, geh du voran!
        Der vorderst thät auch sprechen:
        Ich muß dahinten vorne stahn,
        Ich schieb, du mußt nur stechen.

25   Der vorderst sprach: wärst du vorn dran,
        Du sprächst nit mein Geselle,
        Du Ragenohr, geh du voran,
        Hier ist ein harte Stelle.

        Der Haas erwacht ob ihrem Streit,
30   Gieng in den Wald hinschweifen,
        Der schwäbisch Bund thät als ein Beut
        Des Haasen Panner ergreifen.

        Sie wollten auch dem Feind zur Flucht
        Ein goldne Brücken schlagen,
35   Und han da lang ein Fluß gesucht,
        Und kunnten kein erfragen.

        Da stand ihn'n auch ein See im Weg,
        Der bracht ihn'n grosse Sorgen,
        Weil in dem Gras, nit weit vom Steg
40   Ein Frosch saß unverborgen.

        Der immerdar geschrieen hat
        Mit der quaterten Stimme,

Wadwad, Wadwad, Wadwad, Wadwad,
Da giengs dem Ragenohr schlimme.

Glaubt, daß der Spiritus ihm rief   45
Wad, wad! er könnt durchwaden,
Da thät er in dem Wasser tief
Ersaufen ohn zu baden.

Sein Schaubhut auf dem Wasser schwamm,
Da lobten ihn die andern: 50
Seht bis an Hut, der gut Landsmann!
Durchs Wasser thut er wandern.

Der Frosch schrie wieder Wadwad, Wad,
Der Jokel sprach: uns allen
Der Landsmann ruft auf seinen Pfad,   55
Wir sollen nit lang kallen.

Wir sollen wahrlich jezt vielmeh
Alsbald ohn Kriegesrathe,
Wohl alle springen in den See,
Weil wir noch sehn den Pfade.   60

So richt ein Frosch neun Schwaben hin,
Die schier besiegt ein Haasen,
Drum hassen Schwaben immerhin
Die Frösch und auch die Haasen.

Eine Kastanie.   II 447

(Mündlich.)

Jockel. Guck, Bastel, was ich funden han,
    Es hat ein Igels Pelzlein an,
    Ein braunes ledern Koller drunter,
    Mit Woll gefüttert, guck! lug! Wunder!

5   Wie glatt liegt ihm an Hos' und Hemd.
       Au, Au! mich dünkt, 's schmeckt unverschämt,
       Doch lug! indem ich schäl' den Kern,
       So schmeckt es süß, das eß ich gern!

Bastel.   Mein Jockel, dieses heißt ein Kästen,
10   Wir Schwaben wissens doch am besten.
          Drum nennen wir dies Iglein fein,
          Wenns geschählt ist aus dem Pelzlein sein,
          Ein Nüßlein in eim Lederlein.

Jockel.   Ei das war mir ein Schneiderlein,
15   Ders nähen konnte also fein!

II 448   Ygels Art.

(Aus einem Liederbuche der Ygel 1500–1600.)

       Ygels Art ist manchem bekannt,
       Thut weit hin und her wandern,
       Singers Lied durch Stadt und Land
       Sich singt einer zum andern,
5   Ygel auch hat diesen Gebrauch,
       Dabey Stacheln zu spitzen.
       Manchem Hund zersticht er das Maul
       So auch Singer mit Witzen.
       Yglein er setzt jährlich so fromm,
10   Sie müssen selbst sich ernähren,
       Bald du holder Sommergast komm,
       Schwalbe in Zucht und Ehren!

Anhang

Kommentar

Die genaueren bibliographischen Angaben zu den Vorlagen der einzelnen Wh-Gedichte finden sich im Verzeichnis der gedruckten Quellen, Bd. 3, S. 495 ff.

Stichtitel

Idee und Ausführung dieses Titels gehen im Gegensatz zu Wh I ganz auf Brentano zurück. Er kontaminierte eine Zeichnung des sagenumwobenen Oldenburger Horns (Johann Just Winkelmann, *Des Oldenburgischen Wunder-Horns Ursprung*, Bremen 1684, nach S. 7) mit dem Detail einer Zeichnung aus Zincgrefs *Emblemata* (Frankfurt 1619; Stich von Merian), nämlich einer Ansicht Heidelbergs mit dem (damals noch) unzerstörten Schloß. Die Ideen der Kontamination und der Ipsefakten, die ein gut Teil der Wh-Arbeiten Arnims und Brentanos bestimmen, sind also auch hier gegeben. Den Stich führte Adam Weise (1776–1835) aus.

II 3

Quelle des von Arnim um eine Strophe gekürzten und als *Zueignung* deklarierten Texts ist das *Siebende Lied. Ermunterung zur Fröligkeit* aus der *Frühlings Lust* (1642) des bekannten Barockpoeten Philipp von Zesen.
Der stereotype Stropheneingang »Lasset [. . .]« machte das Lied zur Leserapostrophe besonders geeignet, während der durchgehaltene Daktylus den tänzerischen Charakter betont.

13 *Birkene-Mayer:* große, aus einem Birkenstamm gefertigte Becher.
19 *Bossel:* Kegelkugel.

Literatur: NA II, S. 3; BC II, S. 1; Rieser, S. 405; Bode, S. 399.

II 4a

Das Lied stammt ursprünglich von Jacob Klieber (1535); Brentano kannte es aus seinem Exemplar von Johann Wüstholz' *Lutherisch Lobwasser* (1618).

5 Vgl. Röm. 4,15.
   Zoren: um 1800 noch zuweilen gebräuchlich für »Zorn«.

Literatur: NA II, S. 4; BC I, S. 200; Rieser, S. 389; Bode, S. 278.

II 4b

Es handelt sich um die modernisierte Fassung eines Gebetes, das der *Nachfolgung des Armen Lebens Christi* (1621; S. 176) des Mystikers Johann Tauler entnommen ist. Arnim hatte den Band leihweise erhalten und für Brentano eine Abschrift des Textes hergestellt. Die sprachlich-graphematisch bereinigte Version beruht jedoch direkt auf dem Frankfurter Druck. Die inhaltsbestimmende Überschrift wurde für das Wh hinzugefügt. Der formelle Gebetsschluß »Amen« rundet zugleich den geistlichen *Abendreihen* ab.

Literatur: NA II, S. 5; BC I, S. 450, 564 f.; Steig I, S. 364; Rieser, S. 376; Bode, S. 197.

II 5

Aus einer Dichtung des Hans Sachs, die Arnim in einer Hs. des 16. Jh.s besaß – möglicherweise, ohne um die Identität des Verfassers zu wissen –, und einem Text aus der anonymen Schwanksammlung *Ergötzlicher ... Burger-Lust* (1657) von Brentano kontaminiert. Dabei verschob sich der elegische Ton bei Sachs zu dem satirischen Attacke auf die Gelehrten. Während die formale Homogenität des Texts (Reimschema) auf Brentano zurückgeht, dürfte die Schlußstrophe mit ihrer Spitze gegen den »Critikus« Zudichtung Arnims sein.

6 Die von den Gelehrten gefährdete »Veritas« tritt hier an die Stelle, die in der herkömmlichen Aufzählung der Elemente die Erde einnimmt.

29 Allgemeiner Klageruf.
44 *brallten:* Präteritum von »prellen« mit obd. Anlaut.

Literatur: NA II, S. 5; BC II, S. 475; Rieser, S. 338–340; Bode, S. 697–699. – R. Köhler / J. Bolte, Stoffgeschichtliches zu Hans Sachs, in: Euphorion 3, 1896, S. 351–354.

II 7

Dieses Lied über die Allgegenwart geduldigen Papiers und ebensolcher Schreiber sowie über deren Macht hatten die beiden Bearbeiter aus Henrich Knausts Sammlung *Gassenhawer / Reuter vnd Bergliedlin* (1571; Nr. 43, S. 46–48) geschöpft. Es trägt dort die Überschrift *Lob der Fedder / der Schreiber / vnd aller Gelerten.* Die Wh-Bearbeitung verzichtet auf acht weitere Strophen.

Literatur: NA II, S. 7; BC II, S. 632; Rieser, S. 448; Bode, S. 447 f. – Uhland, Nr. 263; EB Nr. 1685, III, S. 486 f.; Steinitz II, S. 266.

II 8

Das Lied gilt als Dichtung der stigmatisierten Franziskanerin Maria Crescentia Höß (1682–1744), das in mehreren hs. Fassungen kursierte und den beiden Herausgebern in einem Ms. heft aus dem 18. Jh. vorlag. Das bairische Original ist orthographisch modernisiert und in einigen Versen metrisch geglättet. Bemerkenswert ist vor allem die Verknüpfung traditioneller christlicher Topik (Gott als Gärtner usw.) mit selbstironischer, ja sarkastischer Ausdruckshaltung. Als unsentimentale Bewältigung physischer Behinderungen ist das Lied typisch für das volkstümlich Humoristische des Wh. Arnims Lustspiel *Der Stralauer Fischzug* bedient sich am Schluß einer Variation von Str. 1–3.

Literatur: NA II, S. 10; BC I, S. 354; Bode, S. 285 f. – Alemannia 2, 1875, S. 190 f., 11, 1883, S. 58 f. (Fassung von 1750); A. Englert, Zu dem Lied »O süße Hand Gottes« in »Des Knaben Wunderhorn«, in: Das Bayerland 34, 1924, H. 17, S. 283 f.

II 10

Bevor eine Fassung des Liedes in Seckendorfs *Musenalmanach für das Jahr 1808* erschien, war es bereits von Karl von Wangenheim in der Musikbeilage des *Morgenblatts für gebildete Stände* vom 12. 10. 1807 abgedruckt worden. Diese Version, eindeutig Quelle für Arnim und Brentano, trug den einfachen Titel *Volks-Lied* (im *Musenalmanach* dagegen *Das hungernde Kind*), den die Herausgeber durch das lapidare *Verspätung* ersetzten. Die schlichte, aber ungemein spannungsreiche Struktur des Texts, der sich aus fünf Strophen zu je drei stereotypen Textsegmenten zusammensetzt, welche ihrerseits identisch bleiben (»Mutter, ach Mutter«) bzw. in strenger Klimax variiert werden (»Warte nur«; »Und als«), besonders auch die Gegenläufigkeit von Strophik und Verkettung (so daß die erste Strophe nur vier, die letzte acht Verse aufweist), machten das Lied für weitere Vertonung attraktiv. Gustav Mahler schuf unter Wiederherstellung des originalen Schlußverses »lag das Kind auf der Todtenbahr« 1905 eines seiner anrührendsten Wh-Lieder, dem er den fatalistischen Titel *Das irdische Leben* gab.

Melodie: Stockmann, S. 89.
Vertonung: Gustav Mahler (1905).
Literatur: NA II, S. 11; BC I, S. 363; Rieser, S. 470; Bode, S. 276 f. – Uhland, Nr. 119; EB Nr. 189a–b, I, S. 579–581; DVl Nr. 115, V, S. 273–282; Wiora I, Nr. 289, S. 61, Nr. 53, S. 41.

II 11a

Unter der Überschrift *Todesgebät* hatte Brentano diesen gebetsartigen Text zusamt der Vorlage zu KL 27b in der Hs. Wilhelm Grimms erhalten. Die für den Druck gewählte Überschrift akzentuiert den in V. 8–10 ausgesprochenen Aspekt der neuplatonisch-gnostischen Emanationslehre. Der ursprüngliche Charakter der Gnadenbitte, von der aus Bezüge zum Lied der Großmutter (*Wenn der jüngste Tag will werden*) in Brentanos *Geschichte vom braven Kasperl und dem schönen Annerl* hergestellt werden können, wird dadurch verschleiert. In Umkehrung von Mt. 7,13 f. ist in V. 5 der breite Weg der des Heils.

Vertonung: Gustav Mahler, 2. Symphonie (*Auferstehung*; 1895), 4. Satz (Altsolo).

Literatur: NA II, S. 12; BC I, S. 353, 559; Rieser, S. 493; Bode, S. 158. – EB Nr. 2164, III, S. 859 f.; Mittler, Nr. 474–475, S. 371 f.; Tobler I, S. 193, Nr. 4; Hruschka-Toischer, S. 7, Nr. 9; Böhme, Kdl I, Nr. 1604, S. 330, II, Nr. 193, S. 476; Jungbauer, Bibl., Nr. 588, S. 109; Züricher, Schweiz, Nr. 211–212, S. 14, vgl. S. 407.

II 11b

Es handelt sich um die metrische und inhaltliche Bearbeitung einer hs. Vorlage Bettinas, die Brentano mit *Lied* überschrieben hatte. Auf die melodiebedingte refrainartige Erweiterung der Strophenschlüsse (»Daß es mein Herz erfüllt / Daß es mein, daß es mein Herz erfüllt«) verzichtet die Druckversion. Das Blumenmotiv wurde zum Bild der Rose präzisiert und diesem der neue Titel angepaßt. *Sub rosa* meint redensartlich ›im Vertrauen‹ und ist in der Korrespondenz der Herausgeber belegt. Die Metamorphose der Rose nahm Brentano in seinem *Märchen von Rosenblättchen* wieder auf (vgl. auch KHM 76), wie auch deutlicher Einfluß des Liedes auf Goethes *Gefunden* und Heines *Die weiße Blume* zu vermuten ist.

22 *verpflicht:* in Liebe verbunden, anverlobt.

Melodie: Stockmann, S. 90.
Literatur: NA II, S. 13; BC II, S. 48; Rieser, S. 494; Bode, S. 282 f. – EB Nr. 9a–c, I, S. 27–29; vgl. Nr. 518b, II, S. 339 f., Nr. 593, II, S. 414 f.; BP II, S. 127; Briegleb, Nr. 4, S. 21.

II 12

Höchstwahrscheinlich bearbeitete Brentano die Vorlage, ein Ms. von unbekannter Hand, für das Wh, nimmt er sich des Gedichtes (in der Hs.: *Hochzeit Lied*) doch auch in einer Reihe weiterer Werke an. Glättung der Sprache, des Rhythmus und Betonung der Klage durch Einfügung des jeweils drittletzten Verses jeder Strophe kennzeichnen die orthographisch uneinheitliche Adaption. Zur Variation des Refrains sind in den Binnenstrophen Motive aus weiteren Wh-Liedern herangezogen worden (V. 11 f. vgl. Wh I 292, V. 20–24; V. 17 f. vgl. Wh II 154, V. 98 f., KL 64a, V. 5 f.; V. 23 f. vgl. Wh II 46,

V. 10–12). Das Ineinander der Stimmungen und das Melodiöse des Texts begeisterte die Rezensenten von der Hagen und Görres und sicherte die Beliebtheit des Liedes.

Melodie: Böhl, Nr. 12, S. 24.
Literatur: NA II, S. 14; BC II, S. 56; Rieser, S. 495 f.; Bode, S. 677 f. – EB Nr. 870, II, S. 665; Pinck, Weisen, IV, S. 293 f.; Wiora I, Nr. 131, S. 51.

II 13

Aus den *Honores Musicales* (1624; Nr. 24) des Eislebeners Daniel Friderici hatte Arnim diesen ursprünglich neunstrophigen *Textus, auff den Namen SARA KIELS* (teilweise?) exzerpiert, in dem der je erste Buchstabe einer Strophe zum Namensakrostichon zählt. Das Wh enthält also nur die zweite und dritte Strophe. Der inhaltliche Tenor dieses Ausschnitts regte Arnim zu der neuen Überschrift *Familiengemälde* an. Er assoziierte nämlich ein solches Bild des Malers Holbein, »ganz als wären darauf die alten Strophen geschrieben« (an Brentano, 6. 10. 1806).

3 f. Vgl. Ps. 127,2.
5–13 Vgl. Ps. 127,3.
15 f. Vgl. Ps. 127,6.

Literatur: NA II, S. 15; Bode, S. 452 f. – Briegleb, Nr. 103, S. 66.

II 14

Quelle ist ein Fl. Bl. mit dem Titel *Fünf weltliche Schöne neue Lieder*, in dem der Text keine Überschrift trägt. Andere Abdrucke in Fl. Bl. oder die hs. Fassung im Liederbuch des Johannes Mayer (1768), das Brentano durch Auguste von Pattberg erhalten hatte, wurden für das Wh nicht konsultiert. Das Gedicht stammt aus der Feder des bedeutenden spätbarocken Dichters Johann Christian Günther (1695–1723) und wurde unter dem Titel *An seine Leonore. Die immer grünende Hoffnung* 1724 erstmals gedruckt. Zwecks motivlicher Einengung verzichteten die Herausgeber auf zwei weitere Strophen, so daß aus dem Treue- und Beständigkeitsgelöbnis des Liebenden die

Widerstandsgeste des Stoikers gegenüber dem Schicksal wird, die im
heraldischen Motiv gipfelt. Arnim hat das Gedicht im *Wintergarten*
nochmals aufgegriffen.

Literatur: NA II, S. 16; BC II, S. 181; Rieser, S. 407 f.; Bode,
S. 443 f. – ZfdPh 27, 1895, S. 359 f.; Friedlaender II, S. 9 f.; J. Meier,
KiV, Nr. 276, S. 45.

II 15

Die hs. Vorlage stammt von Auguste von Pattberg (deren Name als
Beiträgerin nur hier ausnahmsweise einmal aufgeführt ist); sie dichtete die vorliegende Fassung selbst, zweifellos aus volkstümlichen
Motiven. So sind die berühmten Eingangszeilen eine Verballhornung
des ursprünglichen »Bald gras' ich an Aeckerl, / Bald gras' ich am
Reihn« in der Quarths. Carl Nehrlichs. Arnim/Brentano verliehen
dem namenlosen Lied einen Titel, der mit dem Zentralmotiv zugleich
satirisch auf die Gründung des napoleonisch dominierten Rheinbundes am 12. 7. 1806 anspielt.

Melodie: Stockmann, S. 91.
Vertonung: Gustav Mahler (1905) unter dem Titel *Rheinlegendchen.*
Literatur: NA II, S. 18; BC II, S. 189; Rieser, S. 543 f.; Bode,
S. 595 f.; W. E. Oeftering, Bald gras' ich am Neckar, in: Die Pyramide. Wochenschrift zum Karlsruher Tageblatt 18/5, 3. 2. 1929,
S. 19–21. – EB Nr. 1048–49, II, S. 788 f.; Steig, NHJb. VI, 1896,
S. 84; Friedlaender I, S. 14; Marriage, Pfalz, Nr. 66, S. 109 f.; Briegleb, Nr. 18, S. 28; zum Motiv des Polykratesringes (V. 17–20) vgl. J.
Künzig, Der im Fischbauch wiedergefundene Ring in Sage, Legende,
Märchen und Lied, in: Fs. für J. Meier, Berlin/Leipzig 1934, S. 85
bis 103, bes. S. 100 ff.

II 17

Dieses Lied, dessen Titel motivlich an Wh II 15 anschließt, ist eine
höchst komplexe Kontamination aus drei Hauptquellen – einer hs.
Aufzeichnung, einem Fl. Bl. und Wh I 282, Str. 4–7 (auf Herder
basierend) – und sieben Nebenvorlagen. Indes ist das Lied wohl nicht
absichtlich, etwa aus Freude über den Reichtum des Überlieferten,

aus zehn verschiedenen Versionen zusammengesetzt worden; vielmehr dürften dem Bearbeiter bei der Kontamination der Hauptquellen bewußt oder unbewußt zahlreiche vorgeprägte Formulierungen in die Feder geflossen sein, die ihm aus der Vielzahl der Einsendungen bekannt waren. Das so gewonnene Artefakt wurde seinerseits volkstümlich.

1–4 Diese Verse regten Carl Nehrlichs Kunstdichtung *Die Wanderung. Romanze* an.
2 *es:* mundartliches Füllwort.
9–12 Die Strophe ist als Motivreim zu V. 39 hinzugedichtet.
35 f. Vgl. Wh I 50, V. 63 f.

Melodie: Stockmann, S. 92.
Literatur: NA I, S. 328; BC I, S. 306, 576; Rieser, S. 479 f.; Bode, S. 492–500. – EB Nr. 48c–f, I, S. 165–170; vgl. Nr. 1355, III, S. 230 f.; Pröhle, Nr. 4, S. 8; Hruschka-Toischer, S. 131, III, Nr. 42; Röhrich-Brednich I, Nr. 38. Vgl. ferner zu Wh I 282.

II 19

Vorlage ist ein Ms. Frau von Pattbergs, in dem hs. Korrekturen Brentanos darauf hinweisen, daß er der Bearbeiter war. Während die Quelle keinen Titel enthält, nannte Brentano das Gedicht in Anlehnung an Bürgers berühmteste, 1774 erschienene Ballade *Lenore* und bildete auch einige Verse (2, 3, 27) diesem Text nach. Ob der Wh-Text Auguste von Pattbergs eigene, Bürger nachempfundene Dichtung oder Zeugnis tatsächlicher Volkspoesie ist, bleibt offen. Zum Zankapfel wurde die Anmerkung Brentanos, der, gutgläubig oder wider besseres Wissen, die Vorlage als Modell Bürgers herausstellen wollte, wobei die übertrieben deutliche Situationsangabe die Absicht bewußter Mystifikation nahelegt. Von verschiedenen Seiten regte sich bald Widerspruch gegen eine Priorität des Wh-Textes: Der jüngere Voß äußerte, Brentano sei mit der *Lenore* einem fingierten Volkslied aufgesessen, sein Vater zweifelte das Alter der Ballade entschieden an; Arnim und Wilhelm Grimm verteidigten vehement die Authentizität des Gedichts, beharrten aber dabei v. a. auf dem Faktum, daß »das erwähnte Lied als echt« eingesandt worden sei. Auch die verschiedenen Rezensionen mochten die Bürger-Notiz nicht akzeptieren.

Literatur: NA II, S. 19, IV, S. 73; BC II, S. 263; Steig, NHJb VI, 1896, S. 85–96; Rieser, S. 544; Bode, S. 330 f.; Schewe, 1932, S. 132; Rölleke, Brentano-Voß, S. 302; JbVldf 17, 1972, S. 230–232. – EB Nr. 197a–g, I, S. 596–601; BP I, S. 408; F. Gundolf, Bürgers Lenore als Volkslied, Heidelberg 1930; W.-E. Peuckert, Lenore, Helsinki 1955; A. Aarne / S. Thompson, The Types of the Folktale, Helsinki 1961, Nr. 365, S. 127; Röhrich-Brednich I, Nr. 8.

II 20

Quelle ist eine hs., im Druck stilistisch und orthographisch redigierte Fassung Bettinas. Es handelt sich um ein Kriegslied im Ton des *Prinz Eugen, der edle Ritter*, von dem zahlreiche Versionen auf je verschiedene Anlässe und Bezugspersonen existieren. Vermutlich war es Brentano, der die von seiner Schwester beigetragene Version wegen der relativen Aktualität der geschilderten Ereignisse (1799) auswählte und bearbeitete.

[Überschrift:] Mainz war seit Ende 1797 von den französischen Revolutionstruppen besetzt. Die Gegenaktionen des Koalitionsheeres und des Mainzer Landsturms zogen sich bis 1801 hin.
  2 *Albin:* Franz Joseph Freiherr von Albini (1748–1816), Minister des Kurfürsten von Mainz und Anführer des Landsturms.
11 f. Die in Mainz eingeschlossenen Franzosen sind durch die Eroberung Kostheims, eines nahegelegenen Dorfes, bedroht.
22 Sprichwörtl. seit der Antike.
23 f. Die Eroberung der Stadt »wird schon kommen«, wenn sie an Kurmainz zurückfallen soll. Die häufige Verlesung »Wems Kurmainz gehören soll« wird durch das Manuskript Bettinas widerlegt.

Melodie: V. Junk, Das Lied vom Prinzen Eugen, Deutsche Akademie 1934, S. 297–348, hier S. 310.
Literatur: NA II, S. 21; BC II, S. 603–605; Alemannia 8, 1880, S. 66; Rieser, S. 468; Bode, S. 329 f. – EB Nr. 341a–b, II, S. 151–153.

II 21

Zwei hs. Vorlagen, darunter eine von Bettina, tragen beide die Überschrift *Liebes Lied*. Ein weiterer Beitrag Wilhelm Grimms mit sehr ähnlicher Str. 1 fügt die Notiz »Mündl.« an, wodurch die Herkunftsangabe motiviert scheint. Die Überschrift faßt das Motiv der Untreue in das durch die Schlußstrophe angeregte Bild der Fahnenflucht.

9 Die gleiche Zeile und weitere verwandte Motive in Seckendorfs *Musenalmanach für das Jahr 1808* (Nr. 36, S. 63).
15 *Federbusch:* Bereits Bettina hatte zwecks Variation gegenüber V. 11 den abschließenden Paarreim (»Federhut«/»tut«) aufgelöst.

Melodie: Stockmann, S. 94.
Vertonung: Johannes Brahms, op. 48,2.
Literatur: NA II, S. 22; BC II, S. 191; Rieser, S. 496 f.; Bode, S. 160.
– EB Nr. 528a, II, S. 352 f.; Parisius, Nr. 154, S. 499; Briegleb, Nr. 64, S. 50; Steglich, S. 78; Bender, Nr. 23, S. 27.

II 22

Quelle ist ein verschollenes Fl. Bl. (wohl von 1747 und durch Koelle vermittelt; aus Arnims Nachlaß bei BC abgedruckt). Der Text wurde aber vermutlich von Brentano bearbeitet, der freilich nur die jeweilige Wiederholung der drei letzten Silben jeder siebten Zeile (»nit so anthaun, so anthaun«) eliminierte, sinnentstellende Schreibungen in der Vorlage korrigierte und ansonsten den dialektalen Lautstand unberührt ließ. Die Überschrift ist Zutat Brentanos.

2 Ich glaube, ich höre ein Trommeln.
6 *Lueg:* Schau.
7 *anthaun:* angetan, angezogen.
11 *Tralpatschen:* wohl verballhornt aus »Tolpatschen«, »eine Art ungarischer Soldaten zu Fuße« (Adelung IV, Sp. 1003; vgl. auch V. 20).
12 *haunds:* haben sie.
16 *is:* uns.
20 *Panduren:* bewaffnete Diener ungarischer Edelleute, als Militärkorps von 1741–56 organisiert; wegen schlechter Disziplin berüchtigt.

22 *pochen:* »ungestüm und mit großem Lärm zanken« (Adelung III, Sp. 1108).

23 *Knöpfle:* Klöße, Knödel.

25 *ungkeit:* ungeheiet: unbehelligt, ungeschoren.

26 *Fetzen:* »schlampichte Weibsperson« (H. Fischer, *Schwäbisches Wörterbuch*, Bd. 2, Tübingen 1908, Sp. 1449).

27 *Waiß schau:* Ich weiß schon.

36 *aufstellen:* auftragen.

39 *Schneide:* eine Scheibe dünnen Specks.

48 *Velte:* »daß dich der Velten [hole]« (Adelung IV, Sp. 1359); in Anlehnung an die Kurzform des Namens Valentin tabuistisch statt »Valant« ›Teufel‹.

Literatur: NA II, S. 22; BC II, S. 614; Rieser, S. 488; Bode, S. 232. – Erlach, S. 427, Nr. 7.

II 24

Der Text basiert auf einem Fl. Bl., wurde aber von Arnim in einer erhaltenen hs. Fassung stilistisch und grammatisch überarbeitet. Bei der Schlußredaktion entstand dann die Druckversion als Kompromiß: Lautete V. 11 f. in der Quelle: »zu regen hier auf diesen Streit, / auf Frieden und Pardon«, so hatte Arnim des aktuellen Bezugs wegen (vgl. seine *Kriegslieder*) geändert in: »Zu geben in dem Streite / Franzosen ihren Lohn«, woraus im Wh »Zu gehen mit zum Streite, / Auf Frieden und Pardon« wurde. Die nicht originale Überschrift leitet sich, wie häufig, vom Schluß des Gedichts, besonders dem letzten Vers, her. Vgl. auch den Nebentitel zu Lessings *Minna von Barnhelm*: *das Soldatenglück.*

3 Um den materialistischen Aspekt zu verwischen, hatte Arnim in seinem Ms. vorgeschlagen: »Bin ich ein junger Held«.

Literatur: NA II, S. 24; BC II, S. 216; Rieser, S. 488; Bode, S. 193; Schewe, 1932, S. 122. – EB Nr. 1602, III, S. 424; ZfVk 13, 1903, S. 312; Pinck, Weisen III, S. 385; JböVlw 2, 1953, S. 29 f.

II 25

Ausgehend von einem Fl. Bl. und einer Niederschrift Bettinas, stellte Arnim unter Hinzufügung neuer Elemente eine Kontamination her, deren erhaltenes Ms. bei nur geringen Abweichungen als Druckvorlage diente. Überschrift und genaue Indikation der Sprecher gehen auf Arnim zurück. Zwei Strophen der gedruckten Quelle wurden ausgelassen. Zwei weitere Einsendungen von J. Heinrich Kaufmann bzw. Albert Ludwig Grimm beeinflußten zumindest die erste Strophe mit. Die Handlungsfolge verknüpft ohne Härten das ›Fensterganglied‹ des Fl. Bl. mit dem von Bettina aufgezeichneten ›Reiterabschiedslied‹.

1 Vgl. Wh I 371, V. 13 und 15.
31 Formelhaft, vgl. Wh II 196, V. 8 f.

Literatur: NA II, S. 26, 27; BC II, S. 618; Alemannia 10, 1882, S. 146, 153; Rieser, S. 501–503; Bode, S. 631 f. – EB Nr. 1321–22, III, S. 205–207; Hruschka-Toischer, S. 158, III, Nr. 89; Marriage, Pfalz, Nr. 143, S. 215 f.

II 27

Das *Reiterlied*, das Arnim wegen des motivlichen Anklangs unmittelbar hinter Wh II 25 rückte, stammt aus der frühbarocken Liedersammlung *Venusblümlein* (1612; Nr. 1) des Nürnbergers Ambrosius Metzger. Die melodiebedingten Wiederholungen im jeweils fünften und sechsten Vers wurden bereits in der (wohl von Arnim veranlaßten) hs. Kopie eliminiert. Im übrigen hat Arnim lexikalische und orthographische Modernisierungen vorgenommen, zeigt sich aber gerade in diesem Text als äußerst behutsamer Bearbeiter. Die betont schlichte Überschrift ersetzt einen lateinischen Hexameter im Original: »Mulsa mea et generosus Equus, mihi gaudia praebent«, der den doppelten thematischen Kern des Liedes zusammenfaßte (»mulsa« ›Zuckerpüppchen‹).

Literatur: NA II, S. 28; BC II, S. 613; Rieser, S. 441; Bode, S. 205.

II 28

Quelle ist eine hs. Einsendung von Karl Friedrich Danquard ohne
Überschrift und Herkunftsangabe. Die Überarbeitung modernisiert,
mildert im Ausdruck und verbessert in V. 12 den Reim aus »fromm«
zu »frumm«. Um den Chiasmus zwischen V. 8 und V. 9 stärker herausstellen zu können, wurde Str. 2 umgestellt, die ursprünglich lautete:

> Wenn der Tambor die Trummel thut rühren,
> So heißt es, Soldaten ins Feld müßt marschiren,
> Bald haben wir kein Geld, bald haben wir kein Brod,
> O du wunderschön Mädel, mußt Leiden groß Noth!

Die Auflösung des Paarreims wurde dabei in Kauf genommen. Die
neugefundene Überschrift bietet eine spezielle Deutung der Schlußverse. Zum Motiv des Tambours vgl. die Fensterszene (*Die Stadt*) in
Büchners *Woyzeck*.

Literatur: NA II, S. 30; BC II, S. 617; Rieser, S. 508; Bode, S. 280. –
Meisinger, Oberld, Nr. 176, S. 172.

II 29

Verschiedene Einsendungen mit ähnlichem oder gleichem Eingang
blieben ohne Einfluß auf die Fassung, die vermutlich Brentano aus
einer hs. Vorlage herstellte. Zwei Parallelfassungen boten Anregung
für das Abweichen von der Quelle in V. 49 ff., besonders für den
Eingang der Schlußstrophe, der auch die Überschrift, statt des Titels
Romanze in der Hs., bestimmte. Die *Allgemeine Literatur-Zeitung*
(1809; Sp. 450) lobte besonders die »schöne dramatische Haltung und
den stillen festen Geist der Treue im Charakter des Mädchens«.

35 *Ritter:* Durch die Änderung der Hs. (»Reiter«) ist bewirkt, daß
    das Mädchen im Wh durchgängig von einem »Ritter«, die Mutter
    dagegen abwertend von einem »Reiter« spricht.
39 *dein Kleid:* richtig wohl: »dein ›Kleid‹« »deine Kleider«.
47 *verruschelt:* verruscheln: (obd.) durch »fehlerhafte Eilfertigkeit
    verlieren« (Adelung III, Sp. 1539).

Melodie: Stockmann, S. 95.

Vertonung: Johannes Brahms, *Guter Rat*, op. 75,2 (ab V. 25: »Ach Mutter, liebe Mutter«).
Literatur: NA II, S. 30, IV, S. 62; BC II, S. 29; Rieser, S. 488; Bode, S. 353. – EB Nr. 71d–g, I, S. 255–259; Berglieder (Ed. Marriage), Nr. 85, S. 125 f.; Briegleb, Nr. 54, S. 46; Hruschka-Toischer, S. 138, III, Nr. 50; ZVRhVk 9, 1912, S. 116; JböVlw 5, 1956, S. 33; 7, 1958, S. 46 f.

II 31

Quelle ist ein angeblich mündlicher Tradition entstammender Beitrag des Freiherrn von Goechausen, der am 28. 10. 1807 unter der Überschrift *Etwas über altdeutsche und Volkspoesie* im *Morgenblatt für gebildete Stände* (S. 1030 f.) erschienen war und von dem den Herausgebern eine Kopie Jacob Grimms vorlag. Der Text wurde mit zwei Liedaufzeichnungen Bettinas kontaminiert und flüchtig bearbeitet. Der hinzugefügte Titel leitet sich aus dem von Arnim neu gestalteten V. 21 her.

22–25 Durch die Integration einer von Bettina notierten Wanderstrophe wuchs dem Lied dieser verbreitete Topos zu; vgl. die Belege in W. Krogmanns Ausgabe von Johannes Tepls *Ackermann* (Wiesbaden ²1964, S. 180 f.) und in H. Röllekes Konrad von Würzburg-Edition (Stuttgart 1968, S. 141 f.).
26 *batt:* »batten« (frühnhd.) ›nutzen‹.

Vertonung: Gustav Mahler (1892) unter dem Titel *Aus, Aus!*
Literatur: NA II, S. 32; BC II, S. 621–623; Rieser, S. 503–505; Bode, S. 630 f.; Schewe, 1932, S. 129 und 134. – EB Nr. 697a–698b, II, S. 495–498, Nr. 1601, III, S. 423 f.; Mittler, Nr. 1454, S. 895; Vld 12, 1910, S. 105; M. Kommerell, Das Volkslied und das deutsche Lied, München 1967, S. 26.

II 32

Es handelt sich um die verkürzte und sprachlich modifizierte Fassung eines polymetrischen Gedichtes aus der Sammlung *Frühlings Lust* (1642; S. XLV f.) des Barockpoeten Philipp von Zesen. Es mutet wie ein bewußter Scherz an, daß gerade in einem Text des Sprachpuristen

Zesen auch so gebräuchliche Fremdwörter wie »Offizier« (V. 7),
»Armee« (V. 1) oder »Proviant« (V. 17) ersetzt wurden (»Feindausspürer«, »Kriegesheere«, »Brod und Speis«). Die Überschrift (in der
Quelle nur eine Nummer) ist zweifellos als literarhistorische Anspielung auf Klopstocks 1774 erschienene Schrift *Die deutsche Gelehrten-
republik* formuliert, wie überhaupt der Text reiches Material für ironische oder satirische Assoziationen bot (vgl. etwa V. 19 die Doppel-
formel »Musen und Grazien«, die durch zahlreiche Almanache
bekannt war und u. a. auch Goethes parodistischem Gedicht *Musen
und Grazien in der Mark* oder dem Xenion 246 *Kalender der Musen
und Grazien* zugrunde liegt).
Die *Allgemeine Literatur-Zeitung* (1809; Sp. 450) nannte das Gedicht
»ein pedantisches manierirtes Ding« und monierte, es sei »voll bisar-
rer gelehrter Gleichnisse und keine Volkspoesie«.

  6 *Bursch:* bei Zesen wohl noch im älteren Sinn: Gesellschaft von
    Kriegsknechten.
  8 *Föbus:* des Gottes (der Musen), Phoebus Apollo.
12 *Helikons:* Helikon, Sitz der Musen.
15 f. *Bachus/Ceres:* Die Göttin des Getreides, Ceres, wird in der
    Quelle und im Wh wie eine männliche Gottheit neben dem Wein-
    gott Bacchus genannt.
28 Die Ärzte; im Wh durch Sperrdruck wie der Name eines Regi-
    ments vorgestellt.

Literatur: NA II, S. 34; BC II, S. 634; Bode, S. 225, 445.

II 33

Direkte Quelle ist die titellose Nr. 14 einer Sammlung *Altteutscher
Lieder, aus dem sechszehnten Iahrhundert* innerhalb der von Bernhard Joseph Docen herausgegebenen *Miscellaneen zur Geschichte der
teutschen Literatur* (1807; S. 284). Dieser aus Jacob Regnarts Liederbuch von 1580 stammende »Wettstreit von Prosa und Poesie« (Arnim
an Brentano, 18. 2. 1808) war bereits mehrfach an prominenter Stelle
abgedruckt worden, in Herders *Oßian*-Aufsatz und seinen *Volksliedern* ebenso wie in Claudius' *Wandsbecker Boten.* Besonders Herder
lobte das Lied als Gegenbeispiel zu Gellerts Fabeln. Schon Docen
hatte seine Vorlage um die Schlußstrophe gekürzt.

3 *anschlagen:* »einen Entwurf zu etwas machen« (Adelung I, Sp. 322).

15 *Schuf er:* Ordnete er an.

16 *sang ... aus:* aussingen: »bis zu Ende singen« (Adelung I, Sp. 582).

Vertonung: Gustav Mahler (1905) unter dem Titel *Lob des hohen Verstandes.*

Literatur: NA I, S. 353; BC I, S. 383; Rieser, S. 419; Bode, S. 264. – EB Nr. 1783, III, S. 562; Goedeke-Tittmann, Nr. 144, S. 149.

II 34

Die Druckfassung basiert bei geringen Varianten auf einer Hs. Brentanos, die auf ein Fl. Bl. aus Straßburg zurückgeht, möglicherweise aber auch abhängig ist von einer offenbar diplomatischen Abschrift des Texts – ohne Überschrift – durch die Brüder Grimm. Arnim dürfte den Schlußvers mit Leserapostrophe und die sachlich falsche Anmerkung zur Überschrift (»Felbinger« obd. ›die gemeine weiße Weide‹, vgl. Adelung II, Sp. 23; Arnim blieb bei seiner irrtümlichen Deutung trotz eines Hinweises von dritter Seite) hinzugefügt haben. Wie der vorhergehende Text vertritt dieses Gedicht die Gattung der »Altercatio«, des Streitgedichts, das im Schrifttum der Reformationszeit besonders verbreitet war. Den Streit der Bäume kannten die Herausgeber möglicherweise schon von Fischart oder aus der Zimmerschen Chronik.

21 *Mülterlein:* Diminutiv zu obd. »die Mülte« (ein Gefäß).

50 *drat:* (frühnhd.) schnell, eilig; hier: gut, vorzüglich.

51 *Matt:* »Wiese, ein vorzüglich oberdeutsches Wort« (Adelung III, Sp. 405).

52 *ob einem Brünnlein kalt:* über einer frischen Quelle (Wiese und Quelle sind obligatorische Requisiten des locus amoenus).

55 *gerecht:* im älteren Sinn: geschickt, tauglich.

59 Das Wh biegt zugunsten der Schlußpointe den Refrain um und erweitert ihn um einen Vers, so daß die Symmetrie der im Original je vierzeiligen Rahmenstrophen aufgegeben wird.

Literatur: NA II, S. 35; BC II, S. 427; Rieser, S. 418; Bode, S. 466. – Uhland, Nr. 9 A, B; Abh., S. 24; vgl. S. 26, 29; EB Nr. 1073, III,

S. 21 f.; Goedeke-Tittmann, Nr. 89, S. 93; Hildebrand, Materialien,
S. 100–103; H. Jantzen, Geschichte des deutschen Streitgedichts im
MA, Breslau 1896, S. 38; Williams, S. 434 f., 457; Lesebuch II,
Nr. 184, S. 87 f.; Röhrich-Brednich II, Nr. 66.

II 37

Brentano ist der Bearbeiter dieses ursprünglich an Arnim eingesand-
ten dritten Streitgedichts, das er entweder durch Umdichtung
ergänzte oder aus zwei als Nebenquellen in Betracht kommenden
Fassungen kontaminierte. Arnim assoziierte bei dem Thema, das
bereits in einem mittellateinischen Vagantenlied (*Carmina burana*
173) begegnet, den politischen Konflikt von Nord- und Süddeutsch-
land (in einem Brief an Brentano vom 12. 2. 1802). Brentanos Zufü-
gungen (z. B. V. 43 und 52) zeigen deutlich die Tendenz zur Archai-
sierung. Ebenso sind auch zahlreiche Diminutiva für den geänderten
Ton des Gedichts bestimmend.

  1 Vgl. den Eingang zu Wh I 207.
30–32 Wilhelm Hauff behandelt das Thema in seiner 1827 erschiene-
      nen Novelle *Phantasien aus dem Bremer Ratskeller*.
42–44 Wohl der Neptunbrunnen, der 1797 an Zar Peter I. verkauft
      wurde und seitdem im Schloßgarten zu Peterhof bei Leningrad
      steht (Kopie im Nürnberger Stadtpark).
46–48 Vgl. Goethes Schilderung der Zeremonien auf dem Frankfur-
      ter Römer bei der Krönung Kaiser Josephs II. am 3. 4. 1764
      (*Dichtung und Wahrheit* I,5): »Da war der neuerrichtete Spring-
      brunnen mit zwei großen Kufen rechts und links, in welche der
      Doppeladler auf dem Ständer weißen Wein hüben und roten Wein
      drüben ausgießen sollte.«
  60 Anspielung auf die Simonie.
  70 Arnim verwendet diese auch in anderen Streitgedichten stereo-
      type Formel in seiner Posse *Jann's erster Dienst* (Berlin 1813,
      S. 8).
  76 Zugleich Satire auf die Wirte, von denen bereits Fischart (*Aller
      Praktik Grossmutter*, 1572) schreibt: »Es gibt keine Wirtt die
      nicht Wasser vnder den Wein schütten.«

Literatur: NA II, S. 37, IV, S. 179, 183, 186; BC II, S. 429, 433, 435,
436; Rieser, S. 451 f.; Bode, S. 503 f. – EB Nr. 1074–77, III,

S. 23–25; Hildebrand, Materialien, S. 104 f.; H. Jantzen, Geschichte
des deutschen Streitgedichts im MA, Breslau 1896, S. 7 f.; S. 41 f.,
ZfVk 26, 1916, S. 91–93; Schünemann, S. 330, Nr. 326–327; Vld 33,
1931, S. 42; Lesebuch II, Nr. 183 A–B, S. 83–86; S. Grosse, Die
Mühle und der Müller im deutschen Volkslied, in: JböVlw 11, 1962,
S. 17; Röhrich-Brednich II, Nr. 67.

II 40

Die tatsächliche Vorlage ist bislang nicht identifiziert, so daß auch die
Datierung im Wh nicht zu überprüfen ist. Eine jüngere Textfassung
hat sich aber in einem Erfurter Fastnachtspiel für fünf Personen aus
dem Jahr 1628 erhalten und stammt aus der Feder eines »Anthonius
Bawmeister«. Ist der Text im Wh auf etwa zwanzig Prozent des originalen Umfangs gekürzt, so fällt in den übernommenen Partien die
weitgehende Treue gegenüber der Vorlage auf. Das Fastnachtspiel sah
als Akteure einen Spielmann, einen Soldaten und drei Bauern vor.
Arnim als Bearbeiter schuf aus den Dialoganteilen der ersteren die
Rede des personifizierten Weins bzw. den Prolog des Weingotts Bac-
chus. Die Namen der Bauern sind mit charakterisierender Absicht
umgeformt (»Bestlin« ist Koseform für »Sebastian«).

2 *Schluckern:* intendierte Doppeldeutigkeit durch die Assoziation
   von »armer Schlucker« und »Weinschlucker«.
17 *Unrug:* Unruhe.
24 *Trauren:* ersetzt »thawren« ›sparen‹.
41 *Helm/Schild:* ritterliches Wappen.
63 Ich spare es für mein Alter.
91 *kraus:* statt nicht mehr verständlichem »Krauß« ›Krug‹.
114 *Diuppen:* Topf (Adelung IV, Sp. 1009).
123 Die bedeutendsten Reichstage zur Worms fanden 1495 unter
    Maximilian I. und 1521 unter Karl V. statt.
124 *Losung:* Bezahlung.
129–160 Vgl. zu Wh II 425; dort nach Fischart.
160 *Steur:* im älteren Sinn ›Hilfe, Geldhilfe‹.

Literatur: NA II, S. 41; BC II, S. 397; Rieser, S. 355–357; Bode,
S. 747. – Vgl. ferner zu Wh II 425.

II 46

Quelle ist ein Beitrag Carl Nehrlichs, auf dessen Basis Arnim eine Neudichtung herstellte. Für den Druck formte er diese erhaltene hs. Version zu regelmäßigen Vierzeilern mit zweizeiligem Refrain um, ergänzte und glättete außerdem die innere Logik des Nehrlich-Texts. Ferner wurden Herkunftsangabe und Überschrift – eine seit dem 18. Jh. belegte Redensart, die hier die inneren und äußeren Zwänge des Adelsstandes anspricht – hinzugefügt.

2 *Fräuleinstand:* »Fräulein« im älteren Sinn: junge Dame von Stand.
10–12 Vgl. die ähnliche Zudichtung in Wh II 12, V. 25 f.
19–22 Arnim nahm die von ihm selbst neugedichtete Strophe leicht abgewandelt in seinen *Dolores*-Roman auf (Werke VII, S. 21).
29 Die Pointe der Schlußstrophe, wie sie Nehrlich aus der Nebenbedeutung von »modest« (die Sprecherin möchte nicht als »sittsam« verschrien sein) gewann, geht in der Umdichtung verloren.

Literatur: NA II, S. 48; BC II, S. 625, 626; Rieser, S. 489; Bode, S. 302 f. – Kopp, Crailsh., S. 39; Trierer Hs. 1744, S. 41 (Kopp, S. 23); J. Meier, KiV, Nr. 552, S. 86.

II 47

Der Druck im Wh folgt bei einer Abweichung in V. 18 f. (Original: »dann dann seh springen / und Solo singen«) und wenigen grammatischen Glättungen genau der Vorlage, dem ersten Text in einer fränkischen Flugschrift *Fünf neue Weltliche-Lieder*. Den thematischen Titel fügte Arnim für diese erste lyrische Schilderung des natürlichen, des Schäferlebens in Wh II hinzu.

5 *Verblümten:* mit Blumen bestandenen; noch nicht in übertragener Bedeutung.
15 *leyren:* »saumselig in seinen Verrichtungen seyn, zaudern« (Adelung III, Sp. 193).
21 *Der Echo:* Gen. Sing. Fem., vgl. auch Wh II 50b, V. 13 f.

Literatur: NA II, S. 49; BC II, S. 649; Alemannia 10, 1882, S. 145, 148; Rieser, S. 489; Bode, S. 228. – Härtel, Nr. 549, S. 428 f.; T. Hornberger, Der Schäfer, Stuttgart 1955, S. 192.

II 48

Aufgrund motivlicher Übereinstimmungen der Eingangsstrophe mit
der Schlußstrophe von Wh II 47 schließt sich dieses Schäferlied an,
das bereits in stark veränderter Form als Wh I 149 gedruckt ist. Zwei
hs. Fassungen des Wh-Materials wurden nicht berücksichtigt; Quelle
ist eindeutig das zweite Gedicht eines Fl. Bl. *Vier schöne Neue Lieder*,
das jedoch weder Überschrift noch Herkunftsangabe aufweist. Als
Lied des Hirten war der Text ferner 1794 in Gräters Aufsatz *Ueber die
Teutschen Volkslieder und ihre Musik* (*Bragur*, S. 278–280) erschienen und den Herausgebern mit großer Wahrscheinlichkeit bekannt.
Gräter rühmt in seinem Beitrag, »wie schön, wie voll Natur und edler
Einfalt, und wie ganz nach der Flöte des Hirten gestimmt Ton und
Melodie und Versmaas und Gang und Sprache dieses herzlichen Liedes sind« (S. 280). Belegt ist das Lied erstmals um 1750. Die *Allge-
meine Literatur-Zeitung* (1809; Sp. 451) lehnte es wie das vorhergehende als »modern galant« ab.

16 f. Sprichwörtl., möglicherweise aus spätlateinischer Tradition.
29–31 Vgl. Wh I 198, Str. 2.
30 f. Mörike verwendet diese Verse parodistisch in seinem Gedicht
     Zur Warnung.
33 *Sieg:* Reimverderbnis in der Vorlage (in anderen Fassungen heißt
     es »Zierd«).

Literatur: NA I, S. 156; BC I, S. 138, 535; Alemannia 11, 1883, S. 54;
Rieser, S. 489; Bode, S. 180 f. – Ebermannst. Ldhs., Nr. 49, S. 156,
246; Mittler, Nr. 1495, S. 920; Württembergisch Franken (Jb. des
Histor. Vereins für Württembergisch Franken), 52, 1968, S. 226. –
Vgl. ferner zu Wh I 149.

II 50 a

Entgegen manchen Vermutungen ist mit hoher Wahrscheinlichkeit
nicht Arnim, sondern Brentano der Bearbeiter, der aus drei zu-
grundeliegenden Elementen ein Kunstlied im Volkston schuf.
V. 1–4 der Kontamination stammt aus den von Bernhard Joseph
Docen 1807 herausgegebenen *Miscellaneen zur Geschichte der teutschen Literatur* (S. 262) und geht auf eine Quelle von 1535 zurück;
V. 5–12 basiert auf einem Druck von 1544: *Guter seltzamber vnd*

künstreicher teutscher Gesang; V. 13–16 folgt einer Hs. unbekannter
Provenienz, die Wh III 118a zugrunde liegt, und zwar der zweiten
Strophe dieses Ms. Die letzte Strophe schließlich ist neu hinzugedichtet. Brentano übernahm den Refrain seines Gedichts *Die Abend-
winde wehen* (Werke I, S. 567 ff.) aus diesem Lied und vertonte den
Text später selbst (Mallon, Nr. 96a). Durch geringfügige Umgestal-
tung von V. 7 und 9 entstand die Rede und Gegenrede der getrennten
Liebenden. Die Partie des verlassenen Mädchens (Str. 3) wird
umrahmt von der des ungetreuen Liebhabers (Str. 2 und 4), die wiederum von der »epischen« Situationsschilderung (Str. 1 und 5) einge-
faßt ist, so daß eine perfekte Symmetrie erzielt wird. Rückert,
Eichendorff und vor allem Wilhelm Müller, letzterer im zweiten Lied
(*Wohin?*) der *Schönen Müllerin*, ließen sich von diesem Wh-Lied
anregen.

5 Redensartlich bei Fischart (Ed. Alsleben, S. 370): »Oho laß rauschen.«

Literatur: NA II, S. 50; BC II, S. 103; Atzler, S. 130; Rieser,
S. 422 f.; Bode, S. 590 f.; Schreinert, S. 14 f. – Uhland, Nr. 34; EB
Nr. 678a–679e, II, S. 472–477; Reifferscheid, Nr. 42, S. 84 f., 186;
Liliencron, 1530, Nr. 404; Alpers, Nr. 82, S. 158; C. A. Williams, La
rauschen, Lieb, in: JEGP 38, 1939, H. 2, S. 171–183; K. O. Conrady,
Volkslied – Ich hört ein sichelin rauschen . . ., in: Die deutsche Ly-
rik I, hrsg. von B. v. Wiese, Düsseldorf 1959 [u. ö.], S. 99–106; W.
Frühwald, Zu neueren Brentano-Ausgaben, in: LJb N. F. 5, 1964,
S. 365–367; Röhrich-Brednich II, Nr. 45 (infolge Druckf. Nr. 48);
H. Bausinger, Formen der ›Volkspoesie‹, Berlin 1968, S. 265 f. – Vgl.
ferner zu Wh III 118a.

II 50 b

Vorlage ist eine wortgetreue Abschrift von Arnims Diener Frohreich
aus der Sammlung *Musica boscareccia. Wald-Liederlein* (1628;
Nr. I–IV) des frühbarocken Komponisten Johann Hermann Schein.
Nachdem Arnim, wie die Hs. erweist, zunächst nur eine behutsame
Bearbeitung intendiert hatte, entschloß er sich dann zu weitgehenden
Kürzungen und Veränderungen, dichtete außerdem mehrere Verse
(15 f., 28 f., 32, 34) neu hinzu und bildete schließlich aus V. 1 eine
Überschrift. Da diese Eingriffe überdies einen aus vier Elementen der

Vorlage kontaminierten ›künstlichen‹ Text betrafen, wandelte Arnim
den ursprünglichen Herkunftsvermerk (wie üblich) in »Mündlich«
um.

  6 *Fillis:* Dieser antikisierende Schäferinnenname der Barocklyrik
    bleibt in einigen Ausnahmefällen von den Änderungen der Bear-
    beiter unberührt (vgl. Wh I 29, V. 41; II 214, V. 16; III 115,
    V. 18).
13 f. *Echo:* griechische Bergnymphe (vgl. Wh II 47, V. 21).

Literatur: NA II, S. 51, 53; BC II, S. 43; Rieser, S. 420–422; Bode,
S. 639–642. – Neuedition der Quelle: Johann Hermann Schein,
Sämtliche Werke, hrsg. von A. Prüfer, Bd. 2, Leipzig 1904.

II 52a

Vorlage ist das erste von zehn Liedern, die Bettina in einem undatier-
ten Brief ihrem Bruder mitteilte. Die Hs. nennt weder Überschrift (in
Analogie zum vorhergehenden Text gebildet) noch Provenienz und
hat keine Sprecherbezeichnungen. Es handelt sich um ein sechsstro-
phiges Tagelied, von dem nur die beiden letzten Strophen, das Wie-
dersehen am Brunnen schildernd, ins Wh aufgenommen wurden. Die
Direktheit des ersten Teils war den Herausgebern wohl anstößig
erschienen; sie änderten entsprechend auch V. 4 (aus: »lieg ich bey
meinem Schönen Kind«) und 9 (»sind« aus »leid« ›liegt‹).

Literatur: NA I, S. 349, III, S. 295; BC I, S. 294, 295, 555, 574;
Müller, S. 54; Rieser, S. 497 f.; Bode, S. 451 f.; ZfDk 37, 1923,
S. 183. – EB Nr. 812a–c, II, S. 613–615. – Vgl. ferner zu Wh I 317.

II 52b

Beiträger dieses gereimten Liebesbriefes ist Jacob Grimm, dessen Hs.
auch die Angabe zur regionalen Herkunft enthält. Grimms Überschrift *Brief* wurde vorbereitend für die folgende *2. Epistel* geändert.
Der mit »Bett« nur assonierende Vers nach 12 (»Von Seiden ein
Deck«) wurde vom Bearbeiter übersehen.

13–15 Vgl. eine Inkunabel aus Karlsruhe (*Anzeiger für Kunde des
    deutschen Mittelalters* 3, 1834, S. 290): »Ich wünsche dir ein gute

nacht, / von rosen ein dach, / von gilgen ein bet / von musgut ein
dür, / von neglin ein rigel darfür.« – Vgl. auch Wh I 212, V. 28 und
KL 68c, V. 3.

Literatur: NA II, S. 55, IV, S. 117; BC II, S. 311; Rieser, S. 489;
Bode, S. 154. – Uhland, Abh., S. 210 f.; Lesebuch I, Nr. 27, S. 32 f.

II 54

Die verschollene Vorlage erhielt Arnim wahrscheinlich von Gräter,
der selbst in seiner Zs. *Bragur* 1791 (S. 283 f.) einen gereimten Liebes-
brief mit ähnlichem Eingang publiziert hatte. Die Schlußverse waren
früh allgemein verbreitet. Unbeholfenheit der Sprachbehandlung
sowie metrische Härten lassen große Nähe der Wh-Fassung zur
Quelle vermuten.

2–8 Vgl. Wh II 52b, V. 2–9; I 301, V. 7 f.
19 Vgl. Uhland, Abh., S. 211: »Gerne wird auch irgend ein Wahrzei-
     chen genannt, durch welches gegrüßt wurde [...] durch grünen
     Klee.«
21 f. Formelhaft; vgl. z. B. ähnlich Wh I 61, V. 27 f.
23–28 Zahlreiche Parallelen bei Uhland, Abh., Anm. 381; vgl. Wh II
     52b, V. 10–16.
35 f. Unsagbarkeitstopos.
37 f. Vgl. Wittenwilers *Ring* 1862 f.: »Du bist mein morgensterne; /
     Pei dir so schlieff ich gerne.«
45 Vgl. Wh II 52b, V. 1.
49 Vgl. Wh III 106, V. 35.
53 f. Vgl. Wh III 17, V. 11 f.

Melodie: Stockmann, S. 97.
Literatur: NA II, S. 57, IV, S. 117, 118, 121; BC II, S. 313; Rieser,
S. 490; Bode, S. 154 f. – Uhland, Abh., S. 211; EB Nr. 507–508a, II,
S. 325–327; ZfVk 8, 1898, S. 260; 23, 1913, S. 176; Friedlaender II,
S. 352; Pinck, Weisen III, S. 434–437.

II 56

Quelle ist eine Einsendung Auguste von Pattbergs an Brentano, in der
Titel und Herkunftsangabe fehlen. Die Refrainzeilen jeder Strophe

(3 f. und 7 f.) sind ab Str. 3 im Ms. nur noch angedeutet. Der Text wurde von Brentano praktisch unverändert in Druck gegeben. Die Überschrift ist sprichwörtlich; vgl. Wielands *Musarion* (II,143), ebenso Brentanos Gedicht *Wie die Tage schnell verstreichen* (GS II, S. 460).

[Überschrift] *Babeli:* Koseform für »Barbara«.
26 *Kreuzersweck:* Weizenbrot, das einen Kreuzer kostet.

Literatur: NA II, S. 59; BC II, S. 194; Rieser, S. 498; Bode, S. 752. – Erlach II, S. 175; Mittler, Nr. 898, S. 613; Grolimund, Aargau, Nr. 150, S. 122.

II 58

Die lange unbekannte Quelle ist das dritte Gedicht aus einem Fl. Bl., *Sechs schöne Lustige Lieder*, das in mehrfacher Hinsicht modifiziert wurde: daher der Nachweis als »Mündlich«. Einige Verse wurden gestrichen, andere umgeformt, die Überschrift ergänzt und die Prosapartien auf ein realistischeres Niveau gebracht. Schließlich wurde die effektvolle Schlußszene hinzugefügt und damit dem Dialog (das Original hat keine Sprecherbezeichnungen) eine neue Pointe verliehen.

[Überschrift] *Schäfereyen:* Schäfergespräche, Schäferspiele.
23 f. Vgl. Joh. 10,12.
34–39 Die Neudichtung ist ganz im Stil der Schäferpoesie des 18. Jh.s gehalten; an dem wohl gewollt ungeschickten Ausdruck »Götterin« (V. 35) hatte sich schon von der Hagen in seiner Rezension gestoßen.

Literatur: NA II, S. 61; BC II, S. 651; Rieser, S. 510; Bode, S. 752.

II 60

Quelle ist eine Einsendung Carl Nehrlichs ohne Überschrift und Herkunftsangabe, möglicherweise also eine Kunstdichtung des Beiträgers selbst (die preziöse Zeilenformation bietet schon das Ms.). In V. 8 ist »Lust« zu »Küß« geändert, so daß das Thema des Kusses (vgl. V. 12 f.) deutlicher in den Vordergrund tritt. Eine inhaltliche Parallele bietet Wh II 214. Brentano verwandte das Lied später in seinem Hochzeitsgedicht *Die Monate* (*Juni*; GS II, S. 587 f.).

Literatur: NA III, S. 296; Rieser, S. 510; Bode, S. 750.

II 61

Quelle ist ein Fl. Bl., *Vier schöne neue weltliche Lieder*, dessen letzten Text vermutlich Arnim mit einer Überschrift versah und bearbeitete. Von einigen Detailänderungen abgesehen, wurde eine dreizeilige Strophe (nach V. 12) ausgelassen und außerdem auf den Refrain der Quelle (»Ich weiß nicht, wie mirs ist, / ich hab curiose Lust«) verzichtet. Indem der im Schlußteil der Quelle abgewandelte Refrain um eine Eingangszeile (V. 16) erweitert wird, gewinnt die Wh-Fassung eine selbständige Schlußstrophe, in der die Pointe kräftiger heraustritt. Zum Thema ist Hagedorns Verserzählung *Paulus Purganti und Agnese* zu vergleichen (»Sie ächzt und seufzt ohn' Unterlaß / Und sagt, ihr fehlt sie weiß nicht was«). Die Überschrift meint nach Adelung (IV, Sp. 426) »die lebhafte, anschauende Erkenntniß seines eigenen Zustandes«.

Vertonung: Gustav Mahler (1892).
Literatur: NA II, S. 64; Rieser, S. 510; Bode, S. 291; J. Meier, Rez., S. 496. – Trierer Hs. 1744, S. 9, 90 (Kopp, S. 19, 32); Ditfurth, Fränk. Vldr II, S. 137, Nr. 186; HessBlVk 3, 1904, S. 32; Jungbauer, Bibl., Nr. 1750, S. 265.

II 62

Die bis einschließlich der historisch-kritischen Wh-Edition von 1975 unbekannte Vorlage wurde inzwischen von Johannes Janota entdeckt und komplett textkritisch veröffentlicht (in: *Mittelalter-Rezeption*, hrsg. von J. Kühnel, H.-D. Mück, U. Müller, Göppingen 1979, S. 172–212). Es handelt sich um einen Nürnberger Druck von etwa 1520 unter dem Titel *Das ist das new Teutsch Hurübel / wen es nit antrifft / der hab es nit verübel* (London, British Museum, 11517.de.11). Die Wh-Bearbeitung setzt den Schwerpunkt nicht auf das verfängliche »Hurübel«, sondern auf das »alte deutsche Uebel«. Dabei wird die Vorlage fast um die Hälfte verkürzt, im übrigen aber motivlich und sprachlich nur behutsam geändert (wesentlich neu ist nur V. 9 f. formuliert).

1–8 Vgl. KL 78a.
20 *schmucken:* sich schmiegen.
21 *dreschen:* klopfen, tätscheln.
24 Mit den Wimpern winken.
25 *sich verstehlen:* sich wegstehlen.
26 *sich verhehlen:* sich verbergen.
31 *gar:* gänzlich.
32 *dar:* dorthin.
41 *unter sich:* nieder.
43 *stupfen:* obd. »stoßen«.
44 Knoten in Taschentücher knüpfen.
45 *klenken:* klingen machen.
46 *senken:* fallen lassen.
48 *ropfen:* rupfen.
58 *Martrer:* Märtyrer.
69 *auftreit:* auf dem Kopf trägt.
83 *Hauptgut:* Kapital.

Literatur: NA II, S. 65; BC II, S. 488; Bode, S. 746.

II 65

Der Text geht zurück auf eine Dichtung von Hans Sachs (datiert 10. 1. 1539), die Brentano unter geringen Kürzungen und Einfügung von V. 65 f. bearbeitet hatte. Seine Fassung war in der *Badischen Wochenschrift* (1806; Sp. 256–260) erschienen und wurde alleinige Quelle für die Version des Wh, die mit ihren geringfügigen Änderungen von Arnim stammen dürfte. Ein weiteres Sachs-Gedicht gleichen Themas, *Der kurz krieg mit dem winter*, blieb ohne Einfluß.

1 *Mattheus Tag:* 21. September, kalendarischer Herbstanfang; von Sachs vielleicht in Analogie zum Matthias-Tag (24. 2.) gewählt, der im Brauchtum als Winterende begangen wird.
17 Vgl. die Herkunftsangabe zu Wh I 115.
22 *verzwiken:* (mhd.) festnageln, verkeilen.
31 *Nankinghosen:* Hosen aus Nanking, einem Baumwollstoff.
33 *Strohhüt:* zutreffende Übersetzung des Sachsschen »schaubhut«.

40 *Duft:* Dunst.
45 *Rauchmützen:* Fell-, Pelzmützen.
51 *Nachen:* verunglückte Ersetzung des Sachsschen Reimworts
   »wasen« (»in ein hof-farb si klaydet wasen« ›sie waren in Hoffar-
   ben gekleidet‹).
70 *wegzuschweißen:* Sachs hat »wegk zu schmaissen«, was nur in der
   Wochenschrift beibehalten ist; »schweißen« hier im älteren Sinn:
   etwas in die Schweißhitze bringen, d. h. schmelzen (Adelung IV,
   Sp. 354).
95 Bei Sachs: »Die wirm ward auß der erden sprossen.«
97 *Röslein:* Zugunsten der Modernisierung werden Reim und Sinn
   zerstört (bei Sachs: »weßlein« ›Rasenfleckchen‹).
101 *überschreien:* Druckfehler der ersten Bearbeitung statt »über-
    schneien« (Sachs).
104 *erklüften:* »erklieben« (mhd.) ›aufspalten, aufbrechen‹.
122 Bei Sachs: »Weil [Solange] der somer ist vor der thür.«
126 Vgl. Spr. 6,6–8: »Geh zur Ameise, Fauler [...] sie sorgt im
    Sommer für ihre Nahrung, sammelt sich Speise zur Erntezeit.«
    Vgl. Lessings Prosafabel *Der Geist des Salomo* III,3.

Literatur: NA II, S. 68; BC II, S. 447; Rieser, S. 490; Bode, S. 473 f.;
J. Meier, Rez., S. 491; H. Rölleke, in: JbFDH 1973, S. 245–254. –
Uhland, Abh., S. 21.

II 69

Das vierte einer Sammlung *Sieben schöner Weltlicher Lieder* in einem
Leipziger Fl. Bl. wurde für die Aufnahme in das Wh fast vollständig
umgeformt: Mehrere Strophen sind ausgelassen, ebenso fehlen einige
Zwischenverse, dagegen sind V. 5–9 und V. 14–18 hinzugedichtet.
Die Überschrift ist offenbar nur motiviert durch die Umdeutung des
Wortes »schon« (V. 4), das in der Quelle noch ›schön‹ bedeutet. Im
übrigen ist durch die Einführung des Judenspotts der Charakter des
Schäfergedichts gänzlich verändert; der Basistext wird ironisiert und
zugleich zum Vehikel für ›Satire‹.

12 Vgl. 2. Mose 28, 33–35.

Literatur: NA II, S. 73; Rieser, S. 510 f.; Bode, S. 576 f.

II 70

Das als Quelle genannte Fl. Bl. ist vermutlich verschollen. Aufschluß gibt aber eine fast völlig mit dem Wh übereinstimmende Überlieferung von 1745 in den Akten des preußischen Staatsarchivs, das Vernehmungsprotokoll eines von Berlin nach Zerbst zugewanderten Gesellen, der den betreffenden »Gruß« selbst niederschrieb. Als Sprecherbezeichnungen wechseln darin »Altgesell« und »Fremder«. (Vgl. Rudolf Wissell, *Des alten Handwerks Recht und Gewohnheit*, Bd. 2, Berlin 1929, S. 233–235.) Arnim, dessen Interesse für diese Gebräuche sich in seinem Roman *Die Kronenwächter* manifestiert, könnte der Bearbeiter gewesen sein. Jacob Grimm wies in seiner Miszelle *Gesellenleben* (Altd. Wälder I, S. 87) lobend auf das Wh hin.

26 *Gesellenlade:* vgl. V. 27. »Bey den Handwerkern wird der Kasten, oder das Behältniß, worin sie ihre Freyheitsbriefe, Urkunden, ihre gemeinschaftliche Casse u.s.f. verwahren, die Lade genannt« (Adelung III, Sp. 12).
31–38 Vgl. ZVRhVk 33, 1936, S. 140 f.
63 *Mutterpfennige:* »welche die Mütter ihren Kindern, besonders ihren auswärts befindlichen Söhnen, heimlich und wider der Väter Wissen zuzustecken pflegen« (Adelung III, Sp. 647).

Literatur: NA II, S. 74; BC II, S. 676; Rieser, S. 448; Bode, S. 192 f. – Uhland, Abh., S. 147 f., 152, Anm. Nr. 75, 92.

II 74

Vorlage ist ein nur teilweise (V. 1–184) erhaltener Text innerhalb einer Sammelabschrift aus einer hs. Liederkollektion des 17. Jh.s. Nachdem schon Jacob Grimm (Altd. Wälder I, S. 87) auf Parallelfassungen hinweist, ist die Vermutung, es handle sich um eine Eigendichtung der Herausgeber, gänzlich haltlos. Die Wh-Bearbeitung verfährt im ganzen schonend, modernisiert aber zuweilen, tilgt allzu Mundartliches oder Anstößiges und führt einen Ausgleich des Strophenumfangs sowie des Versmaßes (durch Einfügung von Flickwörtern) herbei. Das in der Tradition der derben Handwerks- oder Gesellenlieder stehende Lied weist besonders in Str. 12–16 starken Einfluß der zeitgenössischen Alamode-Satire (Fremdworthäufung etc.) auf und ist daher um die Mitte des 17. Jh.s zu datieren.

1 *Schmieder:* Berufsbezeichnung als Nomen agentis (DWb. IX,
  Sp. 1066).
  geloffen: Partizip Praeteritum zu »laufen«, besonders im Alemannischen verbreitet.
3 *Bahn:* obere glatte Fläche des Ambosses.
7 *eins Schlagens:* wie mit einem Schlag, im selben Rhythmus.
  zwagen: den Kopf waschen, prügeln; aus mhd. »twahen« ›waschen‹.
13 *glitzet:* (obd.) glänzt.
15 *Weil:* Während.
18 *angahn:* zu brennen beginnen.
25 In der Vorlage ist dem römischen Gott des Feuers und der Schmiedekunst der gräzisierende Schmiedename »Pyracmon« (griech.
  πῦρ ›das Feuer‹, ἄκμων ›der Amboß‹) beigesellt, aus dem im Wh
  der Name des als Liebhaber der Thisbe bekannten »Pyramus«
  wird.
26 *wellen:* (mhd.) wollen.
27 *erbidmet:* erbebt.
30 *Wagner:* Wagenbauer.
33 *Rummel:* vgl. »rummeln«: ›von einer Art eines hohlen dumpfigen
  Schalles« (Adelung III, Sp. 1531).
  Gemummel: mummeln: »Den brummenden Laut mum, mum,
  von sich hören lassen« (Adelung III, Sp. 606).
  Tummel: »tumel« (mhd.) ›Lärm, Schall‹.
34 *Bescheidenheit:* Besonnenheit.
37 *spassen:* in der Vorlage dagegen: »naßen« (das Eisen zum Härten
  mit Wasser bespülen).
39 *Stüber:* Scheidemünze.
44 *Kunden:* im älteren Sinn: Kerle, Kumpane.
46 Dieser Vers ist zum Ausgleich des Strophenumfangs eingefügt.
53 *Blocken:* Blöcke, Klötze, Tölpel.
  Tropfen: Tröpfe, einfältige Kerle.
57 *Stumpen:* Stümpfe, ungefüge Klumpen.
58 *Hudler:* Pfuscher, Stümper.
60 *bei 'nem Haar:* redensartliche Schwurform; vgl. »bei meinem
  Bart«.
61 *Knappen wie Rappen:* Gesellen, schwarz wie Rappen.
  diltappen: vgl. »Dilldapp« »alberner, läppischer, ungeschickter
  Mensch« (DWb. II, Sp. 1151), auch Figur des Fastnachtspiels;
  vgl. auch Brentanos gleichnamiges Märchen. Hier dazu die Verbform: sich ungeschickt anstellen.

65 *zu halten:* daranhalten, eilen.
66 *Strobel:* unordentlicher Mensch.
   Zobel: urspr. fem.: leichtfertiges Mädchen; in oberdeutschen Mundarten, später in derber Sprache auch in der Literatur.
67 *Schlegel:* (obd.) Flegel.
68 *Melampus:* wie V. 25 gräzisierender Name: Schwarzfuß; gehört in die Reihe der übrigen Anspielungen auf das rußige Aussehen der Schmiede (V. 61, 93, 117).
   Schlampampus: »fauler, nachlässiger, schmutziger Mensch« (DWb. IX, Sp. 436).
69 *Sautrigel:* Schimpfwort (›Schweinetröge‹).
70 *alsgemach:* (frühnhd.) allgemach, allmählich.
71 *Bütschen:* Bütsche: Bütte, Faß.
74 *Funk:* »unsteter, leichtfertiger Mensch, Schelm« (DWb. IV,1, Sp. 593).
75 Vgl. Fischart (Ed. Alsleben) S. 51: »Hüt euch jr Knolfink, flögal, schlegal.«
77 *Schlämpel:* »unreiner, unordentlicher Mensch« (DWb. IX, Sp. 436 und 438).
   Blämpel: »der Plempel: schales, schlechtes Getränk, für Bier« (DWb. VII, Sp. 1932).
80 *Gerümpel:* aus Reimgründen statt »Gerumpel« ›rumpelndes Geräusch‹.
   Simpel: Dummkopf.
   Gimpel: einfältiger Mensch.
84 *Bantscher:* Pantscher, hier im Sinn von: Trinker.
86 *Hagel:* »bei den schmiden die beim bearbeiten des glühenden eisens von diesem abfliegenden eisentheile« (DWb. IV, 2, Sp. 144).
89 *Potz Velti:* Potz Teufel (vgl. Wh II 22, V. 48).
   zum schmeißen: Fluch.
93 *Driessel:* Rüssel.
95 *Laugen:* Löschwasser in der Schmiede.
103 *hottet:* »ein in den niedrigen Sprecharten übliches Zeitwort für gehen, fortgehen« (Adelung II, Sp. 1297).
105 Italienische Sprachbrocken ohne Zusammenhang.
110 *zukesselt:* wohl statt »zukettelt« (zu ergänzen: das Pferd); er bindet es vor der Schmiede mit einer Kette an.
114 *Mausser:* listiger, verschlagener Dieb.
117 *Schwartvögel:* schwarze Vögel; vgl. V. 68 und 93.
   Zwikl: kleine Zange.

119 *Bräuer:* Nomen agentis zu »bräuen, brauen«.

121 *Noren:* Schlafmützen.

123 *Pourage:* sinnlos, reimspielerisch; ersetzt »bourage« (»bourage« ›Füllwerk‹?) der Vorlage zum Binnenreim auf das im 17. Jh. in Deutschland gebräuchliche Fremdwort »Courage«.
Bomperfage: Pseudofranzösisch.

128 *Baslesmanes:* Handkuß.
Goschen: Maul.

129 *tumlet:* taumelt.

131 *grillet:* zu »grellen« ›grell rufen‹.
billet: 3. Person Sing. zu »bellen«.

134 *Blessel:* Tier mit weißem Mal auf der Stirn.

141 *Gurren:* Gurr: »Stute von geringer und schlechter Art« (Adelung II, Sp. 845); vgl. Wh II 90, V. 22.

149 *Knollfinken:* grobe Bauern.

157 *Molle:* Rind; übertragen (alem.): dicker, plumper Mensch.

158 *Rolle:* plumpes Bauernpferd.

161 *stollhoppelt:* Mischbildung aus »stolpern« und »hoppeln«.

163 Spiel mit Alamode-Fremdwörtern.
Sklavonisch: venedisch; vgl. die Riva degli Schiavoni in Venedig.
Saphoiisch: Savoyisch.

164 *Galaunen:* Borten, Tressen.

165 Contradictions in adiecto!

166 *Kortesische Stötzlein:* höfische, zierliche hohe Absätze.

167 *Hasengärnisch:* Hasengarn: starker Bindfaden, der bei der Hasenjagd gebraucht wird; wohl in Anlehnung an Wh II 82, V. 30, verdreht aus »Hosen gärnisch« in der Vorlage.

171 *Tilli Matelle:* vielleicht Anspielung auf den Feldherrn Tilly. »Matelle« zu ital. »martello« ›Hammer‹ (Schmiedename).

173 *von stürtzenem Lündisch:* von gewendetem Londoner Tuch (frühnhd. »stürzen« ›wenden‹).

178 *aufgemutzet, gestutzet:* von frühnhd. »muzen« und »stutzen« ›herausputzen‹; Synonyma zur Kennzeichnung übertriebenen Kleideraufwands.

179 *Rinken:* Schnallen, Spangen.

180 *zimpferlich:* zierlich; erst später zu »zimperlich« abgewertet.

181 *Zippergekische:* geckenhaft mit vielen Zipfeln versehene.
Tätzlein: Manschetten.
Blätzlein: kleiner Lederlappen.

185 *bomesinenes:* baumwollenes (von ital. »bombasina«).

188 *türkischen Bund:* Turban.
189 *Boschen:* Federbüsche; vgl. Wh II 82, V. 17.
191 *Maschen:* Masche: »verschlungenes Band, eine Schleife von Band oder Schnüren« (Adelung III, Sp. 384).
193 *Dusecken:* von slav. »Tusak« (eine Art Schwert).
194 *Visigungische:* besondere (von frühnhd. »visigunk« ›Sonderling‹).
195 *Spanner:* Werkzeug zum Spannen eines Gewehrs.
    Grixen: unklar, wohl nur Reimspiel auf »Brixen« (Stadt in Südtirol).
201 *Duplonen:* französische Goldmünzen.
202 *Zechin:* venezianische Goldmünze.
206 *schweinerne:* fette.
208 *Dicken:* Dickpfennig, französische Münze.
    Rappen: Münze, im oberrheinischen Gebiet geprägt.
209 *Piaster:* italienische Bezeichnung des spanischen Peso.
    Batzen: alte deutsche Münze, zehn Rappen.
219 *Hutzlen:* Dörrobst.
222 *Teichmispeln:* volksetymologisch aus »teige (›weiche‹) Mispeln«.
    Biren: Birnen.
223 *Ankhen:* ausgelassene Butter.

Literatur: NA II, S. 78; BC II, S. 676; Alemannia 8, 1880, S. 67 f.; 9, 1881, S. 168–173; 10, 1882, S. 152; Rieser, S. 447; Bode, S. 664–666; Schewe, 1932, S. 140. – R. Wissell, Des alten Handwerks Recht und Gewohnheit, Berlin 1929, Bd. 2, S. 649 f.

II 82

Wie für das vorhergehende Lied (Wh II 74) bietet die dort benannte hs. Sammlung die Vorlage auch für die »Taille douce«, d. h. das Konterfei, das sich »in bittrer Manier«, also in satirischer Schreibart mit dem Alamode-Wesen auseinandersetzt. Die Originalüberschrift lautete auch entsprechend *Der allomodo.* Die Quelle ist wiederum nur fragmentarisch erhalten. Der Bearbeiter, vermutlich Brentano, mildert, besonders bei häufigen Grobianismen, und eliminiert drei Strophen der Vorlage. Das Lied beschreibt, der klassischen Ekphrasis-Tradition folgend, den Allamodo-Narren von Kopf (Haar: Str. 2–4; Hut: Str. 5; Bart: Str. 6–7) und Kleidern (Str. 8–16) bis hinab zu den Schuhen (Str. 17 f.) und schließt mit einer satirischen Beschreibung

seines Verhaltens in Gesellschaft (Str. 20), Kirche (Str. 21), Fecht-
schule (Str. 24 f.), auf dem Tanzboden (Str. 26) und in der Reitschule
(Str. 27). Sprachmengerei, Aufschneiden und Lügen werden in den
übrigen Strophen polemisch vorgestellt. Als Parallele ist besonders
Moscheroschs *Alamode Kehrauß* (*Philander von Sittewald* II,1) von
Interesse.

1 *Pantalon:* komische Charaktermaske des italienischen Volks-
stücks.

2 *Charletan:* Marktschreier, Großsprecher.

5 *Strobelhaar:* vgl. Anm. zu Wh II 74, V. 66.

9 f. Vgl. ZfE 22. 6. 1808, Nr. 24, Sp. 185: »Des Bernhäuters Haare
waren lauter Höllenzöpfe geworden, sein Bart schien an Unlust
ein dichter Filz« (Brentano). Vgl. H. Rölleke, Artikel »Bärenhäu-
ter«, in: *Enzyklopädie des Märchens*, Bd. 1, Berlin / New York
1977, Sp. 1225–32.

15 *Nestel:* (obd.) schmaler Lederriemen.

17 *Federbüsch:* vgl. Wh II 74, V. 189.

29 *Leilach:* Bettuch.
    erklecken: (obd.) hinreichen, genügen.

30 *Hasengarn:* vgl. Anm. zu Wh II 74, V. 167.

31 *Fazolett:* von ital. »fazzoletto« ›Schnupftuch‹.

32 *Hudelbutz:* Zusammensetzung aus »Hudel« (obd.) ›Lumpen,
Lappen‹ und »Butz« ›Popanz‹.
    stutzen: »prangen, Staat machen« (Adelung IV, Sp. 870).

48 *giebt ... zusammenschleißen:* durch einen neuen Riß wird aus
zwei Löchern eines (»schleißen« ›reißen‹).

52 *Nestel Schwab:* einer der »Sieben Schwaben«, so genannt, »weil er
statt der Knöpfe Nesteln hatte, er mußte aber bei den Hosen fast
immer mit der Hand nachhelfen und halten, dieweil die Nesteln
oftmalen abgerissen waren« (Ludwig Bechstein, *Deutsches Märchenbuch*, Leipzig 1845, S. 12).

53 *Tätzle:* vgl. Anm. zu Wh II 74, V. 181.
    Pattenfleck: ersetzt (in Anlehnung an frz. »patte« ›Pfote, Tatze‹;
»Tätzle« wurde also mißverstanden) das Wort »Kuttelfleck« (ein
Gericht aus gekochten Kaldaunen, d. h. Gedärmen) der Vorlage.

61 *Bloderhosen:* Pluderhosen.

63 *Spangen:* Spange: obd. für »Spanne«.

68 *Stöcklein:* zierliche Absätze; vgl. Wh II 74, V. 206.

69 *Sporenleder:* »dasjenige Leder, vermittelst dessen der Sporn über
dem Fuße fest geschnallet wird« (Adelung IV, Sp. 601).

70 *Gallotschen:* Holzschuhe.
77 *Basalamana:* vgl. Anm. zu Wh II 74, V. 128.
78 *Servitor:* »zu dienen!« (Höflichkeitsformel).
97 f. Fachtermini aus der Fechtkunst.
106 *Gurren:* vgl. Anm. zu Wh II 74, V. 141.
108 *Zelt:* langsamer Paßgang des Pferdes.
111 *Lappen:* (frühnhd.) Narren.

Literatur: NA II, S. 470; BC II, S. 559; Alemannia 9, 1881, S. 53; 18, 1890, S. 72–74; Rieser, S. 374 f.; Bode, S. 375 f.; Krummacher, S. 48 f. – Vgl. Uhland, Nr. 192; Maltzahn, S. 316, Nr. 786.

II 90

Dieses Lied, wie die beiden vorhergehenden aus einer Sammelhs. stammend und dort mit Ausnahme von V. 1–7 erhalten, wurde von den Herausgebern kaum geändert. Die dritte Strophe der Quelle ist ausgelassen, eine andere umgestellt. Der Verdacht einer Neudichtung ist unsinnig. Mit der »Weinstraße« ist (s. V. 7 f.) die Straße, der Weg dorthin, wo es Wein gibt, gemeint, und sicherlich auch auf die »Weinstraße« unterhalb der Haardt angespielt. Unter der Überschrift *Trompeterstückchen* (vgl. KL 56c) versuchte Brentano später eine Umdichtung von Str. 1 mit antinapoleonischer Tendenz (Hs. UB Mainz).

1 Der sprichwörtliche Eingangsvers auch in der Grimmschen Urfassung der KHM (II,46): »[. . .] und sprach: ›zieh, Schimmel, zieh!‹ Da sprang das Pferd mit einmal auf.«
22 *Gurr:* vgl. Anm. zu Wh II 74, V. 141.
23 *nit längst:* unlängst.
26 *Kyrrisir:* Kürassier (so erst seit dem 18. Jh.).
29 *Huschen:* Ohrfeigen, hier: Hiebe, Huftritte.
44 *zerschnellen:* zerbrechen.
47 Vgl. Wh II 82, V. 108.
64 D. h. jeden vierten Zahn.
67 *langt:* hängt lang herab (statt »lampt« ›schlottert‹ in der Quelle).

Melodie: Böhl, Nr. 17, S. 34.
Literatur: NA II, S. 87; BC II, S. 653, 656; Rieser, S. 443–445; Bode, S. 478. – EB Nr. 1576, III, S. 406.

II 93

Quelle ist ein Fl. Bl. aus dem Jahr 1632: *Eigentlicher Bericht vnd Zeitung | Das Ihre Königl. May. gewiß in Böhmen angekommen sey | den 30. Junii,* ein Erfurter Druck, in dem der Text den Titel *Ein schön Lied | von Kön. Maj. in Schweden* trug. Diesem gegenüber ist die Wh-Fassung gekürzt und, wohl von Arnim, dergestalt umgestellt worden, daß die Metapher vom »Garn« des Tilly an Stringenz gewann. Das Lied parodiert Str. 1 des Kirchenliedes *Wir haben mit unsern Augen den lieben Gott gesehen* und behandelt die Schlacht von Breitenfeld bei Leipzig am 17. 9. 1631, in der die Schweden und Sachsen die Kaiserlichen unter Tilly schlugen, wobei die Verdienste Wolf Heinrichs von Baudissin (V. 17) und taktische Fehler des Grafen zu Pappenheim (V. 19) eine Rolle spielten.

1 *den Schweden:* König Gustav Adolph.
3 *Geliebt:* Gefällt.
7 *Stück:* Geschütze.
29–32 Der ins neutrale Sachsen eingedrungene Tilly wurde durch die Schlacht bei Leipzig wieder vertrieben.
34 *Holke:* Heinrich Holk, Graf und kaiserlicher Feldmarschall, zuvor auf der Gegenseite; daher als Abtrünniger verhaßt.
35 f. Seine Ausschweifungen scheinen historisch belegt (vgl. auch Schiller, *Geschichte des Dreißigjährigen Kriegs* II,4). Holk war aber an der Pest gestorben.
36 *Kolke:* Kolik.
37 Der sächsische Kurfürst hatte Tilly den Einzug mit der Bemerkung verweigert, er sehe, »daß man gesonnen ist, das lange gesparte sächsische Konfekt endlich auf die Tafel zu setzen« (Schiller, ebd. I,2), ihn aber gewarnt, sich nicht die Zähne daran auszubeißen.
41 *Krabaten:* Kroaten.

Literatur: NA II, S. 90; BC II, S. 592; Rieser, S. 370; Bode, S. 416 f. – Ditfurth, 30jähr. Krieg, S. 190, Nr. 69; Soltau-Hildebrand II, Nr. 54, S. 381; ZfVk 27, 1917, S. 144; E. Lang, Friedrich V., Tilly und Gustav Adolf im Flugblatt des Dreißigjährigen Krieges, Bonn 1976.

II 95

Quelle war vermutlich ein Fl. Bl. von 1631, das Arnim Anfang Dezember 1805 abgeschrieben haben wird und das aus dem Nachlaß Gräters erhalten ist. Das titellose Original umfaßt 24 Strophen, von denen nur drei aufgenommen wurden. Der Resttext ist allerdings kaum verändert. Das Spottlied auf Tillys Niederlage bei Leipzig (vgl. Wh II 93) ist mit verändertem Text auf Melodie und Rhythmus des seit 1621 belegten Liedes *Zeuch, Fahle, zeuch!* gedichtet. Der Hinweis auf eine Parodie von Wh II 90 ist also falsch.

1 *Zeuch:* Zieh.
3 Den (wie Korn) gedroschenen Tilly will man mit »Kraut« vermengt serviert.
10 Vgl. Wh II 93, V. 57.
11 Du bist jetzt auf der Flucht (vgl. »Hasenpanier«).

Literatur: NA II, S. 93; BC II, S. 594, 656; Atzler, S. 128 f.; Rieser, S. 371; Bode, S. 414. – EB Nr. 1140, III, S. 73 f.; Berglieder (Ed. Marriage), Nr. 130, S. 185; Erlach II, S. 396; Maltzahn, S. 331, Nr. 869–870; Breslauer, Kat. III, S. 363 f., Nr. 195; E. Lang, Friedrich V., Tilly und Gustav Adolf im Flugblatt des Dreißigjährigen Krieges, Bonn 1976.

II 96

Autor des Texts ist der bedeutende Barockdichter Georg-Rodolf Weckherlin, dessen *Geistliche und Weltliche Gedichte* (1648; S. 602–631) als Vorlage dienten. Von den 101 durchnumerierten Strophen sind im Wh 18 übernommen. Der sprachlich und metrisch modernisierte Text konzentriert sich auf die letzte Schlacht und den Tod Gustavs II. Adolph (16. 11. 1632) bei Lützen. Die Auswahl der vorangehenden Strophen beschränkt sich auf solche, die Vorbereitung oder Vorausdeutung dieses Ereignisses erzählen.

5 *ausdundern:* herausdonnern.
16 Die Vision wird im Wh ohne Einschränkung als Realität vorgestellt; der barocke Synkretismus antiker (V. 22 und 77–80) und christlicher Motive (V. 49–51) tritt im Wh verstärkt heraus.
22 f. Wie Herakles wird der König nach seinem Tod in den Olymp versetzt; vgl. V. 77–80.

25 f. Die Morgenröte machte die Schiffsmasten sichtbar und zeigte
    dem König das Ufer.
35–42 Das barocke Ideal der Constantia.
46 Der Bearbeiter hat das in der Vorlage über der Zeile hinzugesetzte
    Reimwort »pflegen« übersehen.
57–59 Motive der Passion Christi werden ebenfalls auf die Person
    Gustav Adolphs angewendet (vgl. Lk. 21,44–46).
60 *Gesicht:* Sehkraft.
68 *die beyden Heer:* die Schweden unter Gustav Adolph, die Kaiser-
    lichen unter Wallenstein.
83 Herzog Bernhard von Sachsen-Weimar (1604–39) übernahm
    nach dem Tod des Königs den Oberbefehl und beendete die
    Schlacht siegreich.
91 *Feuerschlossen:* Feuerkugeln (vgl. »Hagelschloßen«).

Literatur: NA III, S. 297; Rieser, S. 399–403; Bode, S. 434 f.

II 100

Vorlage ist nicht ein Fl. Bl., das im Material zum Wh erhalten blieb,
sondern eine Abschrift Bettinas ohne Überschrift oder Hinweis auf
die Provenienz. Das Original umfaßt dreizehn Strophen mit alter-
nierenden Sprecherbezeichnungen; es ist im Wh mit sechs Strophen
gekürzt, im verbleibenden Text jedoch kaum geändert. Dieser weist
in V. 23–30 Umstellungen auf. Das Lied spielt auf die Eroberung der
französischen Festung Lille durch Prinz Eugen (1663–1736) während
des Spanischen Erbfolgekrieges im Dezember 1708 an. Das Bild der
Brautwerbung ist ein Topos dieses Genres. Die »vermeinte«, schein-
heilige »Jungfrau« Lille läßt sich bei hinreichendem Drängen gerne
von einem neuen »Caressanten« (Liebhaber) erobern.

20 Ludwig XIV. (1638–1715), vgl. V. 58.
29 *halbe Monden:* Außenwerke einer Festung.
30 *Bouffler:* Louis François, Duc de Boufflers; verteidigte als Mar-
    schall Lille vom 12. 8. bis 9. 12. 1708.
33 f. Erinnerung an Prinz Eugens Sieg bei Zenta (1697) über die
    Türken.
40 Anspielung auf das Wappen der französischen (Bourbonen-)Kö-
    nige.
41 *Constabler:* Artillerieschützen.

46 *Vandom:* Louis Joseph, Duc de Vendôme, war bereits am 11. 7.
1708 bei Oudenaarde dem Prinzen Eugen unterlegen.

Melodie: Stockmann, S. 98.
Literatur: NA II, S. 97, 243, IV, S. 243; BC II, S. 597; Alemannia 9,
1881, S. 165–167; Rieser, S. 465–467; Bode, S. 419 f.; ZfDk 37, 1923,
S. 185 f.; Schewe, 1932, S. 128. – EB Nr. 323, II, S. 132; Köhler,
Schr. III, S. 371–413; L. Fränkel, Um Städte Werben und Verwand-
tes in der dt. Dichtung des 16. und 17. Jh.s nebst Parallelen aus dem
18. und 19., in: ZfdPh 22, 1890, S. 336–364.

II 103

Quelle sind zwei Fl. Bl., die die Herausgeber in der Weise kontaminierten, daß sie das eine (von Arnim über Gräter erhaltene) zum
Basistext machten, in den dann Elemente des anderen eingepaßt wurden. Beide Texte entstanden während der Belagerung Magdeburgs
durch Kurfürst Moritz von Sachsen (29.9.1550–9.12.1551). Die seit
1524 protestantische Stadt fiel im Schmalkaldischen Krieg in Reichs-
acht. Der Bearbeiter, wohl Arnim, modernisierte unwesentlich, milderte aber die antikatholische Tendenz an mehreren Stellen.

3 Vgl. Wh II 107, V. 5.
7 *verfolgen:* folgen.
18 *Mägdelein:* Personifikation der Stadt gemäß deren Wappen, das
eine Jungfrau mit Kranz in der erhobenen Rechten auf der Burg-
zinne zeigt (vgl. V. 56 und 64).
27 *beschornen:* Anspielung auf die Tonsur der katholischen Geistlichen.
32 *Ungefell:* Unfall, Unglück.
65 *Herzog Hansen:* Gemeint ist der, fälschlich als Fürst bezeichnete
Markgraf Hans von Brandenburg-Küstrin (1513–71).
67 Einer der militärischen Führer des Schmalkaldischen Krieges.
69–72 Möglicherweise Hinweis auf geheime Abwerbung der Landsknechte durch den »Held noch unbekannt«, Kurfürst Moritz
selbst (so Liliencron, S. 518).
73–76 Vgl. Mt. 22,21 f.
90 *ein eisern Mann:* Kaiser Otto I.
107 Vgl. Anm. zu V. 69–72.

Literatur: NA II, S. 101, 104, IV, S. 240; BC II, S. 572; Rieser, S. 365–367; Bode, S. 633–635. – Uhland, Nr. 202; EB Nr. 293, II, S. 103 f.; Venus-Gärtlein (Ed. Waldberg), S. XXV, 40–42; Liliencron, Nr. 587–591, IV, S. 499–520; Maltzahn, S. 122, Nr. 779; Ditfurth, 30jähr. Krieg, S. 121, Nr. 51.

II 107

Quelle ist der erste Teil der *Mansfeldischen Chronica* des Cyriacus Spangenberg von 1572. Die Auswahl aus den im Original 63 Strophen dürfte Arnim getroffen haben. Herder hatte bereits auf das Gedicht und besonders auf »einige sehr gute Strophen« darin hingewiesen. Das Lied behandelt den Konflikt der Stadt Magdeburg unter ihren Bürgermeistern Arnd Jordan (V. 6) und Hans Lindow (V. 7) mit dem dortigen Erzbischof, der zu einem für die Städter günstig endenden (V. 91–95) Regionalkrieg 1431–32 führte. Der Herkunftsvermerk rekurriert auf Spangenbergs Mitteilung (Kap. 321), der Dichter sei ein »Bürger zu Ascherleben« gewesen. Die Bearbeitung stellt eine einsträngig fortschreitende Handlung her. Strophen, die Metaphern aus dem Bereich der Natur oder sprichwörtliche Sentenzen bieten, wurden meist gewahrt. Während Görres den Text als »Spiegel kräftigen altdeutschen Bürgermuthes« würdigte, kritisierte von der Hagen den Auszug ungewöhnlich scharf als inkohärent und unverständlich.

9 *Verhegen:* schützend umschließen, befestigen.
17 *Wolltag:* gute Tage.
52 *Arn:* Adler.
59 *Winden:* Windhunden.
69 f. Anspielung auf das Sprichwort: »Wenn dem Esel zu wohl ist, so geht er aufs Eis tanzen.«

Literatur: NA III, S. 306, IV, S. 366; BC II, S. 517; Rieser, S. 359–361; Bode, S. 420–423. – Liliencron, Nr. 69, I, S. 340–346.

II 111

Vorlage ist ein Fl. Bl. von 1551. Dem Text ist die bekannte Weise *Innsbruck ich muß dich lassen* unterlegt. Kurfürst Johann Friedrich der Großmütige von Sachsen (1503–54), verheiratet mit Sibylle von

Cleve, wurde im Verlauf des Schmalkaldischen Krieges am 24. 4. 1547 nach der Schlacht bei Mühlberg gefangengenommen (V. 7), der Kurwürde verlustig erklärt (V. 18) und erst 1552 wieder befreit. Der Dichter Peter Watzdorff legt die »Klage« der Kurfürstin in den Mund. Die Wh-Bearbeitung beschränkt das Lied ganz auf diesen Ton, indem die antipäpstliche vierte Strophe und das Fürbittgebet (Str. 5) ausgeschieden werden.

9 *Muth:* Gesinnung.
12 *geb:* möge geben.

Literatur: NA II, S. 107; BC I, S. 250; Rieser, S. 365; Bode, S. 367. – Pal. 343 (Ed. Kopp), S. 237; Liliencron, Nr. 563, IV, S. 445 f.; vgl. S. 418–420; Wackernagel III, Nr. 1187, S. 1011; JbVldf 3, 1932, S. 151.

II 112

Quelle ist die Abschrift unbekannter Hand eines Fl. Bl. von 1550. Außerdem ist in Arnims Hand ein Teil der unmittelbaren Druckvorlage erhalten. Arnims Adaption folgt dem Original zunächst relativ getreu; ab V. 39 veranlaßten Verständnisprobleme manche Änderungen; V. 57, 67 und 78 f. ist gänzlich neu gedichtet. Die Kontrafaktur eines Liebesliedes sollte als Klage im Munde des Betroffenen um Teilnahme für Philipp den Großmütigen, Landgraf von Hessen (1504–67), werben, der bei Erscheinen des Flugblattes seit mehreren Jahren in Oudenarde (V. 65 und 74) in kaiserlicher Haft war. Auch dieser Text führt damit in die unübersichtliche politische Situation zur Zeit des Schmalkaldischen Krieges.

15 *versehen:* sich versehen: sein Vertrauen auf etwas setzen.
23 f. Vgl. Sir. 23,3.
25 f. Vgl. Ps. 35,23.
33–35 Vgl. Eph. 3,18.
68 Vgl. Hiob 1,21.
75 *Elend:* zumindest in der Vorlage noch im älteren Sinne: Fremde.

Literatur: NA II, S. 108; BC I, S. 251; Rieser, S. 362–365, Bode, S. 354. – Liliencron, Nr. 584, IV, S. 492–494.

II 115a

Der Poeta laureatus Henrich Knaust war Autor dieser Kontrafaktur, die auf demselben Lied basiert wie das vorhergehende Beispiel politischer Lyrik der Reformationszeit (Wh II 112). Knaust variierte seine Vorlagen, wie es in den *Gassenhawern, Reutern vnd Bergliedlin* von 1571 (Nr. 26, S. 22 f.) heißt, »Christlich / moraliter, vnnd sittlich«. Um die Parallelität dieses und des folgenden Liedes als Kontrafakturen desselben Originals hervorzuheben, verzichtete Arnim auf die beiden weiteren Strophen der Vorlage und sorgte auch durch exakt gleiche Gestaltung des Strophenbaus für deutliche Entsprechung.

Literatur: NA II, S. 111; BC I, S. 450; Rieser, S. 377; Bode, S. 413. – Vgl. ferner zu Wh II 115b.

II 115b

Dem für Wh II 115a gewählten Titel *Reue* analog fand das Wh für den titellosen Text der Vorlage eine weitere moralisierende Überschrift. Quelle ist ein Mülhauser Druck von 1578 mit mehrstimmigen Liedsätzen von Johannes Eccard (*Newe deutzsche Lieder*; Nr. XVI). Melodiebedingte Wiederholungen fehlen im Wh. Dasselbe Lied bietet Forster in den *Teutschen Liedlein* bereits 1539, allerdings mit zwei weiteren Strophen. Der Wh-Text ist syntaktisch leicht modernisiert.

Literatur: NA II, S. 112; BC II, S. 216; Rieser, S. 420; Bode, S. 414. – Marriage (Ed. Forster), S. 221. – Vgl. ferner zu Wh II 115a.

II 116

Der Herkunftsangabe entsprechend, stammt das vermutlich im September 1546 entstandene Lied aus der *Lebensbeschreibung des berühmten Ritters Sebastian Schärtlins von Burtenbach* (1777; S. 33–38). Die geschilderten Ereignisse waren den in Wh II 112 behandelten vorausgegangen. Der Text beschreibt ausführlich, wie Philipp von Hessen mit seinem Feldhauptmann Sebastian Schärtlin (1496–1577) im August 1546 dem Kaiser nachrückt. Das Original ist um sechs Binnenstrophen sowie die Schlußstrophe mit Verfasserrede gekürzt und von Arnim hauptsächlich im lexikalischen Bereich –

nicht immer glücklich – bearbeitet worden. Die Gestalt Schärtlins sollte auch in der Fortsetzung von Arnims *Kronenwächtern* eine bedeutende Rolle spielen.

11 *drat:* (mhd.) schnell.
15 *Schlangen:* Feldschlangen (Kanonen mit langen, dünnen Rohren).
21 Vgl. Wh I 22, V. 23 f.
32 *vertraut:* zugetraut.
46 Topos der Soldatenansprache vor der Schlacht. Vgl. bereits das althochdeutsche *Ludwigslied* (V. 26).
55 *wurden zu Rath:* beratschlagten.
57 *verhauen:* verschanzt.
62 In der Quelle im älteren Sinn: irrte lange, den Kaiser suchend, umher; Anspielung auf Schärtlins Fahnen, auf denen »die spottende Frage: ›wo ist der Kaiser?‹« stand (Liliencron, S. 351 und 354).
69 »Die Statthalterin der Niederlande, Königin Marie« hatte den Grafen von Büren gesandt (Liliencron, S. 352).
72 Vgl. Wh II 107, V. 5.
90 auf Kriegslist sinnend (vgl. »Finanz« ›List‹).

Literatur: NA II, S. 113; BC II, S. 566; Rieser, S. 367 f.; Bode, S. 417. – EB II, S. 105; Liliencron, Nr. 585, IV, S. 351–356; Breslauer, Kat. III, S. 327, Nr. 112.

II 119

Dem Wh diente eine Fassung dieses weitverbreiteten Liedes als Vorlage, die aus Heinrich Christian Senckenbergs *Selecta Juris et Historiarum* (1739) stammte und von der in einer Sammelhs. der Brüder Grimm eine Kopie von unbekannter Hand existiert. Während Arnim das schon im *Deutschen Museum* (1778) abgedruckte Lied selbst gekürzt und eingerichtet hatte, war es höchstwahrscheinlich Brentano, der schließlich seine dem Original treuere Version in das Wh einfügte. Der Text – weniger sagenähnliche Historiendichtung als Parteilyrik – schildert den Tod des 1440 geborenen österreichisch-ungarischen, böhmischen und mährischen Herrschers Ladislaus Posthumus, der sich als 17jähriger (V. 6) mit der Tochter des französischen Königs Karl VII. (V. 11–15) verlobte und während der Hochzeitsvorbereitungen in Prag (V. 10) am 23. 11. 1457 plötzlich starb.

Gerüchte besagten, der junge König habe die Heirat zu einem Schlag gegen das ihm verhaßte Hussitentum nutzen wollen und sei deshalb von seinen hussitisch gesinnten Räten vergiftet worden. Der Hussit Podiebrad wurde Ladislaus' Nachfolger; ihm und dem utraquistischen Bischof Rockyzan kam sein plötzlicher Tod jedenfalls gelegen.

29 *Rockenzahn:* Johannes Rokyczana, um 1390–1471, seit 1435 gewählter, aber nicht kirchlich approbierter Erzbischof, den Hussiten nahestehend. Der Name ist volksetymologisch verdeutscht; vgl. auch Fischart (Ed. Alsleben) S. 161: »Zisca vnd Rockenzan.«

56 *barmherzig:* hier: erbärmlich, Barmherzigkeit verdienend.

61 *Girsig:* eigtl.: Jiri (tschech.): Georg (von Kunstat auf) Podiebrad, 1420–71, von hussitischem Adel (V. 111), Gubernator in Böhmen, seit 1452 vom deutschen Kaiser als Vormund des Königs Ladislaus anerkannt (vgl. V. 116 f.).

83 *Genick:* Brentano ersetzt anstößiges »gemächt« ›männl. Glied‹ der Vorlage.

101–105 Worte Girsigs (vgl. V. 70); durch ein Mißverständnis dem anonymen Ketzer in den Mund gelegt.

112 *als ein Sau … beschoren:* vgl. »hoch geschoren« ›vornehm‹; s. a. Christian Weise, *Die drey ärgsten Ertz-Narren in der gantzen Welt* (1672): »wie hoch einer [. . .] geschoren sey«.

Literatur: NA II, S. 118; BC II, S. 518; Rieser, S. 358; Bode, S. 362. – Liliencron, Nr. 108, I, S. 489–503.

II 124

Arnim übernahm das Lied (vgl. bereits den Hinweis bei Wh I 349) aus seinem Exemplar von Samuel Buchholtz' *Versuch einer Geschichte der Churmarck Brandenburg* (1765; S. 383 f.) praktisch unverändert. Barnim III. von Pommern (1303–68) lag mit Kurfürst Ludwig von Brandenburg 1329–33 in Fehde. Es ist unsicher, ob es damals zu einer Schlacht am Kremmer Damm kam oder ob nicht eine Verquickung mit Ereignissen des Jahres 1412 vorliegt. Herder hatte das Lied zunächst in seine Volksliederausgabe aufnehmen wollen, dann aber darauf verzichtet, weil der Text plattdeutsch war. In *Fünf Schlösser. Altes und Neues aus der Mark Brandenburg*, Berlin 1889, teilt Fontane eine hochdeutsche Fassung mit:

Die erste Schlacht am Cremmer-Damm.

(Zwischen Herzog Barnim von Pommern und Markgraf Ludwig
von Brandenburg 1334.)

Als Herzog Barnim, der kleine Mann,
(Um mit Markgraf Ludwig zu fechten)
Kam bis an den Cremmer-Damm heran,
Sprach er zu Rittern und Knechten:

»Das Cremmer Luch ist ein garstig Loch,
Und den Feind daraus zu vertreiben,
Ich denke, Leute, wir lassens noch
Und wollen diesseits bleiben.

Wir schreiben aus eine große Steur,
Und wer sich nicht will bequemen,
Den zwingen wir mit Wasser und Feur
Und wollen das Vieh ihm nehmen.«

Der Rath gefiel den Pommern all
Und verquer und an den Ecken
Gruben sie hastig Graben und Wall,
Dahinter sich zu verstecken.

Hier wechselt nun die Scene, das Lied springt von drüben nach hüben
oder, was dasselbe sagen will, von der pommerschen nach der märkischen Seite hinüber und fährt fort:

Markgraf Ludwig, der tapfere Held,
Drüben sah man ihn reiten,
Er dachte, »die Pommern stehen im Feld
Und werden den Damm überschreiten.«

Als aber keiner sich's unterwand,
Ließ er seinen Trompeter kommen
Und sagte: »Nimm Deine Trompet in die Hand
Und blas' bis sie's drüben vernommen.

Und sage dem Herzog Barnim an,
Ich hätte groß Verlangen,
Ihn und seine Ritter, Mann für Mann,
Hier diesseits zu empfangen.

Und wenn es hier diesseits ihm nicht behagt,
So wollt' ich ihm versprechen,
Auch auf dem Luch-Damm unverzagt
Eine Lanze mit ihm zu brechen.«

Drauf der Herzog; er woll' ihm Rede stehn,
Nicht-kommen das dünk' ihm Sünde,
Sie wollten sich treffen und wollten sehn,
Wer das Spiel am besten verstünde.

Nun hebt der Kampf an, und scheint den Pommern den Sieg verbürgen zu wollen, als diese jedoch vordringen, um ihren Erfolg auszubeuten, büßen sie diesen wieder ein und werden zum Rückzuge gezwungen. Im Lied aber heißt es weiter:

Vom Graben ging's auf den Damm hinauf,
Drauf standen dicht die Märker,
Die wehrten sich einzeln und zu Hauf,
Aber Herzog Barnim war stärker.

Die Märkischen konnten nicht bestahn,
Das Luch war ihr Verderben,
Und viele mußten da liegen gahn
Und ohne Wunde sterben.

Und mälig wichen sie Schritt für Schritt,
Vor Cremmen weiter zu fechten,
Die Pommern folgten im festen Tritt,
Die Ritter mitsammt den Knechten.

Aber vor Cremmen hielt man an
Und mußte draußen bleiben,
Die Märkischen standen da Mann für Mann
Und waren nicht zu vertreiben.

Sie schossen hinunter aus Thurm und Thor
In das pommersche Gedränge,
Dann drängten sie selber wieder vor,
Todte gab es die Menge.

Da sprach Schwerin: »Das thut kein gut,
Laßt uns den Damm erfassen,
Oder wir müssen unser Blut
Hier alle vor Cremmen lassen.«

> So zogen sie wieder dem Damme zu,
> Heimwärts ohne Schimpf und Schade,
> Zuletzt ging auch der Krieg zu Ruh, –
> Gott geb' uns seine Gnade.

1 *fast lütke:* sehr kleine.
2 *Averst:* Aber.
  quade: schlecht, müßig.
4 Beratschlagte er eifrig.
5 *Lock:* Luch (Sumpf); vgl. V. 31.
11 f. Den wollen wir mit Brandschatzung plagen und auch seinem
  Vieh nachstellen.
15 In der Vorlage fehlerhaft statt »in de Erd en holl« ›in die Erde eine
  Höhlung‹ (um sich zu verschanzen).
16 *baven:* nach oben.
18 *Huwen:* Hufen, Äckern.
20 Die Pommern getrauen sollten.
31 *Luge:* feuchter Wiesengrund, Sumpf.
35 Das Glück stehe auf der Waage.
39 *Knap:* Schlag.
44 *Wunne:* Wunde.
45 *weken:* wichen.
50 *buten:* draußen.
54 Die nur so von Pommern wimmelt.
55 *Hut:* Haut.
56 Daß ihm das Herz zittert.
57 *Schwerin:* Graf Heinrich von Schwerin war seit 1331 mit Barnim
  verbündet.
58 *erfaten:* erfassen, erreichen.
62 *Büte:* Beute.

Literatur: NA II, S. 123; BC II, S. 515; Rieser, S. 467; Bode, S. 244 f.
– Liliencron, Nr. 9, I, S. 35 f.

II 127

Quelle ist der erste Text eines Fl. Bl. mit dem Titel *Sieben schöne Weltliche-Lieder.* Er ist eingangs als politische Prophezeiung historischer Ereignisse des Jahres 1734 gestaltet, auf die sich die Schlußstrophen aus der Rückschau des Beteiligten beziehen. Das Lied dürfte um die Mitte des 18. Jh.s im fränkischen Raum entstanden sein.

10 *Strausse:* Strauche.

11 *Adler:* Wappentier des deutschen Kaisers.

11–13 Frankreich wird Deutschland aus der Lombardei vertreiben.

22 Frankreich griff Nord-, Spanien Süditalien an.

25 f. Das französische (vgl. Wh II 100, V. 40) statt des savoyischen Wappens.

28 Bei Parma (29. 6. 1734) und Guastalla (19. 9. 1734).

33 *Feldmarschall:* Graf Mercy, Freund Prinz Eugens, fiel bei Parma.

39–45 Sieg der Deutschen bei Quistello durch überraschenden Überfall auf das französische Lager im Morgengrauen des 15. 9. 1734.

49 *kammpelte:* bekämpfte.

50–54 Anspielung auf das Bündnis Karl Emanuels III. von Sardinien/Savoyen mit Frankreich.

Literatur: NA II, S. 127; BC II, S. 608; Rieser, S. 468; Bode, S. 748; Schewe, 1932, S. 127; H. Oehler, »Der politische Vogel«. Ein geschichtliches Lied aus »Des Knaben Wunderhorn«, in: JbVldf 8, 1951, S. 214–220. – Kopp, Crailsh., Nr. 34, S. 63.

II 129

Mit dem *Wilhelm Tell* eröffnet Arnim eine Serie von vier historischen Schweizerliedern (Wh II 129–142). Das Lied, beigezogen aus einem Flugblatt *Zwey historische neue Lieder, von dem Ursprunge der Eidsgenossenschaft,* wird Hieronymus Muheim aus Uri zugeschrieben, den die Verfasserstrophe des frühesten Drucks von 1613 nennt (vgl. V. 213). Die Bearbeitung ist sehr schonend, vernachlässigt jedoch das Metrum, um die Elisionshäufungen der Quelle zu umgehen. Alle bedeutenden Motive des Stoffs, wie sie auch Schillers Tell-Drama (vgl. besonders III,3, IV,1 und IV,3) bietet, sind in den ersten 18 Strophen verwendet.

7–10 Nach der Sage fanden sich zum Eid auf dem Rütli 1307 Werner Stauffacher (Schwyz), Walter Fürst (Uri) und Arnold Melchthal (Unterwalden) zusammen; der Urner Dichter stellt seinen Landsmann an die Spitze.

15 f. Vgl. Schiller, *Wilhelm Tell* 565–567.

19 Vgl. Schiller, *Wilhelm Tell* 577.

37–40 Vgl. Wh I 17, V. 9–12.

54 *Ort:* Ziel.

60 *Göller:* ledernes Wams.
85 *Pochen:* »ungestüm und mit großem Lärmen« (Adelung III, Sp. 1108).
97 *erstatten:* wieder in Ordnung bringen.
121–124 Vgl. 1. Sam. 17,38–51.
129–136 Vgl. Schiller, *Wilhelm Tell* 90–97.
131 *gezwaget:* vgl. Wh II 74, V. 7.
151 *Morgarten:* Schlacht bei Morgarten (1315), Sieg der Schweizer über Leopold von Österreich.
155 f. Abgestreift haben wir den Pfauenschwanz (die Herrschaft des österreichischen Adels), der uns verachtete.
159 *eranret:* geerntet.
160 Ein Sieg am Berg Sattel, einer auf dem Morgarten.
165 *Brünig:* Paß zum Berner Oberland.
189 *abzumärkten:* »abmarken« (obd.) ›abhandeln‹.
194 *Weil:* Solange.
195 f. Vgl. Wh II 74, V. 167; II 302, V. 68.

Literatur: NA II, S. 128; BC II, S. 497; Rieser, S. 358, Bode, S. 274 f. – EB Nr. 32, I, S. 101–104; Maltzahn, S. 117, Nr. 749.

II 137

Die Vorlage umfaßt 43 Strophen und entstammt Diebold Schillings *Beschreibung Der Burgundischen Kriegen* (1743; S. 183–187), von der Arnims Handexemplar erhalten ist. Das Lied berichtet historische Ereignisse aus dem Kampf der Eidgenossen gegen Burgund, es schildert die Eroberung der Stadt Pontarlier nach dem Winter (V. 1 f.) 1474/75 und schließlich die Einnahme von Stadt und Schloß Orbe. Arnims Bearbeitung stellt letztere ganz in den Mittelpunkt der um 24 Strophen gekürzten Fassung – von der Hagen rügte diese Beschneidungen in seiner Rezension als »unverantwortlich« – und richtete die neue Überschrift danach aus. Arnim modernisiert und ändert den Vokalismus des Texts (durchgeführte Diphthongierung).

12 *Hab:* Kriegshaufen.
14 *der Herzog von Burgund:* Karl der Kühne (1433–77), der zu dieser Zeit Neuss belagerte.
21 *Bär:* Bern (gemäß dem Wappen).
30 *eben:* recht, paßlich.

48 *mit Genossen:* ersetzt bereits in der Quelle das ursprüngliche »nit
genosse« ›nicht unverletzt‹.

Literatur: NA III, S. 310; BC II, S. 509; Rieser, S. 358 f.; Bode,
S. 417–419. – Liliencron, Nr. 135, II, S. 59–64.

II 140

Quelle ist die von Lycosthenes Psellionoros Andropediacus (d. i.
Wolfhart Spangenberg) unter dem Titel *Anmütiger Weißheit Lust
Garten* (1621; S. 677–680) hergestellte deutsche Bearbeitung des
Hortus Philosophicus des Görlitzer Rektors Martin Mylius, die den
Text nicht strophisch abgesetzt enthält. Die originale Überschrift
bezeichnet das Lied als »Gedenkwürdige Historia« zur Illustration
des Sprichworts »In Rosen baden«. Die wohl von Brentano stammende Bearbeitung rückt es dagegen mehr in den Kontext historischer Lieder, verzichtet auf vier lehrhafte Eingangs- und zwölf eben-
solche Schlußstrophen, rafft, setzt (V. 22 f.) in wörtliche Rede um
und fügt lediglich die Verse 31–36 hinzu, in denen das sprichwörtliche
Motiv weiter ausgeführt wird. Geschichtliche Grundlage des Texts ist
die Niederlage der Schweizer bei St. Jakob an der Birs gegen den
französischen Thronfolger (später Ludwig XI.) im Jahr 1444. Der für
Redensarten um das Rosen-Motiv besonders sensible Brentano besaß
die Vorlage (Katalog II, Nr. 2784) und weitere Literatur zu diesem
historischen Komplex. Die Redensart (vgl. noch das heutige »in Blut
baden«, s. Ps. 58,11) findet sich noch in Ricarda Huchs Novelle *Der
arme Heinrich* (Leipzig 1919, S. 147).

7 *zwar:* in der Tat.
29 *unverzogen:* unverzüglich, sogleich.
35 f. Vgl. Wh III 10.

Literatur: NA II, S. 317; BC II, S. 510; Rieser, S. 347 f.; Bode,
S. 564–566. – Uhland, Abh., S. 34; Liliencron I, S. 394–396.

II 142

Arnim erhielt 1806 in Göttingen von Johann Friedrich Blumenbach
ein Fl. Bl. *Schweitzerischer Feld-Zug In Morea und Negropont* (wohl

von 1703), das Ereignisse des Jahres 1688 schildert, als viele Schweizer Landsknechte über Venedig zum Krieg gegen die Türken geführt wurden. Die Abschrift von der Hand seines Dieners Frohreich wurde von Arnim offenbar sofort und nur flüchtig redigiert und diente als Druckvorlage.

[Überschrift:] *Morea:* Peloponnes; im Lied (V. 61 und 72) als Stadt aufgefaßt.

6 *Amt:* Das Amt Zug, bestehend aus der gleichnamigen Stadt und drei Dorfgemeinden; heute (erweitert) der Kanton Zug.

21 *seit:* sagt.

31 *langen See:* langer See, schweizerdeutsche Bezeichnung des Lago Maggiore.

36 *Meerstangen:* Meergestade.

37 *plangen:* (alem.) sehnsüchtig machen (von frühnhd. »belangen«).

55 *eintreiben:* (frühnhd.) in die Enge treiben.

86 *Weissenburg:* Stuhlweißenburg in Ungarn; 1602–88 türkisch.

Literatur: NA II, S. 139; BC II, S. 605; Rieser, S. 465; Bode, S. 238 f. – Tobler I, S. 56; S. Özyurt, Die Türkenlieder und das Türkenbild in der deutschen Volksüberlieferung vom 16. bis zum 20. Jh., München 1972, S. 330–332.

II 145

Arnim erhielt den Text als »Beytrag unbekannter Hand« zu Beginn des Jahres 1808 vermutlich aus dem Umkreis von Voß. Diese heute verschollene Vorlage schöpft aus einer lange unidentifizierten *Chronik der Hohenstaufen*, bei der es sich um einen Folianten von der Hand des württembergischen Historiographen David Wolleber (gest. 1597) handelt. Die 1582 abgeschlossene Hs. (heute Staatsbibliothek Preußischer Kulturbesitz Berlin, Ms. germ. fol. 481) enthält auf S. 543–560 das Gedicht über die verbündeten Konradin von Schwaben und Friedrich von Österreich, das seinerseits auf einer Quelle basiert. Die irreführende Seitenangabe könnte bereits auf die direkte Vorlage zurückgehen, ebenso wie die Auswahl aus dem Gesamttext (9 von 34 Strophen, und zwar Str. 15, 18–21, 23–26). Die stark modernisierende, metrisch glättende, z. T. sinnentstellende, Reimwörter und ganze Verse ersetzende Überarbeitung der Ballade im Wh läßt jedoch auch auf für Arnim typische Eingriffe schließen.

1 Erst im Alter von 15 Jahren gilt der Thronerbe als volljährig (vgl. V. 115).

2 *Sach:* wohl mehr im älteren Sinn: Rechtsstreit.

4 *Erbländer:* außer Schwaben auch Neapel-Sizilien, das unter Friedrich II. den Kern staufischer Hausmacht bildete; indes besaß nach Auffassung der Kurie der Papst seit der Normannenzeit die Lehenshoheit über dieses Gebiet.

9 Ins Königreich Neapel-Sizilien sowie an italienische Fürstentümer und Städte.

12 August 1267.

14–21 Die Belehnung und Krönung Karls war schon zuvor erfolgt; in Wirklichkeit sammelte Karl das Heer, nicht Clemens IV.

18 Karl von Anjou war der Bruder König Ludwigs IX. von Frankreich (1226–70).

23–25 Karl erreicht im April 1267 Viterbo, um Aufstände in Tuskien niederzuschlagen; auch hier sind wieder die Fakten verwirrt: das traditionell stauferfeindliche Neapel mußte nicht mit Gewalt genommen werden, es war seit Februar 1266 fest in Karls Händen.

42 f. Tatsächlich liegt der Schlachtort Tagliacozzo bereits im Königreich Neapel.

45 *zucken:* zurückhalten.

49 *Reis':* im älteren Sinn: Kriegszug.

54 *Schimpf:* Spaß.

55 Konradins Truppen mußten während des Angriffs einen Bach überqueren, der vorher nicht zu erkennen gewesen war.

57 Überm Plündern der scheinbar geschlagenen Feinde löste sich die Schlachtordnung auf.

59 f. Karl hatte sich mit einer Reserve von 800 Rittern verborgen gehalten; die ungeordneten Truppen Konradins wurden überfallen und vernichtend geschlagen.

81 f. *Noch dennoch ... Herr:* Konradin wollte in den ersten Septembertagen zu Schiff Sizilien erreichen, wurde aber von dem römischen Adligen Johann Frangipani in Astura gefangen und an Karl ausgeliefert.

85 f. *Herzog ... Friedrich:* Friedrich von Österreich (geb. 1249) hoffte durch einen Sieg Konradins mit dessen Hilfe seine Rechte gegen den König von Böhmen wiederherstellen zu können.

93–97 Um zu beweisen, daß Konradin wirklich in seiner Hand war, ließ Karl ihn öffentlich zeigen.

Melodie: Herzog-Ernst-Ton (vgl. F. M. Böhme, Altdeutsches Liederbuch, Leipzig 1877, S. 19–30).
Literatur: NA II, S. 142; BC II, S. 494; Rieser, S. 469; Bode, S. 747. –
Erlach II, S. 329; K. Hampe, Geschichte Konradins von Hohenstaufen, Innsbruck 1894.

II 149

Der Text – nach 1525 entstanden und um 1550 erstmals nachgewiesen
– wurde als Fl. Bl. von Koelle aus Tübingen eingesandt und auf
Brentanos Veranlassung abgeschrieben. In der Quelle einfach als *Lied*
bezeichnet, wurde er unter neuem Titel fast unverändert ins Wh aufgenommen.

  8 *Stüwern und Sonnenkronen:* niederdeutsche Scheidemünzen (4,5
     Pfennig) und Goldstücke (etwa 1 Taler); vgl. Wh II 74, V. 39.
19 *Fleschen:* (frühnhd.) Flaschen; scheint im Blick auf V. 20 aus
     »Flausch« o. ä. verderbt.
23 Modische Kleidung des 16. Jh.s mit geschlitzten Stoffen und farb-
     lich abgesetztem Unterfutter.
25 *garten:* (frühnhd.) betteln.
27 *rotten:* roden, reuten.
38 *hat er genesen:* Kam er mit dem Leben davon.

Literatur: NA II, S. 147; BC II, S. 610; Rieser, S. 375; Bode, S. 278. –
Uhland, Nr. 190; EB Nr. 1289, III, S. 175–177.

II 151

Quelle ist die Wiedergabe eines Fl. Bl. durch den Mediävisten Erduin
Julius Koch im Magazin *Bragur* (1792; S. 311–323). Da Koch Eberhard Baringius als zweiten Textzeugen aufführt, hat sich irrtümlich
der Hinweis auf dessen Werk als Herkunftsangabe eingeschlichen.
Das Lied vom seefahrenden Bauernburschen, der einsieht, daß er
besser hinter seinem Pflug geblieben wäre, sobald ihn die Seekrank-
heit befällt, stammt aus dem 15. Jh.

[Überschrift:] *Henneke:* Heinrich.
7 *fort:* hinfort, länger.

11 *Das Weib:* Während in der Quelle wohl Hennekes Frau gemeint ist (vgl. V. 49), läßt die Wh-Fassung eher an die Frau des Dienstherrn denken.

12 *Kerl:* Koch merkt dazu an: »dieser Ausdruck scheint hier in der verächtlichen Bedeutung zu stehen.«

16 Henneke ging mit sich zu Rat und kam zu einem Entschluß.

17 *Habersack:* Tornister.

43 Die umgangssprachliche doppelte Verneinung bereits bei Baringius: »Neen Word«.

47 Von den Herausgebern mißverstanden. Gemeint ist: Der Seekranke erbrach sich, wofür in der Quelle steht: »Er sprach ein Wort so lang wie ein Arm.«

48–50 Vgl. Wh II 167b, V. 73–75.

58 *Dister:* Deister, Gebirgszug bei Hameln.

60 Burg unweit Hameln.

Literatur: NA II, S. 149; BC II, S. 643; Rieser, S. 413; Bode, S. 243 f. – Uhland, Nr. 171; EB Nr. 1539, III, S. 384 f.; Alpers, Nr. 58, S. 124–127, 209–213; Steinitz, Nr. 45, I, S. 129.

II 154

Es handelt sich um die Kontamination von insgesamt vier Vorlagen, zweier Fl. Bl. (Lieder mit jeweils 16 Strophen) und zweier Einsendungen von Albert Ludwig Grimm (8 Strophen) und Johann Wilhelm Röther (11 Strophen), die beide nur in Abschriften erhalten sind. Die vage Herkunftsangabe läßt bereits den extremen Bearbeitungsgrad der vermutlich von Brentano hergestellten Wh-Fassung ahnen.

[Überschrift:] Vgl. V. 89 f.

11 *Straus:* Gesträuch.

11–22 Vgl. Wh I 34, V. 11–26.

24 Vgl. Wh II 277, V. 32.

29–40 Vgl. Wh I 90, V. 13–20.

33 Vgl. V. 8.

42 Vgl. Wh I 330, V. 123.

59–67 Vgl. Wh I 313, V. 15–17; III 84, V. 9–12.

69 *Schalk:* Synonym mit der älteren Bedeutung von »Schelm« ›Übeltäter, Betrüger‹.

74 f. Vgl. Wh II 212, V. 28 f.; Uhland, Abh., S. 257. Vgl. I. Weber-

Kellermann, *Hochzeits- und Ehestandslieder*, in: HbVld I,
S. 551–574, bes. S. 569 f.
98 f. Vgl. Wh II 12, V. 17 f.; KL 64a, V. 5 f.

Literatur: NA III, S. 302; BC II, S. 106–111; Rieser, S. 505; Bode,
S. 642–645; H. Schewe, in: DJbVk 53, 1956/57, S. 343. – EB
Nr. 1455–56, III, S. 316 f.; Hruschka-Toischer, S. 107, III, Nr. 19.

II 158

Die Verse 1–16, 21–28 und 33–76 dieses Liedes stammen aus einem
Fl. Bl. und sind (V. 29–32, 36 und 77–80) mit einer Einsendung
Auguste von Pattbergs kontaminiert. Die Herkunft der restlichen
Verse ist ungeklärt. Arnim, der wohl die erste Bearbeitung herstellte,
besaß eine anonyme Biographie des Wildschützen und Räuberhaupt-
manns Matthias Klostermayer von 1772. Der Stoff war außerdem
durch die romanhafte Fassung dieser Vita bekannt, die Friedrich
Eberhard Rambach 1790 in seinen *Thaten und Feinheiten renommir-
ter Kraft- und Kniffgenies* publiziert hatte und deren zweiter Teil aus
der Feder des jungen Ludwig Tieck stammte. Der Hiesel-Stoff ist
zudem in zahlreichen weiteren Volksliedversionen verbreitet, wie
auch das Wh-Lied volkstümlich wurde.

 1 *Thresel:* Koseform für »Therese«.
30 *gesaiht:* seihen: sieben; »die Milch durch ein leinen Tuch [...]
    seihen« (Adelung IV, Sp. 413).
38 *Krapfen:* rundes Fettgebäck (Berliner).
91 *Schildhahnenfedern:* Spiel- oder Birkhahnfedern, die der Jäger als
    Trophäe am Hut trägt.

Literatur: NA II, S. 151; BC II, S. 338; Rieser, S. 472 f.; Bode,
S. 328 f. – EB Nr. 1465–66, III, S. 323–325; Ziska-Schottky, Nr. 48,
S. 152; Fs. für L. Erk, hrsg. von A. Birlinger und W. Crecelius,
Heilbronn 1876, S. 16–19; Meisinger, Oberld., Nr. 279, S. 264;
Vld 29, 1927, S. 91; F. Moczygemba, Matthias Klostermeyer genannt
der Bayrische Hiesel in der deutschen Dichtung, Diss. Graz 1938;
Steinitz, Nr. 28–30, I, S. 102–108; JböVlw 14, 1965, S. 34.

II 161

Das Lied eröffnet die bis Wh II 189 führende Reihe, in der jeweils auf
eine Räubergeschichte ein Marienlied folgt. Es handelt sich um eine
Kunstdichtung Justinus Kerners, die Brentano durch Koelle zuge-
sandt worden war. 1811 nennt sich Kerner in den *Reiseschatten* selbst
als Verfasser und druckt eine am Wh orientierte Fassung ab.

[Überschrift:] Anspielung auf die griechische Sage von Daedalus und
    Ikarus. Ikarus, der sich fliegend aus der Gefangenschaft befreit
    hatte, stürzte ins Meer, als er mit seinen wächsernen Flügeln der
    Sonne zu nahe kam. Kerner legt in den *Reiseschatten* das Lied
    einem Handwerksburschen in den Mund, ehe er die Episode vom
    Totengräber von Feldberg erzählt, der das Fliegen erlernen will.

Literatur: NA III, S. 316; BC II, S. 235; Alemannia 3, 1877, S. 287;
Lohre, S. 128; Rieser, S. 487; Bode, S. 190; Schewe, 1932, S. 138;
Rölleke, Fs. F. Tschirch, S. 280–288. – Briegleb, Nr. 93, S. 62; R.
Steig, Justinus Kerners Beziehungen zum Wunderhorn, in: Eupho-
rion 3, 1896, S. 426–430; Hildebrand, Materialien, S. 13, 229; F.
Heinzmann, Justinus Kerner als Romantiker, Tübingen 1908, S. 13 f.

II 162

Quelle ist Procops *Mariale Concionatorium*, ein Salzburger Druck
von 1667. Dort finden sich auf S. 120 vier numerierte Strophen, von
denen nur die letzte ins Wh aufgenommen wurde. Procops Gedicht
preist die immaculata conceptio, die unbefleckte Empfängnis, von der
die Glaubenstradition seit alters berichtet, ehe die Lehre 1854 zum
Dogma erhoben wurde. Das Wh streicht die lehrhaften und erzählen-
den Passagen, so daß nur der Vergleich mit der Taube des Noah
(1. Mose 8,8 f.) bleibt.

[Überschrift:] Kontaminiert aus V. 5 und 7.
3 *Letten:* (obd.) Lehm.
4 *dem Patriarchen:* dem Vater Noah in der Arche.

Literatur: NA II, S. 155; BC I, S. 204, 542 f.; Rieser, S. 380 f.; Bode,
S. 389 f.

II 163

Quelle ist Anton Viethens *Beschreibung und Geschichte des Landes Dithmarschen* (1733; S. 209–212), in der sich das Lied an die Prosaerzählung der geschilderten Begebenheit anschließt. Aus einem vorangehenden Text übernimmt das Wh die falsche Jahreszahl 1539. Die Vorlage hat 29 durchgezählte Strophen ohne Überschrift und sollte offenbar, von Vereinheitlichungen abgesehen, getreu wiedergegeben werden. Sie ist jedoch durch zahlreiche Druckfehler entstellt. Brentano hatte die Geschichte von dem 1540 zur Zahlung einer Geldschuld verurteilten und nach seiner Flucht als Outlaw berüchtigten Wieben Peter entdeckt.

  1 *nie:* neues.
  2 *körtelich:* kürzlich.
  6 *toeg:* zog.
  7 *gerovet:* geraubt.
 12 *Schaepstette:* Schapstede, von Wieben Peter überfallener und gebrandschatzter Ort.
    sülvest: selbst.
 14 *de Acht and Vertig:* Volksvertretung des Freistaats Dithmarschen.
 15 Er müsse seine Sache (vor Gericht) verantworten.
 19 Zu Rendsburg wurde er freigesprochen.
 24 Um sich dort ein Mandat an die Regenten des Landes Dithmarschen zu holen.
 26 *Badeschop:* Botschaft.
 28 *Jevern:* nordwestlich von Wilhelmshaven in Ostfriesland.
 31 Am 16. 5. 1545.
 33 *Hövet Mann:* Hauptmann, Anführer.
 35 *Schantze:* Vorteil (Chance).
 40 Bald kamen sie nach Helgoland.
 42 Mit Lebensmitteln und Büchsenkraut (Pulver).
 43 *grote Geschütte:* große Geschütze.
 44 *Jagteken:* kleine Yacht.
 47 Wieben Peter blieb darauf stehen.
 48 *baten:* nutzen.
 53 »höret« setzt einen Druckfehler der Vorlage (statt »hövet« ›Haupt‹) fort.
 54 *Vaget:* Vaagt: Vogt, Gemeindevorsteher.
 56–60 Wieben Peter will sich nur nach königlichem Recht widerstandslos gefangennehmen lassen.

64 *den Kopmann:* den Kaufleuten.
77 *bestahnde blief:* blieb stehen.
78 *baten:* nutzen (vgl. V. 48).
81–83 Nachdem er seine vier Geschütze abgefeuert hatte, zog er sich
    auf den Boden der Kirche zurück.
100 *Rey:* Reihen, Reigentanz.
104 *effte:* oder.

Literatur: NA II, S. 156, 160; BC II, S. 542; Rieser, S. 413; Bode,
S. 246 f. – Liliencron, Nr. 512–513, IV, S. 259–264; Alpers, Nr. 20,
S. 78 f.

II 167a

Wie Wh II 162 stammt auch dieses Lied aus Procops *Mariale Concionatorium* von 1667 (S. 448). Die sechs achtzeiligen Strophen, die im
Original die Überschrift *Ohne Beschwerde Schwanger* tragen, sind
durch Kontraktion der drei ersten und Auslassung der drei letzten
Strophen zu einem Text völlig neuen Charakters umgeschaffen. Die
durch Lk 1,39 vorgegebene Szene ist bei Procop als Dialog zwischen
Maria und einem Gläubigen ausgestaltet, wogegen das Wh (wie in II
172) eine Frau als Dialogpartner einführt. Die Bilder, mit denen
Maria ihren gesegneten Zustand umschreibt, sind verdeutlicht, der
Bezug auf Christus (V. 16) ist betont, der prosaische Titel durch eine
Anspielung auf V. 11 ersetzt.

Literatur: NA II, S. 161; BC I, S. 207, 545 f.; Rieser, S. 383–385;
Bode, S. 364 f.; Schreinert, S. 10.

II 167b

Unter der Überschrift *Lied* enthielt die »Quartal-Schrift« *Für Aeltere
Litteratur und Neuere Lectüre* von 1784 (S. 29–36), die Arnim besaß,
dies Gedicht über die historischen Ereignisse der Jahre 1401–02 um
den Piraten Störtebeker. Der vermutliche Bearbeiter Arnim erhielt
die Quelle über Erduin Julius Koch. Der ursprünglich in niederdeut-
scher Sprache verbreitete Text datiert in seiner ersten hochdeutschen
Fassung aus der Mitte des 16. Jh.s.

1 f. Die Vitalienbrüder, Seeräuber der Nord- und Ostsee im späten 14. Jh., waren »auf gleichen Beutetheil verbunden«; sie wurden deshalb auch »Likedeeler« genannt (Liliencron).

5 *Soldan:* ein Maurenfürst in Spanien.

8 *berathen:* verheiraten.

12 *West-See:* Nordsee.

32 Ihr habt die Wahl zwischen Kampf und Schande.

41 *Vorkastel:* turmartiger Schiffsaufbau.

48 *neuen Werke:* »das Neuewerk bei Ritzebüttel, vor der Elb- und Wesermündung« (Liliencron).

50 *Schwerken:* dicke schwarze Wolke.

56 *Hölck:* Schiff (vgl. mhd. »holche«).

67 kein Schuß versagte (»fortgehen« ›losgehen‹).

72 *gedacht:* zugedacht.

73–75 Vgl. Wh II 151, V. 48–50.

93 *das Gut:* das Geraubte.

125 *Enkel:* Knöchel.

127 Sie waren nie einsichtig geworden.

Literatur: NA II, S. 162; BC II, S. 526; Rieser, S. 413; Bode, S. 219 f. – EB Nr. 233, II, S. 19–22; Liliencron, Nr. 44, I, S. 210–215; Breslauer, Kat. III, S. 333, Nr. 131; Venus-Gärtlein (Ed. Waldberg), S. XXX, 101–104; Böckel, Hdb., S. 66–69; Williams, S. 452 f.; Alpers, Nr. 19, S. 73–78; K. Albrecht, Störtebecker in der Dichtung, in: Unser Pommerland 13, 1928, S. 318–321; A. Blasel, Klaus Störtebecker und Göde Michael in der deutschen Volkssage, Diss. Greifswald 1933; P. Alpers, Das Störtebeckerlied, in: Stader Jb. 1954, S. 89–95; JböVlw 10, 1961, S. 18 f.

II 172

Unter der Überschrift *Ist ein Lad-Gesang an die Pilger* ist dieses Lied in Procops *Mariale Concionatorium* (1667; S. 76) enthalten. Von zehn Strophen sind acht im Wh ausgelassen. Schon aufgrund des bei Procop vorangestellten Zitats aus der Marienantiphon *Salve regina* mußte das Lied Brentano sehr schätzenswert sein (vgl. Einleitung zu den *Romanzen vom Rosenkranz* 146). Procop spricht als geistlicher Ermahner zu einem Pilger, dem er als Lohn für seine Einkehr ins Gotteshaus und bestimmte Andachtsübungen Marias Schutz und ewiges Leben verheißt. Durch die genannte starke Kürzung und

einige Textänderungen formt Brentano daraus eine Genreszene vor
einem Marienbild im Freien, dessen *Inschrift* selbst zu einer »Pilgerin« spricht.

Literatur: NA II, S. 167; BC I, S. 205, 543; Rieser, S. 386 f.; Bode,
S. 393–395.

II 173

Vorlage ist ein Beitrag Carl Nehrlichs, der zugleich die älteste
bekannte Aufzeichnung des Liedes darstellt, obwohl dieses aufgrund
von Melodieangaben ins 16. Jh. datiert werden kann. Gegenüber
Nehrlichs Manuskript ist das Lied in einigen Versen geändert. Motivlich steht der Text Wh I 220 nahe: Jeweils muß der Held wegen einer
unstandesgemäßen Liebe (s. V. 3 f.) sterben.

5 f. Vgl. Wh I 50, V. 45 f.
17 f. Diese Verse fehlen bei Nehrlich. Sie sind interpoliert und wei-
    sen die wörtliche Rede eindeutig dem Steutlinger zu.
35 *sie:* aus »es« in der Vorlage gebessert, um den Widerspruch zu
    V. 36 aufzulösen.
37–40 Topos, der bereits im *Wienhäuser Liederbuch* (um 1470)
    nachweisbar ist.

Literatur: NA II, S. 168; BC II, S. 541; Rieser, S. 471; Bode,
S. 305 f. – EB Nr. 103, I, S. 370 f.; DVl Nr. 31, I, S. 314–317; J.
Meier, Die Ballade von der Frau von Weissenburg, in: JbVldf 3, 1932;
S. 1–34; Steinitz I, S. 184–186.

II 174

In drei numerierten, zwölfzeiligen Strophen enthält Procops *Mariale
Concionatorium* (1667; S. 224 f.) auch dieses Lied, und zwar unter
dem Titel *Willkomm des Neugebohrnen Kindleins Mariae.* Wegen
ihrer didaktischen Tendenz und gebethaften Form wurde die Schlußstrophe eliminiert.

1 Vgl. Wh II 162, V. 1.
12 Ihr werdet durch es gerettet (vgl. Wh II 167b, V. 100).

Literatur: NA II, S. 170; BC I, S. 208, 546 f.; Rieser, S. 381; Bode, S. 364.

II 175

Quelle ist ein Fl. Bl. (das Original ist im British Museum erhalten), das den Text unter beinahe derselben Überschrift präsentiert wie das Wh. Gräter, der das Lied später in seiner Zs. *Bragur* abdruckte (1812; S. 190–194), notierte auf der Vorlage: »Da Hr. von Arnim aus eben diesem Abdruck, den er von mir in Händen hatte, das Lied bekannt machte, so erhellet hieraus [...] zugleich, welche Treue derselbe größtentheils bey seiner Sammlung beobachtet hat.« Tatsächlich ist Arnims Adaption des aus dem frühen 16. Jh. stammenden Liedes jedoch relativ schonend. Von einem inhaltlichen Eingriff (V. 56) und Mißverständnissen (V. 30 f., 50, 74) abgesehen, handelt es sich größtenteils um konsequente Modernisierungen. Die geschilderten Ereignisse sind authentisch: Der Raubritter Hamann von Reischach zu Dietfurt wurde nach seiner Gefangennahme durch Peter von Zeutern am 19. 9. 1466 in Ulm enthauptet.

14 f. Vgl. Wh I 125, V. 51–53; das ganze Lied behandelt ein ähnliches Thema.
25 *Fräulein von Oesterreich:* Mechthild, Tochter Ludwigs IV. von der Pfalz, seit 1452 in zweiter Ehe mit Erzherzog Albrecht VI. von Österreich verheiratet.
27 *beiten:* warten.
37 *verziehen:* versagt.
38 *verschwiegen:* stumm.
55 *schliessen:* ersetzt nicht ganz zutreffend »schleyssen« ›aufschleißen, zerstören‹ der Vorlage.
56 *mit Büssen:* Zusatz gegenüber der Quelle als Vorbereitung auf V. 64–68.
62 Hammen trug bei seiner Hinrichtung einen Kapuzinermantel.
74 *Borne:* aus mißverstandenem »boren« ›Bahre‹ der Vorlage.
76 *Leilachen:* Lein-, Bettücher.
77 *hangenden Wagen:* Tragbahre.
84 Sie wurde dreimal ohnmächtig.
85 *gach:* eilig.
90 *leit:* liegt.

Literatur: NA II, S. 171; BC II, S. 531; Rieser, S. 412; Bode, S. 197 f. – Uhland, Nr. 137; EB Nr. 241, II, S. 29–31; Liliencron, Nr. 118, I, S. 543–545; Maltzahn, S. 113, Nr. 724.

II 179

Das Lied geht auf einen Text des Barockdichters Laurentius von Schnüffis (1633–1702) zurück, war enthalten in einem Fl. Bl. und diente so möglicherweise als Quelle für Nehrlich, dessen hs. Beitrag dann zweifellos direkte Vorlage für das Wh wurde. Dort ist der ursprünglich zahlensymbolisch disponierte (7 mal 10 Zeilen) Text um drei Strophen gekürzt. Die Überschrift ist sinnentstellend geändert: Aus der *Gnadenmutter zu Tryberg*, d. i. Triberg im Schwarzwald, wurde eine Madonna in »Freiberg«. Seit 1645 befindet sich das Gnadenbild in der Triberger Wallfahrtskirche Maria in der Tanne, die den Herausgebern offenbar unbekannt war.

20 *vertraut:* im älteren Sinn: zur Ehe gegeben.
21–23 Vgl. Offb. 12,1 (wie Wh I 40, V. 40–42; I 174, V. 25; I 227, V. 13 f.); »begleitet« in V. 21 dürfte aus »bekleidet« verderbt sein.

Literatur: NA II, S. 174; BC I, S. 442, 564; Rieser, S. 389; Bode, S. 412 f. – EB Nr. 2082, III, S. 771 f.; A. Jeitteles, Drei volkstümliche historische Lieder, in: Euphorion 11, 1904, S. 81–90; H. Schnell, Maria in der Tanne Triberg, München/Zürich, 6. Aufl., 1963.

II 180

Vorlage war ein (heute verschollenes) Fl. Bl., und zwar in einer Abschrift von der Hand Wilhelm Grimms. Das Lied, auf das auch Fischart (Ed. Alsleben, S. 146) anspielt, stammt aus der ersten Hälfte des 16. Jh.s und basiert auf Geschehnissen des 15. Jh.s. Hans Schüttensam lag seit 1465 mit der Stadt Nürnberg in Fehde (V. 3). Nachdem auf seinen Kopf ein Preis von 400 Gulden ausgesetzt worden war (V. 11–16), wurde er 1474 »mit drei Knechten von nürnberger Söldnern gefangen und am 13. September verbrannt. Zwei der Knechte [...] wurden geköpft; der dritte, der ihn verkundschaftet hatte, ward dafür begnadigt« (Liliencron, S. 9). Von einer inhaltlichen Änderung (V. 108) abgesehen, ist die Bearbeitung des Wh behutsam modernisierend.

5 *Schittensamen:* »›Schütt' den soum! rüttle, wirf ab die Saumlast‹ [...] Bezeichnung für einen Wegelagerer, der die beladenen Saumrosse plündert« (EB II, S. 33).
8 In der Tat war es sein Schaden.
33 *Gelegenheit:* Umstände seines Aufenthalts.
46 *Los':* Losung, Losungswort.
55 *verziehen:* Verzug haben, sich lange aufhalten.
63 Auf gleichen Beuteanteil.
75 Ich hatte gehofft, der Bauer wäre uns schneller in die Hände gefallen (vgl. V. 53–56).
76 f. Vgl. Wh II 235, V. 49 f.
115 *Hag:* Wald (vgl. V. 133).
133 *hielten auf ihn:* lauerten ihm auf.
143 f. *Kapelle ... wiegt:* Folterkammer.
150 *Zuversicht:* Erwartung.
151 *gehn:* ergehen.
154 Vgl. Wh I 22, V. 16.

Literatur: NA II, S. 177; BC II, S. 535; Rieser, S. 413; Bode, S. 198. – Uhland, Nr. 136; EB Nr. 242, II, S. 31–33; Liliencron, Nr. 127, II, S. 9–13; Williams, S. 453.

II 187

Vorlage ist eine verschollene Hs. Auguste von Pattbergs, die von Arnim überarbeitet wurde (vgl. Arnims Brief an Brentano vom 25. 1. 1808). Vermutlich verfuhr er bei der Textherstellung ebenso schonend wie bei den anderen Einsendungen dieser Beiträgerin. Als Prager Jesulein wurde eine Statue des Kindes aus Wachs verehrt, die den barfüßigen Karmelitern in Prag 1628 von der Fürstin Polyxena Lobkowiz geschenkt worden war. Die Protestanten, die Prag vom September 1631 bis Mai 1632 besetzt hielten, verstümmelten es (V. 18, 25) und warfen es in den Schutt (V. 27 f.). Dort fand es Pater Cyrillus a Matre Dei (V. 23) wieder. Das Lied ist einer Gemeinde in den Mund gelegt, zu der das Gnadenbild – oder dessen Abbild – aus Prag gebracht wird (V. 7–12).

Literatur: NA II, S. 184; BC I, S. 365, 560 f.; Steig, NHJb VI, 1896, S. 111 f.; Rieser, S. 544; Bode, S. 747. – Pailler I, Nr. 133, S. 135 f.

II 189

Unter fast gleichem Titel findet sich das Lied in der Vorlage, Moscheroschs Roman *Gesichte Philanders von Sittewald* (1665; S. 661 f.). Das Wh bietet den Text nahezu unverändert. Bei Moscherosch steht der Gesang auf eine Räuberbande des Dreißigjährigen Krieges im Kontext eines derben Sängerwettstreits im Soldaten-Leben-Gesicht. Die in Klammern beigegebenen Erklärungen der rotwelschen Ausdrücke des Textes sind (bis auf V. 47) Moscheroschs voraufgehendem Wörterverzeichnis *Feld-Sprach* entnommen.

17 *auszusehn:* auszuspähen, auszuspüren.
18 *Gfar:* Dorf (Moscherosch).
33 *Hautzen Roß:* Bauernpferde.
54 *Fahlen:* Fohlen, Füllen.

Literatur: NA III, S. 186; BC II, S. 641; Rieser, S. 375; Bode, S. 227 f. – EB Nr. 1587, III, S. 414 f.

II 191a

Weder eine hs. Einsendung noch ein Fl. Bl., dessen Existenz ein Brief Brentanos nahelegt, sind bisher als Vorlage zu identifizieren gewesen. Das Gedicht ist angeregt durch einen vierstrophigen Text Ludwig Höltys, der in einer posthumen Ausgabe (*Gedichte*, 1783; S. 129) abgedruckt ist; da Brentano ein Exemplar besaß, ist er höchstwahrscheinlich der Bearbeiter. Ein Fl. Bl. mit fünf Liedern ist als Nebenquelle anzusehen. Höltys Gedicht, *Erinnerung* betitelt und wohl 1773 entstanden, wurde so populär, daß der junge Tieck die erste Strophe in seinen Zweiakter *Der Abschied* (1792) einfügte. In Brentanos Adaption ist das Präteritum der Schlußstrophe in das Präsens der Situation verwandelt und der Tod der Geliebten (Brentanos Frau Sophie Mereau war 1806 gestorben) eindeutiger ausgesprochen, wenn auch zugleich durch den Wechsel der Namen – Höltys »Sophia« (!) wird zur Julia – der direkte Bezug wieder verhüllt wird. Die neugedichteten Strophen entfernen sich gänzlich von Höltys Text und variieren den Gedichteingang, wie auch die Überschrift den refrainartig verwendeten V. 4 aufgreift. V. 16 spielt an auf den englischen König Johann ohne Land (1167–1216).

Literatur: NA II, S. 188; BC II, S. 79; Rieser, S. 511; Bode, S. 539. –
L. Hölty, Sämtliche Werke, hrsg. von W. Michael, Bd. 2, Weimar
1918, S. 54 f.; Friedlaender II, S. 263.

II 191b

Vorlage ist ein Ms. von unbekannter Hand, das neun Strophen unter-
schiedlicher Verszahl enthält, jedoch weder Überschrift noch Herkunftsangabe bietet. Drei weitere eingesandte Fassungen blieben
ohne Einfluß auf die Textgestalt. Durch Streichung zweier Verse nach
V. 7 (»Sie gab sich geduldig drein: / ›Mein Knab was soll das seyn?‹«)
und Hinzufügung von V. 20 wurde das Lied strophisch ausgeglichen.
Einige Verse der Quelle wurden verändert. Der Vorlage in Klammern
beigefügte Varianten blieben ohne Einfluß auf die Wh-Fassung. Sie
lauten:

  2 »spatzieren in den Wald«.
14 »und gab ihm ein Groß Dank«.
23 »ich hab mein Mädel geschlagen«.
25 »gebracht um ihre Ehr«.
36 »ach, ihr meine Herren von Augsburg«.

Melodie: Stockmann, S. 100.
Literatur: NA II, S. 189; BC II, S. 150; Rieser, S. 477 f.; Bode,
S. 344 f. – EB Nr. 131a, I, S. 451 f.; Hruschka-Toischer, S. 114 f.,
Nr. 22; Jungbauer, Bibl., S. 11, Nr. 55; J. Meier, Rosenkranz, in:
JbVldf 5, 1936, S. 78–80.

II 193

Quelle ist eine Einsendung von unbekannter Hand, die – von der
Hinzufügung der Überschrift abgesehen – praktisch unverändert
blieb, Zeichen dafür, daß die Herausgeber den Beiträger offenbar sehr
schätzten, zumal sie zwei weitere hs. Versionen nicht zum Abdruck
heranzogen. Docen hatte in seinen *Miscellaneen* (S. 261) bereits auf
die Eingangsstrophe in den *Gassenhawerlin* von 1535 verwiesen.
Auch Fischart ist das Lied bekannt. Die Überschrift ironisiert das
Fußtreten als Liebesbezeugung (vgl. V. 6), das auf einen alten Rechts-
brauch zurückgeht.

Melodie: Stockmann, S. 102
Literatur: NA II, S. 191; BC II, S. 88; Rieser, S. 505; Bode, S. 155 f. –
Uhland, Nr. 29; EB Nr. 429a–d, II, S. 247–250; Goedeke-Tittmann,
Nr. 69, S. 68; Williams, S. 447 f.; Röhrich-Brednich II, Nr. 44.

II 194

Das Lied ist bereits aus dem ausgehenden 16. Jh. überliefert. Quelle
ist eine Einsendung Nehrlichs, dem vermutlich eine oberdeutsche
Fassung vorlag. Im Wh sind lediglich einige Einzelwörter und Wendungen modernisiert; außerdem wurde der Herkunftsvermerk hinzugefügt und die originale Überschrift *Der Fuhrmann. Romanze* ersetzt.

6 f. Er ließ seine schwarzbraunen Pferde laufen, als Peitsche und
     Zügel zerbrochen waren.
9 f. Formelhaft; vgl. z. B. Wh I 90, V. 13 f.; II 154, V. 59 f.
13–17 Formelhaft; vgl. z. B. Wh II 197, V. 10–14; II 200, V. 4–7.

Literatur: NA II, S. 192; BC II, S. 132; Rieser, S. 473; Bode, S. 752. –
Uhland, Nr. 284; EB Nr. 148b, I, S. 482–484; AmbrL, Nr. 239,
S. 346; Hruschka-Toischer, S. 196, Nr. 174; S. Hirsch, Zum Volks-
lied »Fuhrmann und Wirtin«, in: ZfVk 35/36, 1925/26, S. 38–40.

II 196

Vorlage ist eine Abschrift von Arnims Diener Frohreich nach einem
Text, den Gräter 1812 in seiner Zs. *Bragur* als Nr. 18 der *Sammlung
[...] altteutscher fliegender Blätter und Volkslieder* praktisch in gleicher Gestalt reproduziert. Bereits aus der Herkunftsangabe »Mündlich« läßt sich folgern, daß die Quelle stark überarbeitet wurde. In der
Tat schufen Arnim und Brentano unter Respektierung der Vers- und
Strophenform eine im Detail völlig abweichende Neufassung, eine
regelrechte Parodie des Originals. Dieser Absicht sind gerade die
wenigen absolut neuen Verse 3 f. und 15–20 unterworfen.

3 f. Motivreim zu V. 20.
8–11 Anspielung auf Lk. 23,30; vgl. Wh II 25, V. 31.
12 f. Vgl. Wh III 31, V. 24–26.

Literatur: NA II, S. 195; BC II, S. 206; Rieser, S. 511; Bode, S. 574–576. – EB Nr. 688, 690, II, S. 488, 489.

II 197

Der Stoff dieser Ballade ist schon aus dem 17. Jh. bekannt und wurde auch nach dem Wh verschiedentlich verwendet, so in Zacharias Werners Schicksalsdrama *Der 24. Februar* (1815), in der Oper *Le Pauvre Matelot* von Cocteau/Milhaud (1927) und in Camus' Drama *Le malentendu* (1944). Da die Originalvorlage verschollen ist und eine eigenhändige Niederschrift Arnims zu diesem Gedicht, die nur in Abschrift vorliegt, ohne Einfluß auf die Wh-Fassung blieb, steht zum Vergleich nur die »Neue Ausgabe« des Wh in Arnims *Sämtlichen Werken* (1846) zur Verfügung, deren Textgestalt auf eine dreizeilige Strophenform auch in der Quelle schließen läßt. Ist dies der Fall, so hätte die Bearbeitung den Text um neun Verse gekürzt, vor allem um formelhafte Wendungen.

10–14 Vgl. z. B. Wh II 194, V. 13–17; II 200, V. 4–7.

Melodie: Stockmann, S. 103.
Literatur: NA II, S. 196; BC II, S. 306; Alemannia 8, 1880, S. 61; Rieser, S. 476; Bode, S. 184 f. – EB Nr. 50a–c, I, S. 172–177; DVl Nr. 85, IV, S. 260–313; L. Schmidt, Zur Ballade »Die Mordeltern«, in: Vld 34, 1932, S. 116 f.; JböVlw 5, 1956, S. 29; Röhrich-Brednich I, Nr. 44.

II 199

Quelle ist eine Einsendung Auguste von Pattbergs, während eine partiell ähnliche Fassung derselben Beiträgerin sowie eine weitere Hs. ohne Einfluß auf das Wh blieben. Ob das unverändert abgedruckte Lied jemals volksläufig war, ist schwer zu klären. Vermutlich verlieh Frau von Pattberg dem Text seine endgültige Gestalt, hat aber wohl kaum solchen Anteil an der Komposition einzelner volkstümlicher Motive, daß sie selbst als Verfasserin anzusprechen wäre. Jedenfalls übte das Lied aufgrund seiner Beliebtheit großen Einfluß auf die Kunstdichtung aus. Einzelne Verse, besonders der Anfang sowie V. 28 f., wurden vielfach aufgegriffen (u. a. von Raabe bzw. Arnim und Büchner), das ganze Lied häufig zitiert.

1–6 Formelhaft; ähnlich in Hans Rosenplüts Lied *Gott woll dir geben als viel Ehr'n* und in zahlreichen Sakraments- oder Marienliedern.

10 Vgl. Wh I 374, V. 17.

16–18 Vgl. Wh II 210, V. 53 f.

28 f. Vgl. in Schillers *Räubern* (II,2): »eingewiegt zu werden in den Schlaf des Todes [. . .] das ist Wiegengesang«.

Melodie: Stockmann, S. 104.

Literatur: NA II, S. 198, IV, S. 121; BC II, S. 183; Alemannia 22, 1894, S. 262; Steig, NHJb VI, 1896, S. 108 f.; Rieser, S. 544 f.; Bode, S. 112, 150. – EB Nr. 564, II, S. 391; Vilmar, S. 196; Groos-Klein, Nr. 18, S. 19; Briegleb, Nr. 34, S. 36 f.; Hruschka-Toischer, S. 11, Nr. 19; Bruinier, S. 136; Friedlaender II, S. 588; John, Nr. 76, S. 86; He.-Wü., Nr. 141a–b; Lewalter-Schläger, S. 390; Pinck, Weisen, II, Nr. 71; Steinitz I, S. 438.

II 200

Erst während der Drucklegung erhielt Brentano die Vorlage für diese Mordgeschichte, und zwar von Friederike Mannel, deren Fassung eine schon vorhandene Quelle verdrängte. Brentano fügte die Herkunftsangabe und wahrscheinlich auch die Überschrift hinzu, änderte im übrigen aber eher flüchtig.

[Überschrift:] Vgl. V. 2.

4–6 Formelhaft; hier mit dem alten Füllwort »es«; vgl. Wh II 197, V. 10–14; II 194, V. 13–17.

9 Vgl. Wh I 125, V. 38.

26 Formelhaft; vgl. den Spruch des Pferdes Fallada in KHM 89 (*Die Gänsemagd*).

33 f. Bode (S. 185) vermutet verblaßte Anspielungen auf alte Formen des Bahrrechts. Die Schlußzeile weist voraus auf die Hinrichtung der Übeltäter am »Rabenstein« (Wh II 180, V. 158).

Literatur: NA II, S. 199; BC II, S. 298; Alemannia 4, 1876, S. 288; 8, 1880, S. 60 f.; Rieser, S. 508; Bode, S. 185. – Uhland, Nr. 75 C; EB Nr. 57a–e, I, S. 188–193; O. Schade, in: WeimJb III/2, 1855, S. 175 f.; Am Urquell 5, 1894, S. 262 f.; ArchStuSpr 119, 1907, S. 17–19; ZföVk 21, 1915, S. 172.

II 201

Quelle ist ein Volkslied aus dem 18. Jh., das in einer Fassung Bettinas als nur leicht redigierte und um die Schlußverse gekürzte Druckvorlage fungierte. Verschiedene verwandte Versionen, u. a. zwei Einsendungen Frau von Pattbergs, spielten dabei keine Rolle. Aus der Unregelmäßigkeit der Stropheneinteilung in Bettinas Hs. wurde die Strophenlosigkeit der Wh-Fassung. Die nicht originale Überschrift spielt mit der Lesererwartung. Erst rückblickend wird klar, daß keine Spukgeschichte vorliegt. »Geist« (nicht ›Gespenst‹, sondern ›Gedenken‹), »verborgen« (nicht ›vergraben‹, sondern ›entfernt‹) und »Schatz« (nicht ›Hort‹, sondern ›geliebter Mensch‹) erweisen sich als ambivalent.

4 f. Vielfach als Liedanfang belegt (vgl. EB II, S. 382).
5–7 Vgl. Wh III 17, V. 13–16.

Literatur: NA II, S. 200, 201; BC II, S. 218; Müller, S. 51 f.; Rieser, S. 494; Bode, S. 398. – EB Nr. 537a, II, S. 381 f.; Mittler, Nr. 986–989, S. 655; Schade, in: WeimJb III/2, 1855, S. 305; Friedlaender II, S. 350; Marriage, Pfalz, Nr. 49, S. 87 f.; ZföVk 19, 1913, S. 251.

II 202

Vorlage für dieses zum Balladentypus *Die Rabenmutter* gehörige Lied ist ein Beitrag Nehrlichs ohne Titel oder Angabe der Provenienz. Der vermutlich ältere Text ist vor dieser Fassung nicht belegt; spätere Überlieferungen weisen konsequenten Paarreim auf, der aber für das Wh erstaunlicherweise nicht rekonstruiert wurde. Die Überschrift antizipiert die Parallele in Wh II 204a. Die mehrfache Kindsmörderin, die sich als Jungfrau (V. 12) ausgibt, verfällt dem Recht, also der Strafe der Hölle. Zum Thema vgl. Wh III 102 und DS 208 (*Der Teufel führt die Braut fort*) bei den Brüdern Grimm.

Literatur: NA II, S. 205, IV, S. 196; BC II, S. 292; Rieser, S. 470; Bode, S. 163. – EB Nr. 212a–f, I, S. 632–637; DVl Nr. 114, V, S. 248–272; H. Siuts, Die Ballade von der Rabenmutter und ähnliche Liedtypen in Europa, in: ZfVK 58, 1962, S. 238–254; Röhrich-Brednich I, Nr. 5; L. Röhrich, Sagenballade, in: HbVld I, S. 101–156 (hier S. 132–134).

II 203

Vorlage ist ein hs. Beitrag Aloys Schreibers in vier Strophen und ohne
Sprecherbezeichnungen. Dieser basiert auf einem Text Matthias Abe-
les aus dem 17. Jh., dessen Prosaeinleitungen eliminiert wurden und
von dessen acht Strophen Schreiber nur zwei (V. 1–6 und 13–18) mit
Abwandlungen übernimmt, während er die beiden anderen Strophen
imitierend hinzudichtet. Das Wh bearbeitet den Text nur leicht und
leitet aus den beiden Eingangsversen Sprecherbezeichnungen ab.
Zum Thema vgl. Wh III 106.

9 *umsonst:* vergebens (solange die Geliebte nicht mit ihm teilt).

Literatur: NA II, S. 202; BC II, S. 91; Rieser, S. 508; Bode, S. 543 f.;
Schewe, 1932, S. 138.

II 204 a

Vorlage ist ein Lied, das als Beitrag des Konsistorialrats Karl Gottlieb
Horstig in Reichardts *Berlinischer Musikalischer Zeitung* (1806;
S. 40) samt Noten (*Musikalische Beilage*, Nr. 1) gedruckt worden
war. Es trägt dort keinen Titel; die Überschrift des Wh verweist
zurück auf Wh II 202. Arnim hatte Brentano auf den Text aufmerk-
sam gemacht. Dieser ließ in der Herkunftsangabe den Namen des ihm
persönlich bekannten Horstig aus, nachdem es zwischen beiden zu
einer Auseinandersetzung gekommen war. Horstig hatte das Lied
nach dem Vortrag eines »gefälligen Knaben vom Berge« aufgezeichnet. Auf diesen liederkundigen Knaben, der wohl in der Nähe von
Miltenberg im Odenwald lebte, hatte Brentano selbst Horstig hingewiesen, ja, es existiert eine eigene Niederschrift Brentanos, die allerdings weniger vollständig ist und der ihr Urheber selbst den Abdruck
von 1806 vorzog. Das Lied wurde zur Hauptquelle von Brentanos
Geschichte vom braven Kasperl und dem schönen Annerl (1817). Ob
es in einer volksläufigen Form auch Schillers Ballade *Die Kindsmörderin* (1781) beeinflußte, die einige wörtliche Übereinstimmungen
aufweist, ist ungeklärt. »Nanerl« ist die Koseform für Anna. In Brentanos Aufzeichnung des Liedes steht dagegen »Anne(r)l«, die Form,
die er auch für die Novelle wählte.

Melodie: Stockmann, S. 105.

Literatur: NA II, S. 203, IV, S. 196; BC II, S. 293; Rieser, S. 470; Bode, S. 152 f.; Schewe, 1932, S. 124; Rölleke, JbFDH 1970, S. 245–248. – EB Nr. 56 a–e, I, S. 185–188.

II 204 b

Hauptvorlage ist eine Einsendung Ernst Georg Höpfners an Brentano, die eine Aufzeichnung Bettinas und eine Niederschrift von Brentano selbst verdrängte. Die beiden letzteren müssen indes als Nebenvorlagen gewertet werden, da aus ihnen jeweils ein Motiv als Sondergut in die Wh-Fassung Eingang fand: aus Bettinas Ms. der »Pater« (V. 22), aus Brentanos Entwurf das Motiv des Beichtens (V. 24). Höpfner hatte den Text als Probe aus einer Volksliedsammlung seines Vaters und Johann Heinrich Mercks (um 1771) eingeschickt. Trug seine Fassung, die keinen Hinweis auf ihre Herkunft enthielt, den Titel *Herzbrechen aufm Stein*, so ersetzte Brentano ihn durch das bekannte Sprichwort, das sich ironisch auf das unerwartet harte »Ruhekissen« des Buhlers (V. 16) und seine anschließende Gewissensberuhigung (V. 24) bezieht.

  3 *Stich:* »Figürlich ist der Stich in einigen Gegenden, besonders Niedersachsens auch so viel als ein Punct. Nicht einen Stich sehen, nichts sehen können« (Adelung IV, Sp. 744).
19 *krüpelt:* ersetzt das nd. »kropelt« der Vorlage: sich wie ein Krüppel, d. h. mühsam bewegen.

Melodie: Stockmann, S. 106.
Literatur: NA II, S. 204, IV, S. 47; BC II, S. 204, 205; Alemannia 10, 1882, S. 146; Rieser, S. 498 f.; Bode, S. 99, 340; Schewe, 1932, S. 127, 129. – Uhland, Nr. 260 C; EB Nr. 157 a–e, I, S. 500–505; Marriage, Pfalz, Nr. 202, S. 295 f.; Williams, S. 422; ZfVk 14, 1904, S. 61–74; 25, 1915, S. 280–291; 26, 1916, S. 190–193.

II 206

Die Herkunftsangabe ist berechtigt; es lagen noch mindestens vier weitere, nicht berücksichtigte Fassungen vor. Quellen sind zum einen ein Beitrag Auguste von Pattbergs mit der Überschrift *Das Brombeer Mädchen*, zum andern eine Aufzeichnung von unbekannter Hand.

Aus diesen beiden voneinander stark abweichenden Texten (28 bzw.
22 Verse) wurde die Wh-Fassung dergestalt kontaminiert, daß die
äußere Form der Pattberg-Version entspricht, während der Inhalt
sich an der anonymen Vorlage orientiert. Der Wendung der Schlußstrophe, die von Frau von Pattberg selbst stammen dürfte, entspricht
kein anderer Überlieferungsträger. Manche Verse wurden zwecks
innerer Verklammerung neu gefaßt (V. 15 f. und 11–13 mit der Vorausdeutung auf den Schluß).

[Überschrift:] Vgl. V. 18.
2 Formelhaft; vgl. Wh I 292, V. 3.
9 *rückwärts:* zurück.

Melodie: Stockmann, S. 107.
Literatur: NA II, S. 206; BC II, S. 133; Alemannia 10, 1882, S. 146;
Rieser, S. 499; Bode, S. 318. – EB Nr. 121a–c, I, S. 432–434; Brieg-
leb, Nr. 58, S. 48; Hruschka-Toischer, S. 116, III, Nr. 24; Marriage,
Pfalz, Nr. 6, S. 15–17, JböVlw 5, 1956, S. 36.

II 207

Vorlage ist ein Beitrag von unbekannter Hand, der weder eine Überschrift besitzt noch Hinweise auf die Herkunft des Texts oder Sprecherbezeichnungen enthält. Str. 6 ist (durch Flüchtigkeit des Schreibers?) nur zweizeilig: »Nach Engelland zu reisen / Wannen kommst
du denn dahin?«. Zwei inhaltlich vergleichbare Fassungen blieben
ohne Einfluß. Durch den fragmentarischen Charakter der Schlußstrophe war der Bearbeiter zu einer Ergänzung gezwungen, deren
merkwürdige Wendung dann auch die Überschrift bestimmte. Rich-
tiger wäre V. 19 f. dem Buhler, der Schluß aber dem Mädchen zuzu-
ordnen gewesen. Im Zusammenhang mit dem volksetymologisch
aufgefaßten »Engelland« wird aus dem »Schätzchen« der Vorlage ein
»Engelsschätzchen« (V. 19).

Melodie: Stockmann, S. 108.
Literatur: NA II, S. 207; BC II, S. 96, 97; Rieser, S. 500; Bode,
S. 352. – EB Nr. 818a–b, 822a–b, II, S. 625 f., 628 f.; Vld 33, 1931,
S. 40 f.

II 208

Vorlage ist eine Hs. Nehrlichs, in der Überschrift und Herkunftsangabe fehlen. Da die Verse 21 f. sowie 25–28 in dieser Quelle nicht enthalten sind und die fünfte Strophe zwei überschüssige Zeilen aufweist, wurde der Text so ergänzt, daß der Schlußsatz der Vorlage vorbereitet wird. Zum Motiv vgl. Wh I 407, 6. und 7. Romanze.

[Überschrift:] Vgl. V. 24, von den Brüdern Grimm in DS 334 imitiert: *Einladung vor Gottes Gericht.*
19 *Laden:* Fensterladen.

Literatur: NA II, S. 208; BC I, S. 358; Rieser, S. 473; Bode, S. 751. – S. Hardung, Die Vorladung vor Gottes Gericht, Bühl-Baden 1934; ZföVk 40, 1935, S. 54.

II 209

Arnim, der vermutliche Bearbeiter des Texts, besuchte 1805 in Nürnberg das Archiv des Freiherrn von Stromer. Dort schrieb er offenbar drei Lieder aus dem Memorialbuch des Wolf-Jacob Stromer (1561–1614) von 1581 ab. Dieses Buch ist z. Z. verschollen, so daß die Wh-Fassung nur mit dem Abdruck der Quelle nach einer verläßlichen Abschrift aus dem 19. Jh. verglichen werden kann. Gegenüber dem Original mit seinen sechs vierzeiligen Strophen hat Arnim nur wenig normalisiert und den Vers etwas geglättet. Die inhaltlichen Ungereimtheiten, die das Lied als Konglomerat verschiedenster Volksliedpartikel ausweisen, beließ er hingegen.

13 f.　In der Quelle: »Geschichts aber heuer nit, / so geschichts überlang.«
14 *überlang:* über lang, in langer Zeit.
19 f.　Wanderverse; vgl. Wh I 34, V. 27–29.
24 Vgl. Uhland, Nr. 274, Schlußvers: »seht, liebe frau mutter, wie groß bin ich!«

Literatur: NA II, S. 209, IV, S. 33; BC II, S. 27; Rieser, S. 418; Bode, S. 206 f. – EB Nr. 500, II, S. 319 f.; Mittler, Nr. 1536, S. 949.

II 210

Das Wh folgt in diesem Lied relativ getreu einer hs. Einsendung des
Altertumsforschers Christian Traugott Heinze, die allerdings eine
weitere, moralisierende Strophe folgenden Wortlauts bot:

> Darum du siehst es Menschenkind,
> Verharre nicht in deiner Sünd!
> Such Gnade bei dem lieben Gott;
> So wirst du nicht des Teufels Spott,
> Gequälet ohne Zahl,
> In der Verdammten Höllenquaal.

Nur die Herkunftsangabe weist noch darauf hin, daß den Herausgebern außerdem ein Fl. Bl. vorlag, das Heinzes Text nahesteht, aber
das Wh nicht beeinflußt hat. Das Thema wird auch in Wh II 218
behandelt (vgl. außerdem Wh III 13). Offenbar schrieb Rückert sein
Gedicht *Die drei Sterne auf Erden* in Kenntnis des Wh-Lieds.

[Überschrift:] Vgl. Spr. 10,17: »Die Zucht halten, ist der Weg zum
    Leben« und ähnliche Formulierungen ebd. Auch das »Frucht
    bringen« ist in den Gleichnisreden verbreitet und hatte daher spe-
    ziell biblischen Charakter.
32 *grausam:* im älteren Sinn: voll Grausen.
53 f. Vgl. Wh II 199, V. 16 f.

Literatur: NA II, S. 211, 213; BC I, S. 360, 362; Rieser, S. 473; Bode,
S. 366. – EB Nr. 218a–f, I, S. 644–650; Ph. Hoffmeister, Hess.
Volksdichtung, Marbach 1869, Nr. 35, S. 45 f.; Busch, Nr. 1;
Hruschka-Toischer, S. 94, III, Nr. 7; Marriage, Pfalz, Nr. 15,
S. 34 f.; L. Kretzenbacher, Legendenlied, in: HbVld I, S. 323–342
(hier S. 327–332).

II 212

In der Vorlage, einem Fl. Bl. mit drei Liedern aus Nürnberg, auf das
Kochs *Compendium* (2,88) bereits verwies, trägt das Lied keine
Überschrift. Es erscheint im Wh schonend modernisiert, zeigt aber
nicht zuletzt in den Archaismen der Verse 1, 2, 4, 14, 16 und 25 seine
Herkunft aus dem 16. Jh.

1 *wacker:* wach, munter.
6 f. Die Verse lauten in der Quelle: »Ach Meydlein ane der wunne /
wie salbet euch die Sunne«. Die Änderung verkehrt den Sinn
(›ohne Wonne‹) ins Gegenteil; dagegen ersetzt »falbet« ›macht
falb, fahl‹ zutreffend das Faktitivum »salben« zu »sal« ›trübe‹.
10 *reuet:* schmerzt (vgl. V. 15).
14 *verkiesen:* nicht erwählen, verschmähen.
24 Vgl. Wh I 389, V. 41.
28 f. Vgl. Wh II 154, V. 74 f.; im Blick auf diesen Topos wurde die
Vorlage (»dar bracht«) geändert.

Literatur: NA II, S. 214; BC II, S. 111; Rieser, S. 418; Bode,
S. 200 f. – Uhland, Nr. 88, Schriften III, S. 404 f.; EB Nr. 118, I,
S. 424 f.; Böckel, S. XXV; Williams, S. 457; ders., in: JEGP 8, 1909,
S. 489.

II 214

Die Quelle zu diesem Lied war bislang nicht aufzufinden; ersatzweise
kann die Fassung eines 1798 datierten hs. Liederbuches verglichen
werden. Das Lied bildet mit dem folgenden eine thematische Einheit.
Der im Stil der Schäferpoesie übersteigerten Liebesklage gibt die Wh-
Bearbeitung weniger Raum, behält aber mit dem Namen »Phillis« das
Kolorit des Genres bei. Die Überschrift und der abweichende
Umfang der Schlußstrophe geben der heiteren Peripetie Gewicht. Die
Liebesklagen wurden offenbar zu zwei parallel gebauten Strophen
verkürzt.

[Überschrift:] Verallgemeinerndes Zitat aus Mephistos »Besonders
lernt die Weiber führen, / Es ist ihr ewig Weh und Ach / So
tausendfach / Aus einem Punkte zu kurieren« (*Faust I* 2023–26).
17–20 Vgl. Wh II 60; ähnlich bereits in den *Carmina Burana* 136a:
»Suozer rosenvarwer munt, chum und mache mich gesunt.«

Literatur: NA II, S. 214; BC II, S. 31; Rieser, S. 512; Bode, S. 752.

II 215a

Beiträgerin war Auguste von Pattberg, die aus einem älteren Text
geschöpft haben dürfte, für den in einem Fl. Bl. ein Textzeuge existiert. Dort lautet Str. 2:

> Sollt' ich denn sterben, bin noch so jung, rep.
> Wenn das mein Mädchen wüßt,
> Daß ich schon sterben mußt,
> Das wird sie kränken,
> Bis in den Tod.

Möglicherweise ist also die vor dem Wh nicht belegte Ausweitung
dieser Strophe Frau von Pattberg zuzuschreiben. Ihre Einsendung
trägt keinen Titel; dieser wurde im Rückgriff auf Wh II 214 formuliert. Eine Umformung von V. 7–10 hatte Arnim in den Entwurf
seiner *Laurentia*-Bearbeitung aufgenommen (vgl. H. Rölleke, *Laurentia*, in: GRM 23, 1973, S. 479 f.) und neben V. 1–6 für seinen
Dolores-Roman vorgesehen (vgl. JbFDH 1964, S. 246). Das Lied ist
in der Parodie *Stiefel soll sterben* später weit verbreitet.

Literatur: NA II, S. 217; BC II, S. 233; Alemannia 8, 1880, S. 60;
Steig, NHJb VI, 1896, S. 116; Rieser, S. 545; Bode, S. 160 f. – Härtel,
Nr. 538, S. 420; Bender, Nr. 114, S. 244; J. Meier, KiV, Nr. 530,
S. 82 f.; Vld 9, 1907, S. 115 f.; Grolimund, Soloth., Nr. 48, S. 39;
Lewalter-Schläger, Nr. 595 A, S. 183; Jungbauer, Bibl., Nr. 2088,
S. 312; Züricher, Schweiz, Nr. 6007–08, S. 392.

II 215b

Mit der im Wh reproduzierten Stropheneinteilung, aber ohne Überschrift oder Hinweis auf die Herkunft des Texts hatte Nehrlich das
Lied beigesteuert. Die Herausgeber haben kaum redigierend einge-
griffen, aber dennoch in der Modernisierung von V. 15 den Reim
zerstört.

1 Das Wh bietet hier im Anschluß an Nehrlichs Fassung (und im
  Gegensatz zu der im Wh nicht berücksichtigten Parallelversion,
  die Franziska Breitenstein mitgeteilt hatte) einen Motivreim zu
  V. 20–26: Das unschuldig gestorbene Kind ist unter der Obhut
  der himmlischen Mutter.

5 Vgl. Wh I 317, V. 44.
12 f. Vgl. Wh II 210, V. 31 f.
27 Vgl. Wh II 210, V. 40.

Literatur: NA II, S. 218; BC I, S. 359, 559; Rieser, S. 500; Bode, S. 289–291; Schewe, 1932, S. 126. – EB Nr. 2070–73, III, S. 763 f.; Ditfurth, 110 Vldr, Nr. 26, S. 110; Amft, Nr. 615, S. 431; Pinck, Weisen IV, S. 169, 204.

II 216

Das Lied, eine Variation zu Wh I 84, dessen Motive hier in anderer Zusammenstellung wiederkehren, ist in seiner endgültigen Fassung vermutlich von Arnim hergestellt worden. Er kontaminierte dabei den Text aus zwei Fl. Bl., deren eines V. 1–16 entspricht, während das andere Vorlage für V. 17–28 und 33–36 war. Nach dem Modell von V. 13–16 wurde V. 29–32 neu gedichtet. Keine der beiden Quellen hat eine Überschrift. Der entscheidendste Eingriff des Bearbeiters ist die Umdeutung des Schlusses: Volksliedversionen enden selten mit dem Selbstmord des Liebeskranken, so auch nicht die beiden kontaminierten Texte.

8 Vgl. Wh II 50a, V. 19.
11 Vgl. Wh I 84, V. 19.
21 Vgl. Wh I 84, V. 17 und 29.
29–32 Vgl. Wh II 25, V. 45–48.
33–36 Vgl. Wh I 84, V. 25–28 (V. 35 f. als Variation zu 23 f.).

Literatur: NA II, S. 219; BC II, S. 166; Müller, S. 50; Rieser, S. 506 f.; Bode, S. 546 f. – EB Nr. 597a, II, S. 417; Berglieder (Ed. Marriage), Nr. 93, S. 133; Briegleb, Nr. 74, S. 53; Reifferscheid, Nr. 38, S. 76 f., 184 f.; Vld 29, 1927, S. 53. – Vgl. ferner zu Wh I 84.

II 218

Unter der Überschrift *Die arme Seele* hatte Nehrlich eine stärker dialektal gefärbte, etwas unregelmäßigere Textfassung eingereicht. Das sprichwörtliche neue Motto – ähnlich Wh II 210 – erklärt die seltsame Wendung in V. 20, mit der das Wh zwischen zwei (ebenfalls in Volksliedern belegten) Motiven auszugleichen versucht: Die verzeihliche Sünde des Mädchens besteht darin, daß es seinem Liebhaber einen Rosenkranz windet, statt zur Messe zu gehen, oder daß es ein »Reigentänzchen« mitmacht.

3 f. Vgl. Wh II 210, V. 9 f.
8 f. Mt. 7,14: »Breit ist der Weg, der ins Verderben führt.«
12 Die Begnadigung eines Sünders durch Maria nach der Verurteilung durch Gott ist beliebtes Motiv der spätmittelalterlichen Marienfrömmigkeit (vgl. etwa das Theophilusdrama des 15. Jh.s).
30 Schlußformel zu Gebeten (vgl. Ps. 120) nach dem Lateinischen »ex hoc nunc et usque in saeculum«.

Melodie: Stockmann, S. 109.
Literatur: NA II, S. 220; BC I, S. 356; Rieser, S. 501; Bode, S. 183. – EB Nr. 217a–b, I, S. 643 f.; Ph. Hoffmeister, Hessische Volksdichtung, Marburg 1869, Nr. 35, S. 45 f.; ZfVk 4, 1894, S. 33; Siuts, S. 73; L. Kretzenbacher, Legendenlied, in: HbVld I, S. 323–342 (hier S. 333–337).

II 219

Dieses Lied, eine Paraphrase des Gleichnisses vom reichen Prasser und dem armen Lazarus (Lk. 16,20–25) mit Änderung der Dialogsituation, geht auf eine Vorlage unbekannter Hand zurück, in der Überschrift und Herkunftsvermerk fehlen. Die ältere Sprachform der Quelle wurde ohne inhaltliche Eingriffe modernisiert, die optische Gestalt genau beibehalten.

[Überschrift:] Vgl. V. 21–24.
25–28 Beliebtes Bild für die Ewigkeit; zuerst bei dem Mystiker Heinrich Seuse; vgl. auch Wh I 263, V. 18–21, und KHM 152 (*Das Hirtenbüblein*).
32 Ähnlich dem Schlußvers zu Wh II 218 formelhafter Gebetsschluß, hier verkürzt, nach dem Lateinischen »per Dominum nostrum Jesum Christum«.

Literatur: NA II, S. 222; BC I, S. 357; Rieser, S. 474; Bode, S. 752. – Marriage, Pfalz, Nr. 15, S. 34 f.

II 221

Dieser Text wurde von Albert Ludwig Grimm aus mündlicher Tradition (der Gegend um Mosbach in Baden) beigetragen, bietet allerdings nur Vorlagen für V. 1–26 und 29. Auf seiner hs. Fassung basiert eine Bearbeitung durch Brentano, die als Entwurf ein sehr komplexes Ineinander von Arbeitsschichten erkennen läßt. Nachdem mit Sicherheit Brentano für die insgesamt viermal ansetzende Bearbeitung verantwortlich ist, muß Bodes (S. 487) Zuweisung an Arnim mit ihren unhaltbaren Folgerungen verworfen werden. Die Wh-Fassung besitzt demnach den deutlichen Charakter einer Kunstdichtung, in der Brentano die Motive stimmig verknüpft.

9 f. Unmöglichkeitstopos, wie er durch das Lied *Jungbrunnen* (»Und in dem Schneegebirge«; EB Nr. 429e) geläufig blieb: »Es schneit ja keine Rosen, / Und regn't auch keinen Wein: / Da kommst du denn nicht wieder, / Herzallerliebster mein!«

13–15 Vgl. Wh III 105, V. 1–3.

21–28 Durch Abweichung von dem vorgegebenen Reimschema (abab gegenüber ursprünglichem xaxa) und das gewählte Kompositum »Rosenschnee« sowie die gezielte Wiederaufnahme des Hauptmotivs in V. 28 hebt sich Brentanos Fassung deutlich von der volksläufigen Quelle ab. Zu V. 21 vgl. Wh III 105, V. 17 und KL 93d, V. 9.

30 f. Die erst in der Endfassung formulierten Verse spielen im Rahmen der Zentralmotive verhüllt auf den Tod des Mädchens an: »Herrgotts Wein« steht in diesem Sinn synonym für »Abendmahlswein«, den man vor dem Sterben zu sich nimmt, das ambivalente »Rosenkränzlein« kann auch als Hinweis auf die Gebetsperlenkette verstanden werden, die nach katholischem Brauch Sterbenden oder Toten um die Hände geschlungen wird.

38 *Hügelein*: im Blick auf obige Verse wohl als Grabhügel aufzufassen.

39 Vgl. Wh III 105, V. 4–8.

Melodie: Böhl, Nr. 15, S. 30; Stockmann, S. 110.

Literatur: NA II, S. 223, IV, S. 1, 128, 157; BC II, S. 73, 75; E. H. Meyer, Badisches Volksleben im 19. Jh., Straßburg 1900, S. 506; Rieser, S. 548–551; Bode, S. 486 f.; Schewe, 1932, S. 124 f., 129. – Uhland, Nr. 27, 28, 65 (einzelne Motive); EB Nr. 445a–c, 822a (Str. 7), II, S. 276–278, 629; Bergenlieder (Ed. Marriage), Nr. 83, 84,

S. 123–125, vgl. Nr. 35, S. 53–55; Briegleb, Nr. 53, S. 45; Hoffm.-
Ri., Nr. 143, S. 166; Mittler, Nr. 974–980, S. 649–652; Reifferscheid,
Nr. 11, S. 22 f., 149 f.; Hruschka-Toischer, S. 140, III, Nr. 51; Jungbauer, Bibl., Nr. 438, S. 85; Wiora I, Nr. 79, S. 44; Röhrich-Brednich II, Nr. 47.

II 222

Vorlage ist ein Beitrag Auguste von Pattbergs in sieben Strophen und
ohne Überschrift, den vermutlich Brentano und nicht Arnim in das
Wh aufnahm. Die Reminiszenzen an Bürgers Ballade *Des Pfarrers
Tochter zu Taubenhain* von 1781 sind so deutlich, daß Brentano
durch Hinzusetzen des Titels seine Kenntnis des Zusammenhangs
vorsorglich kundtun wollte. Ob nun die Einsenderin bewußt Bürgers
Kunstdichtung in den Volksliedton übersetzen wollte oder an eine
populäre Quelle für Bürgers Text glaubte – jedenfalls handelt es sich
um einen Parallelfall zu Wh II 19 (*Lenore*), der Voß und Justi zu ihren
Vorwürfen gegen das Wh diente.

[Überschrift:] Auf welche Ursache oder welches Motiv die leichte
    Änderung gegenüber dem Bürgerschen »zu Taubenhain« zurück-
    geht, ist offen. Brentano spielt mehrfach auf den Titel an (Werke
    I, S. 236; III, S. 624 und 1009).
1–4 Vgl. bei Bürger V. 8: »Da ist ein Plätzchen, da wächst kein
    Gras«. Bezeichnenderweise enthält eine Eigendichtung Auguste
    von Pattbergs eine ganz ähnliche Strophe.
8 Bei Bürger dient »die silberne Nadel vom Haar« (V. 164) als
    Mordwerkzeug.
9–12 Möglicherweise in Anlehnung an eine volksläufige Strophe
    (z. B. Uhland, Nr. 76 A).
26 Vgl. bei Bürger V. 182–184.
27 Vgl. bei Bürger V. 175.

Literatur: NA II, S. 222; BC II, S. 294; Rieser, S. 545; Bode,
S. 727–729; Schewe, 1932, S. 124, 132 f. – EB I, S. 185; Briegleb,
Nr. 63, S. 50; Friedlaender II, S. 231; E. Schröder, Die Pfarrerstoch-
ter von Taubenhain, Diss. Kiel 1933, S. 14, 21.

II 223

Quelle ist ein Meisterlied in der Weise (»Ton«) des Mainzer Spruch-
dichters Bartel Regenboge (um 1300). Der Text dürfte aus dem
Anfang des 16. Jh.s stammen. Die zugrundeliegende Hs. – heute in
der Staatsbibliothek Preußischer Kulturbesitz – enthält drei wie im
Wh numerierte Strophen in Barform. In Form einer Allegorie, deren
Titel bereits im Original *Der Traum* lautet, wird die Nichtigkeit irdi-
schen Ruhmes und äußerer Pracht sub specie aeternitatis vorgestellt
(V. 126 f. und 138–153). Alle drei Strophen der Vorlage weisen ein
identisches Reimschema auf: 1. Stollen: a b c d e f g a b h i; 2. Stollen:
j k c d e f g j k h i; Abgesang: l m n o o p q n r r s x s t t u p v m w w l y v q q-
z o l. Die Waisen x, y und z sind jeweils am Versausgang binnenge-
reimt, die scheinbare Waise v reimt auf den entsprechenden Vers der
übrigen Strophen (V. 40, 91 und 142); so bleibt kein Vers ohne Reim-
schmuck. Die Herausgeber haben den Text für das Wh sprachlich und
grammatisch modernisiert, besonders den bairischen Charakter deutlich zurückgenommen und an manchen Stellen das komplizierte
Reimschema, möglicherweise aus Unkenntnis, zerstört.

6 *durchhauen:* verziert; vgl. Wh II 149, V. 23.
14 Klar wie der durchsichtige Edelstein Beryll (vgl. die Etymologie
   zu nhd. »Brille«).
16 *glast:* glänzt.
22 *Albater:* in Bemühung um den Reim an frz. »albâtre« ›Alabaster‹
   angelehnt; ersetzt »Flader« (gemasertes Holz, Ahorn) der Vorlage, das unverständlich geworden war.
23 *Schlagbrücke:* Zugbrücke.
37 Von Samt ein Gewand (ersetzt »fe⟨c⟩h« ›bunt, schillernd‹ der
   Vorlage.
38 *Schauben:* vgl. mhd. »schoube« (langes, weites Überkleid); in
   nhd. »Joppe« erhalten.
40 *Geberd:* ersetzt unzutreffend »gepent« (Kopfschmuck). Dieser
   und der folgende Vers entstellen den Sinn der Vorlage.
43 *Taffant:* Taffat, Taft.
49 *sunder:* (adv.) allein, als einzelner.
51 Das glückte mir ohne Schwierigkeit.
54 *Pfeler:* Seidenstoff.
59 *Zipperwein:* Zyperwein.
80 *konkerdiret:* leicht modernisierend statt »concordiret« ›stimmt
   zusammen, harmoniert‹.

90 *Mummereye:* Mummenschanz, Maskerade.
91 *Verputzet:* ganz und gar verkleidet.
93 *Maruscatanz:* die im 16. Jh. beliebte Moresca (Mohrentanz); volksetymologisch an slaw. »Marus⟨ch⟩ka« angelehnt.
95 *über alle:* völlig.
96 *könnten:* ersetzt falsch »gunden« ›begannen‹
100 *kittert:* (frühnhd.) lacht.
106 Vgl. Wh I 55.
107 *grausam:* Grausen erregend.
112–115 Erinnert an Szenen aus den Spielen um *Hecastus* (1539) bis hin zu Hofmannsthals *Jedermann.*
123 Von oben herab in den Schloß- oder Burggraben.
125 *heimlich:* vertraulich, bei sich selbst.
129 Vgl. Ps. 103,15.
136 *verschmoret:* (frühnhd.) geht zugrunde.
137 Ebenso.
144 *schwindet...ab:* »abschwinden«.

Literatur: NA II, S. 226; BC II, S. 470; Rieser, S. 337 f.; Bode, S. 213.

II 229a

Quelle ist ein vierstrophiger hs. Beitrag Auguste von Pattbergs ohne Überschrift, den man als Eigendichtung der Einsenderin einstufen darf. Vermutlich war es Brentano, der die Überschrift dem Thema anpaßte: In der Natur sollen alle lauten und heftigen Geräusche verstummen (V. 3 f., 9 und 13 f.), damit die nicht näher genannte »Pein« still und »in Gedanken« ausgetragen werden kann.

Literatur: NA III, S. 317; Steig, NHJb. VI, 1896, S. 110; Rieser, S. 545; Bode, S. 300. – J. Meier, KiV, Nr. 539, S. 84.

II 229b

Thema des Liedes ist das sog. »Herzmäre«: Die Geliebte ißt ahnungslos das Herz ihres Liebhabers, das der eifersüchtige Gatte ihr auftragen läßt; nach Entdeckung der Zusammenhänge stirbt die Frau. Dieser Stoff war besonders in den romanischen Literaturen beliebt; die

bedeutendste Fassung des deutschen Mittelalters stammt von Konrad
von Würzburg (um 1260). Die Sage wurde mit dem gewaltsamen Tod
des Minnesängers Reinmar von Brennenberg (1276) verknüpft, der
seinerseits mit der Hinrichtung Marias von Bayern wegen Ehebruchs
(Donauwörth, 18. 2. 1256) verbunden wurde. Die dem Brennenber-
ger zugeschriebenen Dichtungen haben die zahlreichen Lieder um
diese Ereignisse formal stark geprägt. Allein die Dichtung, auf der die
Wh-Fassung basiert, ist in acht ähnlichen Textzeugen überliefert.
Derjenige Text, den die Herausgeber als Vorlage wählten, entstammt
einem Fl. Bl., das Arnim (wie die Vorlage zu Wh II 175) von Gräter
entliehen und abgeschrieben hatte. Das Original aus Gräters Besitz –
es ist noch heute in der British Library erhalten – entbehrt einer
Überschrift, ist aber um 17 Verse länger als die Wh-Fassung, wo die
gesamte zweite Strophe (Zubereitung des Herzens) ausgefallen ist.
Diese entstellt die schon in der Quelle partiell verderbte Reimfolge
fast völlig und nimmt auch falsche Versabteilungen vor, so daß schon
die (nicht erhaltene) Abschrift recht flüchtig gewesen sein dürfte.
Eine Paraphrasierung nach dem Wh geben die Brüder Grimm in DS
Nr. 500 (vgl. auch Nr. 499).

　1　*Urlaub:* Erlaubnis.
　　　Dienstmann: Gefolgsmann, Lehnsträger.
　5　Das soll mir keiner verdenken.
　19　*mich bescheiden:* mir Bescheid geben (vgl. V. 53).
　28　*Schimpf:* Vergnügen.
　46　*Umbefang:* Umarmung.
　66 f.　Wenn nicht Maria Fürbitte tut (vgl. Wh II 218, V. 12) und Chri-
　　　stus ihn begnadigt, so muß er in die ewige Verdammnis.

Literatur: NA II, S. 232, IV, S. 41; BC II, S. 240; Alemannia 4, 1876,
S. 45; Rieser, S. 411; Bode, S. 425–431. – EB I, S. 359; DVl I,
S. 161–170; Maltzahn, S. 75, Nr. 505; A. Kopp, Bremberger-
Gedichte, Wien 1908 (vgl. ergänzend: ArchStuSpr 124, 1910,
S. 165 f.); F. Rostock, Mhd. Dichterheldensage, Halle 1925,
S. 16–18; Konrad von Würzburg, Heinrich von Kempten. Der Welt
Lohn. Das Herzmaere, hrsg. von H. Rölleke, Stuttgart 1968,
S. 66–99, 112–117, 137–144, 161–165.

II 232

Vorlage war die hs. Volksliedersammlung des Altertumsforschers
Christian Traugott Heinze, die als Nr. 14 eine stark ändernde
Abschrift aus den *Selectae Antiquitatis Libri XII* des Christoph Philipp von Waldenfels (1677; S. 469–473) enthält. Heinze führt als
ursprüngliche Quelle *Die teutsche Medea* des Priesters Nikolaus
Dumann von 1559 an. Daraus schöpfte das Wh 12 Verse, während aus
den 70 Waldenfelsschen Versen ebenfalls nur 12 in die Wh-Fassung
eingingen. An die zwei Drittel des Texts sind jedoch völlig neu gestaltet. Hauptbearbeiter war zweifellos Arnim, der Heinzes Aufzeichnung direkt von diesem erhalten haben dürfte; indes deuten Indizien
darauf hin, daß Arnim auch einen Gedichtentwurf Brentanos ver-
wendete, der nur indirekt überliefert ist. *Die Gräfin von Orlamünde*
beschließt als Nr. 579 die *Deutschen Sagen* der Brüder Grimm:
»Otto, Graf zu Orlamünde, starb 1340 (nach andern 1275, 1280,
1298) mit Hinterlassung einer jungen Witwe, Agnes, einer geborenen
Herzogin von Meran, mit welcher er zwei Kinder, ein Söhnlein von
drei, und ein Töchterlein von zwei Jahren, erzeugt hatte. Die Witwe
saß auf der Plassenburg [. . .].« Zu der Bitte um Verschonung hatte
Jacob Grimm sich zwei Versfassungen mit dem Verweis auf den vorliegenden Wh-Text notiert; entsprechend trägt der Hirsch in DS 440
ein Halsband mit den Worten: »Lieber Jäger, laß mich leben, ich will
dir mein Halsband geben.«

[Überschrift:] Seit dem 10. Jh. waren die Grafen von Orlamünde in
  der gleichnamigen Stadt in Thüringen an der Mündung der Orla in
  die Saale ansässig.
5–8 Im Gegensatz zur Vorlage wird der verhängnisvolle (darum im
  Wh wiederholte) Ausspruch Alberts direkt an die Herzogin gerichtet.
15–18 Die Motivation für die Tat wird im Wh gegenüber der Quelle
  erweitert: Weniger die Leidenschaft als das bisherige Geschick der
  Herzogin sowie erbrechtliche Überlegungen stehen im Vordergrund.
25 f. Vgl. V. 41–50. Ähnlich bereits in zahlreichen frühneuzeitlichen
  Texten, auch mehrfach im Volksmärchen; vgl. in KHM 60 das
  fünfmal wiederholte »Lieber Jäger, laß mich leben, / Ich will dir
  auch zwei Junge geben« und in KHM 141: »Eneke, Beneke, lat mi
  liewen / Will di ock min Vügelken giewen«.
43 *Plassenburg:* Bergfestung bei Kulmbach, zunächst zu Meran

gehörig, seit 1248 zu Orlamünde; 1338 an den Burggrafen von Nürnberg (vgl. V. 1) verkauft.

Literatur: NA II, S. 235; BC II, S. 287, 290; Rieser, S. 348–351; Bode, S. 687–689. – EB Nr. 1716, 1869, III, S. 511 f., 601; Köhler, Voigtld, S. 522; Arch. f. Lit.gesch. 14, 1886, S. 365; ZfVk 17, 1907, S. 287; 21, 1911, S. 222 f.; 35, 1925, S. 133; BP II, S. 484; W. Woeller, Berliner Sagen, Berlin (Ost) 1980, S. 10–13.

II 235

Die Neufassung dieses weitverbreiteten Liedes im Wh basiert auf einem Beitrag Fritz Schlossers, der v. a. Str. 1–4 beeinflußte, sowie auf einer Einsendung Auguste von Pattbergs, während ein Text Friederike Mannels und auch ein Lied in Friedrich Nicolais *Feynem kleynen Almanach* (1777) allenfalls Spuren hinterlassen haben. Schon 1771 hatte Goethe im Elsaß eine Fassung aufgezeichnet, die der Schlossers – verständlicherweise – sehr nahe steht. Wenn einige Motive aus der Pattberg-Fassung zur Kontamination herangezogen wurden, so hat das Wh doch auch einige völlig neue Verse (26, 30, 32, 51). Die Überlieferung des Liedes, das vom Josephs-Motiv des Alten Testaments ausgeht (Str. 3 f.), ist bis zur Mitte des 16. Jh.s zurückzuverfolgen.

[Überschrift:] Vgl. V. 35 f.
 5 Formelhaft; vgl. Wh II 221, V. 29.
49–52 Vgl. Wh II 180, V. 76 f., und die Schlußstrophe im dritten von Hofmannsthals *Drei kleinen Liedern:* »Wo dir der Wein zu sauer ist, / Da trink du Malvasier, / Und wenn mein Mund dir süßer ist, / So komm nur wieder zu mir!«

Melodie: Stockmann, S. 111.
Vertonung: Johannes Brahms.
Literatur: NA II, S. 237, IV, S. 54, 85; BC II, S. 139; Rieser, S. 477; Bode, S. 346. – Uhland, Nr. 98; EB Nr. 129a–d, I, S. 446–449; AntwL Nr. 164; Pinck, Goethe, S. 31–33, 81–87; JböVlw 5, 1956, S. 37.

II 237

Das Meisterlied Martin Schleychs (Ende des 15. Jh.s) über Albertus Magnus beruht auf einem Motiv des gleichnamigen Volksbuchs. Albert (um 1193–1280) galt schon früh als Zauberer und Magier. Der irreführende Herkunftsvermerk, der tatsächlich als Zweitüberschrift aufzufassen ist, geht auf den Titel des ihm zugeschriebenen *De secretis mulierum* zurück, das Brentano in lateinischer und deutscher Sprache besaß. Vorlage war wahrscheinlich ein Basler Druck des in zahlreichen Fl. Bl. kursierenden Liedes, der mehr Verse enthält als die Wh-Version. Für die dort nicht enthaltenen Verse 62–72 existiert ein hs. Entwurf. Brentano, der Bearbeiter, hielt sich bemerkenswert eng an Sprachform und Inhalt des Originals. Ganz neu sind hauptsächlich V. 41–44 und V. 63–72 sowie das leitmotivische Bild der Vögel (V. 91, 99, 166–172). Statt der von Schleych verwandten Barform realisierte Brentano gleichförmige Vierzeiler, deren je zwei (mit Ausnahme von V. 140) durch »Körner« verbunden sind: aaxb ccxb. Auch das Metrum wurde aus Elementen der Vorlage neu arrangiert. Motive der Ballade übernahm Hofmannsthal in den ersten Akt seines Dramas *Das Bergwerk von Falun*.

1 *Laden:* Fenster. Die Übereinstimmung mit V. 4 des vorhergehenden Gedichts könnte die Zusammenstellung bewirkt haben. Sowohl in Wh I 235 als auch schon in Wh II 232 geht es um die illegitime Neigung einer hochgestellten Dame.

5 *dar:* dorthin.

50 *Complexion:* Antlitz; in der Quelle »complex« ›Charakter‹.

54 *naturet:* beschaffen, geartet.

83 f. Vgl. zu diesem traditionellen Motiv J. Sighart, *Albertus Magnus, sein Leben und seine Wissenschaft*, Regensburg 1857, S. 72.

142 Den Anachronismus schafft Brentano bewußt, um die Stilebene des alten Liedes zu treffen.

145 Anspielung auf die Ehrenbezeichnung Alberts: »Doctor universalis«, in Verquickung mit dem Titel des Volksbuchs der *Sieben weisen Meister* aus dem späten Mittelalter.

148 Zu diesem aus der Quelle übernommenen Topos vgl. H. Rölleke, *»O wär' ich nie geboren!« Zum Topos der Existenzverwünschung in der europäischen Literatur*, Mönchengladbach 1979.

160 *grauen Orden:* Bußgewand; die Franziskaner wurden allgemein auch Graue Brüder genannt.

166 Hier wird der Bezug zum Märchenmotiv des »Seelenvogels«
    besonders deutlich: Verstorbene leben in Gestalt eines Vogels
    weiter; vgl. KHM 21 (*Aschenputtel*) und KHM 135 (*Die weiße
    und die schwarze Braut*).

Literatur: NA II, S. 240; BC II, S. 274, 282; Rieser, S. 340–343;
Bode, S. 695–697. – AmbrL Nr. 226, S. 322.

II 243

Das etwa im 15. Jh. entstandene und seit Beginn des 16. Jh.s reich
überlieferte Lied vereinigt das Pyramus-Motiv (vgl. Wh I 265), das
Thema des ungetreuen Wächters (vgl. Wh II 282) und die Sage vom
Zwerg, der eine Jungfrau raubt. Quelle ist ein Fl. Bl. aus Nürnberg
ohne die Überschrift aus dem Wh (*Ein schöne Tageweisz*). Das Wh
bietet den ungekürzten, aber weitgehend modernisierten, nur an
wenigen Stellen archaisierten (V. 67 und 74) Text der Quelle, auf die
bereits Herder empfehlend hingewiesen hatte. Die Entführung durch
ein »Zwerglein« (Str. 8 ff.) hatte schon Fouqué in seinem Dramolett
Streit um Liebe (1804) ausgestaltet.

[Überschrift] Vgl. V. 119; »bas« (mhd.) ›besser‹.
  1 *Lieb:* Freude.
  4 *hochgemayt:* schmückendes Beiwort: sehr tapfer, stattlich.
  6 *Hute:* (mhd.) diu huotè: Terminus des Minnewesens; der Ehe-
    mann (hier: der Vater) versucht, durch besondere Bewachung ein
    Minneverhältnis seiner Frau (hier: der Tochter) zu verhindern
    (vgl. Gottfried von Straßburg, *Tristan* 17833–924).
 37 *lützel scheint:* scheint wenig, gering.
 39 *Stein:* Fels.
40–42 *Brünnlein / Linde / Nachtigal:* Requisiten des locus amoenus
    (Brünnlein: Quelle).
 47 *spar:* erhalte.
57–60 Formelhaft; vgl. V. 71–74 und z. B. Wh I 46, V. 25–28.
 62 *nächten:* gestern nacht.
87–90 Das Tagelied (vgl. V. 85 f.) erscheint hier nicht in seiner typi-
    schen Form, sondern ist der Situation angepaßt.
101 Und schau überall in der Burg nach.
111 f. Vgl. V. 90 f.

114–116 Vgl. Fischart, *Podagrammisch Trostbüchlein* (1577): »Es
    ließ sich einer sonst [. . .] als ein Salmen zu Riemen schneiden.«
116 *Salmenfisch:* Lachs.

Literatur: NA I, S. 299; BC I, S. 316, 555 f.; Rieser, S. 411 f.; Bode,
S. 198–200. – Uhland, Nr. 90 A–B; Schriften IV, S. 88 f.; EB
Nr. 86–88, I, S. 304–311; DVl Nr. 19, I, S. 179–196; AmbrL
Nr. 223; Goedeke-Tittmann, Nr. 82, S. 83; Maltzahn, S. 77,
Nr. 523; Legerlotz, S. 14–17; A. Kopp, Tagelied und mecklenburg.
Sage, in: PBB 41, 1916, S. 347–366; H. Schneider, Abendgang, in:
Gedicht und Gedanke, hrsg. von H. O. Burger, Halle 1942, S. 55–71;
Röhrich-Brednich I, Nr. 12; F. Schmitt von Mühlenfels, Pyramus
und Thisbe, Heidelberg 1974.

II 248

Das Thema dieses erstmals 1598 belegten, aber vermutlich wesentlich
älteren Liedes erinnert an den Brautraub durch seefahrende Helden,
der zum Hauptmotivbestand der sogenannten Spielmannsepik
gehört. Brentano entdeckte den Text Anfang 1806 in der *Beschreibung und Geschichte des Landes Dithmarschen* (1733; S. 108) von
Anton Viethen. Unter seinen behutsamen Eingriffen fallen die Versu-
che auf, der mannigfach verderbten Vorlage die niederdeutschen Formen (jeweils als lectio difficilior) wieder einzufügen; vgl. V. 1, 2, 7, 14
und 21.

[Überschrift:] Ein Gebärden-, oder aber ein Trommeltanz.
 1 *grone:* vgl. engl. »groan«, frühnhd. »gronen« ›brummen, mur-
    ren‹; hier Kampfeswut andeutend.
 2 *buuden:* buweden, bauten.
 3 *rede:* vgl. engl. »ready« ›fertig, bereit‹.
 5 *averkemen:* hinüberkamen.
 7 *Weset:* Seid.
 8 *Will . . . Wien:* Wollt ihr Met oder wollt ihr jetzt Wein?
 9 *neen:* keinen.
11 *nig:* nicht.
12 *Lütke Leicke:* Ludwig (niederl. »Luyke«, niederd. »Lüdeke«) der
    Kleine; wohl ein älterer Mitbewerber (vgl. V. 21 f.).
18 *He houde . . . wedder:* Er dagegen schlug, hieb.
    Hövende: Hövede, Haupt.

19 *kruse Kroll:* Krauskopf.
21 *wenden:* weenden, weinten.

Literatur: NA II, S. 247; BC II, S. 172; Rieser, S. 413; Bode, S. 245. –
Uhland, Nr. 128; Abh., S. 248; EB Nr. 38, I, S. 111 f.; DVl Nr. 43,
II, S. 138–142; J. Meier, Der Kehrreim in der Ballade ›Herr Hinrich‹,
in: JbVldf 5, 1936, S. 64–68.

II 249

Dieses Lied gehört wie das vorhergehende zu den sogenannten »langen Tänzen«, bei denen sich viele Tänzer an der Hand halten. Brentano übernahm es aus derselben Quelle, Anton Viethens *Beschreibung und Geschichte des Landes Dithmarschen* (1733; S. 149). Die
Überschrift charakterisiert den Text nicht ganz richtig, weil der
»Springeltanz« nur eine Unterart des »langen Tanzes« ist.

1 *Dat ... Sommer:* Es geht dieses Jahr (»hier« ›heuer‹) auf den Sommer zu.
2 *Dahl:* Tal.
3 *Mönnecken:* Mömeken, Mühmchen, Mütterchen.
6 *deit:* tut.
8–10 Vgl. Wh II 252, V. 29–34.
10 *man:* men, nur.
  altes: durchaus.
13 *stören:* ersetzt »stüren« ›steuern, wehren‹ aus der Quelle.
14 Verderbt aus: »Do se [...] to dem Kinderspeele kam«; im Wh
  unverständlich.
15 *leth:* ließ.
  Richter: ist hier und in V. 16 der Vorlage wohl aus »Rieter« ›Reiter, Ritter‹ verderbt.

Literatur: NA II, S. 249; BC II, S. 174; Rieser, S. 414; Bode,
S. 245 f. – Uhland, Nr. 37; Abh., S. 248; EB Nr. 949, II, S. 722 f.; J.
Meier, KiV, S. XLI, XCVI f.; Alpers Nr. 33, S. 117 f., 207 f.

II 250

Es handelt sich im wesentlichen um die Kontamination zweier ver-
wandter Balladen, die Brentano nacheinander von Koelle erhalten

hatte. Während anderweitig eine Fassung von Leo von Seckendorf gedruckt wurde (1808) und eine verschmelzende Bearbeitung in Uhlands hs. *Sonntags-Blatt für Gebildete Stände* (22. 2. 1807) kursierte, die Brentano ebenfalls durch Koelle kennengelernt haben muß, wurde für das Wh ein Text hergestellt, der die genannten, offenbar aus Fl. Bl. stammenden Fassungen mit Partikeln eines weiteren, in Friedrich Heinrich Bothes *Frühlings-Almanach* (1804; S. 132–134) gedruckten Texts kontaminierte. Neben den Übernahmen aus diesen Quellen hat Brentano selbst nur V. 35, 38 f. und 50 f. zur Füllung der abwechselnd drei- und vierzeiligen Strophen eingefügt.

[Überschrift:] Vgl. V. 54.
  1 f. Vgl. Wh II 274, V. 1 f.
  4 *Markgräfin:* Ihr Titel ist im Blick auf V. 27 vereinheitlicht; vgl. auch die Überschrift bei Seckendorf: *Von der jungen Markgräfin* und bei Bothe: *Hans Markgraf.*
  9 *Fräulein:* hier stets: junge Adlige.
  13 *Schwieger:* Schwiegermutter.
  24 *Vesperzeit:* Zeit des Spätnachmittags(gottesdienstes).
  47–53 Wandermotiv; vgl. Wh I 34, V. 35 f.; I 50, V. 78–82; II 289, V. 78–82.
  54 Dort, wo man ihn als Selbstmörder in ungeweihter Erde bestattet hatte.

Literatur: NA II, S. 251; BC II, S. 236, 238; Rieser, S. 480–482; Bode, S. 289, 509 f. – EB Nr. 109a–h, I, S. 385–394.

II 252

Der Tod der adligen Protagonisten – vgl. besonders die Schlußzeilen – dürfte Motiv für die Zusammenstellung dieses z. T. schon aus dem 15. Jh. stammenden Liedes mit dem vorhergehenden sein. Thema ist das Hero- und Leander-Schicksal, das auch Schiller 1801 in seiner gleichnamigen Ballade aufgegriffen hatte. In Wh I 236 hatte es Arnim bereits für sein Lied *Der verlorne Schwimmer* herangezogen. Wie die hs. Korrekturen Brentanos bezeugen, geht die beinahe unveränderte Aufnahme des Texts nach einem Beitrag von Schlosser auf ihn zurück. Brentano verwendet das Zentralmotiv in der Erstfassung der *Chronika* innerhalb der Binnenerzählung (Werke II, S. 594 u. ö.). Vgl. sein Gedicht *Singet leise, leise, leise* und weitere Anspielungen in

seinem Gesamtwerk, ebenso Zitate des Volksliedes bei vielen Auto-
ren des 19. Jh.s, z. B. bei Heine, Storm und in Fontanes *Grete Minde*.

[Überschrift:] Im Sinn von: adlige Königskinder.
9–11 Vgl. H. Dittmaier, *Der Widersacher in der Königskinderbal-
      lade*, in: *Mitteilungen des Rheinischen Vereins für Volkskunde* 8,
      1949, S. 5–9.
12 *vertrank:* ertrank (schon früh als archaisch empfunden).
13–16 Vgl. Wh I 252, V. 6–10.
17–20 Vgl. Wh II 249, V. 8–10.

Melodie: Stockmann, S. 113.
Vertonung: Max Reger, 1899.
Literatur: NA I, S. 336, 338; BC I, S. 332, 335, 576; Atzler,
S. 124–126; Rieser, S. 471; Bode, S. 182 f.; H. Kommerell, *Das
Volkslied »Es waren zwei Königskinder«*, Diss. Tübingen 1931. –
Uhland, Nr. 91; EB Nr. 83–85, I, S. 289–304; DVl Nr. 20, I,
S. 197–222; Legerlotz, S. 17–21; Alpers, Nr. 4, S. 43–46, 185 f.;
Siuts, S. 78; Röhrich-Brednich I, Nr. 11.

II 254

Das Lied, das bereits Hans Wilhelm Kirchhof (vgl. *Wendunmut*,
1562, Nr. 361) bekannt war, überliefert Ereignisse eines blutig ver-
laufenen Kirchweihfestes zu Beginn des 16. Jh.s in Hessen-Kassel.
Arnim, den man als Bearbeiter ansehen muß, entdeckte den Text im
Juli 1806 in Heinrich Kornmanns *Mons Veneris* (1614; S. 305–308),
wo er in 14 numerierten Strophen, jedoch ohne Überschrift abgedruckt ist. Den Titel entnimmt das Wh dennoch Kornmann, der am
Ende seiner Prosa-Einleitung schreibt: »Ein solche Venus ist gewesen
die Braut von Bassa im Landt zu Hessen«. Gemeint ist Bessa, ein Dorf
im Amt Gudensberg bei Kassel.

 1 *Felsberg:* Stadt nahe Kassel.
18 *unterschieden:* abgeschieden, abgegrenzt?
21 *bezeichnet:* gekennzeichnet.
25 *Berken:* (niederl.) Birken.
28 *Schlan:* kontrahiert aus »schlahen« ›schlagen‹; vgl. V. 82.
35 *umschwanzen:* umherschwänzeln.
36 Sie gefiel besser als andere.

41 *feiste:* fette.
46 *Kundschaft:* Bekanntschaft.
51 *vexieren:* necken, zum besten haben.
53 Sie hatte solches Glück.
76 *Lündsch:* Londoner Tuch; vgl. Wh II 74, V. 185.
82 *Keiben:* Zanken, streiten.
86 Euphemistisch: Eine Tracht Prügel wollten sie mir verabreichen.
92 Dazu hatte ich keine Lust.
98 Nach Art der Meistersingerweisen formuliert.
109 f. Er ergriff das Hasenpanier, die Flucht.

Literatur: NA II, S. 254; BC II, S. 340; Rieser, S. 414; Bode, S. 212 f.

II 258

Vorlage war eine Einsendung des Badearztes Dr. Hinze aus dem
schlesischen Warmbrunn an Arnim, die jedoch verschollen ist. Als
Ersatzquellen können die Neuausgabe des Wh von 1846 (NA II,
S. 358) sowie ein Abdruck in der Wochenschrift *Der Breslauische
Erzähler* (31. 1.1801) gelten. Sie zeigen, daß die Änderungen im Wh
fast ausnahmslos metrisch bedingt sind. Das Lied geht auf historische
Ereignisse des Jahres 1241 zurück: Am 9. 4. fiel der schlesische Herzog Heinrich II. beim Dorf Wahlstadt unweit Liegnitz im Kampf
gegen die Mongolen. Seine Witwe stiftete dort eine Kapelle. Das
Politikum wird, nach mittelalterlicher Vorstellungsweise, auf persönliche Motive zurückgeführt. Nach einer Anmerkung Büschings
(Sagen, S. 412; vgl. ebd., S. 24–26) findet sich die Erzählung erstmals
in einem Breslauer Druck von 1504.

1 f. Formelhafter Eingang; vgl. etwa Wh I 276; II 180.
4 *Neumark:* Kreisstadt Neumarkt westlich Breslau.
10–24 Vgl. Wh II 197, V. 21–28.
39 f. Formelhaft; vgl. etwa Wh I 70, V. 39 f.

Literatur: NA II, S. 258; BC II, S. 549; Rieser, S. 467; Bode, S. 261. –
F. W. von Ditfurth, Die historischen Volkslieder vom Ende des dreißigjährigen Krieges, 1648, bis zum Beginn des siebenjährigen, 1756,
Heilbronn 1877, Nr. 10, S. 23 f.; F. Günther, Die schlesische Volks-
liedforschung, Breslau 1916.

II 260

Dieses Lied führt wie das vorhergehende nach Schlesien und wurde ebenfalls von Dr. Hinze beigetragen. Es ist im *Breslauischen Erzähler* vom 11. 7. 1801 abgedruckt. Büsching gab 1812 sowohl das Gedicht als auch die Prosa-Sage wieder (Sagen, S. 17–19). Es handelt sich um die Gründungslegende des Zisterzienserklosters Trebnitz – »von trzeba (nöthig) und nic (nichts)« (NA II, S. 261) – bei Breslau, das die hl. Hedwig, Gattin Heinrichs I. von Schlesien 1203 gestiftet hatte. Das Lied wurde praktisch unverändert in das Wh übernommen, wohl auch, um die originellen zweifachen Doppelwiederholungen in jeder Strophe belassen zu können.

Literatur: NA II, S. 260; BC II, S. 546; Rieser, S. 468; Bode, S. 155.

II 261

Das Lied handelt von Johannes II., Herzog in Schlesien und Herr zu Sagan und Glogau, seit 1461 im Amt, gestorben am 22. 9. 1504. Sein Gegenspieler ist Rudolf von Rüdesheim, der seit 1468 Bischof von Breslau war und am 17. 1. 1482 hochbetagt starb. Auch dieser Text wurde von Dr. Hinze aus Warmbrunn gesteuert. Eine Ersatzvorlage für das verschollene Ms. bietet der *Breslauische Erzähler* (7. 2. 1801). Die Adaption im Wh verdeutlicht V. 3 f. und bessert den Reim in V. 29. Der handfeste Spaß hat Wilhelm Busch zum dritten Streich seines *Max und Moritz* angeregt (vgl. V. 22–24).

Literatur: NA II, S. 261; BC II, S. 547; Rieser, S. 468; Bode, S. 304 f.

II 262

Vorlage ist ein *Ballade* betiteltes Gedicht aus der *Badischen Wochenschrift* vom 6. 2. 1807. Es ist signiert mit »A. P.«, d. i. Auguste von Pattberg, und muß als Eigendichtung dieser Autorin angesehen werden. Es behandelt eine Episode aus dem dritten Krieg Ludwigs XIV. gegen die Pfalz (1688–97), in dessen Verlauf der Kurfürst Philipp Wilhelm (1685–90) auf der Flucht starb; sein Sohn Friedrich Wilhelm war am 13. Juli 1689 bei Mainz gefallen (so die Datierung der Quelle; die Verwechslung in der Herkunftsangabe des Wh vermutlich aufgrund eines Hörfehlers beim Diktat). Das Schlußmotiv kehrt ähnlich in Mörikes Gedicht *Zwei Kameraden* (V. 45 f.) wieder.

Literatur: NA II, S. 263; BC II, S. 273; Rieser, S. 546; Bode, S. 161.

II 263

Die 102 (!) Strophen umfassende Vorlage war 1788 in Friedrich Karl von Mosers *Patriotischem Archiv für Deutschland* (S. 310–335) erschienen. Schon Kochs *Compendium* wies darauf hin (S. 93, Nr. 42), jedoch unterblieb im Wh ein Herkunftsvermerk wegen der extremen Verkürzung. Brentano, der vermutliche Bearbeiter, verzichtete auf umfangreiche Textpartien. Mehrfacher Ortswechsel, zahlreiche Nebenfiguren und v. a. die apologetische Tendenz, die abschließenden Ereignisse als Justizmord darzustellen, sind im Wh spurlos ausgefallen. Hier liegt der Hauptakzent vielmehr auf der Katastrophe und deren Vorbereitung sowie auf dem gefaßten Sterben Jacobs. Der Raffung fielen mehr als zwei Drittel der Quelle zum Opfer, und von den bleibenden Strophen wurden einige gänzlich verändert, um Digressionen des Originals streichen zu können (V. 61–65, 76–85, 106–110); völlig neu formuliert sind zudem V. 10, 70, 106 f. und 112. Zu den historischen Ereignissen des Jahres 1600 vgl. BC II, S. 591.

[Überschrift:] Vgl. V. 71–75, 88–90 und deren Vorausdeutung, V. 16–18 und 24 f.

2 *Fräulein:* junge, adlige Frau.

40 *ausdrehen:* entwischen.

50 *schmücken:* schmiegen.

112 Dieser neu formulierte Vers soll die vorhergehende breite Schilderung der Vorgänge in der Quelle zusammenfassen; dort kam es aber gerade darauf an, zu zeigen, daß kein rechtmäßiger Spruch erfolgt war.

122 *gespreit:* ausgebreitet.

Literatur: NA II, S. 264; BC II, S. 584; Rieser, S. 371–373; Bode, S. 431 f.

II 269

Der Stoff dieser Moralerzählung ist alt und international verbreitet; deutschsprachig begegnet er zuerst im mittelhochdeutschen *Kotzemaere*, von dem eine Fassung nach lückenloser Überlieferung seit dem späten Mittelalter über Jung-Stilling (*Jünglings Jahre*, 1778) in Grimms Märchen (KHM 78, *Der alte Großvater und der Enkel*) gelangte. Brentano schöpfte das kunstvoll gereimte Meisterlied in Barform aus einer Hs. des 16. Jh.s. Er kürzte seine Vorlage hauptsächlich um eine moralisierende Schlußstrophe sowie einige Füllverse. Aus der komplizierten Reimstruktur schuf er kreuzgereimte Vierzeiler mit regelmäßig wechselnder weiblicher und männlicher Kadenz und in alternierendem Metrum. Dagegen bewahrte er durch Tonbeugungen, Archaismen usw. die meistersingerliche Patina, ein Verfahren, das Jacob Grimm als inkonsequent ablehnte.

[Überschrift:] 5. Mose 5,16: Ehre deinen Vater und deine Mutter.
  6 Daß er sich dazu verstand.
 10 *Hausfrau:* Hausherrin, Gattin.
 12 *klägelich:* klagend.
 20 Dasselbe Motiv in der Alexius-Legende (z. B. bei Konrad von Würzburg, 2. Hälfte des 13. Jh.s): Der Sohn lebt unerkannt als Bettler unter der Treppe seines Vaterhauses.

Literatur: NA II, S. 270; BC II, S. 477; Rieser, S. 338; Bode, S. 689 f. – EB Nr. 187, I, S. 577; DVl Nr. 123, V, S. 334–340; BP II, S. 135–140; Siuts, S. 82; Röhrich I, S. 95–112, 262–267; H. Rölleke, Das Exempel vom undankbaren Sohn in einer Fassung Moscheroschs von 1643, in: Fabula 14, 1973, S. 237–242; Ders., Die Volksballade von der Wiedervergeltung bei Hans Michael Moscherosch, in: JbVldf 18, 1973, S. 71–76.

II 271

Dieses Lied – vielleicht eine Einsendung des Gütenbacher Pfarrers Fidelis Jäck – behandelt ein ähnliches Thema wie Wh I 294, wo der Knecht seinen Herrn in der weiten Heide auf Anstiften der Herrin erschlägt. Die wohl von Brentano hergestellte Wh-Fassung präzisiert die Motivation des Geschehens: Die Dürre des Feigenbaums, die dem Herrn zum Verhängnis wird, ist im Gegensatz zu der generell wenig veränderten Vorlage mehrfach betont (V. 4, 6, 8, 10). Der schlaue Knecht weiß davon und zieht es vor, seinen Herrn in den sicheren Tod gehen zu lassen.

[Überschrift:] Mit dem Vierzeiler wird auf den Tod des Herrn und den dadurch möglichen sozialen Aufstieg des Knechts angespielt (V. 22). Der Text begleitet ursprünglich ein Fingerspiel, bei dem skandiert wird: »Weine nicht, weine nicht / um Dein jung, frisch Leben! / Wenn der ein' sich niederlegt, / muss der ander' sich heben.«

1 Vgl. die ähnlichen Eingangszeilen in Wh I 294 und I 339.
2 *Winter weiten:* in der Quelle »wine weithen« ›sehr weiten‹; vielleicht glücklich angelehnt an mhd. »sumerlanc, winterlanc« ›sehr lang‹.
13 *Werth:* Lohn.
14 *Rappelbraunes:* schwarzbraun wie ein Rappe.
22 *Wickelwiege:* alliterierende Neubildung in Anlehnung an V. 2.
23 Hier wird die eigentliche Motivation klarer: Erst als der Herr dem Knecht Weib und Kind vermacht, verspricht er ein würdiges Begräbnis.
25 f. Vgl. Wh II 250, V. 19–21.

Literatur: NA II, S. 272; BC II, S. 492; Rieser, S. 472; Bode, S. 752. – EB Nr. 77a–d, I, S. 268–271; DVl Nr. 34, II, S. 13–24; ZföVk 4, 1898, S. 165; Röhrich-Brednich I, Nr. 32.

II 272

Arnim war es, der eine Einsendung Nehrlichs, die dasselbe Thema wie Wh I 259 behandelt, zunächst bearbeitete, indem er Titel und Herkunftsangabe hinzufügte und Strophen abteilte. Ob die nochmalige Revision für den Druck, die in einige Verse eingreift, ebenfalls Arnim zuzuschreiben ist, bleibt fraglich.

[Überschrift:] Vgl. V. 33.
1 *Kuchlebu, Schifflebu:* Küchenjunge, Schifferjunge.
26 *Nägelkranz:* in der Quelle eindeutig »Nägelekranz« ›Nelkenkranz‹; im Wh wohl im Sinn der Überschrift als eine Grausamkeit des Bruders aufgefaßt.
51 f. Vgl. Anm. zu Wh II 277, V. 32.

Melodie: Stockmann, S. 115.
Literatur: NA II, S. 273, IV, S. 79; BC II, S. 246, 247; Rieser, S. 472;
Bode, S. 180. – EB Nr. 186a–e, I, S. 568–577. – Vgl. ferner zu Wh I
259.

II 274

Das Lied stammt offenbar aus einem Schweizer Fl. Bl. jüngeren
Datums (2. Hälfte des 18. Jh.s) und war von Uhland am 22. 2. 1807 in
sein hs. *Sonntags-Blatt* aufgenommen worden. Über Uhland gelangte
es in Leo von Seckendorfs *Musenalmanach für das Jahr 1808*
(S. 29–32), von wo es Arnim in das Wh einfügte. Die geringfügigen
sprachlichen und metrischen Normalisierungen sind nicht konse-
quent durchgeführt.

[Überschrift:] Vgl. V. 76.
  1 f. Vgl. den Eingang des ebenfalls aus dem Alemannischen stam-
      menden Liedes Wh I 281 (sowie Wh II 250).
  9 *Bankert:* uneheliches Kind.
 11 *verdinget:* dingt, nehmt in Arbeit.
 15 *ummen:* herum.
 20 *treit:* trägt.
 27 *Südeli:* wörtl. ›kleine Sudlerin‹: »Person, welche zu unreinlicher
      Arbeit bestimmt ist, in welchem Verstande [. . .] eine Spühlmagd
      in den Küchen eine Sudlerinn« (Adelung IV, Sp. 878).
39–42 Das Schwert zwischen dem im Bett liegenden Paar ist ein
      Symbol der Keuschheit; vgl. Gottfrieds *Tristan* 17412–16 oder
      KHM 60.
 42 *Mägedli:* Jungfrau.
 43 *umher:* herum.
 50 *umherfahrt:* umherwandert.
 57 *schnöde:* verächtliche, verachtenswerte.
 58 *Häfelein:* (obd.) kleine Töpfe (vgl. V. 60).
 64 f. Formelhaft; vgl. etwa Wh I 37, V. 9 f.; II 154, V. 26 f.
 66 f. Vgl. Wh II 250, V. 12 f.
 68 f. Vgl. Wh II 154, V. 32 und 38 f.
 69 *Bis:* Sei.
 73 f. Vgl. Wh II 154, V. 41 f.

Literatur: NA II, S. 274; BC II, S. 299; Rieser, S. 470; Bode, S. 210. –

Uhland, Nr. 121; Schriften IV, S. 128–134; EB Nr. 178–181c, I,
S. 549–556; DVl Nr. 72, IV S. 1–38; M. Kommerell, *Das Volkslied
und das deutsche Lied*, München 1967, S. 34 f.

II 277

Nach den Motiven, die in der Seckendorfschen Vorlage zu Wh I 274
enthalten sind, dichtete Brentano den vorliegenden Text, führte aber
u. a. durch die Herkunftsangabe Arnim gewissermaßen irre. Dieser
glaubte zunächst an den volkstümlichen Ursprung des Liedes und sah
sich erst später veranlaßt, den Eindruck zu dementieren, er sei sich
über Brentanos Verfasserschaft und sein gezieltes Nachempfinden
des Volkstons nicht im klaren gewesen. Durch Assonanzen und zahlreiche Reimwiederholungen sowie Archaismen und rhythmische
Freiheiten, außerdem Anleihen aus verbreiteten Volksliedformeln
konstruierte Brentano einen Text, dem er später im *Märchen vom
Murmeltier* (besonders in den Verseinlagen *Ich bin Konrad der müde
Mann*) eine thematische Parallele zur Seite stellte. Ludwig Bechstein
hat die Ballade unter dem Titel *Star und Badewännlein* in seinem
Märchenbuch mit Ausnahme der leicht veränderten Verse 27 f., 43 f.,
51 f. und 109 f. in Prosa umgeformt.

[Überschrift:] Sie stellt gerade die Leitmotive heraus, die unzweifel-
   haft Brentanos Eigentum sind, während für Einzelmotive weitere
   Modelle neben Seckendorfs Text angenommen werden.
11–14 Vgl. Wh II 274, V. 21 f. und 25–27.
19 Das Motiv erinnert an die Wiedererkennungs-Szene der *Odyssee*
   (XIX,386 f. und 467–475).
22 Vgl. das Faladamotiv in KHM 89, *Die Gänsemagd*.
24 *zwagen:* waschen.
32 Formelhaft; vgl. Wh I 102, V. 2; I 317, V. 43; II 154, V. 24; II 250,
   V. 39; II 272, V. 52.
70 *Morgenwein:* wird nach der Hochzeitsnacht kredenzt; vgl. etwa
   die mittelhochdeutsche Verserzählung *Von dem übeln wibe*
   (V. 37).
81 f. Vgl. die deutlichere Ausführung im *Märchen vom Murmeltier*
   (Werke III, S. 257): »Sein Schwert er durch der Frau Wirx Ohr-
   läppchen stieß / Und spießte sie fest da an die Wand.«
89–92 Vgl. Wh II 274, V. 66–69.
93 f. Vgl. Wh II 289, V. 29–36.

Literatur: NA II, S. 280; BC II, S. 302; Müller, S. 96; Rieser, S. 474 f.; Bode, S. 721–723; Guignard, S. 48. – Uhland, Schriften IV, S. 129; EB Nr. 179–181c, I, S. 551–556; DVl Nr. 72, IV, S. 1–38; Briegleb, Nr. 77, S. 55; M. Kommerell, Das Volkslied und das deutsche Lied, München 1967, S. 34 f.; H. Rosenfeld, Heldenballade, in: HbVld I, S. 57–87 (bes. S. 84–86).

II 282

Unter der Überschrift *Vom Ritter und seinem Liebchen* hatte Leo von Seckendorf ein spätmittelalterliches Lied aus einer Augsburger Papierhs. von 1454 in seinen *Musenalmanach* (1808; S. 16–18) aufgenommen. Außer wenigen Modernisierungen und der Besserung einer Textlücke in V. 44 f. sowie der Änderung von »grossen« zu »größten« (V. 47) zugunsten einer Binnenassonanz griff Arnim nicht in den Text ein. Deshalb blieben die verderbt überlieferten Strophen ohne Ausgleich untereinander: In Str. 1 ist ein Vers zu ergänzen und in Str. 6 sind die beiden langen Schlußverse (56 f.) in vier Kurzverse zu unterteilen, so daß sich Strophen von 8, 12, 12, 8, 8 und 12 Versen ergeben.

1 *durch Frauen Willen:* um einer edlen Frau willen.
9 *als:* Füllwort; bis heute im Oberdeutschen gebräuchlich.
17 *Muth:* Gesinnung.
35 *Sam:* Als ob.
38 *als:* wie.
56 f. Vgl. die Schlußstrophen von Wh II 243.
60 *Jungfraue:* junge Herrin.

Literatur: NA II, S. 285; BC II, S. 141; Alemannia 18, 1890, S. 227; Rieser, S. 412; Bode, S. 209. – Uhland, Nr. 89; EB Nr. 34, I, S. 105 f.; DVl Nr. 18, I, S. 173–179; Bergreihen (Ed. Heilfurth), S. 103, Nr. 44–45.

II 285

Brentano erhielt die Vorlage zu diesem Lied über Ignaz Heinrich von Wessenberg von dem Pfarrer Fidelis Jäck; dessen Originalniederschrift ist allerdings verschollen, doch darf für die Wh-Fassung, wie bei mundartlichen Texten üblich, auf strenge Texttreue geschlossen werden. In der möglicherweise aus dem 15. Jh. stammenden Ballade geht es nicht um persönliche Grausamkeit der Eltern, sondern um archaische Rechtsformen der Privatjustiz.

1 *Süh:* Söhne.
2 *nune:* nur ein.
7 *weder:* als.
11 *doner:* da er.
13 Zur Zeit ihrer Niederkunft will er wiederkommen.
16 *Siteli:* Seite.
20 *Schlofgade:* Schlafgemach.
21 *mueni:* muß ich.
29 *müend:* müssen.
34 f. Die Mutter an der Wand hörte einen Teil dieser Reden; formelhaft (vgl. V. 52–54 und Wh I 32b, V. 13–16).
38 Ihr habt früher (eher) gesagt, Eure Tochter sei brav.
40 *eu wi mi:* Euch wie mir (sie ist also die Stiefmutter).
55 *gend:* geben.
57 *händ e:* haben ein.
65 *Böthemli:* Boten.
78 *Umme:* Um ein (vgl. V. 88); anscheinend inhaltliche Verquickung mit einer anderen Überlieferung, derzufolge der König von Mailand bereits unterwegs dem Bruder begegnet.
84 *Ehb:* Ehe, bevor.
92 Das sich unter meinen 350 Pferden befindet.
98 *Nachrichter:* Henker, Scharfrichter.
101 *ghör:* höre.
110 *wender:* wollt Ihr.
111 Vgl. *Faust I* 2949.
119 *Schwägerin:* Schwieger(mutter); vgl. V. 121.
120 *niesse:* brauchen, berücksichtigen.
121 *Schwäher:* Schwiegervater.
122 Ach, Annelein, kannst du das Reiten (schon wieder) ertragen?
131 Wollen wir dein Väterchen auch dazu laden?
134–137 Form des Schnaderhüpfels.
137 *let sie:* legt sich.

Literatur: NA II, S. 287; BC II, S. 252; Rieser, S. 475; Bode, S. 747; Schewe, 1932, S. 137. – EB Nr. 97, I, S. 348–350; DVl Nr. 67, III, S. 219–237.

II 289

Nachdem Uhland diese Ballade schon am 22. 7. 1807 in seinem hs.
Sonntags-Blatt bekanntgemacht hatte, druckte Leo von Seckendorf
sie in seinem *Musenalmanach* (1808; S. 19–23) unter dem Titel *Graf
Friedrichs Brautfahrt* mit der Herkunftsangabe »Fliegendes Blatt aus
der Schweiz«. Die flüchtige Wh-Bearbeitung stammt von Arnim.
Eine Fassung des seit dem 16. Jh. überlieferten Liedes hatte Goethe
1771 im Elsaß niedergeschrieben; sie sollte ursprünglich in Herders
Volksliedersammlung erscheinen.

12 *sein's Herzens traut:* die seinem Herzen lieb war.
29 f. Vgl. Wh II 277, V. 89 f.
31 *Bis:* Sei.
35 *inniglich:* basiert auf einer Textverderbnis; gemeint ist wohl
    »höniglich« ›von wildem Aussehen, entstellt‹.
36 Vgl. Wh II 250, V. 47–49.
42 *Wirtschaft:* Gastmahl.
45 f. Vgl. Wh I 330, V. 121–123.
48 *mocht:* vermochte, konnte.
53 *die übel Schwieger:* die böse Schwiegermutter; vielleicht deutet
    das Epitheton auf einen geheimnisvollen Zusammenhang mit dem
    rätselhaften Unfall.
90 *begabet:* mit der ›Morgengabe‹ (hier: Aussteuer) beschenkt.
98 *verderbet:* urspr. »verreret« ›vergossen‹.
106 f. »Sumpf, Moor, oft zum Begräbnis von Verbrechern benutzt«
    (BC II, S. 261).
108 *Kürzlich:* Binnen kurzer Zeit.
109–112 Vgl. Wh II 250, V. 47–49.
121–123 Vgl. Wh II 119, V. 77 f.
123 *Angesicht:* Augen.

Melodie: Stockmann, S. 117.
Literatur: NA II, S. 293, 299; BC II, S. 257; Rieser, S. 471; Bode,
S. 213 f. – Uhland, Nr. 122; Schriften IV, S. 134–137; EB
Nr. 107a–e, I, S. 377–385; DVl Nr. 48, II, S. 191–218; Maltzahn,
S. 75, Nr. 508; Pinck, Goethe, S. 18–25, 64–71; JböVlw 3, 1954,
S. 3 f.; Röhrich-Brednich I, Nr. 23.

II 294

Die Vorlage dieses Liedes ist verschollen. Brentano erhielt es über
Ignaz Heinrich von Wessenberg von Pfarrer Fidelis Jäck, dessen Ms.
vermutlich die Fußnoten entnommen sind. Mehrere hs. Parallelfassungen in Brentanos Besitz blieben ohne Einfluß. Immerhin bringt
das Wh mit II 289 und 294 zwei Texte zum verbreiteten Graf Fried-
rich-Stoff.

2–4 Die Schuld der Mutter am Tod der Braut wird hier, anders als im
    vorhergehenden Lied, ausdrücklich vorausgesetzt.
12 Wohl verderbt aus Worten der Braut: »Jetzt weiß ich, daß ich
    sterben muß.« Der Gütenbacher Pfarrer muß die Lieder also nach
    mündlichem Vortrag aufgenommen haben.
19 Sei mir herzlich willkommen, mein Sohn, daheim!
30 *Brät:* Braten.
46 *Gsatz:* Satz, Wort.
70 *hai:* habe.
103 Leicht und unbeschwert.

Literatur: NA II, S. 299; Rieser, S. 471; Bode, S. 748; Schewe, 1932,
S. 136 f. – Vgl. zu Wh II 289.

II 298

Auch für diese (verschollene) Einsendung Wessenbergs (vgl. zu
Wh II 285) ist unveränderter Abdruck durch Brentano anzunehmen.
Die Anmerkung zum Dialekt ist zu dieser Ballade gestellt, weil sie
sprachlich stärker dem Hochdeutschen angenähert ist, also Pfarrer
Jäck wohl durch eine andere Vorsängerin als die beiden vorausgehen-
den zukam. Auch hier wird indes der Hiat durch zwischengeschrie-
benes »n« vermieden. Die Notiz zur Melodie ist die einzige im Wh
überhaupt und spricht ihrerseits für ungewöhnliche Treue gegenüber
der Vorlage. Die Form der Ballade ist stark zersungen; Parallelüber-
lieferungen weisen eindeutig auf siebenzeilige Strophen in der Reimfolge des sogenannten Zeitungslieds: ababccb. Einen ähnlichen Stoff
haben die Brüder Grimm in DS 340 (*Der Kreuzliberg*) aufgenommen.

29 *geit:* gibt.
63 *Wonihre:* Wo (was) ihr.

66 *in der Rosen:* in seiner Herberge.
70 *Schei:* Schein, Erscheinung.
72 Und da der morgige Tag gekommen war.
77 *Kilihof:* Kilchhof, Kirchhof.
105 *sie:* sein.

Literatur: NA II, S. 303; BC II, S. 265; Rieser, S. 475 f.; Bode, S. 748. – DVl Nr. 111, V, S. 230–237; J. Bolte, Die Sage von der erweckten Scheintoten, in: ZfVk 20, 1910, S. 353–381; Röhrich II, S. 86–121, 415–428.

II 302

Quelle ist das Vers-Epos ähnlichen Titels des Wernigeroder Schulmeisters Georg Thym von Zwickau, das in einem Wolfenbütteler Separatdruck von 1563 vorliegt. Arnim und Brentano hatten beide je eine Abschrift erstellen lassen, deren eine Grundlage für Arnims Bearbeitung war. Da das Original 1946 in 20 »Puncte« (Kapitel) unterteilte Verse umfaßt, muß es genügen, die Tendenz dieser Revision zu umreißen: Arnim kürzt die Quelle auf 490 Verse, also um fast drei Viertel, und teilt den Text in Kapitel auf. Schon proportional steht der Erwerb des schwarzen Pferdes, das zugleich als Leitmotiv der Gesamtdichtung dient (vgl. die neu eingefügten Verse 153 f., 258–266, 353–355, 453, 483 und 485), im Zentrum. Ausgelassen sind neben inhaltlichen Wiederholungen und Nebensächlichem besonders theologische und moralisierende Partien, die zuweilen durch Überleitungs- oder Flickverse ersetzt wurden (etwa V. 106, 157 f., 187 f., 201, 203, 213, 253–256, 274, 357 f., 370, 448, 450, 456, 468, 480); Raffungen finden sich besonders in V. 323–326 und 371–373. Eigene Zutaten sind etwa die Vorausdeutungen in V. 258–266, 356 und 471 f., die Verklammerungen zweier Episoden durch V. 98 bzw. 427 f. und einige Ausführungen vorgegebener Situationen: V. 133 das Erschrecken des Herzogs, V. 166 die Motivierung für Thedels Errettung, V. 225 f. die Freude der Herzogin. Der Verfasser des Originals war zu seinem etwas unbeholfenen Werk durch einen Thedel von Walmoden angeregt worden, der in Goslar sein Schüler war und dessen Vater Ludolf die eigene Familiengeschichte erforschte. Der Stoff entstammt einer Volkssage, die auf den Kreuzzug Heinrichs des Löwen von 1172 zurückgeht und sich seit dem 14. Jh. an das Geschlecht der Freiherrn von Walmoden knüpft.

4 *Aschen:* Koseform des Namens Aschwin, historisch im 14. Jh. nachgewiesen. Das Geschlecht Walmoden ist seit 1154 bezeugt.

10 *Theodulus:* (griech.) Gottesknecht; wird von dem gelehrten Thym irrtümlich mit der niederdeutschen Namensform Thedel, der Koseform zu Dietrich, in Verbindung gebracht.

23 *drat:* rasch.

24 Vgl. Mt. 28,19.

49 *Lotter:* Lutter am Barenberg, bei Gandersheim.

53 *Haard:* die Haar, Gegend zwischen Lutter und Bredelem (vgl. V. 206); von Arnim anscheinend an die Haardt (Teil des Pfälzer Waldes) angelehnt.

56–64 Das ›wilde Heer‹ (Verstorbener), an dessen Spitze der Teufel zu reiten pflegt.

66 *Springschnur/Klocken:* Jagdhilfsmittel zum Scheuchen des Kleinwilds.

68 *Garn:* Hasengarn (Garn oder Netz zur Hasenjagd); vgl. V. 189 und Wh II 74, V. 167; II 129, V. 187.

71 *droben:* irrtümlich statt »draben« ›traben‹.

87 f. Nach der Sitte vornehmer Pilger.

97 *unverfehrt:* Arnim führt den ehrenden Beinamen Thedels nach der Vorbereitung in V. 42 und 65 zuerst als Adverb ein: unerschrocken; von »vorveren« (mittelniederd.) ›erschrecken‹.

122 *Herzog Heinrich:* Heinrich der Löwe von Sachsen, Thedels Lehnsherr.

217 f. Formelhaft; vgl. in Martin Agricolas *Musica instrumentalis deudsch* (Wittenberg 1529): »Dis hab ich wollen am End anzeigen / Mit so viel tausend guter nacht, / So manch roter Mund im Jar lacht.« Arnim wählt aus Thedels langer Ansprache nur die volkstümlichen Wendungen.

228 *zupetschieret:* mit dem Petschaft versiegelt.

252 *Schladen:* an der Oker bei Wolfenbüttel; Grafengeschlecht bis 1360. – Die folgende Episode erinnert an das zweite Abenteuer des Furchtlosen (mit den Gehängten) im *Märchen von einem, der auszog, das Fürchten zu lernen* (KHM 4).

269 *Heimlichkeit:* heimliches Gemach (vgl. frz. »lieu d'aisance«), Abort.

275–278 Protestantisch motiviert: Gottes Wort schützt anstelle des katholischen Kreuzzeichens vor dem Teufel.

293 *Hohlaltar:* groteske Umschreibung Arnims für Klosett, vielleicht auf Irrtum beruhend, vielleicht angelehnt an Fischart: »Ein Scheißhauß ist ein Scheißhauß, wann man es schon wie ein altar bawet.«

306 Durch Umstellung Arnims an dieser Stelle sinnlos.
319 *lebt:* recte: lob.
327 *Meßhauß:* mißverstanden oder volksetymologisch umgedeutet;
    in der Vorlage ist das »Mos[t]haus« (Speisesaal in der Burg zu
    Braunschweig) gemeint.
425–444 Ein Zwist zwischen dem Bischof von Halberstadt und dem
    Stift Hildesheim, der 1367 zu den Schlachten bei Dinklar und
    Farmsen und zur Gefangennahme des Bischofs Albrecht führte.
    Beteiligt war auch ein Dietrich von Wallmoden.
454 *Orden von dem heilgen Schwerdt:* livländische Schwertritter,
    1202 gegründete Kongregation, die 1237 im Deutschen Orden
    aufging.
459 *Deutschmeister:* oberster Verwalter des Deutschen Ordens.
489 *Elend:* Diesseits.

Literatur: NA II, S. 308; Rieser, S. 352–354; Bode, S. 682. – J. Nad-
ler, Literaturgeschichte der deutschen Stämme und Landschaften,
Bd. 2, Regensburg 1931, S. 188–190.

II 319

Die Quelle für dieses Lied sind 228 Verse mit dem Titel *Noch ein
andere schöne Histori von S. Catharinen vnd einem jungen Grafen* in
Johann Georg Tibianus' *Kurtze Historische / warhaffte vnd gründli-
che Narration* (1598; S. 78–88). Die mystische Verlobung der hl.
Katharina, deren ikonographisches Kennzeichen u. a. die Krone
(V. 10) ist, mit dem Jesuskind gehört zu den ältesten Motiven um
diese Königstochter aus der Zeit des Urchristentums. In der Tradition
der Volksfrömmigkeit verlobt sich Katharina auf mystische Weise
ihren Verehrern, von denen sie absolute Treue erwartet. Die Reimer-
zählung ist im Wh um ein Fünftel gekürzt; alle inhaltlich nicht weiter-
führenden Passagen sowie Nebenmotive sind ausgelassen. Die poetische Ausgestaltung einzelner Szenen ist dagegen allein Werk des
Bearbeiters (V. 11–14, 17 f., 80, 118–120, 145–154 und 181–184).
Obwohl Brentano das Quellenwerk selbst besaß, dürften Übernahme
und Adaption Arnim zuzuschreiben sein.

21 *edel:* ein legendarischer Zug: Die Freier der hl. Katharina waren
   ihr nicht ebenbürtig, so daß sie sich Christus als dem edelsten
   vermählte (V. 28).

28 Die Situation scheint nach dem berühmten Urteil des Paris ausgestaltet, dem sich ganz ähnlich drei Göttinnen zur Wahl stellen.
47 Wohl eine ikonographische Kontamination: der Kranz von Rosen
ist Attribut der hl. Katharina von Siena.
67 *Hausfrau:* Hausherrin, Gattin.
91 *der Frist:* derweilen, inzwischen.
131 *ziemlicher massen:* wie es sich geziemt, angemessen.
137 *nachleben:* nach dir leben, dich überleben.
145 Vgl. V. 125.
167 *dem:* seinem eigenen.

Literatur: NA II, S. 328; BC I, S. 406; Rieser, S. 377–380; Bode,
S. 566–568. – P. Assion, Die Mirakel der hl. Katharina von Alexan-
drien – Untersuchungen und Texte zur Entstehung und Nachwir-
kung mittelalterlicher Wunderliteratur, Diss. Heidelberg 1969,
S. 482 f.

II 325

Die frühchristliche Märtyrerin Dorothea wird meist mit einem äpfel-
und rosengefüllten Korb dargestellt, denn der Legende zufolge sandte
sie dem sie verspottenden Schreiber Theophilus nach ihrem Tod aus
Christi Garten diese Blumen und Früchte. Die Tradition, aus der
Ludwig Kosegarten 1804 seine Dorothea-Legende gestaltete und die
später Modell für die vorletzte von Gottfried Kellers *Sieben Legenden*
wurde, wirkte auch auf die Vorlage der Wh-Herausgeber. Dabei handelt es sich um ein Lied Nikolaus Hermanns aus dem 16. Jh., das in
der hs. Sammlung Traugott Heinzes 15 achtzeilige Strophen umfaßt.
Weil mehrfach innerhalb der Strophen gekürzt ist, v. a. bei Neben-
motiven, wurde auf die Untergliederung verzichtet. Die Hauptbege-
benheit folgt aber im wesentlichen der Quelle (V. 25–54, 61–72); nur
die Erscheinung des Knäbleins ist verändert und ausgeschmückt
(V. 55–60).

12 Gott hegt die (wartet der) Kinder der Frommen.
39 *geliebt:* ist lieb.
54 Vgl. in Brentanos Zyklus *Die Monate* das Gedicht *Februar:* »Gib
Dorothea Rosen, meinem Kind, zur Lust« (GS II, S. 602).
66 *Christus:* vgl. aber V. 20 und 70.

Literatur: NA II, S. 335; BC I, S. 404, 562; Alemannia 12, 1884, S. 63; Rieser, S. 391–394; Bode, S. 560 f. – EB Nr. 2120, III, S. 812; Maltzahn, S. 99, Nr. 642, S. 318, Nr. 794, S. 321, Nr. 816; Breslauer, Kat. III, S. 321 f., Nr. 98, S. 225, Nr. 136, S. 339, Nr. 144; R. Sprenger, Zu Philipp Massinger's »The Virgin Martyr«, in: Englische Studien 22, 1896, S. 146–148.

II 327

Der Leib des Apostels Jakobus d. Ä. (Apg. 12,2) wird seit dem 11. Jh. in Santiago de Compostela an der Westküste Spaniens vornehmlich durch Wallfahrten verehrt. Diese Wallfahrt galt neben der ins Heilige Land als die verdienstlichste, aber auch gefährlichste. Das alte Pilgerlied der Jakobsbrüder ist eine Art Reiseführer, der über den beschwerlichen Weg geographisch ungefähre Auskunft gibt, um den Pilger vor Irrwegen zu schützen; es warnt aber auch mit einem drastischen Beispiel vor übelgesinnten Wirten. Die Vorlage des Wh, Seckendorfs *Musenalmanach* (1808; S. 11–16), hatte die Quelle, eine spätmittelalterliche Münchner Handschrift, modernisiert, so daß sich Arnim bei seiner Bearbeitung auf grammatische und metrische Glättungen beschränken konnte. Arnim übernahm später drei Strophen in *Waldemar* (Werke 18, S. 86), während die Eingangszeile (bzw. V. 28) für Brentano zum häufig verwendeten Topos wurde (Werke I, S. 363, 440, 533; GS I, S. 197; *Aloys und Imelde*, IV, 7, 13 und V, 6). Vgl. in Berngers von Horheim Minnelied *Wie solt ich armer* (um 1200) den Vers »des muoz ich von ir daz ellende bûwen« (MF 114,23); »Ellende bawen alle leute auf erden« (*Der Ackermann aus Böhmen* XX,14 f.).

2 *heb' sich auf:* mache sich auf.

4 *darf:* bedarf.

5–11 Tasche, Flasche, Hut mit Muscheln, Mantel und Pilgerstab sind ikonographische Kennzeichen des hl. Jakobus selbst, der Patron aller Pilger und Wallfahrer ist.

12 *lug:* sehe zu.

13 *gebüsset:* daß er seine Bußübung (die ihm in der Beichte auferlegt wurde) verrichtet habe.

31 *der armen Gecken Land:* Land der Armagnacen (Gascogne); volksetymologisch gedeutet.

35 *für:* lieber als.

36 *Sofei:* Savoyen.

41 *St. Spiritus:* wohl auf ein Spital oder auch auf den Pont-St. Esprit
im französischen Département Gard zu beziehen.
43 *Schallen:* Jauchzen, Frohsinn (vgl. Wh I 363, V. 79 u. ö.).
44 *Langedocken:* das Languedoc in Südfrankreich.
48 *Runzevale:* wohl volksetymologisch an »Runzel« angelehnt; der
Pyrenäenpaß Roncesvalles, Todesstätte des Paladins Roland.
51 *Monte Castein:* Monte cristein, Paß in den Westpyrenäen,
benannt nach dem Kloster Sancta Christina.
52 *Pfortenberg:* St. Jean-Pied de Port, nördlich von Roncesvalles.
56 *Rabanel:* Berg bei Astorga.
58 *Alle Fabe:* der Berg Cebrero, nach dem Dorf La Fava benannt.
59 *leit:* liegt.
66 *nit eben:* nicht genehm.
67 350 Pilger hat er vergiftet.
69 *Burges:* Burgos in Kastilien.
82 *Der Greulich:* Der Böse, der Teufel.
85 *vergäb dir:* vergiftete dich (vgl. V. 67).
107 *Schälkin:* im älteren Sinn: Gaunerin, Verbrecherin.
120 *Stern, heißt Finster:* Cap Finisterre an der spanischen Westküste,
unweit Santiago; wie schon in Fischarts *Flöhhatz* (1573) volksetymologisch aufgefaßt (finsterer Stern).
122 *Salvator:* die romanische Kathedrale mit dem Grab des Apostels.

Literatur: NA II, S. 338; BC I, S. 396; Rieser, S. 376; Bode, S. 215. –
Uhland, Nr. 302; Schriften IV, S. 310–316; EB Nr. 2091, III,
S. 780–783; Simrock, Nr. 77, S. 153 f.; Wackernagel II, Nr. 1246,
S. 1009 f.; Köhler, Schr. III, S. 223–228; Marriage (Ed. Forster),
S. 265; Leoni, S. 24; Röhrich-Brednich I, Nr. 54.

II 332

Quelle ist Procops *Dominicale Paschale et Pentecostale* aus dem Jahr
1667. Brentano übernahm aus dieser Sammlung zwei aufeinanderfol-
gende Texte und kürzte sie so, daß sich daraus ein einziger Text
aufbauen ließ. Die mit der Sprecherbezeichnung »Der Geistliche«
versehenen Strophen entstammen Procops Gesang *Der Geistliche Pilgram*, während die Strophen aus *Der leibliche Pilgram* als Rede des
»Pilgrim« integriert sind. Von den Kürzungen abgesehen, respektiert
Brentano selbst metrische Schwerfälligkeiten der Vorlage.

19 *Lorett:* Loreto bei Ancona; durch die ›Santa Casa‹ (Mariens Haus aus Nazareth, der Legende nach 1295 von Engeln nach Loreto getragen) berühmter italienischer Wallfahrtsort.
37 *möchte:* vermöchte, könnte.
54 Meine Taschen fülle ich durch Hineinschieben an, wenn ich Gelegenheit dazu habe.
63 f. Mt. 6,26; vgl. Wh II 425, V. 25.

Literatur: NA II, S. 343; BC I, S. 435; Rieser, S. 386; Bode, S. 540 f.

II 335

Vermutlich ohne wesentliche Änderungen übernahm Brentano dieses weitere Pilgerlied, das er am 7. 8. 1806 von Fritz Schlosser erhalten hatte (das Ms. ist verschollen). Die Überschrift stellt das Lied ausdrücklich in Gegensatz zu dem vorangehenden älteren Text, denn es dürfte erst gegen Ende des 18. Jh.s entstanden sein. Vgl. zum Thema z. B. Bürgers Ballade *Der Bruder Graurock und die Pilgerin* (1778). Ein Einfluß auf Brentanos Lied *Die Einsiedlerin* (ZfE 31. 5. 1808, Nr. 18) ist unverkennbar.

11 f. Die Kennzeichen der Pilger; die Muscheln sollten auf die überseeischen Wallfahrtsorte hindeuten.
14 *Holderbeer:* Holunderbeere.

Literatur: NA II, S. 346; BC I, S. 451; Rieser, S. 508; Bode, S. 748; Schewe, 1932, S. 127.

II 336

Ursprüngliche Vorlage war ein Frankfurter Fl. Bl., auf dessen Basis Arnim durch Kürzungen, Modernisierungen und inhaltliche Eingriffe den Text für das Wh hergestellt hatte. Jedoch arbeitete Brentano in diesem Fall gegen Arnims Absicht und revidierte dessen Text mit größerer Originaltreue, besonders in inhaltlicher Hinsicht. Gegenstand sind historische Ereignisse aus den Monaten Juli/August 1552, als unter Führung des sächsischen Kurfürsten Moritz fünf weitere Fürsten das kaisertreue Frankfurt belagerten und beschossen. Die Gegenwehr der Bewohner und die Annahme des Passauer Vertrags führten nach 14 Tagen zum Ende der Belagerung am 3. 8. 1552.

2 *erglastet:* erglänzt; von obd. »Glast« ›Glanz‹.

3 *Brünnlein:* im älteren Sinn: Quellen.

3–9 Mit Quellen, lauen Ost- und Westwinden, Gesang von Wald-
vögeln und der Frau Nachtigall sind in dieser Natureingangsstro-
phe die wichtigsten Requisiten des locus amoenus versammelt.

4 *Erlusten:* Ergötzen.

28 f. Das Wh I 327 abgedruckte Volkslied.

41 *firnen:* vorjährigen, alten (vgl. nhd. »Firnschnee«).

42 Die Orthographie des Wh ist mißverständlich; gemeint ist: Man
hieß sie herzlich willkommen (vgl. Wh II 327, V. 22).

45 Fürbitte um die Seelenruhe der gefallenen Feinde.

46–64 Zu den Kanonennamen vgl. Wh I 339, V. 36–45.

53 *rauen:* das Federzupfen, Mausern der Vögel.

59 *Stephans Pfeile:* Anspielung auf den Frankfurter Büchsenmeister
Stefan Pfeilsticker.

62 *übereilen:* überholen.

66 *Affensteine:* Anhöhe im Frankfurter Norden, rechts des Mains.

67 *Mühlenberg:* Erhebung vor Sachsenhausen.

72 *Schanz:* hier allg.: diese Lage.

80 f. Frankfurt hält trotz seiner augenblicklichen Isolation treu zum
Kaiser.

Literatur: NA II, S. 347; BC II, S. 578; Rieser, S. 368; Bode,
S. 415 f. – Liliencron, Nr. 604, IV, S. 562 f.; F.C. Ebrard, Ein Lied
von der Belagerung der Stadt Frankfurt im Jahre 1552, Frankfurt
a. M. 1920 (unpag.).

II 339

Auch für dieses Lied ist ein Frankfurter Fl. Bl. Quelle; allerdings
wurde Arnims Bearbeitung von Brentano eher als im Fall von Wh II
336 gutgeheißen. Insgesamt ist das Lied im Wh um 25 Verse gekürzt.

4 *Sechs Fürsten:* Kurfürst Moritz von Sachsen, Landgraf Wilhelm
von Hessen, Markgraf Albrecht von Brandenburg, Herzog Albrecht und Herzog Georg von Mecklenburg, Pfalzgraf Ott Heinrich von der Pfalz.

11 *Nürnberg:* Nürnberg war zuvor von den Fürsten erobert worden
und stellte nun Geschütz und Munition zur Belagerung Frank-
furts.

22 *Ocklesmann:* unerklärt; vielleicht an frühnhd. »ökeln« ›necken, plagen‹ (vgl. »Oekelnamen« ›Schimpfnamen‹) anzulehnen; andere Deutungen: Stahlmacher, also: Büchsenmacher bzw. Apotheker.

23 *Pilullen:* Pillen, aus lat. »pilula«; der Versrhythmus erforderte die Erweiterung um eine Silbe. Dasselbe Bild begegnet bei Fischart: »von disen Pillulen [Büchsenkugeln] sterben«.

31 *Markgraf:* Markgraf Albrecht von Brandenburg.

33 Vgl. Wh II 336, V. 40.

34 f. Vielleicht Anspielung auf den während der Belagerung an den Folgen eines Schenkelschusses gefallenen Herzog Georg von Mecklenburg.

36–44 Unterstrichen sind die Geschütznamen; vgl. Wh II 336, V. 46–64.

42–44 Unterstrichen die Namen der am 4.–5. 8. durch die Frankfurter erbeuteten Geschütze.

47 f. *Sack mit Ingwer / Lorbern / Muskaten:* Metaphern für »Kanonenkugeln«.

Literatur: NA II, S. 351; BC II, S. 575; Rieser, S. 368; Bode, S. 416. – Breslauer, Kat. III, S. 328, Nr. 116; Liliencron, Nr. 603, IV, S. 560–562.

II 341

Wegen der Eingangszeile schloß Arnim dieses geistliche Gedicht den Frankfurter Liedern an. Es stammt aus den *Historica et Memorabilia* (1707; S. 276–279) von Thomas Schmidt, der wiederum aus einer Sammlung des Caspar Titius von 1677 geschöpft hatte. Das Original ist um acht Verse mit historischer Situierung sowie den epischen Ausklang gekürzt. Statt dessen wird das Pfingstlied effektvoll wiederholt. Auf die witzige Antwort des Fürsten weist besonders die neu hinzugefügte Überschrift hin, während der Quelle eine ausführliche Information über das zugrundeliegende Ereignis von 1557 vorsteht.

4 *Stift zu St. Barthelmäs:* der Dom, seit 1239 dem Apostel Bartholomäus geweiht.

9 *dar:* dorthin.

15 f. Beginn des ältesten deutschen Pfingstliedes, das Luther um drei Strophen erweitert hat; in der Liturgie häufig vor der Verkündigung des Evangeliums gesungen (vgl. V. 18).

21 *überall:* durchaus.

23 f. Luthers 1523 gedichtetes Lied (EKG 239); es soll den Katholiken besonders verhaßt gewesen sein.

45 *gemein:* gemeinsam.

51–54 Wegen der konfessionellen Verschiedenheit werden sich die Wege des protestantischen Fürsten und des katholischen Priesters in der Ewigkeit nicht kreuzen.

56 *Sanduhr:* Zeitmesser für die Dauer der Predigt.

Literatur: NA II, S. 355; BC II, S. 581; Rieser, S. 391; Bode, S. 423.

II 343

Von den beiden in der Herkunftsangabe genannten Werken diente als Vorlage nur Cyriacus Spangenbergs *Adelsspiegel* (1594; Bl. 231ᵛ), den Arnim besaß, so daß er vermutlich als Bearbeiter zu gelten hat. Georg von Frundsberg (1473–1528), populärer kaiserlicher Landsknechtsführer unter Maximilian I. und Karl V. und bestens bekannt aus Hauffs *Lichtenstein* (1826), kämpfte seit 1499 gegen die Schweiz (V. 6), gewann 1513 die Schlacht bei Vicenza gegen Venedig (V. 6) und 1525 bei Pavia die größte Schlacht des Jahrhunderts gegen Franz I. von Frankreich, der sich daraufhin in der Liga von Cognac mit dem Papst verbündete (V. 8). Spangenberg führt das 1568 erstmals gedruckte Lied als Beweis für Frundsbergs große Beliebtheit an. Im Wh sind, ohne in die poetische Struktur einzugreifen, lediglich einige Wendungen geändert.

 4 »Paulus Jouius [. . .] zeuget / das Herr George funffzehen öffentlicher vnd ördentlicher Feldschlachten gethan / vnd sonst zwantzig mal geschlagen / vnd allezeit den Sieg erhalten« (Spangenberg).

 9 »Vnd im grunde die warheit zu reden / so ists Herr George von Freundsberg [!] gewesen / der durch sein Volck (das er in Italien gefüret) nechst Gott dem Keyser sein Reich erhalten« (Spangenberg).

10 »In allen Zügen hat er / so viel jmmer müglich / des armen Volcks geschonet« (Spangenberg).

Literatur: NA II, S. 358; BC II, S. 552; Rieser, S. 362; Bode, S. 201. – EB Nr. 273, II, S. 75.

II 344a

Auch dieses Lied stammt – wie Wh II 343 – aus Spangenbergs *Adelsspiegel* von 1594 (Bl. 231ʳ). Eine inhaltlich und im Umfang entsprechende Parallelfassung in Zincgrefs *Teutscher Nation Klugaußgesprochene Weißheit* (1653) blieb ohne Einfluß. Die drei Strophen sind schon früh in zahlreichen Fl. Bl. und Liederbüchern verbreitet; Spangenberg nennt sie »Klaglied vber die Vndanckbarkeit«. Arnim brachte der Gestalt des Feldhauptmanns später noch Interesse entgegen (vgl. *Die Kronenwächter* III,7).

1 Vgl. Fischarts Anspielung in einer Schlachtbeschreibung (Ed. Alsleben, S. 424): »daß er kein müh noch fleiß spare, die seit zur lincken einzunemmen«.
4 *Gemüth zu Hof:* Gesinnung bei Hof.
6 *sich zukauft:* besticht.
9 *sehr mich kränkt:* ersetzt zutreffend die Wendung »thut mir andt« der Quelle.
13 *zwar:* wahrhaftig.

Vertonung: Arnold Schönberg, op. 3,1.
Literatur: NA II, S. 358; BC II, S. 551; Rieser, S. 362; Bode, S. 201 f. – EB Nr. 272, II, S. 74; Goedeke-Tittmann, Nr. 9, S. 275; Maltzahn, S. 75, Nr. 507; Marriage (Ed. Forster), S. 222 f. – Vgl. Wackernagel III, Nr. 878–880, S. 754 f.

II 344b

Vorlage ist eine Abschrift Bettinas, wohl aus einem nicht ermittelten Liederbuch des 17. Jh.s. Brentano als Bearbeiter fügte die Überschrift hinzu und glättete die teilweise obsolete Sprache (die zuweilen leicht anstößig wirken konnte; V. 2, 41 und 65). Außerdem änderte er die Schlußzeile (»Ihr bringt euch denn in Todt.«) und ließ so nach den gehäuften Allegorien die Betroffenheit des Sprechers spüren. Mit diesem Text setzt die seltsame Mischung von Cupido- und Schneiderliedern ein, die von hier bis Wh II 381 alternierend erscheinen.

17 *eigentlich:* im älteren Sinn: nachdrücklich, sicher.
38 *das Fähnlein:* ihren »Uebermuth« (vgl. V. 25).
46 *ihr Spies und Schwerd:* ihr Mund (vgl. V. 28 f.).

52 *Geliebt dir:* Liebst du.
62 *Musterplatz:* Platz zur Musterung der Kriegstruppen.

Literatur: NA II, S. 359; BC II, S. 52; Rieser, S. 509; Bode, S. 749; Schewe, 1932, S. 128 f.; Krummacher, S. 48 f.

II 347

Die persiflierende Überschrift ist ein Zitat aus August Wilhelm Schlegels Elegie *Die Kunst der Griechen* (1799): »Daß er der ländlichen Satyrn noch spottete! wie sie Prometheus / Feuerbringend gewarnt: ›Rühre nicht, Bock, denn es brennt!‹« (schon von Tieck in seiner Satire *Der neue Hercules am Scheidewege*, 1800, zitiert; *Schriften*, Bd. 13, Berlin 1829, S. 314). Der Text wurde von Brentano aus einer Prosaerzählung in Verse gebracht, die in einer fälschlich Simon Dach zugeschriebenen Schwanksammlung von Johann Peter de Memel, *Neu außgebutzter / Kurtzweiliger Zeitvertreiber* (1700; S. 250–252) enthalten ist. Inhaltlich sind die Refrainverse »Gleich auf der Stelle [. . .] Sprach der Geselle« sowie die beiden Schlußstrophen hinzugefügt. Die Namen sind zu Reim- und Charakterisierungszwecken eingeführt: Block läßt an einen groben, ungebildeten Menschen denken, Bock an den vielfach gescholtenen Stand des Schneiders.

1 *Bons dies:* Guten Tag (Bonus dies).
2 *Dei Grats:* Dank sei Gott (Dei gratias).
64 *Däumling:* Daumen, der aus einem Handschuh ausgeschnitten ist.

Literatur: NA II, S. 362; BC II, S. 699; Rieser, S. 408; Bode, S. 703 f. – M. E. Marriage, Bons dies, Bock, in: ZfVk 12, 1902, S. 219–221; J. Werner, Kleinheit und Größenwahn. Der Schneider in der deutschen Literatur, in: Sprachkunst 16, 1985, S. 193–201.

II 350

Vorlage war ein Wiener Fl. Bl. vom Ende des 18. Jh.s. Ob einige auffällige Archaismen (V. 10, 18, 21, 25, 46) auf eine nicht bekannte Parallelfassung zurückgehen oder vielmehr Zeugnisse für Brentanos Bemühungen um eine künstliche Patina sind, ist offen.

[Überschrift:] Auf die Blindheit des Liebesgottes wird eigens verwiesen, weil er sich hier ein unangemessenes Ziel für seine Liebespfei-
le sucht.

  5 *betrübter:* betrüblicher; vgl. in Brentanos *Geschichte vom braven
    Kasperl und dem schönen Annerl:* »Ich will Ihm etwas erzählen,
    das ist betrübt« (Werke II, S. 794).

  7 *Drador:* drap d'or, Goldbrokat.

26 *Geschütz:* Geschieße.

46 *ungesinnt:* unsinnig.

54 Wörtlich aus Goethes *Faust I* 2907.

Literatur: NA II, S. 366; BC II, S. 629; Rieser, S. 509; Bode, S. 749. –
Ditfurth, 110 Vldr, Nr. 33, S. 134.

II 353

Dieser Schimpfdialog setzt das Thema vom räuberischen Schneider in
der alten Form der wechselseitigen Berufsschelte fort. Er ist im
Grunde im Zusammenhang mit der Ständesatire des mittelalterlichen
Spiels zu sehen. Die Vorlage ist verloren; allerdings liegt heute eine
Parallelfassung (vor 1819 aufgezeichnet) vor, die die aktualisierenden
Eingriffe (wohl Brentanos) erkennen läßt. Die Anspielungen auf zeit-
genössische Literatur im Wh erreichen nämlich in der Aufmachung
des Dialogs, besonders aber in Überschrift und Anmerkung ihren
Höhepunkt. Nachdem die vorhergehenden und folgenden Texte
jeweils mit einem verfremdeten Zitat eingeleitet werden, wird hier auf
Schillers 1803 vollendetes Drama *Die Braut von Messina oder die
feindlichen Brüder. Ein Trauerspiel mit Chören* angespielt. Anlaß
dazu gab vermutlich die *Duett und Chorus* betitelte Quelle; die Sprecherbezeichnungen sind im Gleichklang mit den Namen der Schiller-
schen Helden (Don Geishaar: Don Cesar; Don Mahlmehl: Don
Manuel) gewählt; die Form des Chores folgt der Gartenszene
(V. 1706–38). Trotz der einschränkenden Anmerkung ist die satirische Absicht gegen Schillers Trauerspiel nicht zu verkennen. Auch an
den Stil der *Braut von Messina* ist der Dialog z. T. angelehnt (vgl.
V. 44), daneben kommen individuelle Züge aus Brentanos Polemik
gegen Voß sowie seine Vorliebe für Wortspiele und Grobianismen,
besonders in der Schlußsteigerung, zum Tragen.

13 *Fleckel:* Flicken.

16 Er liebt nichts so sehr, wie etwas vom Tuch der Kunden für sich
   abzuschneiden.

21 *Schwarzmehl:* grobes Mehl.

40 *schmirali:* vgl. frühnhd. »schmiralia« ›Bestechungsgelder‹.

47 *erkleckt:* reicht aus.

49–52 Schon von der Hagen wies in seiner Rezension auf eine Parallele bei Fischart (*Aller Praktik Großmutter*) hin: »Die Müller han
   die besten Schwein, / Die in dem ganzen Lande sein, / Sie mestens
   auß der Bauren Secke«.

59 *Schöpfen:* Haarschöpfen.

66 Vgl. die Redensart »Sich an die eigene Nase fassen« ›seine eigene
   Schuld eingestehen‹.

76 Kuriose Auslassung, da durch Reim eindeutig und im Grobiani-
   schen heimisch.

102 *Mühlnarr:* volksetymologisch aus »Mühlner«.

107 Vgl. V. 93.

113–115 Vgl. KHM 171, *Der Zaunkönig*.

118 Vgl. V. 46.

Literatur: NA II, S. 369; BC II, S. 706; Rieser, S. 541; Bode,
S. 469 f. – Erlach I, S. 469; S. Grosse, Die Mühle und der Müller im
deutschen Volkslied, in: JböVlw 11, 1962, S. 8–35, hier S. 31.

II 358

Aus einem Nürnberger Fl. Bl. des Hochbarock hatte Bernhard
Joseph Docen die Vorlage für dieses Wh-Lied geschöpft und, wohl
leicht überarbeitet, in den *Altteutschen Liedern* (Nr. 5) innerhalb seiner *Miscellaneen zur Geschichte der teutschen Literatur* (1807;
S. 272–274) abgedruckt. Brentano, der den Text vermutlich übernahm, modernisierte Sprache (V. 20) und Grammatik (V. 27) und
glättete einen Reim in V. 35. Da die Quelle keine Überschrift besaß,
wählte er ein Zitat aus Wilhelm Heinses Laidion oder die Eleusi-
nischen Geheimnisse (*Sämtliche Werke*, hrsg. von C. Schüddekopf,
Bd. 3,1, Leipzig 1906, S. 66): »Orpheus sagte ernsthaft: Mir altem
seligen Mann gehen jetzt erst die Augen auf! Die Natur versah es, daß
sie Dich nicht als einen Mann auf die Erde zu einer Zeit setzte, wo Du
Gelegenheit gehabt hättest, einen neuen Staat zu stiften«.

3 *ausgemacht:* zu Ende geschaffen, vollendet.

18 f. Vgl. den leitmotivischen Spruch in Brentanos *Gockel*-Märchen:
»Keine Puppe, es ist nur / Eine schöne Kunstfigur.«
29 *Bild:* vgl. V. 18.
44 *bas:* besser, mehr.
53 *muß:* darf.

Literatur: NA II, S. 375; BC II, S. 3; Rieser, S. 409; Bode, S. 202 f.

II 360

Vorlage war eine Papierhs. vom Ende des 17. Jh.s mit 24 durchnumerierten Strophen und Melodie. Das Wh kürzt den etwas langatmigen
Text um mehr als ein Drittel, behält aber die wesentlichen Punkte des
Gedichts unverändert bei. Umsetzung in wörtliche Rede (V. 49–66),
Verschärfung des Berufsspotts (V. 5, 20) und prägnantere Charakter-
zeichnung (V. 68, 72) gestalten alles lebhafter und farbiger. Das in der
nicht originalen Überschrift genannte Günzburg liegt an der Mündung der Günz in die Donau, östlich von Ulm.

 7 f. Sprichwörtl.: »Wo Gott eine Kirche hinbaut, da baut der Teufel
ein Wirtshaus daneben.«
 9 *Opfer:* Meßopfer.
18 Und wollte ihm eins überziehen.
21 *eben:* genehm.
24 *Maultasch:* Maulschelle.
33 *Boschen:* Haarbusch, Bart.
36 *an die Goschen:* aufs Maul.
54 *eingesessen:* festgesessen.
69 Sprichwörtl.; vgl. Brentanos Gedicht *Die Einsiedlerin* (ZfE 31. 5.
1808, Nr. 18) V. 22: »Mir bringet die Zeit noch Rosen [Glück,
Gewinn] einst«. Siehe H. Rölleke in: *Aurora* 37, 1977, S. 107
bis 114.

Literatur: NA II, S. 378; BC II, S. 692; Rieser, S. 542; Bode, S. 749.

II 363

Dieses Lied geht letztlich auf Anakreon zurück und wurde in der
Neuzeit vielfach übersetzt und bearbeitet, u. a. von Gellert in seinem

Gedicht *Cupido war für Freuden blind.* Die Vorlage für das Wh war
der erste Teil von Moscheroschs *Philander von Sittewald* (1650;
S. 113–115), in dem Anakreons Text um das Fünffache verlängert ist.
Bis auf die Erfindung eines Titels und die Einfügung von V. 74 (nach
dem Vorbild von V. 76) begnügt sich die Bearbeitung mit sprachlichen und besonders metrischen Modernisierungen.

40 *stupfens:* stupfen: »mit einer stumpfen Spitze stoßen, mit einer
      jeden Spitze stechen« (Adelung IV, Sp. 860); bei Anakreon steckt
      (»stupft«) Amor seinen Finger in die Rose.
48 *sitzen:* meint: umherspringen (in der Vorlage »blitzen«).
50 *fitzen:* mit der Rute schlagen.
68 *Leckerey:* Büberei.
73 *Hauser:* jemand, der übel wirtschaftet.
76 *Mauser:* zu umgangssprachlich »mausen« ›stehlen‹.

Literatur: NA II, S. 381; BC II, S. 69; Rieser, S. 399; Bode, S. 254 f. –
Alemannia 3, 1877, S. 286 f.

II 366

Vorlage war ein Fl. Bl., in dem der Text keinen Titel trägt. Neben
einigen Glättungen ist besonders die Tilgung der Derbheiten zu ver-
merken. Die Verse 5–12 des hier gedruckten Textes sind nach der
Quelle ergänzt; sie fehlten im Wh durch ein Versehen. Während im
Fl. Bl. erst der Schlußvers erweist, daß auch dieses Lied zum Thema
der Schneiderschelte gehört, sind im Wh die Heldentaten des Schneiders von vornherein durch die Überschrift ironisiert, die den Titel des
1798 erschienenen Räuberromans von Christian August Vulpius auf-
nimmt. Das Nebeneinander des Schneidergesellen und Rinaldo
Rinaldinis im achten von Heines *Traumbildern* aus dem *Buch der
Lieder* dürfte durch dieses Wh-Lied beeinflußt sein.

Melodie: Stockmann, S. 120.
Literatur: NA II, S. 385; BC II, S. 687; Rieser, S. 537; Bode, S. 347 f.
– EB Nr. 1637, III, S. 451 f.; Ebermannst. Ldhs., Nr. 88, S. 224,
S. 253; Röhrich-Brednich II, Nr. 29.

II 369

Mit der gängigen Redensart »Hans in allen Gassen« (vgl. Agricolas
Sprichwörtersammlung von 1534, auch Fischart) überschrieben die
Herausgeber des Wh das dritte von sechs Liedern aus einem Schwei-
zer Fl. Bl. Die Textänderungen sind minimal. Die heute gängige
Form »Hans Dampf in allen Gassen« geht erst auf den Titel einer
Novelle Heinrich Zschokkes von 1825 zurück.

25 *Buß:* im älteren Sinn: Besserung.

Literatur: NA II, S. 387; BC II, S. 5; Rieser, S. 501; Bode, S. 423 f.

II 370

Obwohl es sich thematisch um einen Lokalspott handelt, wurde dieses Lied im Wh in die Reihe der Schneiderlieder gerückt; vielleicht gab
die Überschrift der Vorlage, *Die Sch[n]eidergeis,* den Anstoß dafür.
Diese Vorlage ist ein Beitrag Nehrlichs in sieben Strophen ungleicher
Länge, für den keine unmittelbare Quelle ermittelt ist. Die Wh-Bearbeitung betont besonders die Parodie auf das Leid des Schneiders und
stellt durch Überschrift und Schlußvers die entsprechende neue Wendung heraus. Auch der Herkunftsvermerk, in dem die Vorlage wider
besseres Wissen als alt ausgegeben wird, sucht die Anlehnung an die
vorhergehenden Schneiderspottlieder. Eine athematische Einlei-
tungsstrophe wurde ausgelassen, dagegen V. 33 neu erfunden. Neben
einigen Glättungen fallen die Milderungen gegenüber der Vorlage in
V. 7 (»Wollt selber den Tod leiden«) und V. 31 (»Die verreckte Gais
für'n«) auf.

 1 *Backnang:* württembergische Kreisstadt.
 8 *Häddel:* in Grimmelshausens Roman *Das wunderbarliche Vogel-
   nest* von 1672 wird eine Geiß »Hetel« genannt (Beginn des 11. Ka-
   pitels).
14 *Potz Kreutz:* tabuistisch statt »Gott(e)s Kreuz«.
23 *Metzel:* Metzgerei, Schlachthaus.

Literatur: NA II, S. 389; BC II, S. 695; Rieser, S. 538; Bode, S. 340.

II 371

Vorlage ist ein Berliner Fl. Bl., dessen Text motivlich aus anderen
Blättern und evtl. auch einem Beitrag Nehrlichs ergänzt wurde. Das
Original wurde um drei Strophen gekürzt und zum Weiblichen hin
geändert: so wurde aus dem »Jägersmann« eine »Schäfersdam« usw.
Der hohe Grad der Überarbeitung ist schon aus der Herkunftsangabe
»Mündlich« abzuleiten; keinesfalls ist, wie früher vermutet, Arnim
selbst der Verfasser des Liedes.

  3 *rast:* zunächst einfach synkopiertes »rast't«; für den Bearbeiter
    aber willkommener Anlaß zum Wortspiel.
 12 Der noch dazu ein junger Knabe (Cupido) war.
17–20 Vgl. Wh II 369, V. 11–15; von dort v. a. die Reimbesserung in
    V. 17 (»Bu« aus »Knab«).
 21 Antwort Cupidos.
 23 Vgl. V. 7.
25–32 Diana holt sich Cupido, der mit seinem »Feuer« die »Flora«
    herbeilockt; die »Schäfersdam« bleibt allein im Wald. Der Stil
    zumindest dieser Strophe weist eindeutig auf Arnim als Bear-
    beiter.

Literatur: NA II, S. 390; BC II, S. 320; Alemannia 10, 1882, S. 148;
11, 1883, S. 60 f.; Rieser, S. 512; Bode, S. 683–685. – Zu Str. 1: EB
Nr. 531c, II, S. 358 f.; zu einzelnen Motiven: EB Nr. 1457, III,
S. 318. – Vgl. ferner zu Wh I 210.

II 372

Ein Schweizer Druck des späten 16. Jh.s überliefert bereits ein ähnliches Lied, das sogar indirekt auf das Wh eingewirkt haben könnte.
Direkte Vorlage ist aber eine hs. Fassung Nehrlichs, die strophisch
vereinheitlicht und sprachlich modernisiert wurde; außerdem
gewann der Text an Geschlossenheit (der hinzuerfundene V. 5 bildet
einen Motivreim zur Schlußzeile). Mit diesem Lied erreicht der
Schneiderspott im Wh seinen Höhepunkt: Das Schneiderlein entsetzt
sich so vor seinem Erbfeind, daß es sich (in den ihm angemessenen
Dimensionen) beinahe zu Tode läuft, säuft und tanzt. Es wird in
einem Ziegenfell zum Schein bestattet und fühlt sich dort in der
Hölle.

[Überschrift:] Die der Sippe dauerhaft angehörende Grabstätte soll
    auf die Leben und Tod überdauernde Verbindung von Schneider
    und Ziege deuten.
  2 *verzottelte:* sehr zottelige.
12 Vgl. Wh II 376, V. 5.
21 Die Einfügung von »dann« gegenüber der Quelle schafft Gleich-
    klang mit den drei anderen Stropheneingängen.

Literatur: NA II, S. 392; BC II, S. 679; Alemannia 11, 1883,
S. 65–67; Rieser, S. 538; Bode, S. 408. – EB Nr. 1631, III, S. 446 f.

II 373

Die Vorlage ist verschollen. Parallelfassungen aus Oberösterreich
und der Steiermark lassen darauf schließen, daß sie praktisch unverändert übernommen wurde, sieht man von der regional unterschiedli-
chen Eingangszeile ab. Im übrigen fielen zwei Strophen aus, vermutlich wegen unklarer mythologischer Anspielungen bzw. wegen eines
allzu klaren Antrags (»wolt ich heundt nacht Bey dir schläffä!«).

Literatur: NA II, S. 393; BC II, S. 13; Rieser, S. 542; Bode, S. 749.

II 374

Nach einer neueren hs. Vorlage, einer Einsendung J. Heinrich Kauf-
manns, die das Wh als »altes Manuscript« ausgibt, wurde dieses Lied
vermutlich von Brentano bearbeitet (vgl. V. 17, im Original einfach
»Will faßen die Brüder am Kragen«, und seine Änderung in Wh II
353, V. 108). Die Adaption konzentriert sich stärker auf die typischen
Schneidermotive: Der Papierwagen wird nicht bestellt, sondern
genäht (V. 3), davor wird die aus Wh II 372 vertraute Zottelgeiß
gespannt (V. 5), das unverbindliche »Juheh« der Vorlage wird zum
Schneiderruf »Hott, Meck«, während die Ausfahrenden gleich wieder meinen, es ginge ums Leben (V. 6 f.). Das »Geißböcklein« wird
im Wh als Gatte der »Zottelgeiß« eingeführt (V. 9), »Handschuh«,
eiserner »Huth« und »Degen« werden grotesk durch »Fingerhut«
und »Nadel« ersetzt, die Kriegsbeute des Böckleins besteht aus
Schneiderwerkzeugen (V. 12 f., 18). Am Ende wird mit der Präzision
eines historischen Schlachtenberichts der Scherz behaglich ausge-
sponnen (V. 19–21).

[Überschrift:] Scherzhaft mit Bezug auf V. 19.
4 Vgl. Wh II 376, V. 9 f.

Melodie: Stockmann, S. 122.
Literatur: NA II, S. 394; BC II, S. 680, 681; Rieser, S. 539 f.; Bode,
S. 464. – EB Nr. 1636, III, S. 450; Ditfurth, 110 Vldr, Nr. 35, S. 141;
Hruschka-Toischer, S. 240, III, Nr. 248.

II 375

Vorlage war eine Einsendung Johann Wilhelm Röthers, die verschollen, aber indirekt überliefert ist. Mit Blick auf V. 24 wurde die Überschrift *Kupid* erweitert. Durch Kürzung um zwei Strophen wird der
Ausgang des Liedes ins Gegenteil verkehrt; der Liebesgott wird fort-
gejagt, während er in der Quelle die Oberhand behält. Auf diese
Weise ist der Text an Wh II 378 angepaßt worden, wo die gleichen
Gesprächspartner agieren. Auch in Details erscheint er sehr gemildert: in V. 15 wird die Jungfrau nicht im, sondern vor dem Bett
vorgestellt; in V. 18 wird die Alternative geschickt auf Wiege und Bett
abgestellt.

 1 *verwichen:* neulich.
23 Vgl. Wh II 363, V. 36.

Literatur: NA II, S. 396; BC II, S. 6 f.; Rieser, S. 491; Bode, S. 448.

II 376

Unter der Überschrift *Spottlied über die Schneider*, die angesichts der
Fülle themengleicher Texte nicht charakteristisch genug sein konnte,
hatte Auguste von Pattberg dieses Lied ohne Herkunftsangabe beigetragen. Vermutlich war es Brentano, der den Text fast unverändert
übernahm. Er hat ihn, gekürzt und umgestellt, im *Siebentot*-Märchen
wieder abgedruckt; vgl. auch Str. 1 in seinem Gedicht *Der Musikanten schwere Weinzunge* (Werke I, S. 238, V. 76–79).

1–5 Vgl. Wh II 372, V. 11 f.
45 *Lichtputzscheer:* Gerät zum Beschneiden des verkohlten Kerzen-
     dochts.
55 *Kandel:* Rinnstein.

Melodie: Stockmann, S. 123.
Literatur: NA II, S. 397; BC II, S. 683–687; Rieser, S. 539; Bode,
S. 478. – EB Nr. 1635, III, S. 449 f.; Hruschka-Toischer, S. 241, III,
Nr. 250; M. Hasse, Das Schneiderlied, in: HbVld I, S. 801–831 (bes.
S. 818–821).

II 378

Ursprüngliche Quelle für dieses Lied ist ein Fl. Bl., vermutlich aus
der zweiten Hälfte des 18. Jh.s, in dem Sprecherbezeichnungen fehlen. Unter der Überschrift *Die Bauerndirne und der Liebesgott. Ein
Gespräch* hatte Johann Wilhelm Röther den metrisch und sprachlich
leicht geglätteten Text Brentano zur Verfügung gestellt, der ihn dann
weiter bearbeitete. Die gewichtigsten Änderungen sind geringfügige
Kürzung, Milderung der zahlreichen Derbheiten in den Worten der
Magd (V. 14, 22, 37, 44 und besonders 55–57) und teils Zurück-
nahme, teils Verstärkung (!) des dialektalen Charakters.

  5 *offerirn:* zeigen, anbieten.
 11 *Sapperlot:* tabuistisch statt »sacré nom (de Dieu)«.
 12 *Jackerl:* Jäckchen.
 15 *schmeck:* rieche.
 36 *Schwammen:* Pilze.
 56 *Spiegellein:* aus der Jagdsprache: Hinterteil.
 62 *geropte:* gerupfte.
 76 *Sennrin:* bereits in der Vorlage zu Röthers Text offenbar aus
      »Sonntag« verderbt.
 81 *gnu:* genug.

Literatur: NA II, S. 399; BC II, S. 8–11; Alemannia 8, 1880, S. 57 f.;
10, 1882, S. 145; Rieser, S. 491 f.; Bode, S. 348.

II 381

Vorlage ist Schubarts Lied *Der Schneider* aus seinen *Gedichten* (1802;
S. 358–360), das vor 1757 entstanden war und große Popularität
genoß. Angesichts der weiten Verbreitung von Schubarts Liedern auf
Fl. Bl. sollte die Herkunftsangabe plausibel erscheinen; allerdings
wurde bis heute kein solcher Textzeuge nachgewiesen. Die Wh-

Überschrift bietet wieder eine literarische Allusion: 1794 war die
Idylle *Voyage autour de ma chambre* von Xavier Comte de Maistre
erschienen, die zahlreiche Reisebeschreibungen um die Jh.wende
nachahmten. So kannte Brentano sicherlich Aloys Wilhelm Schreibers 1797 erschienene *Reise meines Vetters auf seinem Zimmer*. Die
bemerkenswerteste Veränderung der Wh-Bearbeitung ist die Über-
tragung der Metapher in V. 23 in groteske Realität (»ritt auf« aus
»kroch gleich«), wenn der Schneider nach dem Feierabendläuten
(V. 21) auf dem Bock in den Taubenschlag reitet.

Literatur: NA III, S. 314; BC II, S. 703; Bode, S. 340 f. – J. Meier,
KiV, S. LXXIII; Pinck, Weisen III, S. 409; J. Lefftz, Das Volkslied
im Elsaß, Bd. 2, Colmar/Paris/Freiburg 1967, S. 255–257.

II 383

Mit diesem weit verbreiteten Lied beginnt im Wh nach den Schmäh-
liedern eine Reihe anderer Handwerkslieder. Das Arrangement dieses
Texts geht auf Brentano zurück, der zunächst eine achtstrophige Fassung nach einem von Jacob Grimm abgeschriebenen Fl. Bl. herstellte,
später aber ein zweites ähnliches Blatt erhielt, das für die Änderung
mancher Verse Modell war und aus dem er einige Partien in den Text
einfügte. Die vier Schlußstrophen (V. 66–85) sind weitgehend neu
gedichtet; eine satirische Strophe über Berlin wurde von Arnim eliminiert.

[Überschrift:] Metaphern für Wirtshausrechnung und Wanderschaft.
46–55 In Brentanos Werken mehrfach vorkommend; vgl. auch
     Mörikes Erzählung *Der Schatz* und die Grimmsche Sage *Ur-
     sprung der Sachsen* (DS 408).
47 *Tirooolerland:* Lautmalerisch für einen Jodler.
66 *vexiren:* necken.
67 *tribuliren:* quälen.
72 *Kravattenland:* Volksetymologie für »Kroatenland«. Das Wort
     »Krawatte« meint übrigens tatsächlich ›nach kroatischer Mode
     gebunden‹.
73 *Sau:* Wortspiel mit dem Namen des Flusses Save.
76 Brentano schreibt bedenkenlos statt »Karlstadt« »Heidelberg«,
     um die Heimatstadt des Wh in den Spott einbeziehen zu können.
83 *Parableh:* Parapluie, Regenschirm.

85 *vom großen Faß:* vom Großen (Wein-)Faß im Heidelberger
  Schloß.

Literatur: NA II, S. 404; BC II, S. 659–663; Rieser, S. 539; Bode,
S. 359 f.; H. Rölleke, Die Beiträge der Brüder Grimm zu »Des Kna-
ben Wunderhorn«, in: Brüder Grimm Gedenken, Bd. 2, hrsg. von L.
Denecke, Marburg 1975, S. 28–42, bes. S. 32 f. – EB Nr. 1609, III,
S. 429; Wolkan II/1, Nr. 13, S. 31; Steinitz I, S. 205 f.

II 386

Bei diesem Lied handelt es sich um die Montage zweier Vorlagen, die
einander nur geringfügig angeglichen sind. V. 1–36 geht auf eine praktisch unverändert übernommene Einsendung Frau von Pattbergs
ohne Überschrift zurück; V. 37–85 entstammt einem Fl. Bl., dessen
Schlußstrophe als V. 58–64 eingesetzt wurde. Bereits die Flugschrift
ist Parodie auf den schmachtenden Dialog des barocken Schäfergedichts zwischen »Phillis« und »Coridon« im Gewand des Gesellenab-
schieds. Sechs Strophen dieses Teils sind gegenüber der Vorlage
gestrichen, und durch die Strophenumstellung behält nun der biedere
Meister das Schlußwort. Einige Veränderungen des Ausdrucks fallen
nicht ins Gewicht, mit Ausnahme der sentimentalisierten Verse
72–78, die auf Arnim zu deuten scheinen, während andererseits Brentano mit Sicherheit an der Bearbeitung beteiligt war.

34 *gelumpt:* lumpen: ein liederliches Leben führen.
51 f. die Ägyptische Finsternis möge über dich kommen (die neunte
    der durch Moses über Ägypten verhängten Plagen; 2. Mose
    10,22).

Literatur: NA II, S. 40, 409; BC II, S. 664, 665; Steig, NHJb VI,
1896, S. 120; Rieser, S. 552; Bode, S. 613–617; J. Meier, Rez.,
S. 492–494. – Breslauer, Kat. III, S. 346, Nr. 160; Meier, Schwab.,
Nr. 53, S. 12; Ditfurth, Fränk. Vldr II, S. 238, Nr. 312; J. Bolte, Die
Wochentage in der Poesie, in: ArchStuSpr 98, 1897, S. 81–96 (S. 92).

II 390

Dieses Hamburger Streiklied etwa aus dem Ende des 18. Jh.s ist nicht
häufig überliefert. Zwei Parallelfassungen, die aber nicht Quelle

gewesen sein können, müssen über die verschollene Vorlage, ein Fl. Bl., Aufschluß geben: Durch die Eliminierung von fünf Strophen und Umstellungen wird dem Lied etwas von seinem wilden Charakter genommen. Die spontane Solidarität der Zünfte (nach V. 32) und die krasse Drohung der Schornsteinfeger wurden aus der Vorlage ebensowenig übernommen wie die übermütige Beschimpfung der unterlegenen Meister. Auch der Schaden für diese (V. 46 f.) ist leicht gemildert.

2 Die jungen Gesellen in Hamburg.
5 *scheren:* plagen, beunruhigen.
6 f. Kündigt in zwei Wochen und reist ab.
12–14 Antwort der Meister.
19 *erlegen:* erstatten.
21 *sich resolviren:* beschließen.
26 *Lärmen:* Akk. Sing., schwach flektiert.
32 Zu ergänzen: die Herren.

Literatur: NA II, S. 411; BC II, S. 667; Rieser, S. 540 f.; Bode, S. 404 f. – Steinitz I, S. 193 f.

II 392

Das vorliegende alte Lied – schon Fischart kennt ein ähnliches – wandelt das Thema vom Edelmann im Hafersack, der durch diese List ins Bett der jungen Müllerin gelangt, ab. Hier möchte ein Edelfräulein, nun selbst als »Habersack« eingeführt, zum Müller. Der Müller will ihr zu Willen sein (V. 16), gelangt aber wohl nicht zum Ziel (V. 21 f.) und prahlt zu allem Überfluß, trotz des Fräuleins Mahnung (V. 18), auch noch mit seinem nächtlichen Abenteuer (V. 30–32); sein Knecht durchschaut die Metapher (V. 40): Er würde sich an Stelle des Müllers klüger verhalten (V. 45). Brentano, dessen Abschrift eines verlorenen Fl. Bl. nachweislich sehr getreu war, milderte die deutlichsten Anspielungen (V. 9: »Bey der ich heynet lag«; V. 27 ebenso; V. 28: »hosen« statt »Stiefel«; V. 36 wieder: »bey der ich hinacht lag«) und beschränkte sich ansonsten auf metrische Vereinheitlichung.

15 f. Auf die erotische Symbolik des Mahlens verweist WbVk, S. 534.

20 *Rell:* »diu relle« (mhd.) ›Schrotmühle‹; offenbar kannte Brentano
die Vokabel und konnte daher das Genus richtigstellen.
21 *gemahlen:* zu Ende mahlen.

Literatur: NA II, S. 413; BC II, S. 711; Rieser, S. 442 f.; Bode,
S. 345. – Williams, S. 415 f.

II 393

Dieses Lied ist seit dem späten 16. Jh. überliefert. Die Berufsschelte
zielt auf den diebischen Müller (vgl. Wh II 353); aber erst als er das
Maß seiner Schandtaten mit dem Ehebruch voll macht, bekommt es
ihm übel: von nun an singt man dieses Lied zu seiner Schande. Die
wohl von Brentano durchgeführte Bearbeitung deutet die Übeltat des
Müllers in Wegelagerei um (V. 37). Quelle war die Abschrift eines Fl.
Bl. durch Wilhelm Grimm, dessen jeweils dreisilbige Refrains zu
Ende jeder Strophe nicht ins Wh übernommen wurden; auch die
Eingangsstrophe fiel aus:

> Ich weyß mir ein feyne wäberin
> Vil lieber wer sy ein müllerin
> So feer vff yener ouwe
> Blyb sy daheim by jrem mann
> Hulff jm das kornly buwen
>   Ja buwen.

Alle weiteren Eingriffe sind Modernisierungen.

17 f. Formelhaft; vgl. Wh II 175, V. 6 f.
25 *verstoben:* auseinander gestäubt.
31–33 Vgl. Wh II 353, V. 50–52.
40 *übel erschossen:* übel bekommen; von »erschießen« (obd.)
›ersprießlich, nützlich sein‹.
41 f. Vgl. Wh I 53, V. 31 f.

Literatur: NA II, S. 415; BC II, S. 704; Rieser, S. 542; Bode, S. 345. –
Uhland, Nr. 266 A; AmbrL, Nr. 173; Mittler, Nr. 1540, S. 952; Sim-
rock, Nr. 284, S. 436; Ditfurth, Fränk. Vldr II, S. 253, Nr. 332;
Pinck, Weisen I, S. 169; Steinitz I, S. 43–49.

II 395

Vermutlich war es Brentano, der dieses Lied unter der neu erfundenen Überschrift in das Wh aufnahm. Es stammt aus Aegidius Albertinus' *Lucifers Königreich vnd Seelengejaidt: Oder Narrenhatz* (1617;
S. 227) und wurde lediglich an einigen Stellen gebessert bzw. sprachlich modernisiert. Die unregelmäßige Strophenform des Originals ist
insofern ausgeglichen, als nun zwei neunzeilige zwei fünfzeilige Strophen einrahmen. Es handelt sich um die seit etwa 1580 bekannte
Parodie des Liedes *Es ist auf Erden kein schwerer Leiden | Denn wann
zwei Herzlieb müssen scheiden*. Albertinus zitiert sie im 3. Kapitel
(Abschnitt 11) gegen die Trunkenbolde (vgl. V. 20–28). Die Schlußstrophe hat Uhland am Ende seiner Ballade *Junker Rechberger* (1811)
verwendet.

6 Hier nicht im Sinn von modisch geschlitzten Pluderhosen, sondern als Zeichen der Armut (vgl. V. 12).
19 *Also:* Aber so.

Literatur: NA II, S. 417; Bode, S. 219. – EB Nr. 755, II, S. 558–560.

II 396

Vorlage war ein Ms. von unbekannter Hand ohne Überschrift oder
Herkunftsangabe und mit drei Strophen mehr, als in das Wh aufge-
nommen wurden. Zwei Parallelfassungen auf Fl. Bl. zeigen, daß der
Text aus der zweiten Hälfte des 18. Jh.s stammt. Er wurde für den
Druck mit einer gewissen Flüchtigkeit bearbeitet, wahrscheinlich von
Brentano, der wie bei Wh II 12, das auf dieselbe Hs. zurückgeht, den
Vermerk »Mündlich« wählte.

1–6 Rote Haare sind dem Volksglauben ein Zeichen für Hinterlist
   und Bosheit; hier eher ein Attribut der Häßlichkeit. Peter tröstet
   sich mit der Apartheit der Farbe (V. 4).
16 Die hs. Vorlage vermeidet hier die Derbheit der anderen Versionen: »bleibt mir keiner im Hintern stecken«.

Literatur: NA II, S. 418; BC II, S. 408; Rieser, S. 492; Bode, S. 397. –
Simrock, Nr. 347, S. 543; Schmitz, Eifel, S. 155, Nr. 14; Pinck, Weisen III, Nr. 83, S. 231.

II 398

Vorlage war ein Ms. unbekannter Hand, das sieben achtzeilige Strophen umfaßt. Der Titel *Das Weberlied* ist original. Im Wh sind die allgemein gehaltenen Strophen 1 und 6, in denen indes auch etwas von der Not der Weber hörbar wird, ausgelassen und die Strophen 4 und 5 zu einer zusammengezogen, die durch V. 23 f. ergänzt ist. So verbleibt nur das Lob der Weber und ihres für Haushalt, Kriegswesen und Papierfabrikation nützlichen Handwerks.

5 f. Der altüberlieferte Topos, spezifische Berufsarbeit in Bilder vom Ackerbau zu kleiden (vgl. etwa *Der Ackermann aus Böhmen* III,1 f.).

7 *klug:* im älteren Sinn: fein, zierlich.

14 *Neste:* ungeordnete Fadenreihen.

23 f. Dieser Zusatz läßt auf Arnim schließen (vgl. auch V. 26), der in den *Kriegsliedern* von 1806 dieses Thema besonders herausstellte (vgl. H. Rölleke, in: JbVldf 16, 1971, S. 79).

28 Zur Änderung (Vorlage: »Man thut Papier draus machen«) vgl. Wh II 7, V. 1 f. Dort ist auch gesagt, daß Papier aus »Lumpen« und »Hadern« hergestellt wird (V. 9 f. und 13 f.).

31 Die Alliteration (Vorlage: »Die Arbeit, die der Weber macht«) verrät die Neuformulierung.

Literatur: NA II, S. 420; BC II, S. 658; Rieser, S. 541; Bode, S. 751. – Mittler, Nr. 1527.

II 399

Die Wh-Fassung dieses Liedes ist eine Kontamination aus zwei hs. überlieferten Texten, zum einen Johannes Mayers *Lieder-Büchlein* von 1768 (S. 222), das über Auguste von Pattberg an Brentano gelangte und Vorlage für V. 1–20 und 29–112 ist, zum andern einer weniger umfangreichen Version Friederike Mannels (V. 21–28 und 117–128; Einfluß auf V. 13–16). V. 113–116 ist hinzugedichtet. Einzelne Änderungen dürften auf Brentano zurückgehen; die Gesamtmontage, Hinzufügung und Überschrift besorgte Arnim. Thematisch verwandte Lieder, in denen die biblischen Berichte von der Erschaffung des Menschen und dem Sündenfall (1. Mose 2,18–25 und 3,1–24) humorvoll dargestellt werden, sind seit Anfang des 18. Jh.s überliefert. Vgl. z. B. Matthias Claudius' Vierzeiler *Es legte Adam sich im Paradiese schlafen*.

10 was »schon« (so in der Vorlage) vorher geschaffen wurde.
11 *Butzen:* (obd.) Klumpen, hier: Lehm.
13 *schnipt:* schnellt.
39 *dippen:* tippen, mit der Fingerspitze anrühren.
55 *Schippe:* Schaufel.
89 Vgl. KL 57a, V. 1.
109–111 Nicht in Anlehnung an die Bibel, sondern an den seit dem späten 15. Jh. überlieferten Spruch »Als Adam reütet und Eua span«.
127 Vgl. KL 70c, V. 11.

Literatur: NA II, S. 421; BC II, S. 20, 25; Alemannia 3, 1875, S. 45; 9, 1881, S. 163; Rieser, S. 551; Bode, S. 161 f. – EB Nr. 1760, III, S. 546 f.; Trierer Hs. 1744, S. 61 (Ed. Kopp, S. 27); ZfVk 5, 1895, S. 360–362; H. Kassowitz, Das Wunderhornlied »Die Konstruktion der Welt« in seinem Verhältnis zu den Paradeisspielen, Diss. Wien 1956 [Masch.].

II 403

Brentano, der für die Aufnahme dieser Einsendung Auguste von Pattbergs verantwortlich sein dürfte, gibt mit der neu erfundenen Überschrift wiederum eine literarische Anspielung: 1768–78 erschien in Zürich Lavaters vierbändiges Traktat *Aussichten in die Ewigkeit*. Davon und von der irrtümlichen oder fiktiven Herkunftsangabe abgesehen, blieb die Vorlage praktisch unverändert.

9 f. Vgl. Wh I 304, V. 31 f.
11 Petrus, der für die Fische zuständig ist (vgl. Wh I 304, V. 32 f.), sorgt für passenden Wein und eröffnet traditionsgemäß die Reihe der Heiligen.
13 Vgl. 2. Sam. 6,5.
14 Der Fisch ist Attribut des hl. Ulrich von Augsburg (gest. 973), der nach der Legende einem Boten des Herzogs gedankenlos an einem Freitag ein Gänsebein als Botenlohn gab. Als dieser damit den Bischof des Verstoßes gegen das Abstinenzgebot überführen wollte, soll sich das Fleisch in den Fisch verwandelt haben.
15 Die frühchristliche Märtyrerin Margaretha wird als Nothelferin

der Bauern verehrt; ihre himmlische Funktion im Lied leitet sich
vielleicht von ihrer Fürsorge für das Getreide her.

16 Der zweite Apostelfürst führt die Arbeit des ersten (V. 11) fort.

17–20 Vgl. Wh I 304, V. 38. Der frühchristliche Märtyrer Laurentius
wurde auf glühendem Rost getötet. Die pragmatische Umdeutung von Märtyrerattributen wurde im späten Mittelalter keines-
wegs als makaber aufgefaßt, eher als Ausdruck naiver Frömmigkeit und des Bewußtseins von der Macht der Heiligen über die
Heiden und den Tod.

21 f. Von den vier Heiligen erscheinen nur Elisabeth – wegen ihrer
Speisung der Armen – und Dorothea – wegen der himmlischen
Äpfel (vgl. Wh II 325) – für ihre Aufgabe prädestiniert.

30 Dem Apostel Bartholomäus wurde die Haut abgezogen; sein
Attribut ist daher das Messer, mit dem er hier Tafeldienste tut.

31 Dem hl. Joseph kommt als ›Nährvater‹ des Jesuskindes ehestens
diese Aufgabe zu.

32 Cäcilia ist die Patronin der geistlichen Musik (vgl. Wh I 304,
V. 46).

33 Der hl. Martin (gest. 397) tat Dienst in einer römischen Reiterab-
teilung. Der Martinsritt auf einem Schimmel mit der Manteltei-
lung ist im Brauchtum erhalten.

35 Zu den Attributen des Märtyrers Blasius (gest. 287) gehört ein
Schweinskopf; ob von daher die Assoziation »Schweineschmer –
Wagenschmier« rührt, steht dahin.

Melodie: Stockmann, S. 124.
Literatur: NA I, S. 367; BC I, S. 372, 561; Steig, NHJb VI, 1896,
S. 120; Rieser, S. 492 f.; Bode, S. 261 f. – EB III, S. 552; Trierer Hs.
1744 (Ed. Kopp, S. 28 f.); Simrock, Nr. 340, S. 530; Schleicher,
S. 131 f.; ZfVk 5, 1895, S. 362 f.; BP III, S. 253.

II 405

Der Text stammt aus der hs. Volksliedersammlung Christian Traugott Heinzes. Der Herkunftsnachweis im Wh ist aber sicher korrekt,
denn obwohl Heinzes direkte Quelle bislang unbekannt ist, scheinen
ähnliche Versionen breit in Flugschriften überliefert. Das Lied ist eine
Parodie des Kirchweihhymnus *Urbs beata Hierusalem* und seit der
zweiten Hälfte des 18. Jh.s bekannt. Die Schlußstrophe stammt
ursprünglich aus einem Liebeslied und ist nur durch den letzten Vers

oberflächlich an das Vorhergehende angeglichen. In der Wh-Bearbeitung, die nach Offb. 21,2 eine Überschrift formuliert, sind mehrere Strophen über die Freuden des Gaumens, der Jagd und der Liebe ausgelassen, so daß die Fassung (bis auf Str. 2) einen ernsthafteren Charakter gewinnt und sich etwas von Wh II 403 abhebt.

4–8 Vgl. 1. Kön. 5–7.
11 Vgl. Wh II 403, V. 13.
12 *Flöttrawär:* Flûte à travers (Travers-, Querflöte).
17–20 Vgl. das bekannte Kirchenlied *Jerusalem, du hochgebaute Stadt* (EKG 320).

Melodie: Stockmann, S. 126.
Literatur: NA II, S. 426; BC II, S. 415; Rieser, S. 493; Bode, S. 400. –
EB Nr. 1766, III, S. 552 f.; Hildebrand, Materialien, S. 48 f.

II 406

Ältere Versionen dieses gereimten Lügenmärchens von den unmöglichen Dingen kennt man schon aus dem 17. Jh. Der Text war 1776 in den *Frankfurter gelehrten Anzeigen* erschienen und danach von Büsching und von der Hagen in ihrer *Sammlung Deutscher Volkslieder* (1807; Nr. 23, S. 59 f.) mit dem Titel *Quodlibet* abgedruckt worden. Es handelt sich um die erste von zahlreichen Übernahmen aus dem Konkurrenzunternehmen zum Wh, die sich sämtlich (ähnlich den Übernahmen aus Herders Sammlung) durch ungewöhnliche Texttreue auszeichnen.

1 *Schnützelputz:* geht auf frühnhd. »schnudelbuz« ›Schelm‹ zurück. Diese und ähnliche Formen begegnen in den verschiedenen Überlieferungen des Liedes.
2 Vgl. Theodor Storms Gedicht *In Bulemanns Haus*: »Da tanzt vor dem Monde die Maus mit der Maus.«

Melodie: Stockmann, S. 127.
Vertonung: C. M. von Weber, op. 54 (1818).
Literatur: NA II, S. 428; BC II, S. 416; Alemannia 8, 1880, S. 64–66; 11, 1883, S. 62 f.; Rieser, S. 490; Bode, S. 273 f. – EB Nr. 1097–98, III, S. 42–44; Groos-Klein, Nr. 25, S. 26; Hildebrand, Materialien, S. 229; BP III, S. 255; L. Schmidt, Das Volkslied im alten Wien, Wien 1947, S. 33.

II 407

Vorlage ist eine sechzehnstrophige Einsendung Auguste von Pattbergs ohne Überschrift mit sigliertem Hinweis auf die Melodie, die
indes heute unbekannt ist. Jacob Grimm argwöhnte mit Blick auf die
zwei letzten Strophen, daß Teile des Liedes auf die Wh-Herausgeber
zurückgingen; dieser Vorwurf trifft aber – wenn er überhaupt berechtigt ist – zunächst die Beiträgerin. Brentano hatte eine weitergehende
Bearbeitung oder Erweiterung geplant, beließ es dann aber bei geringfügigen Eingriffen. Die Anspielung auf Offb. 17 in V. 31 f. bzw. 35 f.
(»Was für eine Huhr / ist ohne Schand«; »Die Babilonisch Huhr / ist
ohne Schand«) ersetzte er durch eine volkstümliche Rätselfrage.

11 Vgl. 1. Mose 11.
17 Die Schiffahrtsstraße.
43 Nixe.
51 f. Die sogenannte Straußwirtschaft ist durch einen grünen Zweig
      (Strauß) kenntlich gemacht.
57 Vgl. Arnims *Owen Tudor* (Werke II, S. 272): »es ist ein geheimer
      Angelhaken in der verborgnen Spitze des Herzens (So nennt man
      an einigen Orten das Innere der Schnalle)«.

Literatur: NA II, S. 429, IV, S. 139, 265; BC II, S. 418; Rieser,
S. 508; Bode, S. 479. – EB Nr. 1064, III, S. 7 f.; vgl. Ebermannst.
Ldhs., Nr. 89, S. 226, S. 253 f.

II 410

Das Wh-Lied ist eine von Brentano hergestellte Kontamination aus
Anton Viethens *Beschreibung und Geschichte des Landes Dithmarschen* (1733; S. 109 f. – Wh V. 3–14, 23–50 und 59–62) und hs. Beiträ-
gen Nehrlichs (V. 15–22 und 63 f.) sowie Frau von Pattbergs
(V. 51–54). Die Überschrift – bei Viethen hieß sie *Von eiteln unmöglichen Dingen* – spielt auf die Schlußstrophe an; wer das unmöglichste
Kunststück verlangt, wird sogleich belohnt. Vgl. dieselbe Redewen-
dung in Brentanos *Bärnhäuter*-Geschichte (ZfE 22. 6. 1808, Nr. 24,
Sp. 185).

16 Die Aufgabe wird, wie in V. 47, auf die Umgebung von Heidel-
      berg abgestimmt.

27 *Siebenstern:* die Plejaden.
31 f. Die Aufgabe scheint auf das Straßburger Münster bezogen,
   während in der Vorlage ein Zusammenhang mit dem Märchenmotiv des schwer ersteigbaren Glasberges am Ende der Welt (vgl.
   KHM 25) besteht.
47 *Riesenstein:* Granitfels oberhalb Heidelbergs.
51 *roth:* Der Sinn der Vorlage (der »Apfel rund« soll wie ein Kinder-
   reifen um den Erdball getrieben werden) ist durch die Änderung
   verunklärt.

Literatur: NA II, S. 431, IV, S. 139, 265; BC II, S. 420; Rieser,
S. 423; Bode, S. 479 f.; Schewe 1956, S. 67. – Uhland, Nr. 4 A–B;
Abh., S. 161 f.; EB Nr. 1090–94, III, S. 34–39; Meier, Schwab.,
Nr. 39, S. 114; Hruschka-Toischer, S. 171; BP II, S. 370 (zu KHM 94
Die kluge Bauerntochter).

II 412

Eigentlich handelt es sich bei dieser von den Herausgebern schlicht so
betitelten *Fuge* um zwei Lieder aus einer Sammlung des Komponisten
Andreas Hakenberger (*Bassvs Newe Deutsche Gesänge* 1610; Nr. 11
und 12), deren zweites jedoch an das erste anschließt. Der Wh-Text
steht den Worten der Baßstimme am nächsten. Die zahlreichen Wiederholungen sind nicht berücksichtigt. Das Lied stand in der Vertonung Zelters bei der Berliner Liedertafel in Gunst.

 7 *sittlich:* sittig, wie es sich gehört.
   modulieren: von einer Tonart in die andere hinüberspielen.
10 *thut:* Die Tempusänderung (Quelle: »thet«) gleicht im Blick auf
   V. 9 und 11 aus.

Vertonung: Max Bruch, op. 71,2 (1897).
Literatur: NA II, S. 433; BC II, S. 380; Rieser, S. 450; Bode, S. 203. –
EB Nr. 1784, III, S. 562 f.; Goedeke-Tittmann, Nr. 138, S. 144.

II 413

Vorlage ist der Text der Tenorstimme aus einem Lied Melchior
Francks (*Newes Teutsches Musicalisches Fröliches Convivium* 1622;

Nr. 33). Brentanos Dichtung *Trippel trippel trab trab trab* (Werke I, S. 187) fand hier ihre Anregung. Die schonende Behandlung der Quelle deutet auf ihn als Bearbeiter. Die durchgängige Veränderung der konditionalen indirekten Fragesätze (z. B.: »So findest du meins Vatters Hauß / So lest der Hund das bellen sein«) zu direkten Fragen (V. 5, 7, 9) beeinträchtigt das Verständnis der Antworten, zumal die sinngemäß jeweils vor »Schweig usw.« einzufügende Erweiterung ausblieb.

[Überschrift:] Wörtlich nach V. 2; dort ist das Adjektiv schmückendes Beiwort, während es in Hinblick auf den Gesamttext den Zeitgenossen ironisch erscheinen mußte.
8 *Haspen:* Türangel.

Literatur: NA II, S. 434; BC II, S. 125; Rieser, S. 419; Bode, S. 346 f.; Guignard, S. 119. – Uhland, Nr. 258; EB Nr. 460a, II, S. 281 f.

II 414

Mit diesem Lied wird die Reihe der sieben unter demselben Titel *Trinklied* gebotenen Gedichte eröffnet, deren Bearbeitung wohl sämtlich Brentano zuzuschreiben ist. Dieses Wein-Preislied findet sich bereits 1608 in der Erstauflage von Erasmus Widmanns *Musicalischer Kurtzweil* und wurde nach dem Neudruck Nürnberg 1623 in den Seckendorfschen *Musenalmanach für das Jahr 1808* (Nr. 13, S. 37–40) aufgenommen. Der Wh-Druck ändert den Text nur geringfügig. Er wurde an der Zelterschen Liedertafel in Berlin geschätzt. Arnim kommt in den *Kronenwächtern* (Tl. 2, Bd. 1; Ed. Migge, S. 804) darauf zurück.

  1 *Klingenberg:* Stadt in Unterfranken am Main.
  2 *Steine:* der Leistenberg am Main.
  3 Mit dieser Zeile hatte Brentano 1801 im *Godwi* sein bekanntes *Lorelei*-Gedicht eröffnet (Werke II, S. 426).
 15 Zur Metapher vgl. Wh II 423, V. 3.
 61 Im württembergischen Kreis Jagst, an der Tauber, dem linken Nebenfluß des Mains. Die Erwähnung seines derzeitigen Wirkungskreises mußte dem Komponisten Widmann als Organist von Rothenburg besonders am Herzen liegen.

77 *fern und heuer:* im vergangenen (frühnhd. »fer«) und in diesem Jahr.

Literatur: NA II, S. 435; BC II, S. 381; Rieser, S. 450; Bode, S. 274. – EB Nr. 1137, III, S. 70 f.

II 417

Das sonst nicht nachgewiesene, deutlich mit Wh I 22 verwandte Lied scheint um 1770 nach mündlicher Überlieferung in Sachsen aufgezeichnet zu sein. Brentano erhielt die Vorlage als hs. Einsendung von Karl Bertuch aus Weimar; die Aufzeichnung geht offenbar auf dessen Vater, den Literaten und Übersetzer aus dem Spanischen Friedrich Justin Bertuch (1747–1822), zurück. Bis auf die Überschrift wurde der Text nur wenig geändert.

  1 *Graßdorf:* Dorf bei Taucha in Sachsen; in dieser Gegend dürfte die Urfassung überliefert worden sein.
  5 Vgl. Wh I 22, V. 9.
  8 Blaues Maienblümlein (Convallaria, Maiglöckchen). Der Monat Mai ist der Muttergottes geweiht.
 17 Vgl. Wh I 22, V. 14.
 21–25 Vgl. Wh I 22, V. 21–24.
 22 Vgl. Wh I 39, V. 8.
 29 Vgl. Wh I 22, V. 30.

Literatur: NA II, S. 439; BC II, S. 385; Rieser, S. 476; Bode, S. 237.

II 418

Unter der Überschrift *Es steigt der Wein so hoch wir seyn* war das Lied in Adam Kriegers *Neuen Arien* (1676; S. 29) abgedruckt worden. Nach dieser Vorlage wurde der Text recht getreu in das Wh übernommen, wobei lediglich die Änderung von »göldner« in »schiefer« (V. 3) auffällt. Die ausgeklügelte Bildlichkeit (der Wein als Dachdecker, der Mensch als Haus, seine Stirn als Burg, sein Hals als Pforte usw.) blieb unverändert.

 11 *blank:* im älteren Sinn: weiß (als Weißwein).

35 *Morpheus:* der Gott des Traums; hier auch als übliche Personifikation des Schlafs (vgl. V. 47 f.).

Literatur: NA II, S. 440; BC II, S. 384; Rieser, S. 451; Bode, S. 338.

II 420

Vorlage war eine Einsendung Georg August Spangenbergs ohne
Überschrift und in acht Vierzeilern, da die Refrains jeweils einen Vers
für sich bilden. Der Text scheint nach mündlicher Tradition aus Göttingen zu stammen. Die erste Strophe dieses oft variierten Spottliedes
auf die Pantoffelhelden findet sich schon im 16. Jh. bei Forster. Die
stringenten Änderungen im Wh zielen in erster Linie auf metrischen
Ausgleich zu reiner Alternation und auf Reimbesserung.

  1 *Lenz:* Koseform zu Leonhard (vgl. Wh II 40); der Refrain ist
    wortspielerisch an »Faulenz(er)« angelehnt.
  7 *Molken:* Molke: wässeriger Milchbestandteil.
  9 *Plaul:* des Reims wegen statt »Plauel«: »ein rundes Holz mit
    einem Stiele, sowohl die Wäsche als auch den Flachs damit zu
    bläuen« (Adelung I, Sp. 947).
 15 Antwort des Nachbarn.

Literatur: NA II, S. 442; BC II, S. 345; Rieser, S. 490; Bode, S. 182. –
EB Nr. 907–909, II, S. 694–696; Goedeke-Tittmann, Nr. 124,
S. 133; Marriage (Ed. Forster), S. 233.

II 421

Das im Herkunftsvermerk genannte *Poetische Lustgärtlein* von 1645
war bisher nicht zu identifizieren. Als Ersatz ist die vermutliche
Urfassung in Heinrich Alberts Liederbuch von 1638 (*Arien;* Nr. 25)
zu vergleichen, die mit der Frage *Quid non ebrietas designat?* überschrieben ist. Schon Herder hatte das Lied – ebenfalls leicht verändert – nach dieser Quelle in seinen *Volksliedern* abgedruckt, jedoch
Str. 1 und 5 weggelassen. Die Wh-Version ist von Herder unbeein-
flußt und modernisiert nur einige Sprachformen.

33 *eifern:* »seinen Zorn thätig erweisen« (Adelung I, Sp. 1531).

36 Der neun Musen.
40 f. *der Fluß des Pegasus:* Pegasus, das Roß der Musen, schlug mit
 dem Huf die Musenquelle Hippokrene auf.
55 f. Der trinkt Brüderschaft mit einem andern.
72 *Rundadinella:* ein Trinklied ähnlichen Refrains in Goethes *Faust I*
 2082.

Melodie: Böhl, Nr. 19, S. 38.
Literatur: NA II, S. 443; BC II, S. 387; Alemannia 11, 1883, S. 61;
Rieser, S. 451; Bode, S. 205 f. – Erlach I, S. 350.

II 423

Das Lied ist – wohl von Brentano – aus Volksliedzitaten in Johann
Fischarts *Geschichtklitterung* (1582; Kap. 8) mit überleitenden Versen zusammengestellt worden. Für die populäre Eingangsstrophe
liegt eine breite und sehr früh – im 15. Jh. – einsetzende Überlieferung
vor. Den alten Volksliedton trifft Brentano in den hinzugedichteten
Versen, die genau die Hälfte des Liedes ausmachen, v. a. durch
archaisierende Formen (vgl. V. 23 f., 35), und er dichtet insofern ganz
im Stil Fischarts, als er wie dieser frei über die Volksliedpartikel ver-
fügt und sie in einen neuen Sinnzusammenhang bringt. Str. 1 ist vollständig aus Fischart, nur wird der Buhle betont als weiblich vorgestellt, damit in Str. 2 eine zweite Buhle als Steigerung eingeführt werden kann; hier sind nur zwei Verse aus Fischart entlehnt (V. 10 f.), die
für den Fortgang unwesentlich bleiben. In Anlehnung an die Meta-
phorik in Wh II 418 wird in Str. 3 und 4 der ungleiche Kampf zwischen den beiden Buhlen begonnen. Die Zeilen aus der Vorlage (15
und 22) werden damit in einen ganz anderen Zusammenhang gestellt.
Die Macht des Weins streitet siegreich gegen die Tugend des Mädchens (vgl. die Doppeldeutigkeit in V. 28). Der Schlemmer (V. 29–35)
versichert seine Treue, an der das Mädchen (V. 36–42) zweifelt: hier
ist Fischarts Intention völlig umgekehrt. Schließlich klingt das
Gedicht mit der Fortsetzung des Liedes vom verführten Gretlein (vgl.
Wh I 46) aus.

 5 *nächten:* gestern nacht.
10 f. Sprichwörtlich; vgl. Pieter Breughels d. Ä. Gemälde *Die nie-*
 derländischen Sprichwörter (oben links): »Er hat Zahnweh hinter
 den Ohren.«

23 Der Weinkranz über der Tür bezeichnet eine Weinschenke.
25 *Orden:* vgl. Wh II 427, V. 12.
35 *mein:* minne, liebe.
37 *Drusen:* Trester, der Rest der ausgekelterten Weintrauben.
46 *Winzer:* Brentano bleibt mit der Berufsbezeichnung im Rahmen
   des Trinkliedes.

Melodie: Böhl, Nr. 20, S. 40.
Literatur: NA II, S. 446, IV, S. 209; BC II, S. 351; Alemannia 8,
1880, S. 64, 73 f.; Rieser, S. 454–457; Bode, S. 668 f. – Uhland,
Nr. 17 A, 214 A, B, 256 B; EB Nr. 1119–1121, III, S. 57–60; Goe-
deke–Tittmann, Nr. 121, S. 132; vgl. ebd. Nr. 52, S. 52; Hildebrand,
Materialien, S. 150 f.; Marriage (Ed. Forster), S. 226 f.; ZfVk 12,
1902, S. 19; Williams, S. 436, 449 f.; Röhrich-Brednich II, Nr. 62.

II 425

Das Schlemmerlied, das in Teilen schon aus dem 15. Jh. bekannt und
dann breit überliefert ist, wurde fast vollständig aus zwei großen
Zitatgruppen in Fischarts *Geschichtklitterung* (1582; Kap. 8) gewonnen; lediglich die Schlußstrophe wurde den *Bergreihen* (S. 59–62)
entnommen, die Arnim im Februar 1806 in der Auflage von 1547
vorlagen. Zwar ist diese Quelle verschollen, doch lassen Parallelüber-
lieferungen die Bearbeitungsart erkennen. Die mit »Drey würffel vnd
ein karten« beginnende Strophe, die in beiden Quellen den Schluß
bildet, wurde ausgelassen, weil sie in Wh II 428, V. 49–52, Verwendung fand. Wichtige Änderungen bieten nur V. 29–32 mit einer etwas
gesuchten Parallele zwischen Faß und Trinker, V. 37 f., der den Dialog auf Trinker und Wein beschränkt, und besonders V. 47 f., dessen
Milderung gegenüber dem »Solt ich heint bey dir schlaffen, / mein
hertz das würd mir frey!« der *Bergreihen* die vorgegebene Aussage
genau auf den Kopf stellt.

 3 *ernähren:* erhalten.
 5 Wenn wir (wirklich einmal irgendwo) Aufenthalt gewinnen.
 9 Den Eingang von Str. 2 belegt Agricolas Sprichwörtersammlung
   von 1548 (II, Nr. 495).
14 Vgl. Fischart (Ed. Alsleben, S. 53): »wol für eyn Venedisch Schatz
   auffzuheben«.
19 Vgl. Mt. 6,19.

23 Doch ist der nicht ganz bei Verstande.
25 Vgl. Mt. 6,26; auch Wh II 332, V. 64.
30 Vgl. Wh II 423, V. 3.
35 *bas:* besser.
39 *gerathen:* zuteil geworden.

Melodie: Böhl, Nr. 21, S. 42.
Literatur: NA II, S. 448; BC II, S. 360; Alemannia 9, 1881, S. 164;
Rieser, S. 452–454; Bode, S. 667 f. – Uhland, Nr. 213; EB Nr. 1170,
III, S. 91–93; Goedeke-Tittmann, Nr. 116, S. 125; Hildebrand,
Materialien, S. 153 f.; Marriage (Ed. Forster), S. 236 f.; Williams,
S. 445 f.; Alpers, Nr. 60, S. 129–132, 213 f.; Bergreihen (Ed. Heil-
furth), S. 244–246.

II 427

Dieses Lied ist eine Kontamination mehrerer Volksliedzitate aus
Fischarts *Geschichtklitterung* (1582; Kap. 4 und 8) mit einem Lied aus
dem *Musicalischen Zeitvertreiber* (1609; Nr. 7). Es steht in der Tradition mittellateinischer Vagantenlieder (vgl. *Carmina burana* 28); einzelne Bestandteile sind in verschiedenen Liederbüchern zwischen
1544 und 1578 erstmals tradiert. Bearbeiter ist wohl Brentano, von
dessen Hand der Beginn einer wörtlichen Abschrift aus dem *Zeitvertreiber* erhalten ist und der schon in seinem frühen Gedicht *Ordens-
regeln des heiligen Clemens* eine entsprechende Idee ausgeführt hatte
(Werke I, S. 13):

> Um meine Tage froh zu leben,
> Stifte ich ein Kloster hier;
> Geheiliget dem Gott der Reben
> Das Priorat gehöre mir.

Bis auf den bewußten Witz in V. 22 treffen Brentanos Zusätze in
V. 5 f., 27 f. und 30 den Stil der Vorlagen.

 4 *Rüdesheimer:* der bekannte Rheinwein verdrängt – im Blick auf
    V. 1 – den badischen »Fürstenberger« bei Fischart.
 7 *bauen:* in der Vorlage noch in der Bedeutung ›bewohnen‹.
20 Nämlich zur Matutin, der Zeit des ersten Stundengebets nach
    Mitternacht. Daran anknüpfend die Einfügung V. 28 (ad stellam
    matutinam).

23 *ungemäs:* nicht zu uns passend, nicht genehm.

24 *Brod:* ersetzt unverständlich gewordenes »korb« der Quelle.

27 *Kapitel:* Mönchsversammlung (im Kapitelsaal), urspr. zum Gebet, dann aber auch zu Beratungen.

29 *resonet in laudibus:* Beginn eines seit dem 14. Jh. bekannten Weihnachtsliedes.

Literatur: NA II, S. 452, IV, S. 61; BC II, S. 363, 364, 366, 367; Rieser, S. 457–459; Bode, S. 669–671. – Uhland, Nr. 208, 209, 210, 226, 231; EB Nr. 1133, 1135, III, S. 67 f., 69; Hoffmann, Gesellschldr, S. 292; Williams, S. 426 f., 429.

II 428

Es handelt sich um eine Zusammenstellung aus fünf Gruppen von Volksliedzitaten, die wiederum Fischarts *Geschichtklitterung* (1582; Kap. 8) entnommen sind. Zweifellos stammen alle Verse aus der älteren Volksüberlieferung, obgleich nur Str. 1 vor Fischart nachgewiesen ist. Brentano als vermutlicher Bearbeiter fügte die einzelnen Passagen der Trunkenenlitanei nahtlos zusammen; lediglich die Verse 29–32, 37–39, 46–48 und 54 sind neu. Die erste Hälfte der Schlußstrophe schließt in der Regel das Lied Wh II 425 ab, ist aber auch hier geeignet, besonders weil das Bild des Schwertes (V. 49) in dem eingefügten V. 54 Entsprechung findet. Ähnlich sind in der Wh-Bearbeitung ganze Strophen durch die Metapher »Heu« (V. 9, 20, 30, 44, 48, 55), Str. 4 und 5 durch das Motiv des Reiches verbunden, das in den ambivalenten Speisenamen (Kaiser, König, Ritter) wieder aufgegriffen wird.

4 *schwenkt:* spült aus.

22 *worflens:* worflen: »Getreide durch Werfen gegen den Wind von der Spreu reinigen« (Adelung V, Sp. 292).

25–28 Vgl. das Sauflied in Goethes *Faust I* 2090 f.

37 *Kaiser:* eine Art Nürnberger Lebkuchen; vermutlich ist aber an eine andere Speise gedacht.

38 *Künglein:* Kaninchen (Hasenpastete).

39 *Arm Ritter:* in Fett gebackene, süße Semmelschnitten.

49–52 Vgl. Wh I 22, V. 25–28.

Melodie: Böhl, Nr. 22, S. 44.

Literatur: NA II, S. 453; BC II, S. 369, 370, 372, 374; Atzler, S. 127 f.; Rieser, S. 459–462; Bode, S. 666 f.– Uhland, Nr. 215, 229, 232, 263; EB Nr. 1139, III, S. 73, Nr. 1170, Str. 7, III, S. 92; Goedeke-Tittmann, Nr. 128, S. 135; Williams, S. 435, 439; Röhrich-Brednich II, Nr. 61.

II 430

Vorlage war *Ein newes Weltlichs Lied von dem Wein* aus Gräters Zs. *Bragur* (1800; S. 81–84). Das aus dem 15. oder 16. Jh. stammende Trinklied, in dem der Wein unter Metaphern vom Bergbau besungen wird, ist im wesentlichen getreu übernommen, wobei die vielen Modernisierungen nicht ins Gewicht fallen. Gravierendste Änderung ist die poetische Erneuerung von V. 94 (»biß zeyt wirt schlaffen gan,«), außerdem die Ersetzung der Überschrift durch die lateinische Form des bacchantischen Jubelrufs.

14 *Krausen:* Krause: (obd.) Krug. Im Wh ebensogut im modernen Sinn, also als modische Halsbekleidung aufzufassen.
28 *merk uns eben:* versteh uns richtig.
34 *sein nicht gerathen:* seiner nicht entraten, entbehren.
36 *fügt:* schickt sich, taugt zu.
43 *Kragen:* Hals.
45 *Osterwein:* österreichischer Wein.
53 Wohl mißverstanden statt: Sie setzen ihm eine Kappe auf.
60 Vgl. 1. Mose 9,20.
62 um Sorge bekümmert er sich gar nicht.
   Ruben: Rüben.
64 *vermessen:* verabredet.
86 Modernisiert statt »pratwürst iung sey [Säue] vnd hamen [Schinken]«.
90 Vgl. Viktor von Scheffels *Maulbronner Fuge:* »Alle voll, keiner leer«.
91 Vgl. Wh II 425, V. 41.
96 *Salvewein:* Salbeiwein oder Abschiedswein.

Literatur: NA II, S. 455; BC II, S. 376; Lohre, S. 130; Rieser, S. 450; Bode, S. 205. – Uhland, Nr. 233.

II 434

Das Attribut der Gans wird dem hl. Martin, Bischof von Tours (gest. 397) seit dem späten Mittelalter zugeordnet. Der sich daran knüpfende Brauch des Gänseschmauses am 10./11. November hat sich vornehmlich im Rheinland erhalten. Vgl. Wh I 226b. Quelle war Johann Peter de Memels _Neu außgebutzter / Kurtzweiliger Zeitvertreiber_ (1700; S. 469 f.), dessen drei letzte Strophen gestrichen wurden, so daß sich die Wh-Fassung auf den einen Zug der Legende und den daraus entspringenden Brauch konzentriert. Obgleich eine breite Schilderung der Gaumenfreuden ausgelassen ist, paßt die Änderung der Schlußzeilen (Memel: »Aufs Pasteten-Essen ein / Darinn Martins-Gänßgen seyn.«) den Text den umgebenden Trinkliedern an.

[Überschrift:] Vgl. V. 15–17.
1 _heilge Sankt:_ volkstümlicher Pleonasmus.
7 _Gickgackslied:_ Die Lautmalerei ist Wh I 226b, V. 20, angeglichen.

Literatur: NA II, S. 459; BC II, S. 389; Rieser, S. 408 f.; Bode, S. 400. – Hildebrand, Materialien, S. 146.

II 435

Das ursprünglich sicherlich auf einem Fl. Bl. überlieferte Spottlied auf die Tafelfreuden des Bauerntölpels ist seit dem Ende des 16. Jh.s bekannt. Vorlage war eine Abschrift Wilhelm Grimms, nach der oder parallel zu der Brentano eine hs. Fassung erstellte. Die Originalüberschrift lautet: _Das Lied von der guten Buttermilch._ Der Zusatz zum Herkunftsvermerk dürfte von Brentano stammen, der sich ärgerte, weil der Andruck von Friedrich Schlegels _Sprache und Weisheit der Indier_ (1808) den Druck des Wh blockierte.

4 _abgefeimte:_ abfeimen: den »Faum«, d. h. »Schaum« abschöpfen; von Brentano sicher auch im übertragenen Sinne aufgefaßt.
Milry: Kuhname oder nur Wortspiel?
6 _bas:_ besser.
17–24 Wildpret und Fisch, in der Volksdichtung stets Formel für die Speise der Vornehmen, beenden die Klimax der Genüsse, denen der Bauer doch stets seine entrahmte Buttermilch vorzieht.

Literatur: NA II, S. 460; BC II, S. 390; Rieser, S. 418; Bode, S. 209. –
Uhland, Nr. 251; EB Nr. 1542, III, S. 386 f.; Goedeke-Tittmann,
Nr. 113, S. 122; Meisinger, Obld., Nr. 711, S. 290.

II 436

Die Auflage der *Bergreihen* von 1547 ist verschollen, war aber zweifellos Vorlage für das Wh. Durch indirekte Überlieferung ist der Text
der Quelle bekannt, so daß offenbar wird, wie flüchtig in strophi-
scher, metrischer, reimtechnischer, inhaltlicher und sprachlicher
Sicht Arnims Bearbeitung ausfiel.

  1 *aber:* wiederum; dem Eingang der Lieder Wh II 180 und II 258
    angepaßt.
  3 *unterwegen lahn:* (frühnhd.) unterlassen.
10 *Eisen:* Werkzeug.
11 *ihr:* muß »er« heißen.
15 *bestechen:* Ausdruck der Bergmannssprache, etwa: das Gezim-
    mer zu Prüfzwecken anstechen; Erz stechen.
18 *ja fast:* gar fest, sehr.
19 *schon:* schön.
25 *zwar:* in der Tat.
27 *begreifen:* zu fassen bekommen.
28 Finalsatz.
31 *Menschenbild:* vgl. noch nhd. »Mannsbild, Weibsbild«.
34 *dar:* dorthin.
39 Wir begießen den Boden (vgl. V. 48) überall.
    Flötz: Schicht von Bodenschätzen; mit Steinen gepflasterter Platz.
40 *herwanken:* hin- und hergehen, winken.
52 f. Vgl. V. 19 f.
58–65 Die erzgebirgischen Städte Annaberg und besonders Joa-
    chimsthal waren im 15. und 16. Jh. durch Silberbergbau und
    Münzprägung bekannt; vgl. die Etymologie: der (Joachim)Tha-
    ler; vgl. auch Wh III 25, V. 47 f.
65 *singet:* besingt.

Literatur: NA II, S. 462; BC II, S. 646; Rieser, S. 441; Bode, S. 205. –
Zum Bergwerkslied vgl. Röhrich-Brednich II, S. 247 f.

II 438

Dieses wohl aus Studentenkreisen stammende Lied kann als Bearbeitung einer Quelle nicht bewertet werden, da eine Vorlage nicht erhalten ist. Die Überschrift spielt satirisch auf die seit 1798 in Deutschland verbreitete Erregungstheorie des englischen Arztes John Brown (1735–88) an, die dieser in seinen *Elementa medicinae* 1780 entwikkelt hatte. Schon im *Gustav Wasa* machte sich Brentano ein ähnliches Wortspiel zunutze: »Ihn blau und Brown dann exzitiert« (Werke IV, S. 83). Auch im *Godwi* erwähnt er die »Brownianer« (Werke II, S. 203 und 368; vgl. JbFDH 1966, S. 208 f.). Von der Hagen nannte das Lied sibyllinisch »verdünntes Dünnbier«.

Literatur: NA II, S. 465; BC II, S. 391; Rieser, S. 512; Bode, S. 749.

II 440

Vorlage sind Paulus Sartorius' *Neue Teutsche Liedlein* (1601; Nr. 20), in denen der Text keine Überschrift trägt. Im Wh sind je zwei Kurzverse der Quelle zu einem Langvers zusammengefaßt, und die Wiederholung der Schlußverse ist nicht übernommen, so daß sich statt zehn- vierzeilige Strophen ergeben. Fast alle Eingriffe in den Originaltext sind rhythmisch bedingt; das alte Vokabular blieb erhalten. Das Verständnis dieser oberdeutschen Formen und ihre aktive Verwendung sprechen für Brentano als Bearbeiter.

  1 *Zeitung:* Nachricht.
  7 *Ich ... Dingen:* Ich würde folgendes dazu raten.
  9 Antwort der »Gesellen«.
 12 *zaufen:* (obd.) ziehen.
    abschraufen: (frühnhd.) abschrauben; übertragen: abdrehen, abwenden.

Literatur: NA II, S. 467; BC II, S. 393; Rieser, S. 441; Bode, S. 278 f.

II 441

Die tragikomische Tonart der bäuerlichen Klage verrät die Herkunft dieses zweiten Liedes aus Studentenkreisen. Das Wh läßt den Bauern

durch Änderung von V. 33–36 gegenüber der Vorlage – ein hs. Liederheft vom Ende des 17. Jh.s – mehr Gerechtigkeit widerfahren,
wenn auch die neu erfundene Überschrift (vgl. V. 44) eher auf ver-
zeihlichen Jugendübermut deutet.

3 *Mist:* Unrat, Unordnung.
5 *Mariengeburt:* Fest Mariae Geburt am 9. September.
6 *Galli:* Fest des hl. Gallus am 16. Oktober.
8 *jämmerlich Gescher:* beklagenswerte Schererei.
13 *Riegeln:* ersetzt »brigl« ›Prügel, Holzflöcke‹ der Vorlage.
16 Man wäre ja schon zufrieden, wenn die Studenten sich mit einer
   Tasche voll bescheiden würden; vgl. die resignierende Tendenz
   der Überschrift.
17 *sehr gefähr:* über die Maßen gefährlich.
21 *wachbaren:* wachsamen.
25 *aus der Weis:* besonders, über die Maßen.
29 *lapodeinisch:* lateinisch.

Literatur: NA II, S. 468; BC II, S. 635; Rieser, S. 448 f.; Bode,
S. 105, 747.

II 442

Dieses Eigenlob der Studenten auf Kosten der Reitersoldaten bildet
gleichsam den Kontrapunkt zum vorhergehenden Lied. Vorlage sind
Sieben vnd siebentzig Newe außerlesene ... Täntze des Johann Christoph Demantius (1601; Nr. 22). Bis auf die Kürzung um acht Verse
und die Auslassung der melodiebedingten Dacapos ist der Text
behutsam und mit Einfühlungsvermögen modernisiert.

 7 *hinschleichen:* im älteren (positiven) Sinn: gemächlich gehen.
11 *Kloben:* gespaltener Stock zum Vogelfang; auf den Kloben kommen: hier doppelsinnig: den Reitern auf den Leim gehen, aber
   auch: zum Narren werden (zu dessen Attributen der Kloben gehört); vgl. V. 12.
13 f. *Sakramenten ... Wunden:* Fluchen bei den Sakramenten und
   Christi Wunden.
17 f. Ich sehe wohl, daß du den Streit vom Zaun gebrochen hast.

Literatur: NA II, S. 479; BC II, S. 635; Rieser, S. 446; Bode, S. 406.

II 443

Görres meinte, hier sei »die Lehre vom Gegensatz gut in Versen ausgedrechselt«. Tatsächlich ist der ironische Schönheitspreis, der mit dem inneren Widerspruch beständig spielt, eine seit dem Mittelalter beliebte Form der Satire; vgl. Wittenwilers *Ring* 75–102: »Ir mündel rot sam mersand ... Ir wängel rosenlecht sam äschen ...«. Die Wh-Überschrift zu diesem Lied aus dem *Newen lieblichen Galliardt* (1593; Nr. 6) des Altenburger Musikers Nicolaus Rosthius stellt es jedem frei, die Schönheit des geliebten Mädchens in idealem oder derb-realistischem Licht zu betrachten.

2 *Kohl:* Kohle.
3 *Rab:* Rabe.

Literatur: NA II, S. 480; BC II, S. 57; Rieser, S. 419; Bode, S. 204 f.

II 444

Vorlage ist eine Aufzeichnung von der Hand Jacob Grimms mit der Herkunftsangabe »mündlich«, aber ohne Überschrift. Diese erinnert deutlich an Brentanos Anmerkung 60 zur *Gründung Prags*: »Voll Gesundheit, begehrend, zur Spekulation geneigt, mit übertriebenem Selbstbildungsdrang, züchtig, religiös und sinnlich, in niederem Stande geboren, fiel sie in die Schule eines jungen Studenten, der sie, während ihm die Natur eine Nase drehte, platonisch liebte, und in der Transzendental-Philosophie unterrichtete« (Werke IV, S. 870). Vgl. auch Jean Pauls *Flegeljahre* (Kap. 50): »als wir später im ersten Semester hörten, daß er ... sich aber potenzire«. Die Klage des verlassenen Mädchens ist erst durch die Überschrift zum letzten der Studentenlieder geworden.

Literatur: NA II, S. 480; BC II, S. 491; Rieser, S. 509; Bode, S. 752.

II 445

Vorlage ist ein hs. überliefertes Meisterlied (1545) des Hans Sachs in drei kompliziert gereimten (aabbc ddeec fffgghhiic) Barstrophen, aus denen volksliedhafte Vierzeiler mit Kreuzreim wurden. Diese gänzliche, wohl von Brentano vorgenommene Umformung bedingte die Neuformulierung fast eines Drittels der Wh-Fassung; auch die übernommenen Verse wurden relativ stark verändert. Während kein Zug der Vorlage ausgelassen ist, wurden eine Verbindungsstrophe (V. 33–36) sowie einige Verdeutlichungen (V. 47 f. u. ö.) und Ausführungen (z. B. V. 54 f.) nötig. Die beiden in diesem Schwabenstreich vereinigten Abenteuer sind seit dem späten 15. Jh. überliefert. Kirchhof erzählt sie 1563 in Prosa (*Wendunmuth*; Nr. 274); vgl. KHM 119 *Die sieben Schwaben* u. v. a. mehr oder weniger stark abweichende Fassungen.

[Überschrift:] Ironisch auf die Ritterrunde (mhd. »tavelrunde«) in Schwäbischer Zeit (d. h. zur Zeit der staufischen Kaiser) anspielend.

3 *Jokel:* Koseform für Jakob; wohl im Hinblick auf das folgende Wh II 447 gewählt.

4 *schmecken:* wittern, riechen.

13 Vgl. V. 58.

19 f./23 f. Das Motiv dieser Verse ist volkstümlicher Tradition nachgebildet, wie sie seit Beginn des 17. Jh.s nachweisbar ist.

21 *Ragenohr:* sprechender Name nach dem Kennzeichen des Hasen.

28 Hier liegt ein Problem.

31 *Der schwäbisch Bund:* Anspielung auf den schwäbischen Städtebund von 1376.

32 Die Redensart (das Hasenpanier [die Flucht] ergreifen) wird hier wörtlich genommen (vgl. V. 31).

34 Zwischen den beiden unverknüpften Episoden wird hier expressis verbis »eine Brücke geschlagen«; vgl. Fischart (Ed. Alsleben, S. 400): »Thu eh dem Feind Thür vnd Thor auff, vnd mach jm ein gulden Prucken, daß er fort mög rucken.«

42 *quaterten:* quakenden von frühnhd. »quatern« ›quaken‹.

45 *der Spiritus:* der gute Geist (des Wassers).

49 *Schaubhut:* (frühnhd.) Strohhut.

56 *kallen:* laut reden.

58 Vgl. V. 13.

60 *Weil:* Derweil, solange.

64 Die aitiologische Schlußgnome lenkt zur Diskussion der Entstehung der Kastanie im nächsten Gedicht über.

Literatur: NA II, S. 481; BC II, S. 410; Alemannia 2, 1875, S. 255–257; Rieser, S. 445 f.; Bode, S. 690 f. – EB Nr. 142 a, I, S. 473; BP II, S. 555–560.

II 447

Hauptvorlage ist ein durch Wolfhart Spangenberg in seinem *Anmütiger Weißheit Lust Garten* (1621; S. 399) überliefertes Rätsel mit Lösung. Für die Schlußverse 14 f. wurde die Prosafassung in Kirchhofs *Wendunmuth* (1563; Nr. 199) herangezogen. Vermutlich war es Brentano, der, im Besitz beider Vorlagen, die Texte aufeinander abstimmte. Zur Angleichung der Namen der Dialogpartner vgl. die Assonanz von »Kasperl« und »Annerl« in seiner späteren Novelle.

[Überschrift:] Im Wh neu formuliert zur Erklärung der alten Form »Kästen« in V. 9.
1 *Bastel:* Koseform zu (Se)Bastian.
3 *Koller:* Weste.
9 *Jockel:* Koseform für Jakob; vgl. Wh II 445, V. 3.
   Kästen: »keste« (frühnhd.) ›Kastanie‹.
14 f. Zur Aitiologie vgl. den Schluß in KHM 18, *Strohhalm, Kohle und Bohne:* »Wie das die Bohne sah, lachte sie so stark, daß sie platzte. Der Schneider am Ufer nähte sie wieder zu, hatte aber gerade nur schwarzen Zwirn, daher alle Bohnen eine schwarze Naht haben.«

Literatur: NA II, S. 484; BC II, S. 426; Alemannia 2, 1875, S. 254; Rieser, S. 509; Bode, S. 704. – BP I, S. 135–137.

II 448

Vorlage ist das Liederheft *Guter / seltzamer / vnd künstreicher teutscher Gesang* (1544; Nr. 1) des Wiener Bürgers Wolffgang Schmeltzel. In vier Vorsprüchen wendet sich dieser an den Stadtschreiber Frantz Igelßhofer, dem die Sammlung gewidmet ist. Die allegorisch-ernste oder humoristische Namensdeutung war eine der verbreitetsten Techniken in Widmungs- und Gelegenheitsgedichten. Das Wh gibt dem Text allgemeineren Charakter: Statt der Schriften Igelßhofers wandern die Lieder des Sängers durch die Lande, und das Bild der Stacheln, bei Schmeltzel auf den emsigen Familienvater gedeutet, wird auf den witzigen Spott des Sängers bezogen. So schließt Wh II wie I und III mit dem Thema des Volkssängers.

6 In der Quelle: »thuts obs an pörster spitzen« ›spießt das Obst auf
   seine Borsten‹.
8 *Witzen:* in der Vorlage im Sinne von »Verstand«; im Wh im heuti-
   gen Sinne.
9 *Yglein er setzt:* Er gebiert Junge; ein volksläufiges Lied zeugt
   neue, die dann selbständig weiterleben.
12 Zur Schlußformel vgl. Wh III,140, V. 15; I 354, V. 11.

Literatur: NA II, S. 485; Rieser, S. 449; Bode, S. 685–687.

Inhalt

Textsammlungen zur Kinderliteratur

IN RECLAMS UNIVERSAL-BIBLIOTHEK

Kinder- und Jugendliteratur der Aufklärung

Mit 25 Abbildungen
Hrsg. von Hans-Heino Ewers. 9992 [5]

Kinder- und Jugendliteratur der Romantik

Mit 25 Abbildungen
Hrsg. von Hans-Heino Ewers. 8026 [7]

Kinder- und Jugendliteratur vom Biedermeier bis zum Realismus

Mit 22 Abbildungen
Hrsg. von Klaus-Ulrich Pech. 8087 [5]

Philipp Reclam jun. Stuttgart

Brüder Grimm
Kinder- und Hausmärchen

Ausgabe letzter Hand mit den Originalanmerkungen der Brüder Grimm. Mit einem Anhang sämtlicher, nicht in allen Auflagen veröffentlichter Märchen und Herkunftsnachweisen herausgegeben von Heinz Rölleke.

Bd. 1: Märchen. Nr. 1–86. UB 3191[5]
Bd. 2: Märchen. Nr. 87–200. Kinderlegenden Nr. 1–10.
      Anhang. Nr. 1–28. UB 3192[6]
Bd. 3: Originalanmerkungen, Herkunftsnachweise, Nachwort.
      UB 3193[7]

Auch als Jubiläumsausgabe in Kassette erhältlich.

Dazu *Ludwig Harig* in der ZEIT: »Die komplette Sammlung dieser Märchen (Kassette mit drei Bänden samt den Originalanmerkungen) ist als Jubiläumsausgabe bei Reclam erschienen; es ist, als trete man über einen dicken Zauberteppich von Paul Klee in die Märchenwelt ein, so duftig und gedämpft ist der Umschlag von Jürgen Reichert gestaltet, und wenn man wieder aus ihr heraustritt, dann sollte man es nicht tun, ohne auch das Nachwort des Herausgebers Heinz Rölleke gelesen zu haben: Er rollt den Teppich gleichsam wieder zusammen, und es bleibt nichts daruntergekehrt. Mich hat am meisten beeindruckt die Sorgfalt, mit welcher er beschreibt, wie sehr das Märchen seinen Zauber und seine Wirkung durch sich selbst, seine sprachliche Beschaffenheit, seine poetische Kraft entfaltet.«

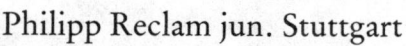

Philipp Reclam jun. Stuttgart